CAPITAL-IMPERIALISMO, DOMINAÇÃO E LUTA DE CLASSES

Virgínia Fontes (GTO)

CAPITAL-IMPERIALISMO, DOMINAÇÃO E LUTA DE CLASSES

1ª edição
Expressão Popular
São Paulo – 2025

Produção editorial: Lia Urbini
Preparação de texto: Cecília Rosas
Revisão: Ana Carolina Reginatto, Marina Góes, Lia Urbini e Marcos Visnadi
Projeto gráfico: Zap Design
Capa e diagramação: Rafael Stedile
Impressão e acabamento: Paym

Dados Internacionais de Catalogação na Publicação (CIP)

C244 Capital-imperialismo, dominação e luta de classes / Virgínia Fontes (org.).--1.ed.-- São Paulo : Expressão Popular, 2025.
516 p. : tabs.

ISBN 978-65-5891-174-6
Vários autores.

1. Capitalismo-imperialismo - Brasil. 2. Lutas de classe – Brasil. 3. Política - Brasil. 4. I. Fontes, Virginia. II. Título.

CDU 330.146(81)

Bibliotecária: Eliane Maria da Silva Jovanovich - CRB 9/1250

1ª edição: julho de 2025
1ª reimpressão: outubro de 2025

EDITORA EXPRESSÃO POPULAR
Alameda Nothmann, 806, Campos Elíseos
CEP 01216-001 – São Paulo – SP
atendimento@expressaopopular.com.br
www.expressaopopular.com.br
ed.expressaopopular
editoraexpressaopopular

SUMÁRIO

O EMPRESARIAMENTO BRASILEIRO E CONEXÕES INTERNACIONAIS

Prefácio

Ciência e contra-hegemonia

Eurelino Coelho[1]

Está se tornando lugar-comum, especialmente nas Ciências Humanas, reconhecer a existência de conexões entre ciência e política. Se olharmos mais de perto, no entanto, o que parece *comum*, no sentido de consensual, é apenas uma cobertura fina e frágil para um campo em que proliferam sérias divergências a respeito do sentido daquelas conexões que todos reconhecem. Não há consenso sobre o que significa cada um dos termos da expressão, nem sobre a natureza da relação entre eles. O dissenso costuma se manifestar na forma de polêmicas epistemológicas que, não raro, correspondem a atritos políticos com graus variáveis de aspereza que ocorrem tanto dentro como fora da academia. Ao acontecer, aliás, o embate torna a realizar

1 Doutor em História pela Universidade Federal Fluminense (UFF), professor de História da Universidade Estadual de Feira de Santana (UEFS), onde coordena o Laboratório de História e Memória da Esquerda e das Lutas Sociais (Labelu). Contato: eurelinocoelho@uefs.br.

por si mesmo aquilo a que se refere: entrelaça, de modo tenso, ciência e política. A rigor, o que há de *comum* aqui é apenas o lugar onde ocorrem as batalhas.

Claro que este é um problema que vem sendo abordado há muito tempo e de muitas maneiras, de sorte que seria ingênuo, ou muito presunçoso, tentar resumi-lo num prefácio. Se o menciono é apenas para assinalar que a maior grandeza nos textos oriundos das pesquisas de excelência reunidos nesta obra seria certamente desconsiderada por quem diverge do critério de avaliação embasado no conceito marxista de contra-hegemonia. Mas é disso que se trata: o valor maior desta obra é nascer do estudo da conformação de dispositivos eficientes de poder de classe e de seu desvelamento, denúncia e enfrentamento, e não da descrição de relações de poder fluidas e flutuantes – apresentadas pela lógica interna de seu funcionamento ou por seus efeitos – e nunca referidas às agências históricas concretas que não apenas lhes conferem validade, mas as engendram. Aos ouvidos dos que têm dedicado suas vidas à guerra contra aquele poder desencarnado e diabólico, podemos sussurrar, como o personagem de Guimarães Rosa: "O diabo não há. É o que eu digo, se for... Existe é o homem humano. Travessia."[2] Quanto a nós, marxistas, tentamos entender este humano, ser relacional, contraditório e em movimento, isto é, esta travessia.

Comecemos formulando dois problemas: afinal, que valor há numa ciência comprometida com a contra-hegemonia? Por que considerar que os textos reunidos

[2] Rosa, João Guimarães. *Grande sertão: veredas*. Rio de Janeiro: Nova Fronteira, 1986, p. 568.

aqui estão colocados nesta posição? São questões que exigem um esclarecimento prévio a respeito do significado atribuído aqui ao conceito de contra-hegemonia. Gramsci desenvolveu o conceito de hegemonia em duas perspectivas distintas, mas conectadas. Em vários textos anteriores à prisão, entre outros *A questão meridional*,[3] mas também em trechos dos *Cadernos do cárcere,* o termo é empregado para tratar da aliança operário-camponesa, problema central da estratégia revolucionária para a Itália que o comunista sardo abordou em perspectiva leninista. A soldagem do bloco político dessas duas classes (e a participação nele de segmentos pequeno-burgueses, principalmente intelectuais) envolvia um trabalho político de alta complexidade no qual o proletariado organizado e "consciente" seria a força hegemônica. Uma das condições para a viabilidade deste bloco era a capacidade que o proletariado hegemônico precisaria demonstrar para ultrapassar a defesa estrita de seus próprios interesses e acolher como seus os principais interesses da classe dirigida, ou seja, a capacidade de produzir o consenso ativo como plataforma da unidade política de operários e camponeses. O tema, aqui, é a revolução.

Em várias outras passagens dos *Cadernos* encontraremos um desenvolvimento ulterior deste conceito associado ao estudo das condições da dominação de classes em sociedades "ocidentais", com aspas. Nesta segunda chave, o conceito de hegemonia se desdobra para o alto e alcança os processos de gênese e dinâmica da direção política da própria classe dominante. Fica aberta, de um lado, a investigação sobre a

3 Gramsci, Antonio. *Escritos políticos*, vol. 2. Rio de Janeiro: Civilização Brasileira, 2004, p. 405-435.

movimentação de agentes históricos ligados às classes dominantes e suas frações, que formulam soluções políticas para viabilizar a acomodação dos respectivos interesses. Os movimentos ocorrem sobre as placas tectônicas em que se plasmam as próprias classes e frações, que são as coordenadas determinantes das condições da luta e, por meio dela, das bases da hegemonia de um dos grupos sobre os demais. Numa de suas dimensões mais fundamentais, esta luta expressa as formas e proporções da distribuição do mais-valor e do fruto da rapina expropriadora entre os grupos sociais dominantes e suas frações. Em contrapartida, a hegemonia é também pensada como mecanismo de *dominação de classe*, a poderosa capacidade de obter consentimento passivo dos dominados, um poder diferente, mas não isolado, daquele que deriva dos dispositivos coercitivos mantidos e controlados pela classe dominante a partir do Estado. Em ambos os casos, a construção e o exercício real do poder de classe acontecem não apenas nos espaços institucionais do Estado, mas também em aparelhos privados de hegemonia localizados na sociedade civil. Em suma, o conceito subsidia a pesquisa da construção e do exercício, pela classe dominante, de sua capacidade dirigente, do poder de obter adesão ou consentimento, seja no interior do bloco de aliados, seja das classes subalternas.

Há quem veja aqui uma problemática absolutamente nova, como se Gramsci, que estudou as trincheiras da sociedade civil, já não se interessasse por questões prosaicas da revolução, como por exemplo a tomada do poder. É outra discussão grande demais para ser feita aqui, mas a honestidade intelectual exige demarcar nitidamente essa leitura, digamos, reformista dos *Cadernos* da nossa interpretação do pensamento do comunista sardo que, não custa lembrar, reiterou até o fim sua ligação com o pensamento de Lenin. A imagem evocada pelo conceito de *guerra de posição*, tomada das experiências da Primeira Guerra Mundial, não deveria deixar dúvidas sobre o conteúdo a que ele se refere: a luta de trincheiras é imposta pela mudança nas condições em que a guerra era travada, especialmente devido ao avanço técnico dos armamentos, mudança que passava a exigir uma estratégia distinta do ataque direto e do cerco. Mas ainda se trata de uma guerra contra um inimigo mortal e não da partilha negociada de trincheiras entre adversários de classe.

É sobretudo para esta segunda formulação do conceito de hegemonia que faz sentido pensar em contra-hegemonia, um termo que Gramsci não usou. Novamente, tratamos de um processo com duas faces. No âmbito da hegemonia no interior do bloco dominante, a movimentação em diversos planos (político, cultural, econômico) das frações e classes não hegemônicas para inscrever suas prioridades nos espaços decisórios estratégicos é um fator de peso na própria conformação do bloco e de suas hierarquias. A extraordinária pesquisa de Sonia Regina de Mendonça[4] sobre a classe dominante rural brasileira ao longo de mais de um século é brilhante também por tomar como um de seus focos as iniciativas contra-hegemônicas de frações daquela classe no interior do Estado e na sociedade civil. Trata-se de um estudo profícuo que alargou o caminho para superar as interpretações da classe dominante como um bloco homogêneo e impulsionou uma nova compreensão do Estado brasileiro,

4 Ver, entre outros, Mendonça, Sonia Regina de. *O ruralismo brasileiro (1888--1931)*. São Paulo: Hucitec, 1997.

mas talvez não seja essa a sua maior contribuição. Impacto maior tenha talvez a reflexão teórica e metodológica acerca da sua experiência historiográfica, bem como da obra de René Dreifuss,[5] que tem demonstrado ser excepcionalmente fértil para pesquisas como as que geraram os textos reunidos neste volume.

Já no plano das relações entre o bloco dominante e os grupos sociais subalternos, a contra-hegemonia assume características totalmente distintas. Do ponto de vista dos grupos dominantes, o problema político crucial não é mais a repartição do mais-valor ou do resultado do saque, mas assegurar sua perpetuação. Não é apenas a defesa explícita de interesses econômicos, ainda que eles se mantenham, mas a proposição e a capilarização de modos burgueses de ver e viver que, em sua posição dominante, são elementos constitutivos das próprias sociedades capitalistas. Na outra ponta da relação, a dos subalternos, o desafio é sobre a estratégia a adotar na *guerra de posição,* a forma de combater um inimigo de classe que, sem abrir as portas de sua cidadela estatal armada, encontra-se também entrincheirado na sociedade civil. Gramsci põe a questão em termos cristalinos:

> O que se pode contrapor, por parte de uma classe inovadora, a este complexo formidável de trincheiras e fortificações da classe dominante? O 'espírito de cisão', isto é, a conquista progressiva da consciência da própria personalidade histórica, espírito de cisão que deve tender a se ampliar da classe protagonista às classes aliadas potenciais: tudo isso requer

[5] Entre os clássicos produzidos pelo cientista político uruguaio estão Dreifuss, René Armand. *1964: a conquista do Estado: ação política, poder e golpe de classe*. Petrópolis: Vozes, 1981 e *A Internacional capitalista: estratégias e táticas do empresariado transnacional, 1918-1986*. Rio de Janeiro: Espaço e Tempo, 1987.

> um complexo trabalho ideológico, cuja primeira condição é o exato conhecimento do campo a ser esvaziado de seu elemento de massa humana.[6]

Contra-hegemonia, se adotarmos o conceito, é o nome dessa estratégia. Seu fundamento essencial é o "espírito de cisão", base da contraposição entre a classe revolucionária ("inovadora") e as trincheiras ocupadas pela classe dominante na sociedade civil. A consciência "da própria personalidade histórica" que corresponde ao "espírito de cisão" não é automática nem espontânea, mas uma "conquista progressiva", um objetivo a alcançar. Trata-se do problema da (auto)consciência de classe, ou da classe para si, que é abordado de modo original a partir dos desafios da revolução no "ocidente". Em outras partes dos *Cadernos*, Gramsci explica o papel dos intelectuais e especialmente do partido ("intelectual coletivo") na elaboração de uma "visão de mundo coerente e unitária" necessária para a ativação política das classes sociais. Este Gramsci não rompeu com Lenin: o primeiro conteúdo do conceito de hegemonia mencionado acima, o da aliança operário-camponesa, está conservado e superado na perspectiva de "ampliar" o espírito de cisão da classe "inovadora" para as classes aliadas potenciais.

No entanto, a elaboração progressiva da consciência de classe e a extensão do "espírito de cisão" para as classes aliadas são tarefas que terão de ser enfrentadas num terreno, o da sociedade civil, que se encontra repleto de aparelhos privados de hegemonia burgueses. O trabalho de "esvaziar" este campo, impedir ou dificultar ao máximo sua capacidade

---

6 Gramsci, Antonio. *Cadernos do cárcere*, vol. 3. Rio de Janeiro: Civilização Brasileira, 2000, p. 79.

de dirigir massas humanas é ideológico, educativo e envolve a contestação das bases intelectuais e morais da visão de mundo hegemônica. A luta é simultaneamente cultural e política, entranha a elaboração e a difusão da "nova" visão de mundo no processo de organização independente das classes subalternas. Ela exige o "exato conhecimento" do adversário, daí ser imprescindível a investigação aprofundada deste "campo" hegemônico, começando pela identificação das formas assumidas pelas relações de subordinação das maiorias proletarizadas e da natureza à voragem da reprodução ampliada do valor. A outra dimensão do trabalho de conhecer o adversário é o estudo da aparelhagem da hegemonia burguesa e dos conteúdos culturais e políticos por ela elaborados e difundidos. Eis porque desvendar os mecanismos da hegemonia e desnudar suas bases são ações de caráter simultaneamente científico e político e, assim, correspondem a momentos necessários da luta contra-hegemônica. É aqui que se situa esta obra coletiva do Grupo de Trabalho e Orientação (GTO).

Os textos a seguir são produtos da ciência, nasceram de pesquisas acadêmicas de alto nível sobre temas estratégicos afeitos à hegemonia burguesa em suas manifestações nacionais e internacionais em período histórico recente. Seu caráter contra-hegemônico é explícito já a partir do fato de que se dedicam a desocultar o que se esconde sob o consenso, confrontá-lo pela exposição de seu segredo: a elaboração dos modos predominantes de explicar e apreciar o mundo e sua ampla difusão é o resultado do trabalho de agentes especializados ligados de múltiplas maneiras à classe dominante. O GTO assume seu lugar na *guerra de posição*: atua a partir de uma trincheira com características especiais, a universidade pública, e produz conhecimento científico que já nasce como subsídio para a contestação da hegemonia. Sua tarefa também é elaborar e difundir modos de pensar e julgar com vistas à produção de consensos, mas na contracorrente. O consenso pelo qual trabalha o GTO está em oposição aberta e inconciliável à hegemonia burguesa.

Isso já seria suficiente para responder à pergunta acima, sobre o caráter contra-hegemônico deste trabalho intelectual, mas há mais. Temos uma hegemonia estabelecida no campo acadêmico ou, dizendo com mais rigor: o mundo dos intelectuais universitários não existe como uma bolha apartada das extensas e complexas relações presentes nas instituições que propagam as ideias da classe dominante. Ao contrário, os espaços que um dia foram descritos como "torres de marfim" são hoje laboratórios especializados em produzir e difundir modos de significar e julgar o mundo e formar funcionários altamente capacitados para essas tarefas. Aqui estamos muito longe da metáfora das "correias de transmissão" ou imagens semelhantes. Decerto que os intelectuais, inclusive os acadêmicos, quase sempre são confiáveis executores das ordens diretas de financiadores e centros decisórios estatais e privados para o atendimento de interesses corporativos ou, em casos menos frequentes, mas muito mais impactantes, para o atendimento de objetivos estratégicos mais amplos. Mas o laboratório universitário está muito longe de limitar suas finalidades ao atendimento de encomendas expressas. Além de compor e reverberar apologias explícitas do *status quo*, universidades também são lugares dedicados a saberes que se apresentam como politicamente isentos (a despeito das advertências sobre as conexões entre saber e poder) e estruturados em hierarquias supostamente baseadas em mérito e em burocracias cristalizadas. Elas são viveiros de formas banais, cotidianas, capilarizadas e aparentemente dispersas de modos de ser, fazer, ver e sentir constituídos em nosso tempo pelo processo sociometabólico do capital. Mas as contradições intrínsecas a esse sociometabolismo também repercutem nas esferas acadêmicas e, sobretudo, na universidade pública.

Embora seja uma instituição adstrita à sociedade política burguesa, submetida a ordenamento jurídico restritivo e dependente de recursos controlados pelo Estado, a universidade pública tem vários pontos de articulação intensa com a sociedade civil. Sem se confundir com um aparelho privado de hegemonia, ela vibra nos compassos desencontrados das lutas e abriga coágulos organizativos e institucionais, de formas e tamanhos variados, resultantes dos embates hegemônicos/contra-hegemônicos. Ela não está alheia às lutas pelo alargamento, aprofundamento e defesa da democracia que não cessam de emergir em várias zonas da sociedade civil; ao contrário, é atingida por elas e com elas interage. Nascem e florescem ali outras ideias além das dominantes, sempre que as lutas dentro e fora dos *campi* conseguem abrir espaço para elas. Não existissem outros, este seria motivo suficiente para defender com unhas e dentes a universidade pública. O GTO é um desses canteiros. Nele brota um saber que não somente diverge, como também investiga culturas, instituições e práticas hegemônicas, como o leitor verá.

Entretanto, não é somente pelo conteúdo de suas pesquisas que o GTO é contra-hegemônico, mas também pelo modo como se organiza e trabalha. Em um campo composto por hierarquias, o grupo se baseia na construção de relações horizontais; em um universo orientado para indicadores produtivistas e *rankings*, ele se preocupa com as interfaces entre a produção de conhecimento e as lutas sociais e se compromete com elas, sem anexar seu trabalho a projetos partidários particulares e sem receio de refletir sobre questões que emerjam deles. Em um tempo em que empresas e aparelhos privados de hegemonia assumem cada vez mais o papel de financiadores e patronos da ciência e da cultura, o GTO se apresenta como investigador crítico desses vínculos orgânicos; em um ambiente em que a reflexão teórico-metodológica tende a se diluir em frases de efeito performático ou a se encapsular em dogmas, o grupo se impõe o rigor e a criticidade; no meio em que predomina a aproximação de pesquisas por afinidades temáticas, o GTO prioriza o compartilhamento de referências teórico-metodológicas que fertilizem problemáticas plurais e estão permanentemente submetidas a estudo e discussão abertos.

Sim, trata-se de um coletivo marxista, um dos mais dinâmicos e criativos no Brasil, fortemente impactado pela obra de Gramsci. Também aqui se manifesta seu caráter contra-hegemônico, não apenas por demonstrar a potência com que o método dialético produz conhecimento capaz de ir mais longe e mais fundo a respeito de seus objetos, algo que o leitor está prestes a constatar por si mesmo, mas por praticar um marxismo vivo, avesso a ossificações e dogmas infelizmente comuns neste campo teórico-político. A solidez da plataforma teórico-metodológica do grupo não deriva de enquadramentos *a priori* ou de alinhamentos compulsórios. Ela se nutre do estudo crítico permanente de pressupostos epistemológicos, conceitos e grandes realizações do pensamento de autores marxistas (mas não só), da elaboração de hipóteses de trabalho e de sua verificação rigorosa. Para os que consideram o marxismo uma ferramenta indispensável para a crítica teórica e para a ação revolucionária, o impulso vivificador gerado no GTO é ponto de apoio e de inspiração.

Ao sublinhar a horizontalidade das relações internas, não estamos falando de indiferenciação nos papéis desempenhados pelos componentes do grupo. Ali convivem pesquisadores que se encontram em momentos diferentes de suas formações e que, por isso mesmo, possuem níveis distintos de amadurecimento intelectual. Uma das características especiais do GTO é a dinâmica de interações a partir dessas diferenças, geradora permanente de múltiplas aprendizagens para todos os que dele participam. É nesse quadro que podemos entender o papel cumprido no grupo por Virgínia Fontes. Não hesito ao afirmar que se trata de uma das principais intelectuais marxistas em atividade no Brasil, tanto por seu domínio robusto e apurado da teoria, a começar pelo conhecimento profundo da obra de Marx, mas indo muito além dela, como pela criatividade e ousadia que o marxismo adquire por meio de seu pensamento. Seu livro *O Brasil e o capital-imperialismo*,[7] no qual a autora expõe sua tese sobre a configuração assumida pelo imperialismo na segunda metade do século XX, estabeleceu um marco na interpretação do capitalismo contemporâneo e passou a figurar entre as obras de referência do marxismo brasileiro. É óbvio que, para todo o grupo, o contato intenso com Virgínia proporciona experiências extraordinárias de aprendizagem e eu mesmo sou testemunha disso. Já o

[7] Fontes, Virgínia. *O Brasil e o capital-imperialismo: teoria e história*. Rio de Janeiro: EPSJV/EdUFRJ, 2010.

movimento contrário, o aprendizado que o grupo proporciona a Virgínia, talvez não seja tão visível. E, no entanto, um não existe sem o outro.

A extensa pauta de pesquisas à qual Virgínia vem se dedicando por mais de duas décadas não foi concebida nem é realizada como ato de uma cientista isolada. Ela mesma se encarrega de dizer de que modo seu trabalho como orientadora, realizado por meio do GTO, a colocou em contato com muitas das principais questões que depois se tornaram pontos de alavancagem de suas próprias investigações. Além de um padrão, estamos diante de um processo: sua capacidade de expandir e aprofundar as problemáticas que ajudou a formular e desenvolver e, muito especialmente, a articulação que realizou entre várias delas e as suas próprias. Ambas são tarefas realizadas com o excepcional apuro teórico-metodológico que sempre a caracterizou, e resultaram na sedimentação crescente de uma reflexão original e de rara densidade. Cada nova geração de membros do GTO interagia com uma pensadora mais sólida e refinada, enriquecida por uma trajetória de estudos que se nutria num ambiente coletivo de trabalho intelectual coordenado por ela e retroalimentado por seu pensamento, um movimento que seguiu em escala ascendente de abrangência, profundidade e complexificação. Foi por meio dessa dinâmica de trabalho, pouco comum na universidade, que nasceram os textos a seguir.

Além da esfera acadêmica, o pensamento de Virgínia e dos membros do GTO amadureceu em contato com outros espaços, como as experiências variadas de militância – lembremos que o grupo não se centraliza como um partido – junto a movimentos populares e organizações de esquerda, na melhor tradição do marxismo. A pesquisa da hegemonia burguesa no Brasil a partir de seus aparelhos na sociedade civil e seus nichos no Estado, da captura da noção de "público" e do desvirtuamento de aspirações democráticas legítimas, de iniciativas políticas e culturais hegemônicas em várias direções e de articulações internacionais, ou seja, todos os temas trabalhados nesta coletânea respondem a inquietações simultaneamente intelectuais e morais. São questões que afetam intensamente o conjunto da vida social e, de modo particular, os grupos sociais subalternos. No GTO, a indignação moral e a capacidade analítica convergem na abordagem desses temas a partir de uma visão de mundo antagônica à hegemônica, que não nasce nas bibliotecas e gabinetes, mas no campo das lutas sociais.

Visões de mundo não são produzidas sob encomenda, tampouco são brotos nascidos ao acaso. Elas são oriundas da própria vida social, isto é, das relações pelas quais as sociedades produzem a si mesmas, por isso não são descartáveis ou substituíveis segundo a vontade dos usuários. Não nascem prontas nem são isentas de contradições internas, são continuamente sistematizadas, modificadas e difundidas por certos "funcionários", que Gramsci chamava de "intelectuais". Para os subalternos, a "elaboração da própria concepção de mundo de uma maneira consciente e crítica", tópico que Gramsci desenvolve no *Caderno 11*, é o momento decisivo da "conquista progressiva da própria personalidade histórica", parte da estratégia de contra-hegemonia formulada no *Caderno 3* a que nos referimos antes. "Quando a concepção de mundo não é crítica e coerente, mas ocasional e desagregada", escreve Gramsci, "pertencemos simultaneamente a uma multiplicidade de homens-massa, nossa própria personalidade é compósita, de uma maneira bizarra".[8] Mas não se pode ter uma visão de mundo coerente e crítica e distinguir-se como grupo social ("homem-massa") específico "sem a consciência da própria historicidade, da fase de desenvolvimento por ela representada e do fato de que ela está em contradição com outras concepções ou com elementos de outras concepções".[9] Tudo isso requer trabalho intelectual, mas Gramsci nos lembra de fracassos históricos de intelectuais que pretendiam impulsionar do alto mudanças culturais e políticas.

> A organicidade de pensamento e a solidez cultural só poderiam ocorrer se entre os intelectuais e os simples se verificasse a mesma unidade que deve existir entre teoria e prática, isto é, se os intelectuais tivessem sido organicamente os intelectuais daquelas massas, ou seja, se tivessem elaborado e tornado coerentes os princípios e os problemas que aquelas massas colocavam com a sua atividade prática.[10]

Voltar a essas linhas escritas há quase um século nos ajuda a ver como a luta contra-hegemônica enfrentou sempre grandes dificuldades e como elas se agravam em nosso tempo. Temos contra nós a expansão desmedida da supremacia do capital sobre a totalidade da vida social e, com ela, a exacerbação de seu poder de convencer, obter consentimento, dissuadir. Do lado de cá, este mesmo processo se expressa como dispersão e isolamento, proliferação de visões de mundo desagregadas e unilaterais. O desafio de tecer a contra-hegemonia com os fios subalternos hoje

---

[8] Gramsci, Antonio. *Cadernos do cárcere*, vol. 1. Rio de Janeiro: Civilização Brasileira, 1999, p. 94.

[9] *Ibid.*, p. 95.

[10] *Ibid.*, p. 100.

dispersos é infinitamente maior do que as capacidades do GTO, mas afinal, qual é a tarefa da ciência marxista diante deste cenário?

Uma ciência contra-hegemônica encontra, no contato com os subalternos, "a fonte dos problemas que devem ser estudados e resolvidos".[11] Nós marxistas estamos de acordo que nada atinge o conjunto dos subalternos de modo mais perverso, imediato e destrutivo do que as consequências diretas do avanço incontrolável do capital sobre as condições de reprodução da vida em sociedade e sobre a natureza. Estudar profundamente a dinâmica deste avanço e as formas contemporâneas de materialização cultural e política de seu poder como hegemonia, eis a contribuição do GTO. Em qualquer cenário de construção da contra-hegemonia, este é um subsídio de valor inestimável.

[11] *Ibid.*

APRESENTAÇÃO

Quem somos – o nosso Grupo de Trabalho e Orientação (GTO)

COMEÇO FALANDO EM MEU NOME PESSOAL, Virgínia Fontes. A orientação de pesquisas é atividade central na universidade pública, mas não recebe atenção especial nem conta com formação específica, apesar do longo percurso universitário que medeia da graduação até o pós-doutoramento. Cedo constatei que os grupos que construí ou auxiliei implantar na universidade tendiam a concentrar-se em pesquisadores já formados e deixavam o laborioso processo de orientação de pesquisas para um trabalho mais individualizado. O nascimento do GTO foi uma experiência para ir além, aprendendo modos coletivos de trabalho. Sem descurar da atenção a cada caso singular, o GTO trouxe elementos novos e enriquecedores por meio dos debates entre os pesquisadores em formação. Embora originalmente constituído por "meus" orientandos, rapidamente passaram a integrar o GTO também pesquisadores oriundos de outras áreas ou instituições. A afinidade teórica, a conexão entre diversas hipóteses e problemáticas delineadas, a qualidade dos debates e a sociabilidade coletiva tiveram peso maior do que a vinculação institucional.

Somos um grupo que reúne pesquisadores em diferentes níveis de formação e nos encontramos regularmente há mais ou menos 25 anos. Originado como grupo de orientação coletiva no curso de História e na Pós-Graduação de História da Universidade Federal Fluminense (UFF), por aqui passaram estudantes de graduação de cursos diversos, em níveis variados, como preparação de Trabalho de Conclusão de Curso de graduação (TCC), iniciação científica, extensão (preparação de cursos com movimentos sociais), especialização, mestrado, doutorado e pós-doutorado. Esse foi um grande aprendizado – o convívio entre grupos com experiências diversificadas de vida e de pesquisa enriquecia sobremaneira cada um dos trabalhos em curso. Lógico que a seriedade e o engajamento de cada um têm papel fundamental. Muitas vezes, as perguntas e os questionamentos de estudantes de graduação obrigavam os mais calejados a retomar leituras, a refazer percursos de pesquisa que consideravam já resolvidos, com ganhos extraordinários para todos. Esse convívio ajudou a diluir muitos pré-conceitos e a implementar na prática uma outra acepção de intelectual, que exige o empenho, a leitura cuidadosa, o acesso aos textos mais complexos como exigência coletiva, o cuidado no levantamento da documentação, mas também não esquece que precisa responder às questões mais imediatas, às interrogações provenientes do senso comum. Aprendemos a acolher e a cuidar de cada um.

Muitos dos que passaram por aqui e já se titularam ainda permanecem próximos, mesmo após muitos anos. O GTO se orgulha de não ter prazo de validade. Além disso, esse não é um grupo "institucionalizado" – não recebe verbas públicas, não promove carreiras, não se destina a gerar currículos especializados. Por isso, até nosso nome é peculiar e indica a nossa atividade central, o trabalho de pesquisa e a orientação coletiva.

Nosso intuito é a produção de conhecimento a partir de bases teóricas marxistas sólidas, na pluralidade dessa tradição. Nos empenhamos na pesquisa bibliográfica, de documentação e de fontes cuidadosamente tratadas. Pretendemos um conhecimento engajado duplamente – na defesa da educação e da pesquisa públicas, voltadas para uma socialização mais ampla, e no desvendamento das relações fundamentais da sociedade capitalista contemporânea. Este é um grupo de pesquisa que se orgulha de ser militante.

Militante, é claro, pois a base teórica marxiana exige dos pesquisadores que permanentemente se recoloquem a tarefa de realizar a "crítica da Economia Política" do capital, lembrando-se de que não basta interpretar o mundo para que pares intelectuais se deleitem com belas frases. É preciso transformá-lo e superar essa sociabilidade amesquinhadora e que lança constantemente a humanidade em crises cada dia mais graves.

Militante, pois a filiação teórica ao marxismo e, em especial, às indicações de Antonio Gramsci na análise das relações constitutivas entre sociedade civil e Estado, nos interpela para nos tornarmos intelectuais orgânicos, aderidos a uma classe social – a dos trabalhadores e subalternos – como parte integrante dela. Se nossa atuação universitária nos coloca como organizadores no âmbito da cultura, jamais devemos esquecer o solo real onde se processam as diferentes lutas sociais, tanto teórica quanto praticamente. Somos professores como categoria profissional. Somos trabalhadores, integrando diversos níveis do ensino. Mas só nos tornamos intelectuais quando nossos trabalhos deixam a esfera das abstrações para adensar a compreensão crítica do mundo, imbricados com a luta real dos trabalhadores.

Militantes, sabemos que há vários marxismos, e procuramos reter as suas variadas tradições, em especial aquelas que conservaram o desafio histórico e dialético que nos defronta permanentemente com os temas da totalidade, da processualidade, das contradições e das lutas de classes. Recusamos, pois, fórmulas dogmáticas e intuitos de congelar o marxismo em uma espécie de caixa de ferramentas com padrão a-histórico, o que contradiz as próprias formulações marxianas.

Militante, ainda, quando o GTO abriga uma pluralidade que só pode conviver no interior de bases teóricas que defendem a igualdade. Sabemos que não há pluralidade quando alguns controlam a propriedade e expropriam a massa da população para dela extrair sobretrabalho.

Nos últimos anos, o GTO se constitui sobretudo de pesquisadores de mestrado e doutorado, e de doutores e mestres, uma vez que a agregação de estudantes de graduação foi reduzida em virtude de minha aposentadoria precoce. Embora eu tivesse direito a ela pelos anos trabalhados e pelo tempo de contribuição, não era esse o meu desejo. Mas... seguimos adiante.

Finalmente, o GTO sabe que nenhum grupo de pesquisa ou coletivo de investigação é exclusivo ou existe apenas dentro de uma "bolha" própria. Somos feitos do contato direto com dois grandes pesquisadores, aos quais prestamos aqui uma homenagem: René Armand Dreifuss, precocemente falecido e autor de obra fundamental para a compreensão da atuação burguesa no Brasil e no mundo, com quem participei de debates e de iniciativas no Núcleo de Estudos Estratégicos (Nest), na UFF; e o Grupo de Pesquisa Estado e Poder, criado e coordenado por Sonia Regina de Mendonça, que desenvolveu uma extensa pesquisa sobre classes dominantes agrárias no Brasil, além de refinar inúmeros aspectos metodológicos preciosos para pensar processos e conflitos históricos. Além de grande amiga, Sonia Mendonça é uma das mais importantes historiadoras de minha geração, e sua obra realizou uma investigação de raro fôlego e extraordinária relevância – a atuação das classes dominantes agrárias no Brasil ao longo de mais de um século, as entidades da sociedade civil criadas por elas e seu modo de se entrelaçar de maneira perene no Estado brasileiro.

Ademais, participamos da elaboração e execução do curso de extensão Realidade Brasileira, em parceria com o Movimento de Trabalhadores Rurais Sem Terra (MST) e, dessa experiência, não apenas nos envolvemos com diversos cursos voltados para movimentos sociais, como também criamos e continuamos a participar do Niep-Marx (UFF), experiência fundamental de reflexão crítica, estudos rigorosos e camaradagem. Além desses, o GTO conserva relações afetivas de pesquisa e de interlocução com diversos grupos no Brasil, sobretudo por meio do GT História e Marxismo, da Associação Nacional de História (Anpuh) e da revista *História e Luta de Classes*.[1]

[1] Disponível para consulta em www.historiaelutadeclasses.com.br. Acesso em: 17 set. 2024.

Este primeiro livro deverá dar o ponto de partida para uma coleção organizada pelo GTO, sempre como obra coletiva e visando a socializar uma parte do material produzido ao longo dessas décadas. A coleção não se limita àqueles que foram "estritamente" do GTO, mas reúne pesquisadores de outras instituições cujos temas e bases teóricas mantêm afinidade com o grupo. Discriminamos abaixo os principais objetivos desta coleção:

1. **O objetivo principal do grupo é político e intelectual.** Assim, ainda que tenhamos relações estreitas e sérias com a academia, os horizontes do projeto transcendem os estreitos limites de suas atividades, pretendendo contribuir na formação de formadores – isto é, de intelectuais-militantes dedicados a atuar nas lutas de classes em todos os sentidos, na participação concreta, na pesquisa, na divulgação, nas aulas e cursos formais e informais.

2. **Divulgar nossa base teórico-metodológica, contribuindo para a formação de novos grupos e coletivos de pesquisa.** Acreditamos que o GTO tem, como ponto forte, sua forma de compreender a atuação das classes dominantes, notadamente sua organização para a atuação no e a partir do Estado. Uma agenda de publicações do grupo, por conseguinte, deve ser capaz de evidenciar as valências dessa chave analítica, cuja força restará demonstrada por sua capacidade explicativa de problemas da realidade social.

3. **Nossas publicações pretendem tornar o complexo acessível, sem simplificá-lo.** Não podemos abrir mão da complexidade, posto ser precisamente essa forma de compreensão da realidade o que queremos divulgar. Contudo, nosso público-alvo não é apenas a academia e/ou o acadêmico, ainda que saibamos que eles também nos lerão, mas sim os formadores das lutas populares mencionados. Nesse sentido, o imenso desafio é consolidar o acesso a uma realidade aparentemente caótica, sem distorcê-la no processo. Destaque-se: a leitora e o leitor que supomos têm interesse no marxismo, mas não necessariamente dominam seu arcabouço teórico, daí a importância de um trato rigoroso e didático de nossos conceitos, bem como de uma apresentação cuidadosa dos resultados de nossas pesquisas.

4. **Nosso horizonte é o de cooperação entre pesquisadoras e pesquisadores críticos, das mais variadas áreas do conhecimento.** Pretendemos dar visibilidade às nossas pesquisas, mas também ao trabalho de outros grupos de pesquisa com interesses políticos afins. O que nos anima é a colaboração, não a concorrência.

Além desses pontos, o grupo ainda debate a importância de:

1. **Preparar uma intervenção sólida no campo da historiografia brasileira.** Temos consciência dos limitados impactos atuais do marxismo nesse terreno. Identificamos como um objetivo de mais

longo prazo abrir caminho para uma intervenção contundente nessa área, capaz de disputar o campo e oferecer uma forma alternativa e séria de compreender e narrar nossa história.

2. **Atualizar, para a realidade brasileira do tempo presente, as reflexões que vertebram nossa tradição desde o século passado.** Isso significa que precisamos evidenciar as pontes que nos ligam às pesquisas sobre o caráter das burguesias brasileiras, do Estado capitalista no país, das particularidades das classes trabalhadoras e de suas lutas entre nós etc., todas reflexões historicamente constituintes do programa de pesquisa dos marxistas no Brasil. Com isso, pretende-se reagir aos ataques revisionistas que nossa tradição sofre de modo mais incisivo, pelo menos desde os anos 1980, sem ignorar que é necessário demarcar as distinções que tornam nossas investigações uma "nova" forma de iluminar aquelas questões.

Este livro reúne apenas textos de teses ainda não publicadas, como uma espécie de tira-gosto capaz de trazer sabores e até de alimentar, mesmo sabendo que é apenas uma entrada, ou uma parcela da pesquisa original. Nosso objetivo foi reunir pesquisas que incidem sobre temas e questões caros ao GTO. Na primeira parte, uma introdução traz elementos teóricos sobre a análise do Estado em clássicos do marxismo. Na primeira seção, abordamos algumas das múltiplas formas pelas quais as burguesias se relacionam intimamente com o Estado brasileiro, em diferentes instâncias políticas. Além da atuação direta das empresas, que não trataremos aqui, veremos como uma enorme multiplicidade de entidades burguesas sem fins lucrativos integram o próprio cerne do Estado. Há um papel político relevante cumprido pelas classes dominantes nativas, ainda que se relacionem subalterna e multiplamente com suas congêneres estrangeiras. Esse é um dos temas da segunda seção, na qual a dominação empresarial e estatal estrangeira se apresenta sob diversos formatos. Ora atua como uma pedagogia, tanto no sentido de uma educação organizativa para as classes dominantes brasileiras, quanto em relações diretas intraclasses dominantes; ora interfere por meio de lições mais ou menos impostas sobre a maneira pela qual o próprio Estado deve se organizar, como no caso das missões internacionais. Estas, ainda que oficiais e públicas, contam com numerosos representantes burgueses nativos e estrangeiros. Vale destacar que as opções políticas são encaminhadas pelas classes dominantes brasileiras (e não diretamente pelas estrangeiras), o que lhes permite modular o ritmo e a intensidade das “sugestões”, segundo suas próprias conveniências e, em vários casos, segundo suas tradicionais práticas autocráticas. Finalmente, assinalamos a tendência expansiva mais recente na América Latina de entidades empresariais sem fins lucrativos com ampla participação de burguesias locais e estrangeiras, sempre em defesa do capital, embora em diferentes níveis de atuação (econômica, política, social, ideológica).

Este livro demonstra que a atuação política da dominação burguesa não se limita ao espaço partidário formal, o que nos leva a insistir que, sob o capitalismo, a política somente pode ser compreendida como o conjunto dos âmbitos e esferas nas quais as lutas de classes ocorrem. Em outros termos, é possível observar pelo avesso, isto é, pela atuação das classes dominantes, como estas reagem seja às lutas concretas dos subalternos, seja como forma internacionalizada de movimentos de contrarrevolução preventiva. Dessa leitura se infere, ademais, que a subalternidade frente às potências dominantes não resulta apenas de imposições, mas da adesão ativa de classes dominantes locais. A análise do imperialismo não pode desdenhar o papel cumprido por essas classes dominantes nativas, que dele se nutrem e a ele recorrem de inúmeras formas.

Introdução

Sobre o Estado, o capitalismo e as lutas de classe

Virgínia Fontes[1]

Recebi do coletivo de autores do GTO a tarefa hercúlea, impossível de ser cumprida a contento, de realizar uma introdução às principais categorias e às bases teóricas que dão lastro ao conjunto dos trabalhos que realizamos neste livro. O tema central é o Estado, especificamente o Estado capitalista. E, mais ainda, a tarefa envolvia que esta fosse sucinta e redigida da maneira mais clara possível, de forma a permitir que jovens pesquisadores tenham acesso aos elementos que não só nos baseiam em nossas pesquisas, mas que permitem e estimulam nosso avanço. Diante do desafio, a opção foi iniciar por uma apresen-

---

1 Historiadora, doutora em Filosofia pela Université de Paris X, é professora do programa de pós-graduação em História da UFF e da Escola Nacional Florestan Fernandes (ENFF). Coordena o curso de especialização na Escola Politécnica de Saúde Joaquim Venâncio (EPSJV), da Fundação Oswaldo Cruz (Fiocruz). Autora de diversos livros, capítulos de livros e artigos científicos. Participa do Núcleo Interdisciplinar de Estudos e Pesquisa sobre Marx e o Marxismo (Niep-Marx).

tação bastante ampla, que desemboca provocativamente no enfrentamento de alguns lugares-comuns, muito esgrimidos contra Marx e Engels. De antemão, reconheci que eu jamais teria condições de resumir em poucas palavras a imensidão da obra desses autores. Recomenda-se aos leitores que, caso pretendam seguir na pesquisa, enveredem mais decididamente pela obra essencial de Marx, *O capital*. E, se tiverem um pouco mais de tempo, na obra produzida pelos dois amigos revolucionários e, ademais, na extensíssima bibliografia publicada na atualidade, quando se evidencia que é impossível pensar o capitalismo e sua superação sem partir do aporte marxiano. Na sequência, passaremos rapidamente por reflexões dos clássicos de Lenin, Rosa, Trotsky para, na sequência, chegarmos a Antonio Gramsci.

No caso da apresentação de Gramsci, cuja contribuição para a análise do Estado contemporâneo é fundamental, a opção foi realizar um texto um pouco mais longo, organizado por subitens que, espero, facilite aos jovens encontrar algumas chaves fundamentais de seu pensamento. Por fim, abordaremos brevemente a contribuição de Nicos Poulantzas, em especial aquelas próximas às reflexões gramscianas, que tiveram papel importante em muitas pesquisas, além de alguns temas que abrem importantes questionamentos sobre o capitalismo contemporâneo.

Isso posto, é importante lembrar que o marxismo é um campo de intensos debates e mesmo de contradições severas. Não pretendemos esgotar a enormidade da contribuição dos autores aos quais devemos nossa formação. Aqui, apenas afloramos alguns dos temas que integram o marxismo.

Ensaio sobre o poder: da coordenação do sociometabolismo à sua usurpação – classes sociais e Estado

O Estado é muitas vezes apresentado como sinônimo de poder. Isso não é falso, mas é insuficiente. Ora, o Estado é a expressão oficializada da usurpação de qualidades propriamente humanas – a organização do trabalho, a colaboração, a cooperação, a cultura, a construção de conhecimento na produção e na reprodução da vida social – no ato sociometabólico primário e perene de relacionar-se com a natureza. Estas qualidades constituem o *fundamento efetivo do poder* e estão condensadas no ato do trabalho – pois envolvem a relação entre ser social e natureza ao produzir coletivamente a subsistência e ser fonte de riqueza (transformada e extraída). O fundamento efetivo do poder – a sociabilidade do ato sociometabólico – envolve a força coletiva, o conhecimento, as formas de persuasão e de transmissão, como a educação.

A existência de qualquer classe dominante repousa sobre a exploração do trabalho de grupos subalternos. Nessas condições, o Estado é a mais importante expressão hierárquica e armada da *usurpação do poder*, ao consagrar a sujeição e a obediência à dominação de classes e afastar os seres sociais da compreensão de seu próprio papel na totalidade da vida social. A aparência e rituais estatais o apresentam como algo separado e acima da sociedade, procurando diluir as profundas cisões internas da vida social resultantes da divisão de classes. É mera aparência a suposição de que o Estado concentre todo o poder, ainda que concentre os meios da violência. Essa aparência envolve ainda figurar o Estado como se estivesse acima também das classes dominantes. Assim, em primeiro lugar, o Estado apaga simbolicamente a fonte social de poder, que é a relação social com a natureza, com o mundo circundante. Em seguida, ele legaliza, legitima, protege e coparticipa da dominação de classes. Ambos se nutrem do sobretrabalho realizado pelos seres sociais e de formas variadas de apropriação privada da natureza.

Lembremos que o ser social se constituiu como um verdadeiro salto ontológico frente aos mundos mineral (inorgânico), vegetal e animal (orgânicos) que o antecederam. Seguindo as pegadas de Marx e de Engels, Lukács redigiu uma das mais impactantes investigações sobre o tema, insistindo que tal salto ao mesmo tempo *rompe limites anteriores e mantém a estreita correlação do ser social com o ambiente – orgânico e inorgânico – o qual integra e do qual depende*. Não se consegue datar tal salto, como destaca o autor, nem separar o trabalho, elemento fundante dessa hominização, das demais determinações (cultura, linguagem, cooperação), com as quais compartilha a sociabilidade humana. O trabalho, essa atuação teleológica, garantidora de vida social e lastro da produção de conhecimento, condição da relação sociometabólica (relação histórica entre seres sociais e natureza), fundamenta o processo de humanização do ser social e sua própria historicidade.[2]

Insistimos que o *fundamento efetivo do poder social* é, sobretudo, a forma da organização coletiva desse processo sociometabólico de produção e reprodução da vida biológica e social. Estamos lidando com uma categoria que é, necessariamente, histórica e, portanto, se modifica em função das especificidades das relações sociometabólicas, expressas

---

[2] Ver “O trabalho”, em Lukács, György. *Para uma ontologia do ser social*. São Paulo: Boitempo, 2013, vol. II, p. 41-158.

em modos de ser ou, ainda, em modos de produção. Essa organização não é apenas "econômica", pois somente na sociedade contemporânea se pretende existir uma separação brutal entre uma "economia" descarnada e o conjunto das atividades sociais. A constatação de modalidades históricas muito diversas para esse arranjo sociometabólico (os modos de produção ou de formas de ser) denota o *controle coletivo desse poder* ou, ao contrário, sua usurpação.

A existência de classes sociais, assim como a expansão de formas variadas de opressão – racismo, machismo, patriarcalismo, xenofobias, capacitismos, etarismos etc.–, são a expressão de que o controle, usurpado por pequenos grupos, dessa organização sociometabólica conserva, modifica e simultaneamente precisa aumentar a fonte fundamental do poder (o trabalho) e negar sua relevância social. Em nenhuma circunstância as sociedades de classes podem se manter sem impor, controlar e extorquir sobretrabalho. Assim, o poder real e concreto, isto é, a relação efetiva que os seres sociais estabelecem com a natureza (indispensável base da existência e da cultura, incorporando uma infinidade de relações), se mantém no terreno concreto da reprodução da vida, incluindo o trabalho e sua relação sociometabólica e cultural. Já o Estado, como expressão armada, oficializada e ritualizada do *poder social usurpado*, que depende do trabalho dos subalternos e é imposto a eles, impõe por seu turno "autoridade" econômica, militar, social, ideológica pela dupla vertente da violência e do convencimento.

Não se imagina que as classes levem existências estanques, apartadas, nem mesmo nas situações onde tais condições parecem imperar – como no escravismo. Ao contrário, há uma conexão íntima e dolorosa – historicamente diversificada – entre as classes sociais, embora as definições mais consagradas em cada período histórico remetam ao contraste entre elas, à sua diferenciação, à desumanização de uns em prol da humanização ou sacralização de outros. Malgrado as enormes contradições e sofrimentos que provoca, a ritualização da classe dominante e do Estado é compartilhada socialmente e as resistências e lutas contra ela são constantes. Trata-se, portanto, de uma contradição permanente, entre a recusa da desigualdade imposta e a tentativa de igualar-se aos dominantes. Eis uma das funções cruciais do Estado: sacralizar e/ou naturalizar a dominação de classes. Por isso, precisa apresentar-se como indispensável à continuidade da existência social.

A organização da vida social e da relação sociometabólica (que envolve a produção, a relação com a natureza, assim como a reprodução e a cultura), da mesma maneira que as funções de coordenação de vários tipos, como na produção de conhecimento, no enfrentamento de novas situações etc., atravessam todas as sociedades humanas. Se o Estado expressa uma necessidade real de coordenação, sua forma e seu conteúdo de classes extrapolam (usurpam) tal função, pretendem apagar/desqualificar a memória das práticas históricas precedentes e, sobretudo, impedir uma coordenação coletiva futura não coercitiva. Ele não se limita unicamente a assegurar, como se fosse uma externalidade, a atuação direta das classes economicamente dominantes. Desde muito precocemente ao longo da história, o Estado *compartilha* da dominação, pois é o órgão de *controle* do conjunto do processo produtivo, implantando a contabilidade e garantindo que a produção e a reprodução da base produtiva recomponham tanto a usurpação ritualizada do poder coletivo, por meio de impostos e taxações, quanto assegure a reprodução dos grupos dominantes. Isso inclui extrair sobretrabalho para manter os séquitos dos dominantes e do próprio Estado (escribas, intelectuais, setores armados, religiosos etc.). Se as classes dominantes em alguns momentos reafirmam seu próprio isolamento, como por exemplo frente aos escravos ou à plebe, fica a cargo do Estado a dupla tarefa de garantir a usurpação e de construir modalidades – historicamente muito variadas – de rituais, de encenações, de memória que remetam à incorporação dos subalternos. Tudo isso é feito de modo a perpetuar tais sociedades fraturadas, mas cuja dominação exige que se considerem como unidas, não cindidas.

O próprio Estado é, pois, desde suas origens remotas, espaço de enormes contradições, e sua forma não é idêntica ao longo dos tempos históricos. Ao contrário, diversas configurações históricas alteram seu formato, suas características e suas formas de agir. Definir o Estado meramente pelo "monopólio da violência" deixa de lado dois elementos importantes de sua conexão com as classes dominantes: a) estas também exercem violência direta, consentida pelo Estado, mesmo em períodos de paz, tanto por meio da coerção econômica quanto da imposição de diversas formas de violência, como o direito às primícias medievais, os castigos e punições infligidos a trabalhadores sob as mais variadas maneiras em todas as formações históricas de classes, assim como as inúmeras violências econômicas e simbólicas; e b) esquece convenientemente o papel de copartícipe na exploração que o Estado executa nas mais diversas esferas da vida social. Sua tarefa de acompanhamento (e taxação) da totalidade dos recursos produtivos em um dado território mais ou menos definido, de apagamento da usurpação que endossa e que exerce, além de sua contínua reprodução (e mesmo expansão) para assegurar a própria reprodução de seus "funcionários" em sua intimidade com as classes dominantes, são todos traços que convivem com a urgência do controle e incorporação do conjunto da população. O corpo estatal é adestrado a controlar essas tensões segundo procedimentos que respondem a práticas históricas e temporalidades muito diversificadas.

Tais tarefas "controladoras e adaptativas" apresentam o mundo fraturado existente como o único "mundo real, efetivo e necessário" a ser preservado. Elas são cumpridas muitas vezes de maneira técnica, o que não descarta violências diversas, como imposições múltiplas aos trabalhadores, mas também de maneira brutal, como espetáculos de mídia voltados para a formatação da violência (desde o feroz circo romano até a mídia, *games*, produção fílmica e controle algorítmico das comunicações, por exemplo). Mas o Estado age também por formas variadas de sedução, como a distribuição de migalhas (rituais, expressões filantrópicas e, em alguns casos, até mesmo concessões aos grupos renitentes) ou ainda pela exibição de ascensão social promovida pela participação de alguns setores subalternos no próprio Estado. O ingresso no Estado nas burocracias, como foi o caso dos escribas egípcios ou chineses na Antiguidade, substituídos pelos atuais funcionários de setores estratégicos, é historicamente um dos meios de capturar parcelas dos setores populares para as funções de controlar e adaptar os demais subalternos.

Contudo, as contradições incidem também no interior das classes dominantes, as quais, muito frequentemente, competem entre si e disputam o comando e o direcionamento do Estado. Guerras entre senhores, traições e assassinatos entre a nobreza e os poderosos e, em tempos capitalistas, lutas intestinas entre corporações e guerras imperialistas demonstram o papel decisivo do Estado no sentido de assegurar a continuidade da relação de classes. Tais tensões intraclasses dominantes são constitutivas. O Estado expressa então sua única razão própria, a manutenção da ordem dominante, colocada apenas de maneira ritual acima das frações. Em último caso, ela pode ser a ordem imposta pelos vencedores nessas disputas. Reconstitui-se o Estado, agora sob novo formato (ou nova direção), renovando sua ritualização da ordem. Antes como depois, ele depende diretamente da continuidade da extração de sobretrabalho que o sustenta, levada a efeito pelas classes dominantes.

Como se pode imaginar, a sobrevivência e a expansão de sociedades de classes envolvem uma multiplicação de "poderes" construídos por múltiplas hierarquias tanto no interior das classes economicamente dominantes quanto no interior dos setores estatais destinados a perpetuar essa dinâmica social. Tais hierarquias se disseminam também no interior das classes dominadas ou subalternas, em parte reproduzindo as estratégias dos grupos dominantes e dos seus "dirigentes" como adesão ativa ou passiva, em parte endossando formas históricas pretéritas de desigualdade convertidas em "tradição" naturalizada da existência (como racismos, machismos, xenofobia). As modalidades de controle/violência sobre mulheres, crianças, homossexuais, estrangeiros, animais etc. se modificaram historicamente, mas, longe de desaparecer, se amplificaram. As diferenças étnicas, religiosas e/ou culturais assumem papel fundamental nesse processo, como confirmação da ordem social dominante. Em algumas situações, chegam a ser denunciadas como inimigas (apontadas como fonte de contaminação e degradação), reforçando hierarquias (sob vários formatos) e sobretudo associando-se ao papel estatal. Esse é o caso extremo dos fascismos, mas também pode ser normalizado ou ritualizado por meio de inúmeras legislações que negam as desigualdades enquanto as reafirmam. Vale lembrar do *apartheid*, da segregação social urbana, do racismo e da persistente desigualdade das mulheres no mercado de trabalho.

Essas desigualdades prévias, ao se conservarem e aprofundarem, convertem-se em poderes, e passam a conviver e repousar sobre a usurpação primária e fundante. Embora muitas desigualdades se originem de situações assaz diversas, todas elas promovem tensões internas e, na maioria dos casos, são confirmadas pelas classes dominantes, instituídas por meio de regras religiosas, de legislações ou de práticas costumeiras. Tornam-se tentáculos de poder, orbitando em torno da usurpação fundamental e retroalimentando-a. São, como se depreende, o terreno de inúmeras lutas sociais que expressam o enfrentamento reiterado aos processos de cristalização social das desigualdades – imposta pelas classes dominantes – e de sua consolidação pelo Estado.

Para outros, o poder reside na técnica, na capacidade de inovação e de intensificação da produção. Ora, a tecnologia é uma invenção social que responde a determinadas interrogações, possibilidades e necessidades. Em sociedades divididas em classes, e em especial no capitalismo, o produtivismo é um imperativo central das classes dominantes e do Estado, sua maneira de extrair volumes crescentes de sobretrabalho (mais-valor) e de avançar sobre os bens naturais. A tecnologia parece revestir uma capacidade inumana, uma potência descolada das relações sociais, quando resulta de carências, contradições e de imposições. Como já mencionamos, o fundamento do poder é a própria atividade sociometabólica e não uma de suas características tomadas em separado.

O que designamos como "expansão das forças produtivas" é um processo duplo: de um lado, assinala o aumento da capacidade de muitas sociedades de produzirem para além do que é estritamente necessário para a reprodução do conjunto social. Além de técnicas, muitos elementos podem ser considerados aqui a forma da organização da produção, a incorporação (ou descarte) das contribuições diretas dos trabalhadores, o conjunto das relações culturais e de sociabilidade que favorecem a atuação coletiva ou a obstaculizam. Praticamente em todas as sociedades ocorre produção regular ou casual de excedentes, que podem se converter em formas de prevenção de momentos difíceis e de festejos e compartilhamento.[3] Nas sociedades de classes, entretanto, os subalternos são *impelidos* a produzir excedentes para assegurar a existência de classes dominantes e de seus sustentáculos, como o próprio Estado com seus setores armados, burocracia e intelectuais, além de setores religiosos.

Em contrapartida, as forças produtivas só podem evoluir dentro de um contexto social: as relações de produção, ou

3 Excelente e provocativa reflexão sobre essa questão se encontra nas obras de Pierre Clastres e de Marshall Sahlins, este último declaradamente não marxista, que demonstram como as sociedades ditas "primitivas" limitam o tempo de trabalho de maneira que as necessidades coletivas sejam satisfeitas, produzindo apenas excedentes necessários à coletividade. Com isso, garantem fartura, mas também agem coletivamente para impedir desigualdades e o exercício de formas coercitivas internas. Sahlins, Marshall. *Âge de pierre, âge d'abondance*. Paris: Gallimard, 1976 (original, *Stone age economics*, 1972) e Clastres, Pierre. *A sociedade contra o Estado*. São Paulo: Cosac Naify, 2007.

seja, a expressão mais direta das formas da propriedade sobre o processo produtivo. Enquadrar, domesticar e conter as forças produtivas é, portanto, o interesse direto das classes dominantes e do Estado, que atua como direcionamento do que deve ser a tecnologia e como filtro frente às possibilidades criadas no interior da sociedade. O desenvolvimento das forças produtivas, tomado unilateralmente como técnica ou gerência, tende a reafirmar as formas de dominação vigentes. Tal desenvolvimento truncado expressa a intensificação de contradições, uma vez que gera e reverbera modificações importantes – já que, mesmo que secundariamente, responde a reivindicações dos subalternos – na relação com a natureza e na divisão social do trabalho, aumentando a potência da atividade humana e ampliando as exigências de elaboração de conhecimentos, tanto sobre as características naturais quanto sobre as formas sociais. De maneira muito simplificada, podemos considerar que as potências produtivas, cognitivas, culturais e associativas das sociedades se multiplicaram, mas nas sociedades de classes – e em especial no capitalismo – seguem contidas sob o tacão de relações voltadas para a perpetuação da sujeição do trabalho e dessa usurpação do poder que o Estado oficializa. Tecnologias, práticas, saberes e conhecimentos poderiam ser direcionados para melhorias para todos e para a preservação da vida, mas, ao serem truncados pela extorsão do sobretrabalho, pela devastação ambiental e pela usurpação estatal, privam os produtores e reprodutores da vida das decisões cruciais, assujeitando-os. Um produtivismo em busca incessante de lucro intensifica a destruição da natureza e dos próprios seres sociais.

Alguns apresentam o desenvolvimento das forças produtivas como uma espécie de objetivismo matematizante, calculista e "neutro", observando apenas as quantidades da produção, a maquinaria e as técnicas empregadas. Trata-se de uma abordagem importante, mas esse procedimento se distancia do conjunto das relações sociais carregadas de desigualdades a serem enfrentadas. Também deixa de lado tradições, afetos, afetividades, aspirações, em outros termos, subjetividades e conhecimentos gerados não apenas no interior do processo produtivo, mas da própria vida social. As contradições podem ser expressas em números, mas não são apenas elementos abstratos – atingem todos os âmbitos da vida social. Tal "neutralidade" tende ainda a deixar de lado o sociometabolismo e a necessária recomposição da própria natureza que compartilhamos, contribuindo para uma visão unilateral, como se o aumento da capacidade produtiva não se relacionasse com todo o conjunto da vida social e natural. Nos afastamos das concepções tecnicistas ou "neutras" para reafirmar que só há efetivo avanço nas forças produtivas quando avança a socialização do processo de produção e reprodução sociometabólica.

As formas da usurpação – Estado e capitalismo

A escravidão moderna, lastro do capitalismo contemporâneo, é talvez a mais brutal forma de sujeição dos seres sociais, pois rompeu os elos territoriais e históricos concretos das populações, apropriou-se dos corpos pela violência e interditou elos familiares, religiosos e culturais – que passaram a ser vividos como formas de resistência. Nela, entretanto, ainda subsistia a vinculação entre o ser social e o minúsculo âmbito de natureza que lhe era atribuído – mesmo se de maneira forçada – como espaço de produção para a sua própria sobrevivência. É sempre importante relembrar que a escravização em amplíssima escala foi uma das práticas violentas fundadoras do capitalismo contemporâneo.

No século XIX, houve uma libertação efetiva da escravidão, mas outra forma de sujeição, mais ampla e flexível, tomaria seu lugar. Agora, o feitor a açoitar o trabalhador é a própria necessidade da subsistência. As sociedades capitalistas aprofundaram a usurpação por meio das expropriações e intensificaram a dependência dos trabalhadores frente às classes dominantes. O poder real – a atividade efetiva, a confecção de bens de todos os tipos, inclusive intelectuais, científicos e culturais, a produção e reprodução da vida em todas as suas dimensões, em sua relação com a natureza – passou a depender da atuação de massas sempre crescentes de seres expropriados, "meros trabalhadores", considerados "livres", pois não atados por laços diretos com os proprietários da riqueza. Essa é uma característica crucial do capitalismo, que o distingue dos demais modos de produção baseados em classes – a expropriação massiva dos seres sociais, impedindo seu acesso à terra e aos meios de trabalho, interdita a produção e reprodução de suas condições de subsistência de maneira direta, familiar ou coletivamente. Rompe-se a relação histórica dos seres sociais com a natureza, que passa a ser definida e determinada pelas classes dominantes, que agenciam os sujeitos expropriados de maneiras variadas para que realizem processos de trabalho condizentes com as aspirações e necessidades de tais classes dominantes. Generaliza-se a mercantilização da vida social, e sua expressão mais profunda é a transformação em mercadoria da própria força de trabalho ou da capacidade de realizar a transformação da natureza (esta apresentada doravante apenas como matéria-prima), submetida às determinações de seu comprador.

Os sujeitos são empurrados para os centros urbanos à procura de subsistência e convertidos em trabalhadores *tout court*, conquistaram direitos por meio de intensas lutas, visando bloquear a voracidade do capital sobre suas existências sociais. Mas o Estado, agora avalista da produção capitalista, garante sobretudo a reprodução do capital, e os trabalhadores enfrentaram novas e seguidas expropriações,[4] aprofundadas por concorrência brutal no cenário internacional, que intensificam as expropriações de direitos. O assalariamento ou a venda da força de trabalho – contratual ou não, precarizado ou plataformizado – é a expressão concreta dessa relação de dominação, base da produção da acumulação de riqueza e da reprodução ampliada do capital.

A usurpação do poder no capitalismo tem ainda outra face, a imposição de um tipo peculiar de propriedade,[5] a ser assegurada com intransigência pelo Estado. Trata-se de uma propriedade de caráter *exclusivista*, que impede a todos os demais o *acesso* aos bens privadamente apropriados, inclusive e sobretudo o acesso à natureza; propriedade cuja enorme mobilidade é assegurada pela generalização do dinheiro, de letras de câmbio e de variadas moedas (inclusive virtuais), o que permite o controle e a alienação à distância dos bens e da terra. A propriedade capitalista viola a relação fundamental entre o trabalhador e seus meios de existência.

4 Fontes, Virgínia. "A transformação dos meios de existência em capital – expropriações, mercado e propriedade". *In:* Boschetti, Ivanete (org). *Expropriação e direitos no capitalismo*. São Paulo: Cortez Editora, 2018, p. 17-61.

5 Vale explorar o livro de um autor não marxista, que expõe a transformação nas formas de pensar e sentir ligadas à expansão do capitalismo e da propriedade privada. Hirschman, Alberto. *As paixões e os interesses: argumentos políticos para o capitalismo antes de seu triunfo*. Rio de Janeiro: Paz e Terra, 1979.

> Como se explica que um dos grupos compre constantemente para realizar lucro e enriquecer-se, enquanto o outro grupo vende constantemente para ganhar o pão de cada dia? A investigação desse problema seria uma investigação do que os economistas chamam 'acumulação prévia ou originária', mas que deveria chamar-se expropriação originária. E veremos que essa chamada acumulação originária não é senão uma série de processos históricos que resultaram na decomposição da unidade originária existente entre o homem trabalhador e seus instrumentos de trabalho.[6]

A propriedade capitalista persegue, destrói e criminaliza todas as demais formas históricas de relação com a natureza e entre os seres sociais (ou relações de propriedade), com especial virulência contra as de tipo comunitárias e coletivas. Rosa Luxemburgo, em impactante capítulo sobre "A luta contra a economia natural", mostra a atuação devastadora da expansão colonizadora do capital e da imposição de sua forma de propriedade, analisando "o método da destruição e da aniquilação sistemáticas e planejadas dessas organizações sociais não capitalistas, com as quais [o capital] entra em choque por força da expansão por ele pretendida".[7] Vale sempre lembrar que a propriedade privada a que se refere Marx é a dos meios de produção, ou do acesso à natureza, ou ainda dos instrumentos e recursos que permitem que a produção ocorra, e não a propriedade ou posse dos objetos usuais. E isso exige lembrar que a defesa estatal das classes capitalistas incide quase exclusivamente sobre a propriedade do próprio capital ou do controle dos recursos sociais de

---

6 Marx, Karl. "Salário, preço e lucro". *In:* Marx, Karl. *O capital,* livro 1, tomo 1. São Paulo: Nova Cultural, 1996, p. 99.

7 Luxemburgo, Rosa. *A acumulação de capital*. São Paulo: Nova Cultural, 1985, p. 254.

produção. Continuamente, as massas são desprovidas de seus bens, de suas casas por especulação ou gentrificação, expulsas de suas regiões pelo aumento de impostos e tarifas (como as de eletricidade e de acesso à água), têm suas moradias e bens extorquidos por projetos públicos, devastados por tragédias ou ainda por dívidas. Não é, pois, a propriedade dos bens da população aquela que o Estado capitalista defende.

Falar de propriedade do capital traz o tema da concentração de riquezas. Ao longo dos séculos XIV a XIX, o enriquecimento de alguns setores burgueses se deu por meio do saque do continente africano, da escravização e transplante de seus habitantes, da sujeição e destruição das comunidades camponesas e indígenas originárias em quase todos os quadrantes do mundo, da pilhagem das Américas e até mesmo roubo do Estado feudal e da Igreja (então espinha dorsal da dominação), dentre outras práticas pouco edificantes. Importantes lutas intraclasses dominantes irromperam e levaram à instauração do Estado capitalista.

No século XXI, seguimos assistindo ao esbulho de continentes inteiros, à monopolização privada das águas, ao saque dos recursos minerais (com destaque para o petróleo, mas incidindo sobre todos os bens comuns naturais, inclusive águas doces e florestas), à devastação ambiental. Tais práticas brutais são condição para a exploração contínua e aprofundada do sobretrabalho. A generalização da mercantilização da existência dependeu de expropriações massivas, da imposição da propriedade capitalista e da atuação coercitiva do Estado, convertendo a potência do trabalho em mercadoria (força de trabalho). Trabalhadores são impelidos a vender sua força de trabalho em troca do equivalente à sua subsistência/reprodução, porém são capazes de produzir mais do que o necessário para a sua reprodução. Este segredo do mais-valor é a mola propulsora da acumulação e da concentração de riqueza sob o capital. Sabemos que até essa aparente troca de equivalentes (força de trabalho por salário) é continuamente truncada por uma maior concorrência entre trabalhadores imposta, por sua vez, pela intensificação de expropriações.

Apesar das transformações nos processos produtivos impulsionados pela expansão capitalista, a força vital humana (e social) de produção da riqueza e de transformação da natureza jamais deixou de ser crucial. Ao contrário, apesar da enorme acumulação de riqueza em poucas mãos, dos desastres ambientais que esse processo promoveu e do aumento exasperado das desigualdades sociais, o capital segue explorando a força de trabalho em condições cada dia pioradas. Este é um jogo de cartas marcadas, pois expropria os seres sociais das terras e águas, demite, retira direitos e assim produz novos trabalhadores, em crescente concorrência, incessantemente ameaçados com o "fim do trabalho". O que está em curso é a eliminação do emprego com direitos. Esse processo é nítido na introdução de plataformas e algoritmos de sujeição, controle e vigilância dos trabalhadores, sem que à atividade laboral que exercem correspondam quaisquer direitos.

Longe de diminuir, a classe trabalhadora expropriada aumentou exponencialmente. Aqui reside uma contradição fundamental: os processos de exploração da força de trabalho levaram a uma intensa socialização dos trabalhadores contraposta à concentração da propriedade. De início, nas fábricas; na sequência, nas grandes corporações (fordistas, tayloristas, toyotistas) que se expandiram por meio das multinacionais, agregando a contribuição de trabalhadores de todos os quadrantes do planeta. Se acrescentam a essas formas clássicas as novas corporações multinacionais que procuram evitar a presença coletiva dos trabalhadores, subordinando-os massivamente por meio de plataformas informáticas (algoritmos), embora dispersos em diferentes territórios e países.

Desde os primórdios do capitalismo, tal Estado, expressão ritualizada da usurpação da capacidade de coordenação coletiva, é apresentado por seus apologistas como se correspondesse à própria "natureza humana" sem o qual a humanidade recairia na "barbárie" ou na "guerra de todos contra todos". Para defender tal usurpação, se erguem muralhas e bases militares, formas múltiplas de apagamento dessa relação fundamental. O poderio estatal e bélico se erige como se constituísse o fundamento do poder, quando é acima de tudo a oficialização ritual de sua usurpação. A usurpação do poder concreto presente na relação sociometábolica dos seres sociais segue ocultada em sua forma máxima no Estado capitalista contemporâneo e em sua garantia de classes dominantes, protegendo sua extrema centralização do controle das condições de produção. Seu papel fundamental: apagar incessantemente o conteúdo real e concreto desse poder – a atividade produtiva social e metabólica.

Essa intensa, crescente e variável atividade sociometabólica fundadora – o trabalho – se revestiu no processo histórico de inúmeras modalidades, foi assujeitada, dividida e fracionada, mas também organizada e socializada em escala sempre crescente, o que incide tanto na composição concreta dessas massas trabalhadoras na atualidade quanto na sua percepção do mundo. O trabalho abrange na atualidade um leque gigantesco de atividades e sua divisão ultrapassa há séculos as fronteiras nacionais. Também a natureza, fonte crucial de vida para a existência humana, foi atacada e fracionada, na forma da propriedade, o que favoreceu sua exteriorização, como se não integrasse o ambiente da própria vida e se constituísse em mero objeto externo, alvo de devastação.[8]

O capitalismo se caracteriza por um duplo movimento: o da "produção" massiva de trabalhadores – isto é, seres expropriados de todas as condições de produzirem sua própria subsistência – que é contrapartida da apropriação privada dos bens naturais (coletivos) e dos socialmente produzidos, convertidos em capital (ou seja, uma maneira de subordinar trabalho vivo).

Em alguns países centrais, no imediato pós-Segunda Guerra, essa dinâmica parecia tender a um processo de generalização do assalariamento contratual, com a garantia de direitos sociais e a melhoria das condições de vida das maiorias. O Estado capitalista parecia se despir de seu atributo de garantidor da usurpação primária, exibindo-se como se tivesse se convertido em um garantidor dos direitos sociais. A ilusão que se projetou para a maioria das nações durou apenas 30 anos e teve vigência somente em alguns países,

---

[8] Vale ver a esclarecedora aula de Eduardo Sá Barreto e Camila Moreno, "Hipotecando o futuro e a questão do presente no contexto da financeirização da vida", com a mediação de Luís Fernando Novoa, em curso realizado por parceria entre a editora Boitempo e o Jubileu Sul. Disponível em: www.youtube.com/watch?v=OT3zS_50Tgs. Acesso em: 15 abr. 2024. A questão ultrapassou na atualidade as escalas nacionais. Mészáros faz uma extensa reflexão sobre as dificuldades de as sociedades pós-revolucionárias superarem a dinâmica do capital. Mészáros, István. *Para além do capital*. São Paulo: Boitempo, 2002, p. 347-600.

exatamente os que exerciam intensa pressão imperialista sobre os demais.[9]

A dinâmica social expansiva do capital em escala planetária resulta em massas trabalhadoras submetidas a uma centralização e concentração sem precedentes da riqueza socialmente produzida. A *própria percepção da atividade sociometabólica coletiva que exercem* escapa aos seres que a realizam e, com isso, o trabalho a cada dia mais abstrato implanta-se como mera forma de vida cotidiana e banalizada.

O cerne da produção capitalista – a relação entre capital e trabalho – repousa sobre uma forma abstrata, o *valor*, cujo fundamento nada mais é que o *tempo de trabalho socialmente necessário* para a fabricação das mercadorias e que ignora (abstrai) o tipo específico de atividade ou de bem produzido, sua utilidade ou as necessidades humanas. Todas as qualidades são abstraídas, restando apenas uma quantidade, o valor, cuja substância é o tempo de vida humana despendido em atividade produtiva. O capital, por seu turno, parece impelido de maneira cega a subordinar massas crescentes de seres sociais disponíveis à realização de qualquer atividade, o que reitera seu caráter abstrato, pois apaga sua forma social específica sob a forma dinheiro. Para o capital, os trabalhadores são apenas uma massa indiferenciada da qual se pode empregar o seu valor de uso, ou seja, a capacidade especificamente humana de produzir valor de maneira altamente lucrativa,

---

9 Muito precocemente, Engels havia advertido como a expansão do capitalismo colocava os povos em competição, como entre os irlandeses e os ingleses (Engels, F. *A situação da classe trabalhadora na Inglaterra*. São Paulo: Boitempo, 2008), assim como Lenin argumentou que parcela das conquistas dos trabalhadores dos países imperialistas decorria da devastação dos países colonizados ou dependentes. Lenin, Vladimir. *Imperialismo, estágio superior do capitalismo*. São Paulo: Boitempo, 2021.

pois há enorme diferença entre a capacidade de produzir e o custo (socialmente medido) de reprodução dos e das trabalhadoras. Não por acaso, a denominam "mão de obra", desvinculada de toda sua subjetividade e atividade concreta.

> O último ponto para o qual é preciso chamar a atenção no trabalho, tal como ele se defronta com o capital, é que o trabalho, como o valor de uso que se defronta com o dinheiro posto como capital, não é esse ou aquele trabalho, mas é trabalho por excelência, trabalho abstrato: absolutamente indiferente diante de sua determinabilidade particular. Por outro lado, o próprio trabalhador é absolutamente indiferente à determinabilidade de seu trabalho; o trabalho enquanto tal não tem interesse para ele, mas tão somente na medida em que é trabalho em geral. Diante do capital, o trabalho é a simples forma abstrata, a simples possibilidade da atividade que põe valor, que só existe como habilidade, faculdade, na corporalidade do trabalhador.[10]

A extensão capitalista em escala internacional tem como contrapartida a propulsão de desqualificações as mais diversas, ao estimular preconceitos que reativam as formas históricas das desigualdades sociais. São desqualificações que se originam "pelo alto", como expressão do mero uso de força de trabalho mais barata pelas classes dominantes, mas cuja

[10] Marx, Karl. *Grundrisse*. São Paulo: Boitempo; Rio de Janeiro: Ed. UFRJ, 2011, p. 230-231. Há um relevante debate sobre a centralidade do trabalho para a superação do capitalismo. Mészáros nos lembra que tal superação exige enfrentar simultaneamente o capital, o trabalho (organizado e vivido como decorrência do capital, alienado e estranhado) e o Estado. Marx já mencionava a auto-organização dos produtores associados e o aumento do tempo para inúmeras atividades, reduzindo-se o tempo necessário à subsistência, o que é diverso de uma "classe trabalhadora" que pretenda se perpetuar como tal, o que reiteraria a própria alienação. Em todos os casos, porém, vale lembrar que é a concretude de massas trabalhadoras que precisa enfrentar o capital e seu Estado, de maneira que possa se converter em forma organizativa coletiva emancipadora, contra sua redução à condição de mera "força de trabalho".

exploração ainda agrava a condição do conjunto das classes trabalhadoras pela concorrência assim imposta. Tais práticas reverberam "desde baixo", como uma espécie de autodefesa de setores dos trabalhadores, que se sentem ameaçados em suas posições ou em seus direitos, sempre precários, pela concorrência com mulheres ou estrangeiros, por exemplo. Preconceitos xenófobos, racistas ou machistas internalizados pelas classes trabalhadoras são uma falsa proteção, posto que enfraquecem sua capacidade de enfrentar as classes dominantes e seu Estado. Ora, a preocupação maior dos grupos dominantes é o enfrentamento popular conjunto contra a raiz das explorações e das opressões.

Acrescenta-se a imposição de uma chantagem recorrente que, no século XXI, chega a uma escala sem precedentes, com ameaças diárias do fim do trabalho. Embora anunciado dessa maneira, como parte da chantagem patronal e midiática, não se verifica o fim do trabalho, mas a redução de emprego com direitos e a piora das condições laborais.[11] Em 2023, assistimos a mais uma dessas chantagens, a da "Inteligência Artificial", que se superpõe à ameaça da informatização toyotista. Esta, por sua vez, acoplou-se à ameaça da mecanização do fordismo e, se remontarmos às chantagens no tempo, encontraremos seus primórdios no século XVIII, quando a mecanização das tecelagens ameaçava o emprego daqueles trabalhadores, mas não o fim de sua necessidade de trabalhar mesmo em condições pioradas. Vivemos como

11 Mattos, Marcelo Badaró. *A classe trabalhadora de Marx ao nosso tempo*. São Paulo: Boitempo, 2019 e o já clássico livro de Antunes, Ricardo. *Adeus ao trabalho? Ensaio sobre as metamorfoses e a centralidade do mundo do trabalho*. São Paulo: Cortez, 1995. Ver também Fontes, Virgínia. "Capitalismo em tempos de uberização: do emprego ao trabalho". *Revista Marx e o Marxismo*, v. 5, n. 8, jan./jun. 2017.

em uma grande repetição do início da grande indústria capitalista, marcado pela revolta dos ludistas, quebrando as máquinas que eliminavam seus empregos.

A compreensão do *fundamento do poder,* portanto, segue central para a análise de qualquer aspecto da sociedade capitalista – político, cultural, educativo, econômico, militar, ideológico, artístico, ético etc. Em outros termos, o Estado não é uma instituição ou entidade que possa ser compreendida separadamente das relações e contradições que predominam na vida social. E tais relações e contradições são objetivas e subjetivas, são evidenciáveis e experienciadas, seja como sofrimento, seja como festa: ambos subvertem por instantes a dinâmica dominante. Trata-se de fincar o processo analítico no mundo de mulheres e homens reais e concretas/os em sua relação com a natureza. Somente não se afastando desse solo é possível analisar as inúmeras mediações, contradições (e tragédias) que proliferam no Estado capitalista contemporâneo. Ritualização e organização da usurpação das classes dominantes convivem com conquistas políticas realizadas pelos subalternos, assim como uma contínua pressão por sua devastação. A contradição entre as massas crescentes de trabalhadores (com ou sem empregos, mas destinadas ao trabalho) e a usurpação de seu poder, reafirmada na potência econômica, tecnológica, estatal, bélica, midiática etc., que se contrapõe à própria humanidade, chega a seu ponto mais extremo.[12]

Ela é ainda mais central em nosso caso, pois nos dedicamos ao estudo da atuação das classes dominantes e sua ín-

12 “Apaixonados pela Mercadoria, o pensamento dos brancos esfumaçou e foi engolido pela noite”, vídeo baseado no pensamento de Davi Kopenawa Yanomami. Disponível em www.youtube.com/watch?v=V6qWJQG8iFA. Acesso em 21 mar. 2023.

tima relação com o poder estatal. Ter em mente como ponto de partida histórico e concreto a efetividade dessa usurpação e a autonomização com que tal poder estatal parece se exercer e, além disso, insiste em se apresentar, nos exige levar em conta permanentemente as muitas maneiras pelas quais essa contradição fundamental se aprofunda, se expressa, é vivida, nomeada ou silenciada, e ainda como se naturaliza mesmo entre pensadores críticos.

A cada dia mais complexo, dadas as dimensões do capitalismo contemporâneo, o Estado tem, como necessidade de sua própria existência, o imperativo de assegurar a expansão do capital e a sujeição das classes subalternas; a unificação dos dominantes e a desorganização dos subalternos. A recorrente distância entre lutas econômicas e lutas políticas reafirma como a sociedade capitalista precisa separar Economia e Política em entidades distintas, entificadas. No mundo do capital privado, a propriedade (o mercado) seguiria "leis naturais", impondo expropriações, devastação, exploração e opressões como condições igualmente naturais. Entre dominantes, critica-se acidamente o Estado de maneira abstrata, expressando as disputas entre setores das classes dominantes pela sua direção.

Paralelamente, a política, expressa no Parlamento e no voto, figura para o capital como a tradução abstrata do reino dos cidadãos, cuja desigualdade se diluiria perante a Lei ou a Urna Eleitoral. As sucessivas expropriações de direitos aprofundam desigualdades e tensões, tratadas por meio de procedimentos paliativos, filantrópicos ou, ainda, pela penetração do capital de maneira direta ou indireta na gestão política, estatal. Aprofunda-se a intimidade entre proprietários do capital e Estado, intensificada pela subtração dos fundos públicos, pelo endividamento da máquina pública e pela exploração lucrativa das carências resultantes de tais expropriações.

As manifestações e reivindicações dos subalternos pela *supressão da dupla usurpação* – das atividades do sociometabolismo (produção, reprodução, acesso e cuidados com a natureza, acaparados pela propriedade do capital) e de sua coordenação (usurpação garantida e oficializada pelo Estado) – são regularmente silenciadas, reprimidas, criminalizadas, interditadas. No entanto, assim como o trabalho não findou, mas se generalizou, as classes trabalhadoras não desapareceram, mas se generalizaram, e tendem a expressar as necessidades e possibilidades do próprio gênero humano e do habitat que o integra e constitui, a natureza. As lutas de classes seguem ativas em meio ao acirramento das contradições impostas pela voracidade do capital e de seu Estado. A crítica radical ao Estado não quer dizer que toda e qualquer forma de coordenação entre os trabalhadores na produção e reprodução sociometabólica deva ser imediatamente considerada como dominação ou mesmo como Estado. Vivemos importantes experiências revolucionárias no século XX, que alteraram profundamente as práticas clássicas do capitalismo e de seu Estado, mas ainda balbuciamos diante da possibilidade da constituição de *formas de coordenação e de processos de escolha igualitários*, em âmbito local, regional, nacional e internacional, que respeitem as relações sociometabólicas – seres sociais históricos e diversos, e nossa natureza. As revoluções já demonstraram sua possibilidade concreta, mas a cada dia é mais urgente e necessário aprender com as formas pregressas e inaugurar novos modos de organização da vida social e do sociometabolismo.

A sociedade capitalista impôs, de cima para baixo, a globalização do lucro e da subalternização racista, antropocêntrica, bélica e destruidora. Qualquer possibilidade de universalização efetiva depende, ao contrário, de construir novas formas de coordenação igualitárias e múltiplas, de baixo para cima. Depende do aprendizado das variadas práticas ancestrais de sociometabolismo, da produção de uma ciência para a vida e não para o lucro, da construção de formas de escolhas não pautadas pela propriedade e pela usurpação. Depende, sobretudo, do enfrentamento a todas as formas de imposição do capital, do seu Estado e de sua usurpação.

2. Breves respostas a algumas provocações – em defesa de Marx

Embora muitos considerem não haver uma teoria finalizada do Estado nas obras de Marx e Engels, precocemente ambos produziram uma base teórica revolucionária sobre o tema. Como em todos os trabalhos dessa dupla de clássicos, há uma constante evolução em suas análises e categorias,[13] reconhecida e assinalada por eles. Assim, desde a exigência de uma emancipação política (ou da incorporação de reivindicações populares no direito burguês), até a evidência de suas limitações e a importância fundamental – e revolucionária – da superação do Estado para a emancipação humana, a questão das dimensões da política e do Estado estão presentes ao longo de suas obras. A relevância de suas contribuições em inúmeras direções e a imperiosidade de aprofundar o cerne central da dominação capitalista – a

[13] Netto, José Paulo. *Marx: uma biografia*. São Paulo: Boitempo, 2020 e Musto, Marcello. *Karl Marx: biografia intelectual e política (1857-1883)*. São Paulo: Expressão Popular, 2023.

valorização do valor – jamais desconsiderou o sentido de totalidade, da contradição e da historicidade da experiência social e humana. O Estado é, pois, processo histórico. Qualquer consideração sólida sobre o Estado precisa levar em consideração o estudo de diversas obras desses autores, a começar por *O capital*.

Na sequência, abordaremos apenas duas questões provocativas, partindo de citações que se tornaram quase caricaturais ao serem destacadas e isoladas da extensa reflexão de Marx e Engels. O simplismo de muitas leituras desses textos pode induzir estudantes a uma compreensão muito mecânica de processos complexos ou, ao contrário, a transformá-los em verdadeiras caricaturas de Marx, em obras que pretendem desqualificá-lo.

A relação entre base e superestrutura

Comecemos pelo brilhante e polêmico *Prefácio à Contribuição à crítica da economia política*, de 1859:

> na produção social da própria existência, os homens entram em relações determinadas, necessárias, independentes de sua vontade; essas relações de produção correspondem a um grau determinado de desenvolvimento de suas forças produtivas materiais. A totalidade dessas relações de produção constitui a estrutura econômica da sociedade, a base real sobre a qual se eleva uma superestrutura jurídica e política e à qual correspondem formas sociais determinadas de consciência. O modo de produção da vida material condiciona o processo de vida social, política e intelectual. Não é a consciência dos homens que determina o seu ser; ao contrário, é o seu ser social que determina sua consciência.[14]

[14] Marx, Karl. *Contribuição à crítica da economia política*. São Paulo: Expressão Popular, 2008, p. 47.

Em primeiro lugar, trata-se de uma formidável crítica à suposição de que uma "Economia" (assim, com E maiúsculo) regeria a vida da humanidade como se derivasse de leis férreas e inflexíveis da própria natureza ou como uma "teologia economicista". A economia (com minúsculas) é o espaço social da produção e reprodução da vida, em que cada geração encontra determinadas relações sociais, isto é, contradições, desigualdades, formas de satisfação e de construção de necessidades muito variadas, sociabilidades e formas de ser, na necessária e constitutiva relação com o seu ambiente, a natureza. Não há no texto transcrito leis férreas, embora haja determinação, isto é, a exigência de identificar exatamente quais são as relações entre os seres sociais muitas vezes vividas como se fossem... naturais. Como relações sociais, são fruto de construções, transformações, rupturas mais ou menos violentas experimentadas ao longo do processo histórico.

Em segundo lugar, a separação metodológica apresentada entre base (relações sociais de produção) e superestrutura jurídica e política não sugere que haja uma ruptura entre elas ou que mantenham relações estanques. A metáfora arquitetônica de base/superestrutura não permite abandonar, em Marx, a aguda percepção de que *se trata de um mesmo edifício, de uma mesma construção social*. O ser social – e suas formas de consciência – se forja nessa complexa e desigual totalidade, na qual a garantia da subsistência para os trabalhadores e a imperativa necessidade de valorizar o valor para os capitalistas são constrangimentos contraditórios, desiguais e fundamentais. As cisões impostas entre uma "Economia" descarnada da vida social e uma "Política", como se aquela fosse uma ciência natural e esta fosse a pura expressão das consciências e de fabulações, silenciam sobre a conexão entre elas em cada forma histórica de vida social e, em especial, sob o predomínio capitalista.

O Estado figura nessa citação como "superestrutura jurídica e política", mas está atado, arquitetonicamente, à sua base. O jovem Marx, já em 1842,[15] rejeitou a suposição hegeliana de que o Estado estaria situado acima dos interesses particulares, no âmbito de um "interesse universal" e explicitava que, ao contrário, está bem fincado na defesa dos interesses da propriedade.[16]

Separar, como fizeram alguns, a base e a superestrutura retiraria o fundamento da dominação de classes do âmbito da reflexão e da luta política. Chegaríamos ao avesso do pensamento marxiano, pois, afinal, este é o papel central do Estado capitalista: naturalizar e assegurar uma certa forma de coordenação política que responda à organização econômica dominante, que contenha as crescentes contradições e que se apresente como se expressasse uma necessidade imperativa, uma suposta e imutável "natureza humana". Mais ainda, o próprio Estado deve apresentar-se como único local de construção de alternativas, regulado por leis, atingindo eventualmente a distribuição de bens, mas com a condição de bloquear, legal e policialmente, se necessário, qualquer tentativa de ingerência popular sobre o âmbito da extração de valor e sobre a propriedade capita-

---

15 Marx, Karl. *Crítica da filosofia do direito de Hegel*. São Paulo: Boitempo, 2005 e Marx, Karl. *Para a questão judaica*. São Paulo: Expressão Popular, 2009. Este último contém esclarecedora introdução de José Paulo Netto.

16 Miliband, Ralph. "Estado". *In:* Bottomore, Tom. *Dicionário do pensamento marxista*. Rio de Janeiro: Jorge Zahar Editor, 2001, p. 134.

lista central, que é a do controle do processo de valorização de valor. Vejamos como resume Engels:

> O Estado não é, pois, de modo algum, um poder que se impôs à sociedade de fora para dentro; tampouco é 'a realidade da ideia moral', nem 'a imagem e a realidade da razão', como afirma Hegel. É antes um produto da sociedade, quando esta chega a um determinado grau de desenvolvimento; é a confissão de que essa sociedade se enredou numa irremediável contradição com ela própria e está dividida por antagonismos irreconciliáveis que não consegue conjurar. Mas para que esses antagonismos, essas classes com interesses econômicos colidentes não se devorem e não consumam a sociedade numa luta estéril, faz-se necessário um poder colocado aparentemente por cima da sociedade, chamado a amortecer o choque e a mantê-lo dentro dos limites da 'ordem'. Esse poder, nascido da sociedade, mas posto acima dela se distanciando cada vez mais, é o Estado.[17]

O Estado capitalista obstaculiza incessantemente a consciência da concretude da existência social por meio da idealização de uma Ordem abstrata, apresentada como necessária, coercitiva e moralizante – institucional, moral, familiar, econômica, religiosa etc., cujo fim último é sempre proteger a propriedade capitalista. A vida real, entretanto, na produção e reprodução da existência, segue experimentando contradições materiais e consciências – doídas, sofridas, constrangidas, libertadoras, mas que sempre expressam experiências sociais reais, de anseios ali nascidos, de possibilidades abertas ou amputadas. E, com isso, permanentemente o conjunto do edifício se vê colocado em risco, apesar das massivas injeções de propaganda, de publicidade, de algoritmos e de controle

[17] Engels, Friedrich. *A origem da família, da propriedade privada e do Estado*. Texto não paginado. https://www.marxists.org/portugues/marx/1884/origem/cap09.htm. Acesso em 20 jul. 2024

mercantil da imprensa. As contradições presentes na concretude dessas relações sociais são gritantes e as consciências se constituem por meio de suas inúmeras fissuras.

Como se observa, Estado e economia não estão separados, mas tampouco estão fundidos como se fossem meramente espelhados um no outro. Ao cumprir papel distinto daquele exercido de maneira direta pelos proprietários do capital (as decisões da produção de valor), o Estado se torna, ao mesmo tempo, sua expressão e assume a função de preservação da ordem geral do capital, mas como condição de sua própria existência estatal. Essa complexa situação de conexão do Estado com as classes dominantes – uma vez que está imerso nas tensões intraclasses dominantes – e seu relativo afastamento, posto que precisa conter as tensões entre as classes sociais, ademais de sua própria existência expressa numa extensa burocracia, conferem ao Estado características peculiares. Marx tratou diretamente desse tema ao analisar a situação francesa, n'*O 18 de brumário de Luís Bonaparte*,[18] debatendo como situações conflituosas podem instaurar períodos em que o equilíbrio entre as tensões acirra a autonomização (bonapartismo ou cesarismo) do aparato governamental, ao mesmo tempo em que favorece o processo de continuidade da expansão capitalista.

O processo histórico de implementação de democracias correspondeu à luta pela emancipação política ou a embates pelo reconhecimento de uma igualdade cidadã abstrata. No entanto, a permanente expansão das relações sociais capitalistas, abarcando a cada dia mais territórios do planeta, devastando mais elementos naturais e mais seres sociais,

---

18 Marx, Karl. *O 18 de brumário de Luís Bonaparte*. São Paulo: Boitempo, 2011.

segue promovendo novas e profundas desigualdades – colonizações, racismos, sexismos, xenofobias e genocídios – e impondo permanentes recuos a essa emancipação política.

Finalmente, a questão da *consciência* – no texto citado, o primeiro elemento é a base material e corpórea da consciência, a materialidade humana fundamental para que ela se constitua: o ser social. Tal materialidade jamais é apenas singular. A consciência é também a manifestação histórica e social das exigências, experiências e possibilidades colocadas em cada período e sob cada forma de organização da vida humana que, ademais, sempre incorpora o lastro das experiências pregressas. Não há, para Marx, uma consciência que esteja acima e separada de seu tempo, que seja isenta das contradições, das dificuldades e das interrogações que a forma de organização social predominante suscita, impõe e possibilita, modo de ser social (ou modo de produção) a partir do qual a consciência se elabora. Não se forja consciência humana fora das relações sociais e sociometabólicas, e é essa existência – e, em especial, as desigualdades ou, ao contrário, formas mais igualitárias – que pode potencializar a expansão do conhecimento, a socialização da ciência e dos saberes ou obstaculizar o acesso a tal socialização a camadas mais amplas da população. As desigualdades brutais no acesso ao conhecimento não remetem a méritos singulares nem à genialidade de alguns (embora isso possa existir), mas sobretudo aos bloqueios sociais impostos à generalização do acesso à cultura, à ciência, ao conhecimento, às artes etc. E tais condições estão dadas desde a usurpação fundamental, aquela que designa pequena parcela da sociedade ao comando dos meios de produção, enquanto relega à esmagadora maioria as tarefas da execução.

Não são consciências homogêneas, como não é homogênea a sociedade do capital. Grandes proprietários de capital se digladiam pelo avassalamento da natureza e das populações; gigantescas formas organizativas – empresas, conglomerados, entidades associativas – financiadas por capitalistas e por Estados procuram esfumar as contradições, com enormes gastos de propaganda; setores médios, alguns diversos, outros próximos do que foram as pequenas burguesias, procuram equilibrar-se entre as desigualdades; setores populares se organizam e lutam para enfrentar tanto as condições concretas da existência, quanto para tentar dissipar os espessos véus de fumaça que nublam essa forma social capitalista. Antonio Gramsci e E.P. Thompson nos ajudam sobremaneira ao trazerem para o terreno da atuação dos seres sociais a formação das consciências e agência das classes sociais.[19]

Houve – e ainda ocorrem – oscilações nos meios marxistas entre uma rígida determinação econômica, levando a uma interpretação de tipo economicista ou, ao contrário, interpretações que privilegiavam voluntarismos diversos, políticos ou ideológicos. De um lado, uma materialidade abstrata desprovida de consciência; de outro, uma consciência afastada da materialidade substantiva. *A metáfora do edifício, de maneira oposta, exige que as duas dimensões sejam compreendidas em sua totalidade, em estreita correlação, em seus compassos e descompassos.* Afinal, se respeitamos a metáfora, é dentro do edifício, em sua totalidade, que se vive, que se desenrolam os dramas e a potência da existência.

[19] Ver Mattos, Marcelo Badaró. *E.P. Thompson e a tradição de crítica ativa do materialismo histórico*. Rio de Janeiro: Ed. UFRJ, 2012.

Ainda sobre a consciência, um alerta importante reside na passagem citada de Marx: "não é a consciência que determina o ser". Não podemos nos definir por aquilo que gostaríamos de ser, pois não podemos assegurar que de fato o somos. Tampouco podemos nos definir por escolhas, que realizamos com maior ou menor liberdade social (uma vez que esta é tolhida pelas desigualdades sociais), mas sim pelo que delas resultamos. E, ainda, não devemos imaginar que, em algum momento de nossas vidas, tenhamos projetado e seguido uma trajetória retilínea. Um autor que não se considera marxista chamou tal suposição de "ilusão biográfica".[20] Somos contraditórios e grande parcela de tais embates internos se liga diretamente aos impasses diante dos quais fomos obrigados a escolher ou sequer tivemos escolha. Basta lembrar a extensa produção de Freud e da psicanálise, lembrando-nos da existência do inconsciente e de como o contraditório nos habita, de que somos algo muito além de uma consciência estática.[21] Não somos, portanto, uma consciência inflexível que projeta o que seremos, ainda que muitos o tentem. Somos seres conscientes e históricos, que nos transformamos ao longo da vida, inclusive na capacidade compreensiva e, portanto, na consciência. A vida é o ser social em seu ambiente natural. Isso significa que a consciência, algo de fundamental para este ser social, precisa ser compreendida, ao mesmo

---

[20] Bourdieu, Pierre. "L'illusion biographique". *Actes de la Recherche en Sciences Sociales Année*, 1986, p. 69-72. Disponível em: www.persee.fr/doc/arss_0335-5322_1986_num_62_1_2317. Acesso em: 20 jul. 2024.

[21] Para uma discussão sobre o tema, ver Fontes, Virgínia. "Freud, conflito, contradição e história: elementos para uma discussão sobre a historicidade". Revista *TRIEB*. Sociedade Brasileira de Psicanálise do Rio de Janeiro, v. II, n. 1 e 2, 2003.

tempo, como condição e como resultado da socialização na qual nos formamos, que não pode ser pensada como se fosse algo à parte, uma espécie de Razão inflexível e onisciente, convertida em elemento externo, indissociável dos inúmeros processos experimentados ao longo da vida de cada um, das experiências coletivas, além do enorme repertório histórico que nos lega toda a cultura.

Tanto as classes sociais quanto o Estado são produtos históricos de sociedades cindidas e profundamente contraditórias. Os fundamentos cruciais da instauração do capitalismo são sociais, se desdobram na temporalidade de múltiplos embates. Tais fundamentos permitem entender por que o capitalismo instaura a suposição de uma economia que responderia a leis naturais, proclama a existência de indivíduos isolados e detentores de uma consciência "natural" adequada à lucratividade, exige que o Estado defenda a "economia", mas que a política seja autônoma frente a ela e, finalmente, desconsidera o conjunto das relações sociometabólicas que o sustentam.

Como já mencionamos, tais fundamentos sociais e históricos do capital – e do capitalismo – se traduzem, em primeiro lugar, pela contínua expropriação dos povos do campo, acrescida de expropriações sucessivas posteriores: expropriação de águas doces e salgadas; expropriação de direitos sociais conquistados; expropriação do conhecimento por meio de patentes a cada dia mais agressivas e incidindo sobre o próprio corpo humano etc. No mesmo nível de importância, a concentração e a sacralização da propriedade do capital aprofundam o acaparamento das riquezas existentes – naturais e construídas socialmente, a exploração aprofundada da força de trabalho e a devastação ambiental.

A expansão incessante impulsionada pela riqueza acumulada constitui o processo cego da acumulação capitalista. Essa dinâmica socioeconômica se arvora como única possível – tanto no plano econômico quanto no político, inclusive pelas intervenções militares, pelos assassinatos, pelas máfias e por imposições de ditaduras e de fascismos. No seu rastro, desigualdades, destruição de culturas, de possibilidades históricas distintas e a própria ruptura sociometabólica com a natureza.

Não por acaso, a proposta revolucionária de Marx e Engels incide simultaneamente sobre a transformação das relações sociais de produção, superando o próprio capital, sobre a destruição do aparelho burocrático-repressivo do Estado e, por fim, o seu fenecimento.[22] São momentos fundamentais e conexos da luta de classes: o do reconhecimento da concretude da produção da existência pelas classes trabalhadoras e o da construção da possibilidade de eliminar a usurpação capitalista do sobretrabalho (o mais-valor), em paralelo ao enfrentamento das práticas repressivas e assujeitadoras do Estado.

Expropriar os expropriadores, frase de Marx, é também inventar histórica, social e coletivamente novas formas de coordenação das atividades sociais e processos muito mais amplos de tomada de decisões coletivas. Esse é um desafio dos maiores, pois somente essa ruptura social-

[22] O tema é abordado por Marx especialmente em *A guerra civil na França*. São Paulo: Boitempo, 2001 e na *Crítica ao programa de Gotha*. São Paulo: Boitempo, 2012, quando enfaticamente relembra que a forma da coordenação estatal remete a uma forma social antagônica, que tende permanentemente a recompor os processos de exploração e dominação de classes. É retomado por Engels, no *Anti-Duhring*. São Paulo: Boitempo, 2015, e especialmente reafirmado por Lenin, *O Estado e a revolução*. São Paulo: Boitempo, 2017.

mente conduzida pode levar à transformação do Estado, num primeiro momento, e à sua superação por formas de coordenação muito mais igualitárias e flexíveis do que até então conhecemos.[23]

Transformar as forças produtivas em capacidade produtiva humana socializada supõe respeitar seu necessário e diverso metabolismo com a natureza – descartando as visões simplistas de que o avanço tecnológico seria neutro e capaz de assegurar, como um *deus ex machina*, uma nova história.

O Estado – comitê da burguesia

A segunda citação provocativa é do *Manifesto do partido comunista*, sobre o Estado como "comitê da burguesia". Nas palavras de Marx: "O executivo no Estado moderno não é senão um comitê para gerir os negócios comuns de toda a classe burguesa".[24]

Essa frase foi tomada muitas vezes como se fosse uma definição completa, desprezando os inúmeros textos anteriores e posteriores de Marx (como *A ideologia alemã*, a *Crítica do direito de Hegel*, *Para a questão judaica*, a análise da Comuna realizada em *Lutas de classes na França*, *A guerra civil*

---

23 Istvan Mészáros dedicou dois livros ao tema de tal superação, *A montanha que devemos conquistar*. São Paulo: Boitempo, 2015 e *Para além do Leviatã: crítica do Estado*. São Paulo: Boitempo, 2021. Neste último, obra publicada após sua morte, insiste na importância de "transferir para o corpo social também a totalidade dos poderes expropriados pelo Estado-Leviatã no curso da história" (p. 57) e relembra que na escala contemporânea o Estado assumiu a "forma de inimigo estruturalmente consolidado, necessariamente hierárquico da igualdade substantiva" (p. 121). Dedica parcela do estudo à importância da constituição de modos de decisão e de coordenação social em amplíssima escala, radicalmente associados à igualdade substantiva.

24 Marx, Karl. *Manifesto do Partido Comunista*. São Paulo: Boitempo, 1998, p. 42.

na França e *A crítica do programa de Gotha*),[25] além dos textos de Engels, como *A origem da família, da propriedade privada e do Estado*, por exemplo. Ela foi estereotipada inúmeras vezes. Aceitemos essa provocação, pois partindo dessa pequena citação é possível identificar, se conhecemos algo das extensas reflexões dos autores, uma série de problematizações fundamentais.

O Estado não é a burguesia, portanto não é algo mecânico colocado ao seu dispor. Ora, a burguesia necessita integrar um "comitê", um espaço peculiar que, abrigando-a, não se identifica de maneira imediata a ela, pois a libera para suas atividades de extração de valor, seus negócios. Tampouco o Estado se converte em mero apêndice externo do qual se serviria. Enquanto "comitê", encarrega-se de gerir as necessidades coletivas e contraditórias de burguesias competitivas. Depende, portanto, de constituir-se em algo aparentemente "acima e separado" – comitê – do mundo burguês centralizado pela extração de mais-valor e pela valorização do valor. Ao mesmo tempo, o comitê precisa manter-se. Isso implica assenhorar-se de uma parcela da riqueza produzida a fim de assegurar sua relativa autonomia frente a cada setor ou fração das classes dominantes e para cumprir diuturnamente sua tarefa de desarmar os subalternos.

Vale destacar dois elementos contraditórios na relação do Estado com as burguesias. Por um lado, tal comitê expressa uma afinidade fundamental com as classes dominantes:

---

25 Marx, Karl. *Crítica da filosofia do direito de Hegel*; *Para a questão judaica*. São Paulo: Expressão Popular, 2010; *A ideologia alemã*. São Paulo: Boitempo, 2007; *As lutas de classes na França de 1848 a 1850*. São Paulo: Boitempo, 2012 [1850]; *A guerra civil na França*. São Paulo: Boitempo, 2001; *A crítica do programa de Gotha*. São Paulo: Boitempo, 2012.

a expansão do valor. Quanto maior a produção de valor, maior a parcela eventualmente disponível para a nutrição dessa formidável máquina de controle e de guerra, que, aliás, tem como fulcro o próprio acompanhamento da riqueza produzida. Estatísticas, fiscalização, arrecadação dos impostos, desigualdades nessa arrecadação (penalizando em geral as classes subalternas, mas eventualmente também alguns setores burgueses e favorecendo outros), o "comitê" desdobra-se em inúmeros subcomitês (ministérios e agências de cuidados com a indústria, comércio, agricultura, por exemplo).

Por outro lado, isso significa erigir-se como potência econômica paralela, sendo tal comitê de defesa do conjunto do capital capaz de eventualmente defrontar-se com setores das classes dominantes (bonapartismo, ditaduras, fascismo etc.), o que o torna ao mesmo tempo indispensável e fonte de permanente desconfiança das próprias classes dominantes. Ademais, conquistas populares, ainda que sob o estrito controle do "comitê dos negócios comuns" da burguesia, são logo denunciadas e sistematicamente combatidas. Tal "comitê", cujas tensões são constantes, busca restringir tal "gestão dos negócios comuns" apenas aos negócios e práticas dos capitalistas.

A noção de comitê de gestão dos negócios coletivos da burguesia fornece um panorama instantâneo da função crucial do Estado. Mas não a esgota, e o papel/atividade do Estado vai muito além. Ademais de burocracias destinadas às finanças, nele desenvolvem-se forças armadas e policiais destinadas à sua própria expansão coligada à do capital (colonizações diversas, imperialismo) e à defesa eventual frente a outras burguesias, além do controle e repressão cotidianos das classes trabalhadoras e das tensões geradas pela intensidade das desigualdades e das contradições instauradas nessas sociedades. O Estado depende de uma enorme burocracia que, tão desigual quanto é a sociedade capitalista, destina-se a tarefas de ordens muito diversas e é composta de setores sociais desiguais.[26]

As constantes lutas sociais – lutas de classes – resultantes das contradições crescentes em todas as áreas da vida social que se desenrolam sob o capital agregam reivindicações de direitos e de emancipação social, são confrontadas à intolerância burguesa, e tais lutas podem ameaçar a continuidade dos "negócios comuns". O "comitê" de defesa do conjunto da reprodução do capital e de sua propriedade pode – mesmo em desacordo com alguns setores capitalistas – ceder algo frente às lutas dos trabalhadores. Em muitos casos, sem haver transformações substantivas nas relações sociais, tais concessões atuam como complementação do valor da força de trabalho, cujos custos deveriam ser assegurados pelo capital, mas serão arcados coletivamente.[27] Educação, saúde, transporte, habitação etc., longe de serem resolvidos com o

26 A respeito das burocracias, de sua desigualdade constitutiva (que replica no interior do Estado a hierarquia social capitalista, pois o Estado reproduz a separação entre as funções de comando daquelas de execução das tarefas), das lutas que se travam tanto na vida social pela implementação de políticas de origem popular quanto no próprio interior do Estado (cujas carreiras hierarquizadas geram intensos embates), há indicações muito enriquecedoras em Poulantzas, Nicos. *O Estado, o poder, o socialismo*. Rio de Janeiro: Graal, 1981, especialmente p. 141-186. Edição no original: *L'État, le pouvoir, le socialisme*. Paris: Les Prairies Ordinaires, 2013.

27 Brunhoff, Suzanne. *État et capital. Recherches sur la politique économique*. Paris: La Découverte, 1981. A autora mostra como as políticas do assim chamado "Estado de bem-estar social" de fato melhoram a condição de vida das classes trabalhadoras, mas representam uma enorme doação de recursos públicos aos capitalistas, pois se convertem em complemento salarial, contribuindo para reduzir o valor dos salários. Vimos como nos anos

salário que – dizem os burgueses e seus intelectuais – seria suficiente para assegurar a aquisição de tais bens, apresentam-se como soluções políticas, asseguradas em parte pelo Estado, mas sempre temporárias e provisórias. É preciso lembrar que esses recursos do Estado, impostos e taxas em geral, provenientes de trabalhadores, capitalistas, burgueses ou de setores médios, derivam do trabalho que constitui a base dos impostos. De um lado, origina-se da mais-valia acaparada pelo patronato (e que, portanto, resulta do sobretrabalho); de outro, do tempo de trabalho necessário, pois o trabalhador precisa desfalcar seu fundo de subsistência para o pagamento dos impostos, diretos ou indiretos.[28]

Com estes elementos podemos superar rapidamente alguns obstáculos, como interpretações que consideram o Estado como instrumento maleável e dócil à disposição de qualquer classe (no caso, das classes dominantes) – um Estado Coisa. Nesse caso, o Estado seria uma espécie de bolha institucional regida abstratamente e que manteria sua fun-

subsequentes foram expropriadas as políticas sociais, sem compensações salariais.

[28] Sobre o tema, abordado tanto teoricamente quanto incidindo sobre o capitalismo contemporâneo, vale ver os diversos e excelentes textos das autoras adiante, das quais citaremos apenas alguns. Granemann, Sara. *Para uma interpretação marxista da "previdência privada"*. Tese (Doutorado em Serviço Social). Programa de Pós-graduação em Serviço Social, Universidade Federal do Rio de Janeiro. Rio de Janeiro, 2006. Disponível em: www.dominiopublico.gov.br/pesquisa/DetalheObraForm.do?select_action=&co_obra=35589. Acesso em: 23 jul. 2024. Para uma análise dos fundos públicos, ver Bhering, Elaine. *Fundo público, exploração e expropriações no capitalismo em crise*. Anais do Congresso Internacional Marx e o Marxismo. Niterói, v. 1, 2017. Disponível em: www.niepmarx.blog.br/MM/MM2017/AnaisMM2017/MC44/mc443.pdf. Acesso em: 23 jul. 2024. Ver também Behring, Elaine; Boschetti, Ivanete; Granemann, Sara *et al.* (orgs.). *Os direitos não cabem no Estado: trabalho e política social no capitalismo*. São Paulo: Usina Editorial, 2023.

cionalidade, qualquer que fosse a classe que o empolgasse. Essa interpretação distancia cuidadosamente o Estado capitalista de sua função de comitê da burguesia, função, aliás, que lhe imprime seus traços específicos. No sentido oposto, o outro escolho é o dos que analisam o Estado como um sujeito, dotado de Razão própria e de uma consciência que pairaria acima dos interesses particulares. Vejamos como Poulantzas apresentou essa dificuldade, que ainda perdura entre muitos estudos críticos, ao insistir que precisamos:

> evitar os impasses do eterno pseudodilema da discussão sobre o Estado, entre o Estado concebido como Coisa--instrumento e o Estado concebido como Sujeito. O Estado como *Coisa*: a velha concepção instrumentalista do Estado, instrumento passivo, senão neutro, totalmente manipulado por uma única classe ou fração, caso em que nenhuma autonomia é reconhecida ao Estado. O Estado como *Sujeito*: a autonomia do Estado, considerada aqui como absoluta, é submetida a sua vontade como instância racionalizante da sociedade civil. Concepção que remonta a Hegel, retomada por Max Weber e a corrente dominante da sociologia política (a corrente 'institucionalista-funcionalista'). Ela relaciona esta autonomia ao poder próprio que o Estado passa por deter e com os portadores desse poder e da racionalidade estatal: a burocracia e as elites políticas especialmente.[29]

Poulantzas ainda insistiu, de maneira próxima ao realizado por Marx e Gramsci, que "o Estado não é pura e simplesmente uma relação, ou a condensação de uma relação; é a condensação *material e específica* de uma relação de forças entre classes e frações de classes".[30] Para retomar a metáfora do comitê da burguesia, não se deve analisar o

[29] Poulantzas, Nicos. *O Estado, o poder, o socialismo.* Rio de Janeiro: Graal, 1981, p. 147-148.
[30] *Ibid.*, p. 148, grifos do autor.

Estado capitalista apenas como um comitê abstrato, mas coligado às tensões promovidas na vida burguesa, como expressão de embates intra e entre classes. O Estado tampouco é expressão de uma vontade unívoca. Trata-se de uma relação de forças entre classes e frações de classes.

Como alerta Miliband, ambos, Estado Coisa ou Sujeito, instauram uma espécie de externalidade do Estado diante da totalidade da vida social e tendem a vê-lo como uma forma lisa e homogênea de dominação, como se isento das contradições que a dinâmica social da exploração capitalista recria incessantemente.[31] Ora, a noção do comitê gestor dos negócios comuns do capital, ao contrário, exige trazer os conflitos para a sua dinâmica corriqueira.

As contribuições de Marx e Engels ao estudo do Estado, e da dinâmica histórica da implantação e expansão do capitalismo, são nossas balizas fundamentais. A metáfora do Estado como "comitê da burguesia" é limitada e não abrange um conjunto de temas tratados por esses autores, em especial aqueles ligados ao papel do direito como amalgamador de consciências sob uma suposta igualdade jurídica; tampouco sobre como tais relações emanadas da exploração do trabalho formalmente livre atuam sobre as consciências, procurando converter um processo histórico em estatuto naturalizado e, portanto, imutável.

O marxismo não é um campo monolítico, e importantes escolas marxistas se constituíram explorando alguns elementos centrais a partir de tais contribuições, aportando novas determinações, procurando acompanhar

---

31 Miliband, Ralph. "Estado". *In:* Bottomore, Tom. *Dicionário do pensamento marxista*. Rio de Janeiro: Jorge Zahar Editor, 2001, p. 133-6.

os desdobramentos históricos do Estado capitalista. Há polêmicas significativas sobre as quais não poderemos nos deter, desde interpretações diversas da obra de Marx até opções muitas vezes contraditórias sobre os desdobramentos estatais da expansão do capitalismo e a própria função do Estado. Na sequência, abordaremos especificamente as contribuições de Lenin, Rosa Luxemburgo, Antonio Gramsci e Nicos Poulantzas.

3. Lenin, Rosa Luxemburgo e o imperialismo

A virada do século XIX para o XX caracterizou-se pela intensificação das contradições e por modificações no perfil do capitalismo no eixo Atlântico, isto é, Europa, EUA e Japão, passando a atuar com extrema voracidade de expansão colonizadora para todos os continentes. Mencionaremos apenas três transformações altamente contraditórias. Na primeira, o avanço eleitoral da social-democracia na Alemanha levava parcela da esquerda à suposição de uma transformação socialista por dentro do capitalismo, afastando-a de processos revolucionários e da teoria marxista. Sua atuação influenciava outros partidos de trabalhadores em diversos países. Na segunda, a expansão de guerras coloniais e de colonizações a partir dos países europeus tornava patente a ferocidade ocidental na pilhagem e sujeição de diversos povos e países e a crescente concorrência – inclusive militar – entre os países imperialistas. Finalmente, na terceira, o contraste entre setores das classes trabalhadoras experimentando melhoras salariais em alguns países europeus (o que será apontado por Lenin como a constituição de uma "aristocracia operária") e o aumento de massas de trabalhadores em condições a cada dia mais difíceis, sobretudo nos países periféricos, ou ainda o campesinato em muitos países. Tal processo incidia também na Europa, como na Itália, e gerava massivas migrações de trabalhadores europeus, especialmente para as Américas.

Dois autores se destacam na análise do imperialismo,[32] processo que então se intensificava: Rosa Luxemburgo[33] e Lenin[34] Ambos tinham clareza de que ocorriam modificações na dinâmica capitalista e que era necessário retomar as bases teóricas marxistas e ampliá-las, tornando-as capazes de explicar o processo em curso. Luxemburgo realizou extensa análise na qual considera haver um equívoco na teoria da acumulação de capital de Marx, e defende a impossibilidade de realizar a crescente mais-valia gerada pela exploração do mais-valor limitando-se ao mercado existente no interior das formações capitalistas. Ela concluiria que o capitalismo necessitava permanentemente de *espaços sociais não capitalistas* para a sua expansão.

> O capitalismo é a primeira forma econômica capaz de propagar-se vigorosamente, é uma forma que tende a estender-se por todo o globo terrestre e a eliminar todas as demais formas econômicas, não tolerando nenhuma outra a seu lado. Mas é também a primeira que não pode existir só, sem outras formas econômicas de que alimentar-se; que, tendendo a impor-se como forma universal, sucumbe por sua própria incapacidade intrínseca de existir como forma de

[32] Um trabalho cuidadoso que apresenta as diversas tendências de interpretação do imperialismo foi realizado por Correa, Hugo. *Teoria do imperialismo no século XXI: (in)adequações do debate no marxismo.* Tese (Doutorado em Economia). Programa de Pós-graduação em Economia, Universidade Federal Fluminense. Niterói, 2012.

[33] Luxemburgo, Rosa. *A acumulação do capital*. São Paulo: Nova Cultural, 1985.

[34] Lenin, Vladimir. *O imperialismo: etapa superior do capitalismo*. Campinas: Navegando/FE-Unicamp, 2011.

produção universal. O capitalismo é, em si, uma contradição histórica viva.[35]

Sua tese sobre a reprodução ampliada suscitou viva polêmica[36] e, independentemente do grau de justeza, vale destacar que a revolucionária polonesa analisou com rara fineza os processos históricos concretos de expansão colonizadora do capital, trazendo à luz o núcleo da devastação das relações sociais pregressas, evidenciando-as em paralelo ao controle territorial, econômico e político/militar diretos. Com dados e cuidadosa análise, mostra o processo de expropriação dos camponeses ao redor do mundo, acoplado à imposição da propriedade capitalista sobre todas as formações sociais baseadas em outras formas de existência, inclusive a mercantil. Embora a tese que procurava provar fosse teórica e incidisse sobre a dinâmica do capital do *ponto de vista econômico*, sua análise aprofunda a *imposição* das *relações sociais e históricas* capitalistas nas formações sociais concretas (que em vários momentos denominou "primitivas") e suas características, em especial a extrema violência. Assinalava as terríveis contradições amplificadas pelo capitalismo ao tentar ir além de suas próprias limitações, aprofundando-as.[37]

---

35 Luxemburgo, Rosa. *A acumulação do capital. São Paulo: Nova Cultural, 1985,* p. 320.

36 Singer, Paul. "Apresentação". *In*: Luxemburgo, Rosa. *A acumulação do capital*. São Paulo: Nova Cultural, 1985.; Fontes, Virgínia. *O Brasil e o capital-imperialismo*. Rio de Janeiro: UFRJ/EPSJV, 2010, p. 62-73; Sadde, Matheus Fernando. "A acumulação do capital de Rosa Luxemburgo e a sua teoria da reprodução do capital social total: apontamentos sobre método e revolução". *Cadernos Cemarx*, Campinas: Ed. Especial, p. 1-39, 2022; Mariuttu, Eduardo Barros. *Rosa Luxemburgo: capitalismo, reprodução ampliada e violência*. (Texto para Discussão). IE/Unicamp, Campinas, n. 228, fev. 2014.

37 Marx insistiu que as expropriações eram condição e consequência da expansão do capital.

No livro *A acumulação do capital*, a autora mostra o imperialismo como intrínseco à reprodução ampliada do capital, pois ele é, ao mesmo tempo, a expansão da propriedade capitalista, a militarização e a barbárie frente aos povos subalternizados, o controle e a sujeição por meio da dívida fomentada pelas grandes potências.[38] Luxemburgo contribuiu ainda com outra tese importante do ponto de vista econômico e social, que é o papel desempenhado pela indústria militar para a expansão da lucratividade capitalista. O Estado utiliza os impostos drenados de todos os trabalhadores para encomendar constantemente material bélico, e isso escapa:

> do arbítrio e das flutuações subjetivas do consumo pessoal, para adquirir regularidade quase automática, um crescimento rítmico. Para finalizar, a alavanca desse movimento rítmico e automático da produção bélica capitalista encontra-se em mãos do próprio capital – mediante o mecanismo da legislação parlamentar e da criação dos meios de comunicação destinados à formação da assim chamada opinião pública. Eis por que esse campo específico de acumulação do capital parece ser dotado, em princípio, de uma capacidade de ampliação indeterminada. Enquanto qualquer outra ampliação do domínio de mercado e da base operacional do capital dependem, em grande parte, de aspectos políticos, sociais e históricos, que atuam fora da esfera de vontade do capital, a produção bélica representa um domínio cuja ampliação sucessiva e regular parece depender antes de mais nada das próprias intenções do capital.[39]

---

[38] Toussaint, Eric. *Rosa Luxemburgo e a dívida como instrumento do imperialismo*. Disponível em: https://www.cadtm.org/Rosa-Luxemburgo-e-a-divida--como-instrumento-do-imperialismo. Acesso em: 15 jan. 2024.

[39] Luxemburgo, Rosa. *A acumulação do capital*. São Paulo: Nova Cultural, 1985, p. 319.

Em 1917, Lenin publicou dois de seus mais populares escritos: *O Estado e a revolução*[40] e *Imperialismo, etapa superior do capitalismo*. O primeiro livro foi redigido no mesmo ano, em pleno processo revolucionário. Apoiado em extensas citações de Marx e Engels, Lenin dava continuidade à luta contra as interpretações social-democratas, que apresentava o Estado como órgão de conciliação, a diminuir a importância da dominação de classes e, consequentemente, do próprio Estado burguês. Em meio ao processo revolucionário, quando alguns hesitavam em interromper a luta após a conquista da República, reforça uma análise que aponta para a necessária extinção do Estado, ainda que em momento ulterior, e que insiste numa dupla tarefa: a de construir o proletariado organizado como Estado ao mesmo tempo em que prepara sua extinção. Lenin demonstra nesse estudo sua capacidade ímpar de pensar as contradições em seus desdobramentos históricos, considerando que a socialização do conhecimento era fundamental e evitando simplificações supostamente pedagógicas:

> O proletariado precisa do Estado – isto repetem todos os oportunistas, sociais-chauvinistas e kautskianos, asseverando que é essa a doutrina de Marx, e 'esquecendo-se' de acrescentar que, em primeiro lugar, segundo Marx, o proletariado só precisa de um Estado em extinção, isto é, constituído de modo que comece imediatamente a extinguir-se e não possa deixar de se extinguir. E, em segundo lugar, os trabalhadores precisam de um 'Estado', 'isto é, o proletariado organizado como classe dominante'.[41]

---

[40] Lenin, Vladimir. *O Estado e a revolução. A doutrina do marxismo sobre o Estado e as tarefas do proletariado na revolução.* [1917] – não paginado. Disponível em: https://www.marxists.org/portugues/lenin/1917/08/estado-e-a-revolucao.pdf. Acesso em: 15 jan. 2024.

[41] *Ibid.*, p. 12.

Quanto ao magistral opúsculo (como ele o denominava) dedicado ao imperialismo, foi redigido em 1916. Nele, Lenin concluía que a escala de centralização e concentração de capitais – a formação de monopólios – havia modificado o próprio capitalismo, convertendo-o em imperialismo, resultado da impulsão das grandes burguesias e seus Estados para a exportação de capitais e para o controle das fontes de matérias-primas. Essa obra foi escrita e publicada sob o horror da Primeira Guerra Mundial, que por sua vez explicitava a violência das disputas interimperialistas visando ao controle de territórios no mundo.

Utilizando aqui o próprio resumo de Lenin, as principais conclusões econômicas a que chega são:

> 1) a concentração da produção e do capital levada a um grau tão elevado de desenvolvimento que criou os monopólios, os quais desempenham um papel decisivo na vida econômica;
> 2) a fusão do capital bancário com o capital industrial e a criação, baseada nesse "capital financeiro" da oligarquia financeira;
> 3) a exportação de capitais, diferentemente da exportação de mercadorias, adquire uma importância particularmente grande;
> 4) a formação de associações internacionais monopolistas de capitalistas, que partilham o mundo entre si, e
> 5) o termo da partilha territorial do mundo entre as potências capitalistas mais importantes.[42]

Para além dessas conclusões, muitos outros temas e questões atravessam o texto, todos de extrema relevância para a compreensão do fenômeno, e aqui resumiremos alguns. Lenin aborda a tendência à especialização do conhe-

[42] Lenin, Vladimir. *O imperialismo: etapa superior do capitalismo.* Campinas: Navegando/FE-Unicamp, 2011, p. 218.

cimento e à sujeição de funcionários intelectuais ao capital financeiro, impulsionando o esquadrinhamento do mundo e das fontes de matérias-primas.

> É compreensível que, dispondo de milhares de milhões, os grandes bancos podem também apressar o progresso técnico utilizando meios incomparavelmente superiores aos anteriores. Os bancos criam, por exemplo, sociedades especiais de investigação técnica, de cujos resultados só aproveitam, naturalmente, as empresas industriais 'amigas'.[43]

O revolucionário russo analisa ainda a complexificação da propriedade capitalista (por meio de sistemas de participação), o que agiganta a escala da propriedade e favorece uma crescente separação entre a propriedade do capital e as formas de gestão do processo produtivo:

> Como é próprio do capitalismo em geral separar a propriedade do capital da sua aplicação à produção, separar o capital-dinheiro do capital industrial ou produtivo, separar o rentista, que vive apenas dos rendimentos provenientes do capital-dinheiro, do empresário e de todas as pessoas que participam diretamente na gestão do capital. O imperialismo, ou domínio do capital financeiro, é o capitalismo no seu grau superior, em que essa separação adquire proporções imensas.[44]

Lenin traz à tona uma questão que seria retomada em diversos outros textos que publicou: a tendência à subordinação imperialista de Estados em diferentes condições de desenvolvimento.

> Ao falar da política colonial da época do imperialismo capitalista, é necessário notar que o capital financeiro e a correspondente política internacional, que se traduz na luta das grandes

[43] *Ibid.*, p. 157.
[44] *Ibid.*, p. 176.

> potências pela partilha econômica e política do mundo, originam abundantes formas transitórias de dependência estatal. Para esta época são típicos não só os dois grupos fundamentais de países – os que possuem colônias e as colônias –, mas também as formas variadas de países dependentes que, dum ponto de vista formal, político, gozam de independência, mas que na realidade se encontram envolvidos nas malhas da dependência financeira e diplomática.[45]

A questão nacional mostrava ter assumido papel fundamental no processo histórico de expansão capitalista. A conclusão da formação dos Estados nacionais europeus reabrirá a ferida nacional nos países subalternos. A gravidade das lutas, com a intensificação de nacionalismos agressivos e coloniais ao lado da emergência de nacionalismos anti-imperialistas, exigirá de nossos autores refinadas teorizações e formulações estratégicas.

Ambos, Lenin e Rosa, abordaram o tema, eventualmente com discordâncias, mas, nos dois casos, procurando articular as múltiplas dimensões e contradições do processo. De um lado, o avanço da expansão capitalista internacional, seja direcionada pelas transformações moleculares que produziam nas demais sociedades, seja pela imposição econômica direta aprofundada pelo capital monopolista e financeiro, ou ainda por meio da intervenção política ou militar dos Estados, evidentes na colonização. De outro, a construção de uma luta comum, internacionalista, com pretensões universais, das classes dominadas, sob liderança do proletariado urbano, contra a dominação capitalista. A questão nacional poderia dividir ou aprofundaria tais lutas? Não há uma solução única, mas tudo em suas teorias indica que a questão nacional de-

---

[45] *Ibid.*, p. 212.

veria ser considerada e tratada em seu aspecto contraditório: autonomia das nacionalidades e luta comum e popular contra o capitalismo.

Como se observa, o tema das diversas formas de dependência nacional – em contraposição à autonomia nacional – se transformava numa das contradições significativas da reflexão sobre o Estado.

Enquanto Luxemburgo dedicou especial atenção às *relações sociais* dos países periféricos transformadas à força pela expansão do capital, Lenin focou numa tripla questão: no âmbito econômico, enfatizando as determinações ligadas à formação de monopólios e sua associação com os Estados, resultando em oligarquias financeiras; no âmbito social, pela formação de uma aristocracia operária; e no âmbito político internacional, ressaltando as reivindicações de autonomia e soberania nacionais, sufocadas pela expansão colonial.

Apesar das divergências explícitas entre nossos autores em diversos terrenos, eles sempre foram companheiros de luta revolucionária. Suas obras – muitas vezes consideradas como contrapostas, e em alguns temas efetivamente diversas – contêm aspectos importantes que devemos tratar como complementares, mantendo, porém, a atenção para não nublar as diferenças. A observação de Luxemburgo penetra o interior das relações sociais (e não apenas aquelas econômicas) em curso de devastação pela expansão da propriedade capitalista. Já a análise de Lenin detém-se nas relações de classes, sobretudo no caso dos países centrais (tanto para os capitalistas quanto para as massas proletárias), mas destaca o novo formato da questão nacional para os países coloniais e semicoloniais. Essa diferença remeterá para discussões sobre o caráter nacional ou internacional dos processos revolucionários (polemizando com Junius, o pseudônimo de Rosa Luxemburgo) e para grandes embates posteriores, no âmbito da opção resolutamente nacional (o socialismo num só país) do período stalinista.

Precisamos destacar, entretanto, que, em Rosa Luxemburgo e Lenin, a elaboração teórica parte de e coloca-se à mercê de identificar contradições conjunturais e como elas se articulam com as contradições fundamentais, ambos admitindo que a expansão do capitalismo comporta modificações que precisam ser apreendidas. Outras opções teóricas procederão de maneira diversa, procurando crispar as questões conjunturais no âmago do marxismo (como se Marx e Engels tivessem estabelecido determinações pétreas válidas a-historicamente) ou, ao contrário, tentando resolver os problemas reais colocados pelo processo de expansão do capital e do capitalismo por meio da repetição incessante de conceitos e categorias marxistas, sem colocá-las à prova do próprio processo histórico. Em suma, enrijecendo-o, simplificando-o e abrindo mão da complexificação necessária que o marxismo supõe e exige.

4. As contribuições de Antonio Gramsci[46]

Antonio Gramsci, intelectual comunista nascido na Sardenha, analisou os desdobramentos históricos da expansão do capitalismo ocidental, comparado à forma oriental que predominara na Rússia e que fora com sucesso derrubada pela Revolução. O termo "ocidental" não remete ao âmbito geográfico, mas ao desenvolvimento do capitalismo, embora seu foco de atenção seja a Itália, a Europa e os Estados Uni-

[46] Este item resume, de forma bastante alterada, o capítulo de minha autoria "Notas para pensar o Estado a partir de Antonio Gramsci". *In:* Gomes, Gustavo; Schittino, Renata (orgs.). *Estado, direito e marxismo.* São Paulo: Usina Editorial, 2023, p. 276-303.

dos. Gramsci analisa a derrota dos processos revolucionários ocidentais, a vitória do fascismo e a ascensão do americanismo. Escrevendo sobretudo nas décadas de 1920 e 1930, até sua morte precoce resultante da prisão fascista, o líder comunista procurou desvendar os processos pelos quais os países capitalistas haviam desenvolvido formas específicas para conter o ímpeto das lutas das classes trabalhadoras e como estas precisariam enfrentar essas novas condições. A incorporação do movimento aportado pelo processo histórico é um traço fundamental de Gramsci, em revolta contra os mecanicismos e economicismos que, predominantes na vida social capitalista, também penetravam em diversas análises de autores revolucionários.

Gramsci demonstra que a intensificação das organizações de trabalhadores – partidos, jornais, sindicatos – trazia reivindicações crescentes e impunha alterações na política e nas instituições dos Estados capitalistas, ainda ressaltadas após a Revolução Russa de 1917. As classes dominantes, por seu turno, movidas tanto pelo enfrentamento às lutas revolucionárias quanto pelas práticas do fordismo-americanismo, intensificavam atividades de convencimento. Nos Estados Unidos, estava em curso uma reorganização da estrutura produtiva, com aumentos de salários contrapostos a uma rígida disciplina fabril, que envolvia a própria conformação psicofísica dos trabalhadores. O convencimento, entretanto, não eliminava as formas coercitivas, como o proibicionismo das bebidas alcoólicas e outras medidas de repressão moral. Na década seguinte, na Europa, se expandiria o nazifascismo.

É, portanto, no contexto de lutas de classes intensas das quais participa que Gramsci realizou suas intervenções políticas e sua reflexão mais detida, contida nos *Cadernos do cárcere*. A meu juízo, Gramsci foi o autor marxista que mais longe chegou na resposta à interrogação de "como dominam as classes dominantes?". Para tanto, retomou a categoria de sociedade civil, realizando um desenvolvimento teórico original no interior da tradição revolucionária derivada de Marx.[47]

Gramsci depurou a categoria de seu viés estreito de cunho liberal,[48] o qual mecanicamente separava a vida social entre âmbitos apartados e isolava Economia – Política – Sociedade, ou seja, os tratava como "entidades" imediatamente representadas pelo Mercado, pelo Estado e pela Sociedade Civil. O teórico sardo, ao analisar a categoria no interior do processo histórico efetivo, descarta as idealizações elaboradas anteriormente, em que ela aparecia como espaço "angelical,[49] distante e separado das tensões sociais.

Gramsci aborda o Estado a partir de alguns ângulos fundamentais: o da totalidade, em que é necessário desvendar as conexões entre os diversos momentos da vida social; o da contradição, tendo como cerne a luta de classes; e o da cultura, ou seja, do conjunto da sociabilidade e o de sua intrínseca historicidade. Para ele, o Estado é atravessado por

---

[47] Coutinho, Carlos Nelson. *Gramsci. Um estudo sobre seu pensamento político*. Rio de Janeiro: Civilização Brasileira, 1999, p. 83.

[48] Para uma apresentação mais detalhada, ver Fontes, Virgínia. "Sociedade civil no Brasil contemporâneo em debate: lutas sociais e luta teórica". *In:* Neves, Lúcia Maria Vanderley; Lima, Júlio César França (orgs.). *Fundamentos da educação escolar no Brasil contemporâneo*. Rio de Janeiro, EPSJV/Fiocruz, 2006 e "Verbete: sociedade civil". *In:* Pereira, Isabel Brasil; Lima, Júlio César França. (orgs.). *Dicionário da educação profissional em saúde*. Rio de Janeiro: EPSJV/Fiocruz, 2009. Disponível em: http://www.epsjv.fiocruz.br/dicionario/verbetes/socciv.html. Acesso em: 30 mai. 2024.

[49] Ver Fontes, Virgínia. "Gramsci, Estado e sociedade civil: anjos, demônios ou lutas de classes?". Revista *Outubro*, n. 31, jun.-dez., 2018, p. 217-232.

conflitos e tensões, emanados tanto das disputas intraclasses dominantes como das lutas entre as classes.

Faremos uma exposição organizada por subitens, de maneira a tornar mais destacadas as categorias desdobradas por Gramsci para abordar o Estado e o conjunto de relações nele enfeixadas.[50]

O Estado

A ênfase histórica de Gramsci permite avançar na análise do Estado como uma relação social de forças de classe, e não apenas como mera institucionalidade que aparentemente substitui a própria sociedade e apaga seus conflitos, resolvendo-os coercitivamente, ainda que sob a aparência jurídica. Assim como Marx, nosso autor não parte da armadura estatal, mas da luta que instaura tal institucionalidade, a altera e, em situações de crise e de revolução, a desfaz e reconstrói. O Estado para Gramsci é um processo em movimento, e não uma estrutura estática. A expansividade do capital acirra tensões no interior das classes dominantes, aumenta as contradições sociais entre as classes e agudiza conflitos internacionais (imperialismo).

---

[50] Gramsci, Antonio. *Cadernos do cárcere*. Rio de Janeiro: Civilização Brasileira: volume 1, *Introdução ao estudo da filosofia. A filosofia de Benedetto Croce*. 2001; volume 2, *Os intelectuais. O princípio educativo. Jornalismo*. 2001; volume 3, *Maquiavel. Notas sobre o Estado e a política*, 2000; volume 4, *Temas de cultura. Ação católica. Americanismo e fordismo*, 2001; volume 5. O Risorgimento. *Notas sobre a história da Itália*, 2002; volume 6, *Literatura. Folclore. Gramática. Apêndices, variantes e índices*. Para facilitar a leitura, abreviaremos as citações dos *Cadernos do cárcere* como "CC", seguidas pelo número do volume e o número das páginas citadas. Lembramos que as citações vindas do original italiano grafam "Q" (*Quaderni*) para indicar os CC. Neste caso, acrescentaremos entre colchetes a referência para a tradução brasileira acima.

A sociedade capitalista é permanentemente dilacerada por tensões que se expressam por fora e por dentro do Estado, o qual precisa apresentar-se ora como capaz de ajustá-las, ora de incluir parcialmente demandas ou reivindicações, ora de brutalmente reprimi-las. As contradições da vida social capitalista se revelam também no Estado e nas profundas crises que experimenta.

O estudo das formas de dominação, das funções de direção, de predomínio, as modalidades concretas de produção de consenso e consentimento – hegemonia – e do uso da violência aberta ou da coerção jurídica precisa partir das condições de existência concreta dos grupos sociais subalternos. Estes, ou as classes trabalhadoras, mesmo quando apagados dos relatos (ou "narrativas"), são o alvo constante da intervenção dos dominantes; não são passivos, embora sofram permanente tendência de apassivamento e subalternização; lutam, resistem e enfrentam as contradições que se apresentam. As classes dominantes e o Estado se reconfiguram frente a essas lutas.

O Estado, para Gramsci, é órgão de dominação de classes, mas é preciso compreendê-lo dialeticamente, como a construção histórica de um campo de relações de forças configurado por formas de dominação econômica de consequente subalternização social, porém constituído e atravessado por tensões e lutas. Tampouco unicamente a vontade de alguns personagens ou ideias abstratas o definem. Trata-se de uma relação entre classes, de dominação e não de equilíbrio. Nessa relação tensa e complexa, as classes dominantes capitalistas são competitivas e não homogêneas. Tensões intraclasses dominantes algumas vezes são explícitas, expostas nas disputas entre interesses de grupos ou setores divergentes, outras vezes ocorrem de maneira opaca e tendem a cobrir-se com o manto do Estado, o que contribui para a unificação dos dominantes, expressando a direção hegemônica resultante de uma dada combinação de forças e apresentando-a como se fosse a mais adequada à vida social ou, até mesmo, como a "única possível". Gramsci demonstra como analisar o Estado para além de sua vertebração evidente, institucional e jurídica. Ele identifica as múltiplas conexões que se estabelecem entre sociedade civil e sociedade política (a própria institucionalidade oficial), distinguindo-as apenas metodologicamente, uma vez que integram o Estado considerado em seu sentido ampliado.

Relações de força e consciência

O Estado é o terreno de consolidação da dominação de classe (unificar os dominantes, dividir os subalternos), e é atravessado por diversas *relações de forças*. A análise de Antonio Gramsci, voltada sobremaneira para apreender as formas do enfrentamento ao capital, nos permite observar tanto os processos organizativos das classes trabalhadoras (os subalternos), quanto as modalidades associativas dos grupos e frações das classes dominantes. Identificar as formas de dominação é fundamental para que os subalternos se deem conta de como agir frente às ações e reações dos dominantes.

O ponto de partida para Gramsci é a força econômica dominante organizativa, que forja o compasso econômico, nucleia e dirige o conjunto das classes dominantes. As relações de forças – *econômica, política e militar* – envolvem formas de organização e momentos da consciência. Gramsci explicita a *relação de força econômica* como:

> Uma relação de forças sociais estreitamente ligada à estrutura, objetiva, independente da vontade dos homens, que pode ser mensurada com os sistemas das ciências exatas ou físicas. Com base no grau de desenvolvimento das forças materiais de produção, têm-se os agrupamentos sociais, cada um dos quais representa uma função e ocupa uma posição determinada na própria produção. Esta relação é o que é, uma realidade rebelde: ninguém pode modificar o número das empresas e de seus empregados, o número das cidades com sua dada população urbana etc. Este alinhamento fundamental permite estudar se existem na sociedade as condições necessárias e suficientes para uma sua transformação, ou seja, permite verificar o grau de realismo e de viabilidade das diversas ideologias que nasceram em seu próprio terreno, no terreno das contradições que ele gerou durante seu desenvolvimento.[51]

Identificar as forças econômicas é fundamental, mas insuficiente, pois é de suas contradições que nascem formas de organização, de luta e de consciência e se desdobram processos históricos e políticos. As relações de força econômicas imbricam-se com a capacidade organizativa e, portanto, com as formas de consciência social, podem gerar elaborações mais ou menos sistemáticas e sua disseminação em maior ou menor escala. A consciência coletiva, a consciência de classe, sobretudo para os subalternizados, não emerge de maneira automática das contradições da vida social. As formas de sentir e de pensar são amalgamadas a partir de doutrinações, de práticas subalternizadas, de experiências díspares e muitas vezes contraditórias, gerando um senso comum, composto de consciências fragmentárias, como um mosaico no qual subsiste um fundo de bom senso. A consciência de classe depende da auto-organização em luta, em que uma

[51] Gramsci, CC, v. 3, p. 40.

sociabilidade comum, como as experiências da vida laboral, a formação educativa e cultural, a elaboração intelectual, diversas experiências coletivas – como partidos, jornais etc. – permitem novas vivências de sociabilidade e, com elas, processos de superação de formas embrionárias da consciência para níveis mais elevados, mais amplos, de compreensão do conjunto da vida social. Assim, mesmo os momentos da consciência mais diretamente econômicos dependem da luta e da organização políticas.

Nesse âmbito que transita do econômico ao político, Gramsci distingue diferentes momentos da consciência. O primeiro é a solidariedade imediata de interesses econômicos (de tipo corporativo), e o exemplo clássico são as práticas sindicais ou associações de defesa de determinados setores econômicos.

Acrescento que, na atualidade, cresceram organizações populares ligadas à conexão entre desigualdades econômico-sociais e opressões – contra o racismo, o patriarcalismo machista, as homo e transfobias, as lutas de povos originários e as lutas ambientais – que constroem solidariedades imediatas cruciais, muitas vezes pejorativamente denominadas de "identitárias", "corporativas", como se fossem isoladas e não se conectassem com a totalidade das relações capitalistas. Em maior ou menor grau, qualquer luta de classes envolve o momento "corporativo", em que a construção de uma identidade comum é primordial, e pode ser o ponto de partida para novas formas de organização e conexão diante da potência do capital, que constitui o cerne da produção de desigualdades. Frente a tais lutas, potencialmente internacionais e em um período de crescente cosmopolitismo das classes dominantes, aparelhos privados de hegemonia empresarial erigem uma verdadeira muralha defensivo-agressiva, procurando capturar as lideranças populares e esvaziar tais lutas de seu teor anticapitalista. Os capítulos deste livro dedicam-se sobremaneira a identificar tais aparatos econômico-ideológicos empresariais em suas conexões com o Estado no Brasil.

Voltemos a Gramsci. Ainda nesse terreno que nasce no econômico, a potência organizativa pode atingir um segundo momento da consciência, ao incorporar todos os membros do grupo social e colocar a questão do Estado, mesmo que ainda no "terreno da obtenção de uma igualdade político-jurídica com os grupos dominantes".[52]

Sabemos que a igualdade jurídica inexiste na vida concreta, mas pode ser uma grande conquista para os subalternos fazê-la figurar em legislações. Leis podem expressar avanços, mesmo que eventuais conquistas sejam limitadas, e são promessas de direitos no contexto da ordem existente, sob a dominação social vigente e no âmbito da mesma configuração estatal. A dominação de classes se expressa na totalidade das relações sociais: econômicas, políticas, jurídicas, ideológicas, culturais etc., e, portanto, precisa reagir às reivindicações populares que brotam continuamente. Se muitas vezes as classes dominantes e o Estado respondem apenas com uma surdez conveniente ou interpõem a força e a coerção, em outras, as classes dominantes – e o Estado – são compelidos a ceder. A capacidade de organização dos setores populares impele a que o Estado incorpore mais ou menos seletivamente elementos de tais reivindicações.

Ainda no terreno econômico, Gramsci identifica um terceiro momento, "em que se adquire a consciência de

---

[52] *Ibid.*, p. 41.

que os próprios interesses corporativos [...] podem e devem tornar-se interesses de outros grupos subordinados". Gramsci prossegue:

> Esta é a fase mais estritamente política, que assinala a passagem nítida da estrutura para a esfera das superestruturas complexas. É a fase em que as ideologias geradas anteriormente se transformam em 'partido', entram em confrontação e lutam até que uma delas, ou pelo menos uma única combinação delas, tenda a prevalecer, a se impor, a se irradiar por toda a área social determinando, além da unicidade dos fins econômicos e políticos, também a unidade intelectual e moral.[53]

O processo de luta e de organização pode ainda avançar para novos patamares de consciência – capazes de melhor traduzir e compreender as relações de força e agir para alterá-las. Assim, o segundo momento fundamental das relações de força é o das forças políticas, ou "avaliação do grau de homogeneidade, de autoconsciência e de organização alcançado pelos vários grupos sociais".[54] É fundamental observar que as relações de força políticas não se limitam à institucionalidade formal, embora a levem em consideração.

Aqui ocorre um salto de escala e se apresenta a questão da *hegemonia*, pois a luta social, ao se estabelecer num "plano universal", pode conceber o Estado como organismo próprio, destinado a criar as condições favoráveis à máxima expansão desses grupos (ou classes). O Estado aparece então como força motriz de todas as energias sociais, na medida em que "o grupo dominante é coordenado concretamente com os interesses gerais dos grupos subordinados". Trata-se de uma "contínua formação e superação de equilíbrios

---

53 *Ibid.*

54 *Ibid.*

instáveis". Gramsci sublinha que não há nenhuma linearidade: "na história real, estes momentos implicam-se reciprocamente".[55] A questão da hegemonia exige lembrar que, sendo meio de dominação na sociedade capitalista, por meio da adesão passiva, está eivada de contradições que impedem qualquer universalização efetiva. O espírito de cisão dos subalternos, por meio da contra-hegemonia (ou hegemonia dos subalternos), retoma a questão do Estado, mas supõe adesão ativa e atua para universalizar de fato os interesses dos subalternos.

Nosso autor lembra ainda que as relações de força políticas não se esgotam nesses âmbitos, mesmo quando se atinge alto grau de homogeneidade de classe. As forças internas, nacionais, "entrelaçam-se com as relações internacionais, criando novas combinações originais", exemplificando como religiões, clubes (como o Rotary), e outras entidades podem funcionar como "partido político internacional que atua em cada nação com todas as suas forças internacionais concentradas".[56]

Finalmente, assinala o terceiro momento da relação de forças, o das *forças militares*, considerado tanto em seu sentido técnico-militar quanto no político-militar. Reitera que tais análises não são um fim em si mesmas, sendo parte de uma atividade prática, uma vez que "o elemento decisivo de cada situação é a força permanentemente organizada e há muito tempo preparada", e que a "tarefa essencial consiste em dedicar-se de modo sistemático e paciente a formar esta força, desenvolvê-la, torná-la cada vez mais homogênea, compacta e consciente de si".[57]

55 *Ibid.*, p. 42.
56 *Ibid.*
57 *Ibid.*, p. 46.

As lutas por hegemonia dos subalternos e o transformismo

Para as classes trabalhadoras e o conjunto dos subalternizados, a construção de sua unidade ou homogeneização de classe é tarefa complexa, pois precisam compreender, criticar e superar os elementos objetivos e subjetivos introjetados pela dominação capitalista, além de enfrentar as próprias classes dominantes e o Estado em todo o espectro da vida social. Vitórias parciais dos subalternos podem resultar em benefícios específicos ou mesmo gerais, como Marx demonstrou, ainda em 1865, em *Salário, preço e lucro,* alertando para o fato de que vitórias pontuais são importantes, mas podem resultar em novos grilhões caso a dinâmica social da dominação capitalista continue a prevalecer.[58] Gramsci reafirma: a hegemonia das classes dominantes envolve concessões reais aos subalternos. Lutas populares, mesmo derrotadas, podem gerar ganhos sociopolíticos – caso das revoluções passivas[59] que, em alguns exemplos, geram resultados progressivos –, porém isso ocorre ao custo da perda das lideranças autônomas populares, ceifadas por meio de

[58] Marx, Karl. *Manuscritos econômico-filosóficos e outros textos escolhidos.* São Paulo: Abril Cultural, 1978.

[59] Essa categoria, originada em Vicenzo Cuoco, é criticada e retomada por Gramsci para analisar as transformações sociais e econômicas que levaram à implantação do capitalismo mesmo na ausência de revoluções burguesas. Sua análise aborda o caso italiano (*Risorgimento*), e estende-se posteriormente para outros países e períodos. Ao longo de suas formulações, avança para articular as lutas sociais, a transformação econômica, a configuração do próprio Estado e de formas de direção política e de hegemonia. Abrange situações em que um subversivismo esporádico é derrotado e uma restauração política recompõe sob novos contornos as classes dominantes, ou situações de dispersão e passividade das massas populares frente a intensas reconfigurações entre as classes dominantes ou, ainda, permite perscrutar formas de restauração intervenientes após importantes processos revolucionários. Bianchi, Álvaro. *O laboratório de Gramsci.* São Paulo: Alameda, 2008, p. 253-300.

transformismos, movimento pelo qual os setores dominantes absorvem seus inimigos ou adversários, que doravante passam a integrar as fileiras da conservação social.[60] Analisando o caso italiano, Gramsci identifica

> dois períodos de transformismo: 1) de 1860 até 1900, transformismo 'molecular', isto é, as personalidades políticas elaboradas pelos partidos democráticos de oposição se incorporaram individualmente à 'classe política' conservadora e moderada; 2) a partir de 1900, o transformismo de grupos radicais inteiros, que passaram para o campo moderado.[61]

Frente a esses limites, o autor atribui enorme importância à capacidade organizativa, à atividade educadora e formativa das organizações dos subalternos, como maneiras de preservar e entrelaçar a práxis da luta com avanços da consciência coletiva.

A sociedade civil e o Estado ampliado

Como mencionado, a análise política de Gramsci vai além de uma descrição ou interpretação das instituições do Estado e de sua hierarquia interna, constituindo uma reflexão histórico-estratégica na qual a configuração institucional relaciona-se intimamente com a dominação econômica, mas envolve e expressa inúmeras tensões que atravessam a vida social nacional e internacional, e encontram base material também nas diversas modalidades associativas, nas quais se forjam intelectuais e consciências.

Não há uma exclusividade coercitiva atribuída ao Estado, nem um momento de convencimento que seria o atributo

---

[60] Para análise atenta do transformismo no Brasil, ver Coelho, Eurelino. *Uma esquerda para o capital*. São Paulo: Xamã, 2013.

[61] Gramsci, CC, v. 5, p. 286.

único da sociedade civil, mas sua inter-relação constitutiva. Gramsci compara o Estado ao Centauro, apresentando uma dupla perspectiva na ação política e na vida estatal, que corresponderiam à

> natureza dúplice do Centauro maquiavélico, ferina e humana, da força e do consenso, da autoridade e da hegemonia, da violência e da civilidade, do momento individual e daquele universal (da 'Igreja' e do 'Estado'), da agitação e da propaganda, da tática e da estratégia etc.[62]

Apreender a forma desse Estado "centauro" exige identificar a conexão entre sociedade civil (ambientes associativos e culturais não estatais) e sociedade política (ou o Estado pensado em sentido restrito, a institucionalidade oficial), o que permite compreender que a dominação de classes associa múltiplas formas de convencimento (consenso) originadas no âmbito da sociedade civil e incorporadas às formas de imposição legal (ou coercitiva) emanadas do Estado:

> Por enquanto, podem-se fixar dois grandes 'planos' superestruturais: o que pode ser chamado de 'sociedade civil' (isto é, o conjunto de organismos designados vulgarmente como 'privados') e o da 'sociedade política ou Estado', planos que correspondem, respectivamente, à função de 'hegemonia' que o grupo dominante exerce em toda a sociedade e àquela de 'domínio direto' ou de comando, que se expressa no Estado e no governo 'jurídico'. Essas funções são precisamente organizativas e conectivas. Os intelectuais são 'prepostos' do grupo dominante para o exercício das funções subalternas da hegemonia social e do governo político, isto é: 1) do consenso 'espontâneo' dado pelas grandes massas da população à orientação impressa pelo grupo fundamental dominante à vida social [...]; 2) do aparelho de coerção estatal que assegura

[62] *Id.*, CC, v. 3, p. 34.

> 'legalmente' a disciplina dos grupos que não 'consentem', nem ativa nem passivamente, mas que é constituído para toda a sociedade na previsão dos momentos de crise, no comando e na direção, nos quais desaparece o consenso espontâneo.[63]

Como se observa, para Gramsci, o Estado não se limita às instituições ou à sociedade política, mas é composto de dois planos superestruturais, entrelaçando sociedade civil e política. As relações de força reaparecem aqui não como entidades abstratas, mas concretamente, como diversos tipos de organizações ou aparelhos, conectados e organizativos, que circundam – apoiando, silenciando ou contestando – o exercício do governo político e a manutenção da ordem dominante. A sociedade capitalista, lastreada na extração de mais-valor, tende a naturalizar a sujeição do trabalho ao capital nas práticas cotidianas, uma vez que trabalhadores são movidos pela própria necessidade da subsistência. Tal dominação, entretanto, se estende por toda a vida social e abrange movimentos que se entrelaçam: aqueles que pretendem disseminar e assegurar-se do consenso espontâneo e aqueles voltados para assegurar as formas de coerção legal para os que resistem, ativa ou passivamente. A conexão entre sociedade civil (como espaço organizativo de sociabilidade, de consciência e de luta) e as instituições do Estado corresponde ao conceito de Estado ampliado[64] – categoria

---

[63] *Id.*, CC, v. 2, p. 20-21.

[64] Como explica Guido Liguori em verbete sobre Estado (a letra Q indica o caderno do qual se extraiu a citação e ao final de cada citação apontamos o local na edição brasileira): "O Estado é, como se lê no Q 12, 1, 1.518 [CC, 2, 20], um dos 'dois grandes 'planos' superestruturais', sendo o outro a 'sociedade civil' (que G. – Gramsci – entende como o 'conjunto de organismos vulgarmente denominado 'privados', prepostos 'à função de 'hegemonia'). Nas sociedades ocidentais, G. vê esses dois planos dialeticamente unidos no conceito de 'Estado integral', que representa a contribuição gramsciana

utilizada por Gramsci para compreender as transformações nas sociedades capitalistas mais desenvolvidas de seu tempo.

Gramsci acompanha de perto a construção histórica do Estado capitalista e sua ampliação, muito além da aparência de uma burocracia obediente, da circunscrição das tensões limitadas ao terreno parlamentar ou da percepção imediata de suas formas coercitivas, jurídicas, policiais e militares. A expansão e complexificação da sociedade civil – enquanto âmbito de múltiplas formas de luta e de construção de uma sociabilidade adequada (ou resistente) à forma social dominante – exigiu que a dominação estatal atue para além de seus limites institucionais e reforçou suas condições para superar momentos de crise econômica:

> no que se refere aos Estados mais avançados, onde a 'sociedade civil' tornou-se uma estrutura muito complexa e resistente às 'irrupções' catastróficas do elemento econômico imediato (crises, depressões, etc.); as superestruturas da sociedade civil são como o sistema das *trincheiras* na guerra moderna [...] nem os atacantes, por efeito da crise, organizam-se de modo fulminante [...], nem muito menos adquirem um espírito

específica à teoria do Estado. A crítica, com base em Buci-Glucksmann, 1976, usa também a expressão 'Estado ampliado', entendendo o novo protagonismo do Estado registrado no século XX, em contextos políticos diversos, tanto no campo econômico quanto na organização da sociedade e na criação do consenso. A expressão pode ser deduzida do Q 6, 87, 763 [CC, 3, 243], em que G. se refere ao 'Estado em sentido orgânico e mais amplo (Estado propriamente dito e sociedade civil)'. O conceito de Estado integral indica a relação de unidade-distinção que G. capta entre Estado e sociedade civil para exprimir o que ele chama de Estado 'em sentido integral' (Q 6, 155, 810-1 [CC, 3, 257]), ou também, numa acepção ligeiramente diferente, de 'um Estado (integral, e não [...] um governo tecnicamente entendido)' (Q 17, 51, 1.947 [CC, 3, 354]) [...]. A postura dialética de G. é respaldada pela convicção de que a 'distinção entre sociedade política e sociedade civil [...] é puramente metódica, não orgânica, e, na vida histórica concreta, sociedade política e sociedade civil são uma mesma coisa' (Q 4, 38, 460)". Liguori, Guido; Voza, Pasquale. *Dicionário gramsciano*. São Paulo: Boitempo, 2017, p. 516-7.

> agressivo; por outro lado, os atacados tampouco se desmoralizam, nem abandonam suas defesas, mesmo entre as ruínas, nem perdem a confiança na própria força e no próprio futuro. [...] Trata-se, portanto, de estudar com 'profundidade' quais são os elementos da sociedade civil que correspondem aos sistemas de defesa na guerra de posição.[65]

A sociedade civil – essas trincheiras e casamatas de defesa do Estado ou, ao contrário, locais de ataque ou contra-ataque ao Estado na contra-hegemonia – é constituída por aparelhos privados de hegemonia (APHs) ou "aparatos hegemônicos",[66] formas *associativas* nas quais a participação não deriva de uma imposição estatal, mas de adesão voluntária.[67] São inúmeras modalidades – sindicatos, partidos, escolas, jornais, clubes, associações diversas – identificadas por Gramsci na década de 1930, que observava também o crescimento de associações

---

65 Gramsci, CC, v. 3, p. 73.

66 Hoeveler, Rejane Carolina. "O conceito de aparelho privado de hegemonia e seus usos para a pesquisa histórica". Revista *Práxis e Hegemonia Popular*, v. 4, n. 5, p. 145-159, ago./dez., 2019. Disponível em: https://doi.org/10.36311/2526-1843.2019.v4n5.10792. Acesso em: 17 nov. 2024.

67 Aqui, é fundamental observar que a expansão dessa estratégia específica de dominação, a qual denominei de forma política do capital-imperialismo, agregou novos elementos, diferentes do período em que Gramsci analisou a atuação da sociedade civil. A gigantesca expansão de malhas associativas empresariais "sem fins lucrativos" nos âmbitos nacionais e internacional ao longo das últimas décadas manteve a função ideológica e sociopolítica desses aparatos hegemônicos, mas os assemelha crescentemente a empresas, mesmo que se apresentem como não lucrativas. Cumprem diversas funções organizativas das classes dominantes, além de apassivamento/controle de movimentos populares, e vêm atuando crescentemente na formação de trabalhadores sem direitos, por serem centros irradiadores de contratação de trabalhadores "voluntários", muitos recebendo recursos por meio de remunerações avulsas (sem direitos) ou de editais para capturar pesquisadores. Ademais, espelhando o modelo anglo-saxão, são cada vez mais espaços de elaboração política institucional. Na outra face, entretanto, seus dirigentes são remunerados enquanto gestores. O tema é importantíssimo e merece estudos aprofundados.

internacionais de novo tipo, capitaneadas pelo americanismo, como o Rotary e o Lyon's Club.

Novamente interrompemos a exposição do autor, pois é preciso notar que nas últimas décadas multiplicaram-se nos cenários nacionais e internacional entidades sem fins lucrativos controladas por conglomerados empresariais, como fundações e institutos, *think tanks* (tanques de pensamento, em tradução literal)[68] e outras formas associativas. O processo, cuja análise mais impactante foi realizada por René Dreifuss com o inquietante título de *A Internacional Capitalista*, se expande a partir da dominação anglo-saxônica e atinge já na década de 1960 grande parte do planeta.[69] São aparelhos privados de hegemonia empresariais, posto que controlados e dirigidos por empresários e por seus agentes operativos, que se organizam em múltiplas direções, desde a defesa direta de determinados setores econômicos até a definição de políticas no âmbito internacional, e que pretendem direcionar parcelas crescentes da população, construindo formas consensuais por meio da atuação de seus intelectuais, cujo papel permanece sobretudo organizativo.

Quando privilegiamos a abordagem organizativa das classes dominantes, o processo tem traços similares – sindicatos setoriais, associações empresariais setoriais etc. A tendência histórica identificada no caso brasileiro é de uma grande permanência temporal, assim como uma crescente superposição, o que se pode atribuir a uma especialização

---

68 Ver a importante reflexão elaborada em Paulo, Diego Martins Doria. *As contradições da democracia e o Instituto Fernando Henrique Cardoso (2004-2019)*. Tese (Doutorado em História). Programa de Pós-graduação em História, Universidade Federal Fluminense. Niterói, 2020.

69 Dreifuss, René. *A internacional capitalista*: estratégias e táticas do empresariado transnacional, 1918-1986. Rio de Janeiro: Espaço e Tempo, 1986.

crescente de funções e da regular necessidade de se criarem entidades capazes de aglutinar os setores dominantes. Na análise de tais entidades, como insistiu Sonia Regina de Mendonça em inúmeras pesquisas, outros elementos podem e devem ser levados em consideração, como as relações de parentesco e herança, as afinidades constituídas por meio de percursos escolares e universitários específicos, a frequência a certos clubes ou espaços de prestígio etc.

Uma observação adicional: as classes dominantes e as entidades associativas próximas a elas – originalmente, sobretudo igrejas e associações caritativas, mas no século XX e XXI muitas outras entidades – disfarçam suas intervenções políticas sob a máscara da filantropia e do "bem comum". Afinal, a filantropia é um privilégio das classes dominantes em um oceano de trabalhadores expropriados e, como sabemos, uma de suas características mais fortes é apresentar o interesse particular dos dominantes como interesses "de todos". Assim, no interior de uma massa de APHs empresariais, a filantropia parece, numa leitura ingênua, figurar apenas como legitimação de escasso conta-gotas para minorar o sofrimento de alguns dos mais vulneráveis. Ela vem, entretanto, se constituindo em forma peculiar de desestruturar as lutas por igualdade e contra as opressões, ao se apresentar como acolhida para diminutas parcelas das classes subalternas, convertendo a transformação social em um mudancismo microscópico, apto a capturar lideranças populares por via de remuneração (ainda que precária, na maioria dos casos) e conter seu espírito de cisão.[70] Mais do

[70] Fontes, Virgínia. "Capitalismo filantrópico? – múltiplos papéis dos aparelhos privados de hegemonia empresariais". Revista *Marx e o Marxismo* v. 8, n. 14, jan./jun., 2020.

que isso, a filantropia na atualidade pretende se transformar em atividade plenamente integrante do circuito de valorização do valor e passa a se apresentar como "investimento social", que deve ser lucrativo para assegurar sua própria reprodução, ao mesmo tempo que participam dos aglomerados de "partidos políticos" na sociedade civil visando a desmantelar as lutas dos subalternos.

Os intelectuais

A análise marxiana apontava que, no âmbito econômico, as classes dominantes atuam como organizadoras, como "dirigentes", como "*intelectuais*"; ocupam o cerne e a direção dos processos produtivos – e relegam às massas trabalhadoras o papel da execução, do trabalho manual. Assinalava ainda como as elaborações das classes dominantes tornavam-se as ideias dominantes. Gramsci avançará nessa análise e seu ponto de partida para uma definição dos intelectuais não será uma atividade cerebral – pois, afinal, "todos os homens são intelectuais",[71] ou ainda, "todos os homens são filósofos".[72] O comunista sardo destacará a função, a atividade social e organizativa dos intelectuais:

> Todo grupo social, nascendo no terreno originário de uma função essencial no mundo da produção econômica, cria para si, ao mesmo tempo, organicamente, uma ou mais camadas de intelectuais que lhe dão homogeneidade e consciência da própria função, não apenas no campo econômico mas também no social e político: o empresário cria consigo o técnico da indústria, o cientista da economia política, o organizador de uma nova cultura, de um novo direito etc., etc. Deve-se observar o fato de

[71] Gramsci, CC, v. 2, p. 18.
[72] *Id.*, CC, v. 1, p. 93.

> que o empresário representa uma elaboração social superior, já caracterizada por uma certa capacidade dirigente técnica.[73]

Partindo do solo do processo produtivo, Gramsci retomou o papel de "direção", formação, adestramento e educação realizado pelas classes dominantes, por seus prepostos e agentes secundários para a dominação, como técnicos e engenheiros. Mas sua função organizativa e intelectual vai além de sua base técnica – condição necessária, mas não suficiente – e abrange a elaboração intelectual e prática da "naturalização" dos processos de trabalho e das hierarquias impostas, assim como a formação da subalternidade do trabalhador "manual" ou dos que exercem tarefas de execução. Essa camada superior de "intelectuais" da produção capitalista está convencida da "necessidade" e da "normalidade" de seu papel, de sua própria superioridade e da inferioridade dos demais. E é nesse duplo sentido – o da organização e o de sua complementaridade com as formas de dominação do capital – que Gramsci os denominará de "intelectuais orgânicos", e igualmente serão "orgânicos" os intelectuais organizadores das classes dominadas ou subalternizadas. Esse papel organizativo é crucial para enfrentar a "hegemonia que nasce da fábrica" enquanto dominação, em hegemonia dos subalternos frente ao capital na construção de outra forma social de produção.

Gramsci localizará também essa função intelectual e organizativa nas instâncias da sociedade civil, seja como defensora de hierarquias sociais e de adaptação psicofísica dos seres sociais às variadas formas de subalternização, seja

---

[73] *Id.*, CC, v. 2, p. 15-16.

como contestadora, na contra-hegemonia. Trata-se de função ativa e garantidora da reprodução ampliada do processo produtivo e do conjunto da vida social sob tais condições – ou seu enfrentamento revolucionário. As entidades da sociedade civil muitas vezes se apresentam como "apolíticas" ou apartidárias, mas, não obstante, atuam como locais de sociabilidade, de encontros, de formulação e de projetos, nos quais consolidam-se "vontades coletivas" nascidas no terreno das contradições da vida econômica e social. Também na sociedade civil, nos diversos aparelhos privados de hegemonia, há dirigentes e intelectuais organizando entidades cuja justificativa parece muitas vezes distante da árida economia, mas que reafirmam a formação dos seres sociais em vistas da adequação/conformação ou do espírito de luta – o espírito de cisão, nos termos gramscianos. Neste caso, a força dos grupos subalternos se intensifica, com autonomia organizativa e intelectual, e eles se apresentam como aptos a se oporem às trincheiras e fortificações da ideologia e das práticas da classe dominante, que recobrem a organização material da existência.[74]

Sociedade civil, sociedade política e partidos

A sociedade civil é terreno de organização de sociabilidades, de embates culturais que, embora pareçam situados além do âmbito de extração de mais-valor, deitam suas raízes na produção, a justificam ou a contestam. Tais conflitos ocorrem muitas vezes entre setores e frações da classe dominante, quando um dado segmento busca suplantar os demais e, por

[74] Lacorte, Renato. "Espírito de Cisão". *In:* Liguori, Guido e Voza, Pasquale (orgs). *Dicionário gramsciano*. São Paulo: Boitempo, 2017.

vezes, apela a outros grupos sociais em sua disputa particular. Ao mesmo tempo, contudo, expressam a própria luta entre as classes. Dessas tensões podem resultar adaptações no Estado, quando conjuntos de APHs reforçam determinada posição econômica, política ou cultural no interior do Estado. Também podem resultar em crises ou podem configurar grandes "partidos", associando e configurando "quartéis-generais" de onde emanam as diretrizes para conter situações de crise, o que pode envolver ou não partidos oficiais.

Mas é no espaço associativo e organizativo dos subalternos, sobretudo, onde se aprende a superar a fratura imposta entre concepção e execução, típica das sociedades de classes, para revolucioná-la e superar o Estado – centralizador da usurpação fundamental. Considerando a sociedade civil tal como Gramsci a define e enquanto espaço de luta, pode-se observar minuciosamente como os diferentes grupos sociais se auto-organizam ou, ao contrário, como se limitam a público-alvo da direção proveniente de formas de organização de classes dominantes; pode-se verificar como seus intelectuais (organizadores e dirigentes, além de seus escribas e divulgadores) estabelecem estratégias de disseminação de suas propostas sobre outros grupos, como se coligam com outros APHs ou disputam acidamente terrenos, termos e formas de embate.

Partidos políticos oficiais, institucionais, relacionam-se de maneira direta e indireta com os "partidos" que se constituem no terreno da vida social. A análise das correntes políticas não pode, portanto, se contentar em verificar os procedimentos parlamentares e suas divisões, mas exige correlacioná-los aos "quartéis-generais" constituídos pela aglutinação de formas associativas e que capturam as reivindicações em curso, informam, formam e estabelecem as linhas gerais das políticas a serem seguidas pelos partidos oficiais.

Em sua oposição aos liberais, Gramsci demonstrou que a sociedade civil não está isolada da produção, e muito menos do Estado. Ao contrário, o autor enfatiza como APHs travam uma luta cotidiana em torno da organização das vontades e da significação do próprio mundo, do que resultam visões fragmentárias e dispersas nutridas pelo senso comum da dominação hegemônica. A luta revolucionária, ao contrário, pode propiciar a constituição de uma visão unitária e coerente da parte dos subalternos, tarefa que ele atribui ao partido, concebido como Moderno Príncipe, em alusão a Maquiavel, aglutinador permanente das diversas expressões organizativas dos subalternos, intelectual, educador e formador em direção à elevação da socialização do conhecimento das massas e de sua capacidade de intervenção sociopolítica.

A mirada estratégica de Gramsci visa a luta contra as classes dominantes e contra o Estado capitalista pela instauração de outra forma social de produzir, de ser e de organizar o conjunto da vida, uma que seja capaz de superar as limitações impostas pela reprodução burguesa. Nessa estratégia de elaboração da luta, esmiúça as condições concretas da dominação capitalista e as reconfigurações do Estado, no interior de suas fronteiras institucionais e nas maneiras pelas quais estende seus tentáculos para além delas. O Estado recebe e acolhe os tentáculos – aparelhos privados de hegemonia – das classes dominantes em seu interior, nutrindo-se deles e nutrindo-os de volta. Como? Ao incorporar peritos ou especialistas provenientes de APHs empresariais na definição do desenho institucional, na formulação de políticas e em sua execução; ao acatar as exigências de setores dominantes na construção de sua própria materialidade (ministérios, conselhos etc.), ao disseminar como legislação "neutra" o que são as reivindicações de setores dominantes, ao impor uma sociabilidade coletiva adequada para o capital e voltada a formar homens-massa.

O Estado educador

Para além da política educativa oficial, de cunho escolar – que resulta de lutas, mas que tem fundo alcance na formação das classes dominadas –, o Estado assume, em conjunto com a sociedade civil, uma tarefa ainda mais ampla, geral e formativa, voltada para assegurar o conformismo social, levando as trincheiras da dominação para além dos limites institucionais:

> [É] tarefa educativa e formativa do Estado, cujo fim é sempre o de criar novos e mais elevados tipos de civilização, de adequar a 'civilização' e a moralidade das mais amplas massas populares às necessidades do contínuo desenvolvimento do aparelho econômico de produção e, portanto, de elaborar também fisicamente tipos novos de humanidade. Mas como cada indivíduo singular conseguirá incorporar-se no homem coletivo e *como ocorrerá a pressão educativa sobre cada um para obter o seu consenso e sua colaboração, transformando em 'liberdade' a necessidade e a coerção?* Questão do 'direito', cujo conceito deverá ser ampliado, nele incluindo aquelas atividades que hoje são compreendidas na fórmula 'indiferente jurídico' e que são de domínio da sociedade civil, *que atua sem 'sanções' e sem 'obrigações' taxativas, mas que nem por isso deixa de exercer uma pressão coletiva e de obter resultados objetivos de elaboração nos costumes, nos modos de pensar e de atuar, na moralidade* etc.[75]

[75] Gramsci, CC, v. 3, p. 23-24, grifos meus.

Além da coerção, incumbe ao Estado a adequação da massa da população às necessidades cambiantes da dinâmica expansiva capitalista, apresentando a coerção como "liberdade". Esse movimento de *inversão estatal* não ocorre apenas nas nuvens das ideias nem decorre de uma capacidade elaborativa própria das instituições públicas. Ele é produzido nas práticas sociais e organizativas levadas a efeito na sociedade civil que, com menor grau de imposição coercitiva legal, modela costumes, modos de pensar, moralidade etc., que devem alçar-se ao Estado e, no movimento em sentido contrário, disseminar-se do Estado em direção ao conjunto da sociedade. Novamente demonstrando a conexão íntima entre sociedade política e sociedade civil, essa atuação permite que determinadas perspectivas se tornem uma espécie de padrão ou modelo da formação geral da vida social e da classe trabalhadora, impulsionadas pelas exigências econômicas, pela atividade na sociedade civil e sancionadas pela sociedade política, que se torna sua mais intensa divulgadora. A partir de Gramsci é possível acompanhar passo a passo o processo estatal de apresentar-se como algo "para todos", quando expressa precisamente as exigências da reprodução das classes dominantes. Assim, a inversão é ideológica (impor necessidades e apresentá-las como liberdade) e essa ideologia é também prática, circulando desde formas organizativas presentes na sociedade civil até se tornarem práticas gerais organizadas e impostas por um Estado "educador" em múltiplas direções.

> O exercício 'normal' da hegemonia, no terreno tornado clássico do regime parlamentar, caracteriza-se pela combinação da força e do consenso, que se equilibram de modo variado, sem que a força suplante em muito o consenso, mas,

> ao contrário, tentando fazer com que a força pareça apoiada no consenso da maioria, expresso pelos chamados órgãos da opinião pública – jornais e associações –, os quais, por isso, em certas situações, são artificialmente multiplicados.[76]

Gramsci reafirma a importância dos intelectuais organizadores e confronta os que abordam a política como expressão das grandes "personalidades" ou a cultura em termos de grandes ideais abstratos. Perscruta o terreno da expansão das relações *sociais e históricas* capitalistas, econômicas, políticas, sociais, culturais, ideológicas que, em todos esses níveis, envolvem *processos organizativos* para sua formulação, disseminação e desdobramentos. Seu foco parte da dominação econômica, mas não se limita a uma "economia abstrata", permitindo relacionar uma dominação de classes que se lastreia na sujeição de trabalhadores no solo econômico, porém a consolida a partir de uma certa configuração psicossocial e que se espelha na consciência social como *senso comum*.[77]

---

76 *Ibid*., p. 95.

77 "Todo estrato social tem seu 'senso comum' e seu 'bom senso', que são, no fundo, a concepção da vida e do homem mais difundida. Toda corrente filosófica deixa uma sedimentação de 'senso comum': é este o documento de sua efetividade histórica. O senso comum não é algo rígido e imóvel, mas se transforma continuamente, enriquecendo-se com noções científicas e com opiniões filosóficas que penetraram no costume. O 'senso comum' é o folclore da filosofia e ocupa sempre um lugar intermediário entre o folclore propriamente dito [...] e a filosofia, a ciência, a economia dos cientistas." (*Id*., CC, v. 2, p. 209). Gramsci vai além: "algumas expressões 'filosóficas' populares têm um significado muito preciso, a saber, o da superação das paixões bestiais e elementares numa concepção da necessidade que fornece à própria ação uma direção consciente. Este é o núcleo sadio do senso comum, que poderia precisamente ser chamado de bom senso e que merece ser desenvolvido e transformado em algo unitário e coerente. Torna-se evidente, assim, por que não é possível a separação entre a chamada filosofia 'científica' e a filosofia 'vulgar' e popular, que é apenas um conjunto desagregado de ideias e de opiniões." (*Id*., CC, v. 1, p. 98)

A luta dos subalternos por hegemonia precisa respeitar o senso comum, mas mobilizar o bom senso, a paixão e o conhecimento e as ideologias orgânicas dos subalternos para construir um novo bloco histórico capaz de superar as limitações da ordem existente. A categoria de bloco histórico aparece, portanto, como um projeto de luta:

> Se a relação entre intelectuais e povo-nação, entre dirigentes e dirigidos, entre governantes e governados é dada graças a uma adesão orgânica, na qual o sentimento-paixão torna-se compreensão e, desta forma, saber (não de uma maneira mecânica, mas vivida), só então a relação é de representação, ocorrendo a troca de elementos individuais entre governantes e governados, entre dirigentes e dirigidos, isto é, realiza-se a vida do conjunto, a única que é força social; cria-se o 'bloco histórico'.[78]

Porém, Gramsci alerta para o papel dos grupos dirigentes na sociedade capitalista, a formação de seus quadros e como "ideais" abstratos e desencarnados tornam-se práticas e forças concretas. A hegemonia de determinados grupos no interior da dominação capitalista expressa a constituição de um bloco histórico que parece se naturalizar, que se interioriza dissimulando a necessidade como liberdade e se apresenta como a expressão propriamente política da dominação capitalista, na qual "Estado = sociedade política + sociedade civil, isto é, hegemonia couraçada de coerção"[79] ou, em outros termos, "a estrutura e as superestruturas formam um 'bloco histórico', isto é, o conjunto complexo e contraditório das superestruturas é o reflexo do conjunto das relações sociais de produção".[80]

---

[78] *Id.*, CC, v. 1, p. 222.
[79] *Id.*, CC, v. 3, p. 224.
[80] *Id.*, CC, v. 1, p. 250.

Os processos hegemônicos que resultam em formas de dominação mostram a importância de levar em consideração algumas expectativas dos subalternos, seja no interior das classes dominantes, apaziguando os derrotados para a afirmação da direção de um setor ou fração, seja com relação aos diferentes setores das classes subalternizadas.

> O fato da hegemonia pressupõe indubitavelmente que sejam levados em conta os interesses e as tendências dos grupos sobre os quais a hegemonia será exercida, que se forme um certo equilíbrio de compromisso, isto é, que o grupo dirigente faça sacrifícios de ordem econômico-corporativa; mas também é indubitável que tais sacrifícios e tal compromisso não podem envolver o essencial, dado que, se a hegemonia é ético-política, não pode deixar de ser também econômica, não pode deixar de ter seu fundamento na função decisiva que o grupo dirigente exerce no núcleo decisivo da atividade econômica.[81]

Gramsci não avaliza uma suposição harmônica na qual a hegemonia garantiria condições melhores para todos, o que apagaria sua característica central, a da direção e dominação de classes sobre o conjunto da vida social. O exercício da hegemonia envolve aspectos abertamente coercitivos, mas também tentativas de corromper os subalternos ou de capturar suas lideranças:

> Entre o consenso e a força, situa-se a corrupção-fraude (que é característica de certas situações de difícil exercício da função hegemônica, apresentando o emprego da força excessivos perigos), isto é, o enfraquecimento e a paralisação do antagonista ou dos antagonistas através da absorção de seus dirigentes, seja veladamente, seja abertamente (em casos

[81] *Ibid.*, p. 47-8.

> de perigo iminente), com o objetivo de lançar a confusão e a desordem nas fileiras adversárias.[82]

Partindo de Gramsci, é possível averiguar sob quais influências e iniciativas organizativas (econômica, política, cultural) os conflitos sociais eclodem, e como derivam em funções assimétricas assumidas pelo Estado em cada momento histórico e circunstância nacional. O Estado, constituindo o traço de união entre as diversas frações e grupos dominantes, mantém no elo com a sociedade civil um terreno fundamental de sua própria atuação. As tensões emanadas das contradições reais são persistentes e duradouras, continuamente reproduzidas pela própria expansão da dinâmica social capitalista, e se expressam no próprio interior do Estado e da cultura:

> Seria interessante estudar concretamente, em um determinado país, a organização cultural que movimenta o mundo ideológico e examinar seu funcionamento prático [...]. A escola – em todos os seus níveis – e a Igreja são as duas maiores organizações culturais em todos os países, graças ao número de pessoas que utilizam. Os jornais, as revistas e a atividade editorial, as instituições escolares privadas, tanto as que integram a escola de Estado quanto as instituições de cultura do tipo das universidades populares. Outras profissões incorporam em sua atividade especializada uma fração cultural não desprezível, como a dos médicos, os oficiais do exército, da magistratura. Entretanto, deve-se notar que em todos os países, ainda que em graus diversos, existe uma grande cisão entre as massas populares e os grupos intelectuais, inclusive os mais numerosos e mais próximos à periferia nacional, como os professores e os padres. E isso ocorre porque o Estado, ainda que os governantes digam o contrário, não tem uma

82 *Ibid.*, p. 95.

> concepção unitária, coerente e homogênea, razão pela qual os grupos intelectuais estão desagregados em vários estratos e no interior de um mesmo estrato. A Universidade, com exceção de alguns países, não exerce nenhuma função unificadora; um livre-pensador tem mais influência do que toda a instituição universitária etc.[83]

Analisar a estreita correlação entre classes dominantes e Estado está longe de demonstrar uma dominação absoluta e, ao contrário, exibe suas fissuras ali mesmo onde parece residir o núcleo de sua força:

> As classes dominantes precedentes eram essencialmente conservadoras, no sentido de que não tendiam a assimilar organicamente as outras classes, ou seja, a ampliar 'técnica' e ideologicamente sua esfera de classe: a concepção de casta fechada. A classe burguesa põe-se a si mesma como um organismo em contínuo movimento, capaz de absorver toda a sociedade, assimilando-a a seu nível cultural e econômico; toda a função do Estado é transformada: o Estado torna-se 'educador', etc. [...] A classe burguesa está 'saturada': não só não se difunde, mas se desagrega; não só não assimila novos elementos, mas desassimila uma parte de si mesma (ou, pelo menos, as desassimilações são muitíssimo mais numerosas do que as assimilações).[84]

Na sequência, o autor mostra como sua reflexão aponta para a superação do Estado por meio de um Novo Príncipe, cuja função na sociedade civil é unificar os subalternos, mas não de maneira mecânica. Trata-se de superar, de ir além das limitações da economia e da sociabilidade burguesas, cujo movimento de "absorção social" se esgota continuamente, abrindo o passo à ação dos subalternos e dos trabalhadores:

---

83 *Ibid.*, p. 112.

84 *Id.*, CC, v. 3, p. 271.

> Uma classe que se ponha a si mesma como possível de assimilar toda a sociedade e, ao mesmo tempo, *seja realmente capaz de exprimir este processo* leva à perfeição esta concepção do Estado e do direito, *tornados inúteis por terem esgotado sua missão e sido absorvidos pela sociedade civil.*[85]

5. Nicos Poulantzas

Trataremos agora de alguns elementos da reflexão de Nicos Poulantzas, autor grego radicado na França e falecido em 1979, que realizou enorme contribuição para a análise do Estado capitalista e do imperialismo, algumas já mencionadas acima. Em suas elaborações teóricas, Poulantzas procurou articular a dimensão estrutural, ou seja, a função estatal de unificar o interesse político a longo prazo do conjunto da burguesia, com sua dimensão histórica e processual, em que modificações importantes separam, por exemplo, o Estado liberal do capitalismo concorrencial ou o Estado fascista dos Estados ditatoriais ou, ainda, do Estado sob o capitalismo monopolista. Em outros termos, tratava-se de analisar teoricamente a conjugação concreta entre uma característica estrutural e as lutas sociais que, para ele, atravessam o Estado capitalista e o modificam historicamente.

Licenciado em Direito, estudioso de Sociologia e de Política, sua obra pode ser organizada em três momentos, como sugere Codato.[86] Num primeiro, bem próximo ao grupo althusseriano, Poulantzas pretendia fundar uma teoria geral do Estado, abordado enquanto estrutura na

---

[85] *Ibid.*, grifos meus.

[86] Codato, Adriano. "Poulantzas, o Estado e a revolução". Revista *Crítica Marxista,* n. 27, 2008, p. 65-86. Disponível em: www.ifch.unicamp.br/criticamarxista/arquivos_biblioteca/artigo156artigo4.pdf. Acesso em: 17 jan. 2024.

obra *Poder político e classes sociais*, publicada em 1968. Este mesmo ano é considerado o início de uma transição na qual o autor se aproximaria crescentemente das reflexões de Antonio Gramsci. Já o segundo, marcado por estudos aprofundados dos "laços entre os campos político e econômico em diferentes conjunturas",[87] propiciou a publicação de *Fascismo e ditadura* (1973), [88] *Classes sociais no capitalismo hoje* (1974)[89] e *A crise das ditaduras* (1975). [90] Aqui, o Estado é tratado como um feixe de aparelhos e o papel histórico e concreto das lutas de classes adquire mais relevo, em especial na constituição da aparelhagem estatal, que passa a ser considerada de modo ampliado, não limitada unicamente à institucionalidade que, não obstante, segue tendo papel central. O terceiro momento da produção de Poulantzas é considerado seu momento mais gramsciano, quando a teoria do Estado capitalista aparece presente intimamente ligada ao processo histórico de sua constituição e de sua reprodução, e também como o ponto culminante de sua obra, segundo Jessop: *O Estado, o poder e o socialismo*.[91] É aqui que ganha sua maior densidade a abordagem do Estado como *relação social*, de maneira similar ao tratamento dado por Marx

[87] Jessop, Bob. "Posface. L'Etat est un rapport social". *In:* Poulantzas, Nicos. *L'État, le pouvoir, le socialisme*. Paris: Les Prairies Ordinaires, 2013, p. 373.

[88] Poulantzas, Nicos. *Fascisme et dictature*. Paris, Seuil/Maspero, 1974. [Edição Brasileira: *Fascismo e ditadura: a III Internacional face ao fascismo*. São Paulo: Enunciado Publicações, 2021.]

[89] Poulantzas, Nicos. *Les classes sociales dans le capitalisme aujourd'hui*. Paris: Seuil, 1974. Todas as citações deste livro foram traduzidas por mim desta reedição em língua francesa. [Edição brasileira: *As classes sociais no capitalismo de hoje*. Rio de Janeiro: Zahar, 1975. Doravante, CSCH.]

[90] Poulantzas, Nicos. *La crise des dictatures. Portugal, Grèce, Espagne*. Paris: François Maspero, 1975. [Edição brasileira: *A crise das ditaduras. Portugal, Grécia, Espanha*. Rio de Janeiro: Paz e Terra, 1976.]

[91] Poulantzas, Nicos. *O Estado, o poder, o socialismo*. Rio de Janeiro: Graal, 1981.

ao capital. Vale lembrar, como destacado por Codato, que "cada uma dessas versões do conceito de Estado capitalista foi elaborada a partir de um contexto político e intelectual, em função de uma problemática teórica e em razão de uma estratégia política".[92]

Para o nosso objetivo, o de identificar categorias e processos com os quais dialogamos neste livro, destacaremos na obra *Classes sociais no capitalismo hoje* (doravante, *CSCH*) as instigantes provocações apresentadas sobre as relações entre classes dominantes imperialistas, e entre elas e seus Estados.

Já na "advertência" que abre o texto, o autor esclarece que o livro reúne "ensaios sobre classes sociais e, secundariamente, sobre os aparelhos do Estado, na fase atual do capitalismo monopolista-imperialista. Estes ensaios *concernem essencialmente as metrópoles imperialistas, notadamente a Europa*", têm caráter parcial e incidem especialmente "sobre o inimigo e sobre os aliados potenciais da classe operária", que não é diretamente tratada, mas está presente constantemente, seja nas análises sobre a burguesia que remetem sempre à sua contradição principal com a classe operária, seja nas análises sobre a pequena burguesia (tradicional ou moderna), seja por se apoiar "nas formas concretas da luta de classes".[93] Explicitamente, nosso autor estabelece uma linhagem fértil de estudos voltados para as classes dominantes, advertindo que estas devem ser efetivamente compreendidas apenas em sua relação de conservação, ampliação e consolidação

---

92 Codato, Adriano. "Poulantzas, o Estado e a revolução". Revista *Crítica Marxista,* n. 27, 2008, p. 74. Disponível em: www.ifch.unicamp.br/criticamarxista/arquivos_biblioteca/artigo156artigo4.pdf. Acesso em: 17 jan. 2024.

93 Poulantzas, Nicos. *Les classes sociales dans le capitalisme aujourd'hui. Paris: Seuil, 1974,* p. 9-10, grifos meus.

de sua dominação, isto é, frente a classes subalternas e na relação com o Estado. Debate asperamente com duas linhas interpretativas: as que ele designa como derivadas do superimperialismo de Kautsky e as que consideram como única clivagem a relação entre as metrópoles imperialistas e as formações dominadas, "tomada de maneira uniforme ao longo da história do imperialismo".[94]

Poulantzas realiza um estudo original e extremamente instigante sobre as conexões existentes entre as formas de dominação imperialista derivadas do predomínio dos EUA e a atuação das principais burguesias europeias ou, em sua interrogação, "quais são as novas relações entre as formações sociais imperialistas (Estados Unidos, Europa, Japão) e seus efeitos sobre os aparelhos de Estado?".[95] Após realizar breve periodização do imperialismo, do surgimento à consolidação, define a fase iniciada após a Segunda Guerra Mundial como a expansão do capitalismo monopolista e aponta para mudanças na relação entre metrópoles e formações dominadas: nestas, o modo de produção capitalista (MPC) não domina mais apenas do "exterior" e pela "reprodução da *relação* de dependência, *mas [MPC] estabelece sua dominação direta em seu próprio seio: o modo de produção das metrópoles se reproduz, sob forma específica, no próprio interior das formações dominadas e dependentes*".[96]

Poulantzas procura então identificar a diferenciação específica da relação entre metrópoles, uma vez que, para ele, "a estrutura de dominação e de dependência da cadeia imperialista organiza as relações das próprias metrópoles do

[94] *Ibid.*, p. 44-45.
[95] *Ibid.*, p. 43.
[96] *Ibid*, p. 51-2.

imperialismo". Traz uma formulação algo enigmática, mas que procura evidenciar a relação social que se instaura no interior dos elos econômicos, políticos e ideológicos imperialistas: "O lugar da reprodução do MPC em imperialismo é a cadeia imperialista e seus elos".[97]

O tema central é como a dominação econômica realizada pelos capitais estadunidenses produziria efeitos econômicos, políticos e ideológicos nas demais metrópoles imperialistas. De maneira intrigante, considera ser diferente a relação entre metrópoles e formações dominadas, apesar de partir do mesmo princípio – a reprodução induzida.

> Essa nova dependência [a hegemonia dos Estados Unidos nas metrópoles] não se identifica com a que caracteriza as relações metrópoles-formações dominadas, e não pode absolutamente ser tratada de maneira análoga àquela, precisamente na medida em que essas metrópoles continuam a constituir centros próprios de acumulação do capital, de um lado, e de dominar elas também as formações dependentes, de outro.[98]

Dedica-se a uma grande quantidade de temas específicos nesse processo de internacionalização do capital que agrega os países imperialistas, mas que ao mesmo tempo os diferencia internamente: a penetração econômica discreta, mas intensa, de capitais estadunidenses na Europa, a intensificação da exigência de produtividade, a socialização crescente dos processos de trabalho, as formas da divisão social do trabalho e, por fim, os temas em que nos deteremos, as formas específicas da dependência europeia, o papel dos Estados e a nova configuração das classes dominantes.

[97] *Ibid.*, p. 53 e 55.
[98] *Ibid.*, p. 52-53.

Sobre a dependência entre imperialistas, Poulantzas destaca que a dominação econômica dos EUA sobre os demais países imperialistas não se expressa apenas no percentual dos meios de produção controlados formalmente em cada nação europeia, nem tampouco apenas no papel das empresas multinacionais sob controle americano, mas também no impulso realizado pela potência desses capitais, que atinge em cheio as multinacionais europeias. Ele exemplifica: ocorre uma padronização internacional dos produtos de base imposta pela indústria dos EUA em seus ramos, o que exige ajustes dos fabricantes europeus para realizarem subcontratos; a venda dos EUA de patentes e licenças se torna obrigatória para os demais capitalistas na concorrência internacional; o domínio da indústria eletrônica (sai mais barato usar computadores e *softwares* estadunidenses), que terminam por dirigir o processo de produção.

> A divisão internacional imperialista do trabalho, remetendo assim, em primeiro lugar, à *divisão e à organização sociais do* conjunto do processo de trabalho, vê-se como a divisão atual em proveito do capital americano não se limita apenas a uma divisão no 'seio' das empresas multinacionais americanas.[99]

Nesse processo, se alteram a reprodução da divisão trabalho manual e intelectual, a qualificação dos trabalhadores, o lugar dos engenheiros e técnicos (tecnologia) e até mesmo as formas de autoridade no interior das formações sociais imperialistas, sob efeito da atuação econômica do capital dominante.

Buscando entender um espaço relacional interimperialista complexo, Poulantzas agrega que o processo de interna-

[99] *Ibid.*, p. 72-73, grifos do autor.

cionalização do capital não "suprime nem curto-circuita os Estados nacionais", nem ameaça constituir um superestado ou pôr em risco a dominação direta política dos EUA. Porém, tal presença e relevância os afeta e altera internamente, posto que, para assegurarem ao conjunto das burguesias as condições de produção e de reprodução e seus capitais, tendem a incorporar as exigências colocadas por tais capitais multinacionais no conjunto regular do funcionamento dos aparelhos de Estado. A internacionalização afeta política e Estados, ao estabelecer uma inclusão em um sistema de interconexões

> que não se limita de forma alguma a um jogo de pressões 'externas' e 'mútuas' entre Estados e capitais justapostos. Esses Estados assumem eles próprios os interesses do capital imperialista dominante em seu desenvolvimento no próprio interior da formação 'nacional', a saber, em sua interiorização complexa à burguesia interna que ele domina.[100]

O Estado se encarrega dos interesses do capital dominante de maneira direta, por meio de subvenções e exonerações idênticas aos locais, apoio à sua expansão para o exterior, inclusive ajudando-o a escapar das malhas legais estadunidenses e, de maneira indireta, na medida em que as políticas visando a concentração e expansão internacional do capital local (autóctone) carreiam consigo as condições gerais de produção determinadas pelo capital estadunidense. No jogo político institucional, entretanto, os capitais forâneos, estadunidenses, não participam diretamente. Seus interesses são carreados pelo seu próprio movimento econômico e pelos agentes locais. Embora participem do

---

[100] *Ibid.*, p. 80, grifos do autor.

bloco no poder – ou da aliança específica de classes e frações politicamente dominantes –, este deixa de se circunscrever unicamente ao plano nacional, uma vez que os Estados se encarregam não só de suas burguesias internas, mas dos demais capitais imperialistas.

> Esses capitais estrangeiros não tomam parte diretamente, *enquanto tais*, isto é, como forças sociais relativamente autônomas, de cada bloco no poder em questão [as diversas burguesias de vários países não estão diretamente presentes no bloco no poder francês, p. ex.]. Sua 'presença' no bloco no poder na França é assegurada por algumas frações da burguesia francesa e pelo estado da internacionalização que lhes concerne; em suma, por sua interiorização e representação no próprio seio da burguesia francesa.[101]

Poulantzas apontava que tal processo conduzia a uma desarticulação interna das burguesias autóctones. É no contexto dessa análise de uma situação de novo tipo e seguindo caminho original – a dependência entre países imperialistas – que o autor formula a categoria de burguesia interna,[102] distinguindo-a de uma burguesia nacional anterior que seria definida politicamente por seu elã de

[101] *Ibid.*

[102] Essa categoria é objeto de distintas e polêmicas interpretações no Brasil. Eurelino Coelho e Gabriel Kanaan, por exemplo, fazem críticas posto que Armando Boito a aproximou de uma burguesia nacional de novo tipo. Para uma análise desse debate, consultar Boito, Armando. *Reforma e crise política no Brasil. Os conflitos de classe nos governos do PT.* Campinas: Unicamp; São Paulo: Unesp, 2018; Coelho, Eurelino. "Derrotas recorrentes, ideias persistentes. Exame de uma hipótese sobre os governos Lula-Dilma à luz do golpe e da eleição de Bolsonaro". *In*: Meireles, Ângela Oliveira; Silva, Carla Luciana; Paziani, Rodrigo (org.). *Direitos, democracia e lutas sociais em tempos de crise.* Porto Alegre: FCM, 2020, p. 33-49 e Kanaan, Gabriel Lecznieski. *Sob as asas da águia: a burguesia brasileira e o capital-imperialismo – de Lula a Bolsonaro (2003-2023).* Tese (Doutorado em História). Programa de Pós-graduação em História, Universidade Federal Fluminense. Niterói, 2023.

autonomia nacional. Esta seria uma burguesia de escala imperialista que, desprovida do impulso político anterior, atuaria como associada ao capital imperialista, ao mesmo tempo que seria também sua concorrente. Embora ressalve que há diversos estratos burgueses nos países imperialistas, dedica-se especialmente à emergência dessa parcela da burguesia monopolista. Ela se diferencia da burguesia compradora por deter "um fundamento econômico e uma base de acumulação própria *ao mesmo tempo* no interior de sua formação social, a dominação do capital americano não afetando as economias das outras metrópoles da mesma maneira que a das formações periféricas, e no exterior".[103] Tal categoria emergiria no contexto de uma intensificação da internacionalização de capitais, a ele estreitamente coligado: "*O conceito de burguesia interna remete ao processo de internacionalização, e não a uma burguesia 'encerrada' num espaço 'nacional'*". As tensões existentes entre as burguesias internas e o capital americano, segundo ele, "não constituem *atualmente a contradição principal entre as classes dominantes imperialistas*", uma vez que "a dependência do capital

[103] Poulantzas, Nicos. *Les classes sociales dans le capitalisme aujourd'hui. Paris: Seuil, 1974*, p. 79. Em alguns momentos, Poulantzas mostra um certo desnivelamento conceitual entre as burguesias centrais, metropolitanas, e as periféricas, recaindo na suposição de um paralelismo desigual que se autoperpetua por meio dos mecanismos da dependência e estabelecendo uma diferença qualitativa entre elas. Ele admite também que, em determinadas circunstâncias, burguesias internas periféricas possam se comportar politicamente como burguesias nacionais; admite que possam se constituir burguesias internas em países periféricos, resultado da também periférica industrialização que experimentariam, mas ainda que existam contradições entre elas e os capitais estadunidenses, elas não podem mais levá-las a posições de "efetiva autonomia ou independência". Podem gerar, entretanto, "efeitos sobre os aparelhos de Estado nessas formações em suas relações ao Estado americano". *Ibid.*, p. 80.

autóctone com relação ao capital americano atravessa as diversas frações do capital autóctone: daí precisamente sua *desarticulação interna*".[104]

Chegamos ao terceiro momento da produção poulantziana, que remete ao livro *O Estado, o poder e o socialismo*,[105] doravante EPS, no qual sua aproximação com Gramsci é a mais intensa e, em alguns momentos, também a mais tensionadora. Como destaca Codato, é neste livro que o Estado é pensado de maneira sistemática de forma similar ao capital, enquanto relação social. Nele, as lutas sociais são apresentadas como lutas de classes, mesmo quando não esteja presente uma consciência precisa de classe.

Recusando-se a considerar o Estado seja como Coisa, seja como Sujeito, o autor define o Estado como uma *relação social*, mas de teor específico, pois para ele "o Estado não é pura e simplesmente uma relação, ou a condensação de uma relação; é a condensação *material e específica* de uma relação de forças entre classes e frações de classe".[106]

Poulantzas traz a exigência da análise do Estado não como um (ou o) local do "poder", mas como o espaço da condensação concreta de uma relação desigual e de classes, portanto, de dominação e de lutas. Ao elaborar a categoria de "ossatura material" do Estado, remete principalmente à sua institucionalidade fundamental, porém também ela analisada a partir de sua composição de classes, inclusive para a própria burocracia. Tal ossatura sustenta, entretanto, uma enorme variedade de lutas, de deslocamentos internos, em função das composições diversas entre as classes dominan-

[104] *Ibid.*, p. 82, itálicos do autor.
[105] Poulantzas, Nicos. *O Estado, o poder, o socialismo*. Rio de Janeiro: Graal, 1981.
[106] *Ibid.*, p. 148.

tes (bloco no poder). Atravessado de lutas entre as frações burguesas – ainda agravadas pela expansão do capital monopolista –, o Estado conserva sua função estrutural essencial e, nesse sentido, pode-se compreender a importância que atribui à autonomia relativa do Estado:

> O Estado detém sempre uma autonomia relativa em relação a essa ou aquela fração do bloco no poder (inclusive em relação a tal ou qual fração do próprio capital monopolista) a fim de assegurar a organização do interesse geral da burguesia sob a hegemonia de uma de suas frações.[107]

Essa autonomia relativa, entretanto, não ocorre nem se realiza num processo de exterioridade:

> O Estado, condensação material de uma relação contraditória, não organiza a unidade do bloco político no poder desde o exterior, como que resolvesse pela sua simples existência, e à distância, as contradições de classe. Bem ao contrário, *é o jogo dessas contradições na materialidade do Estado que torna possível, por mais paradoxal que possa parecer, a fundação de organização do Estado.*[108]

E complementa enfatizando a importância da análise das contradições de classe não como situações conjunturais de crise ou como uma espécie de política pré-fabricada, formulada *a priori* pelos setores dominantes. Para ele, a política de Estado é ela própria uma resultante dos embates dentro e fora das instituições oficiais:

> Ora, o estabelecimento da política do Estado em favor do bloco no poder, o funcionamento concreto de sua autonomia relativa e seu papel de organização organicamente ligados a essas fissuras, divisões e contradições internas do Estado

---

107 *Ibid.*, p. 147.

108 *Ibid.*, p. 153, grifos nossos.

> que não podem representar simples acidentes disfuncionais. *O estabelecimento da política do Estado deve ser considerado como a resultante das contradições de classe inseridas na própria estrutura do Estado (o Estado-relação).*[109]

A ampliação conceitual teorizada por Gramsci na análise do Estado reaparece de maneira consistente, uma vez que apreender o Estado como relação social supõe e exige que os inúmeros atravessamentos sejam considerados, embora também neste livro não estejam presentes as formas organizativas que vinham enquadrando e expandindo as lutas de classes (aparelhos privados de hegemonia):

> as diversas classes e frações do bloco no poder só participam da dominação política na medida em que estão presentes *no* Estado. Cada ramo ou aparelho de Estado, cada face, de alto a baixo, de cada um deles (pois eles são muitas vezes, sob sua unidade centralizada, desdobrados e obscurecidos), cada patamar de cada um deles constitui muitas vezes a sede do poder, e o representante privilegiado desta ou daquela fração do bloco no poder, ou de uma aliança conflitual de algumas dessas frações contra as outras, em suma, a concentração-cristalização específica de tal ou qual interesse, ou aliança de interesses particulares. Executivo e parlamento, exército, magistratura, diferentes ministérios, aparelhos regionais municipais e aparelho central, aparelhos ideológicos, eles mesmos divididos em circuitos, redes e trincheiras diferentes, representam com frequência, conforme as diversas formações sociais, interesses absolutamente divergentes de cada um ou de alguns componentes do bloco no poder.[110]

Nesse quadro altamente complexo, a compreensão de mudanças sutis no interior do Estado pode traduzir deslo-

[109] *Ibid.*, p. 152, grifos do autor.
[110] *Ibid.*, p. 152-153.

camentos relevantes no bloco no poder. Em muitos casos, tais mudanças operam como forma de amesquinhamento de conquistas populares inscritas no âmbito político, o que reafirma a importância dupla da conquista de posições no Estado sem o esmorecimento da capacidade organizativa autônoma e da luta (contra)hegemônica. Ademais, suas fissuras, tensões e modificações no interior do Estado podem envolver alterações significativas na formação dos quadros públicos e até mesmo na educação em geral, assim como acelerar ou brecar a circulação entre quadros estatais e os negócios privados:

> Esse processo [a unidade-centralização do Estado em favor de uma fração dominante] pode assumir assim a forma de toda uma série de subdeterminações e de dissimulações de alguns aparelhos em outros: deslocamento das funções e esferas de competência entre aparelhos e decalagens constantes entre *poder real e poder formal;* a forma de uma efetiva rede transestatal que sobrepuja e provoca curto-circuito em todos os níveis, [n]os diversos aparelhos e setores do Estado [...], rede que cristaliza por excelência, e por sua natureza, os interesses monopolistas; enfim, pela subversão da organização hierárquica tradicional da administração de Estado, a dos circuitos de formação e de funcionamento de corpos-destacamentos especiais de altos funcionários de Estado, dotados de alto grau de mobilidade não apenas interestatal, mas igualmente entre o Estado e os negócios monopolistas.[111]

Apesar de ser constituído como relação, esta repousa sobre a convocação de um pessoal do Estado, com base nas diversas burocracias estatais, mas incorporando também uma grande quantidade de trabalhadores que, seleciona-

[111] *Ibid.*, p. 158-159.

dos por suas qualidades "técnicas", muitas vezes ligadas à separação entre trabalho intelectual e trabalho manual, comporão dentro do Estado funções que, no conjunto dessa relação, serão mais similares à execução do que à produção intelectual, como médicos ou professores, por exemplo. Os lugares das classes sociais no interior do Estado derivam duplamente de uma unidade própria constituída pelo Estado para seu pessoal e, adicionalmente, de contradições sociais originárias e daquelas que resultam dessa própria unidade:

> As contradições de classe se inscrevem no seio do Estado por meio também das *divisões internas no seio do pessoal de Estado em amplo sentido* (diversas burocracias estatais, administrativa, judiciária, militar, policial etc.). Mesmo se esse pessoal constitui uma *categoria social* detentora de uma unidade própria, efeito da organização do Estado e de sua autonomia relativa, ele não deixa de deter um lugar de classe (não se trata de um grupo social à parte ou acima das classes) e é, então dividido. Lugar de classe diferente da origem de classe e que está relacionado à situação desse pessoal na divisão social do trabalho tal como ela se cristaliza do arcabouço do Estado (inclusive sob a forma de reprodução especifica da divisão trabalho intelectual/trabalho manual no próprio seio do trabalho intelectual concentrado no Estado): incumbência ou lugar de classe burguesa para as altas esferas desse pessoal, pequena-burguesia para os escalões intermediários e subalternos dos aparelhos de Estado.[112]

Em torno de tais tensões, Poulantzas considera que compete à ideologia o papel de constituir o "cimento interno dos aparelhos do Estado",[113] e essa ideologia unificadora precisa apresentar a imagem do Estado neutro, único representante

[112] *Ibid.*, p. 177-178.
[113] *Ibid.*, p. 179.

de uma vontade geral e dos interesses unificados da nação, pairando acima dos interesses particulares.

Na impossibilidade de resumir ou de sequer apresentar o volume de questões tratado neste livro, concluímos essa apresentação com a inquietação ao mesmo tempo conjuntural e teórica que movia Poulantzas em sua última obra: a percepção de uma crescente tendência a um *estatismo autoritário,* que o autor analisa em países centrais – metrópoles – imperialistas. Aquele período, final da década de 1970, era o contexto da primeira emergência – ainda sequer concretizada – do que viria a ser chamado de neoliberalismo. O estatismo autoritário, diferentemente de estados de exceção, "seria uma tendência endógena às democracias representativas". Poulantzas, baseado em Gramsci, considerava que, em situações de crise, "as instituições menos democráticas – Exército, finanças, burocracias, Igreja – ocupam a frente da cena".[114]

O termo estatismo autoritário indicaria, seguindo o raciocínio do autor, que a democracia política, considerada o melhor regime político para a acumulação de capital após as experiências do pós-Segunda Guerra Mundial, passava a ser um estorvo para o capital, que atuava para diminuí-la:

> a tendência geral dessa transformação: a monopolização acentuada, pelo Estado, do conjunto de domínios da vida econômico-social articulado ao declínio decisivo das instituições da democracia política e à draconiana, e multiforme, restrição dessas liberdades ditas 'formais'.[115]

[114] Keucheyan, Razmig. "Lénine, Foucault, Poulantzas". Prefácio à reedição de Poulantzas, Nicos. *L'Etat, le pouvoir, le socialisme*, Paris: Les Prairies Ordinaires, 2013, p. 25.

[115] Poulantzas, Nicos. *O Estado, o poder, o socialismo. Rio de Janeiro: Graal, 1981*, p. 234.

A interpretação de Poulantzas precisa ser balizada pelo contexto conjuntural no qual está inscrita, momento de intensas lutas após maio de 1968, de derrotas importantes das classes trabalhadoras, mas também um período que ainda não experimentara a intensidade das derrotas populares com a ascensão de Reagan e Thatcher nos EUA e na Inglaterra, e, menos ainda, a derrocada da União Soviética (URSS). *Nosso autor identificava a transição entre um Estado de bem-estar que perde sua potência democratizante, conservando, entretanto, um papel de centralizador na vida social que retirava capacidade de transformação das classes trabalhadoras.* Poulantzas identificava as tendências autoritárias que tal força de intervenção estatal continha, mas ainda não estava claro que o principal ataque das classes dominantes seria contra todas as conquistas de direitos das massas trabalhadoras, ataque realizado sob processos eleitorais, contando ainda com extensa hegemonia.

É como se o mote que conduz o texto – o das lutas de classes integrando a ossatura material do Estado, mas sob condição de dominação – e suas exortações ao longo do livro, de que as lutas dos subalternos precisam ocupar muitos ou todos os espaços, se diluísse no final pela adesão tardia àquele Estado de bem-estar dirigido por uma democracia liberal avançada. Esta, em breve, se revelaria amplamente liberal, mas escassamente democrática.

Importância e desafios do aporte de Nicos Poulantzas

Nosso autor identifica precocemente uma rede de conexões interimperialistas que, sem imposições diretas, aparenta condições de livre concorrência econômica e política (embora sem coerção militar ou interferência estrangeira aberta), mas conduz ao entrelaçamento de capitais também no âmbito político e, sobretudo, estatal. Em termos diretos, a hierarquia entre as metrópoles imperialistas se expressa na condução política dos interesses dos capitais estrangeiros dominantes, além da própria aparelhagem estatal que os apoia de diversas maneiras. A reflexão poulantziana incorpora ainda a questão gramsciana, ou seja, as classes não têm efeitos apenas no âmbito econômico, e sua organicidade e organização interferem em todos os setores da vida social. Além disso, Poulantzas aprofunda essa preocupação ao indicar como o conjunto da aparelhagem estatal é mais extenso do que a institucionalidade, e como não apenas recebem influxos derivados das diversas lutas, estão efetivamente constituídos pelas lutas de classes. Há, porém, uma ressalva: não é um campo de batalha ou de disputa "virgem"; é uma batalha que ocorre *sob dominação de classes*, o que exige que a luta dos subalternos seja travada em outros espaços além de meramente o âmbito parlamentar ou a eventual conquista de "aparelhos" no interior do Estado, ainda que estes permaneçam fundamentais.

Por certo, a expansão da rede de aparelhos – estatais ou não – é considerada por Poulantzas como Estado, tal como em Gramsci, mas a sociedade civil não recebe um tratamento específico e analítico para sua materialidade peculiar. Para Gramsci, a sociedade civil integra o Estado, mas pode e deve ser metodologicamente analisada *per se*, de maneira a identificar as trincheiras de luta e as condições nas quais as lutas de classes (entre dominantes e entre as classes) ocorrem dentro e fora da institucionalidade. Poulantzas não trata sistematicamente do tema da sociedade civil (ou da associatividade) no terreno da luta dos subalternos e tampouco no âmbito das organizações burguesas. A ausência da análise de aparelhos privados de hegemonia e desse contexto específico da luta minimiza o impacto da formação de "partidos" ou "quartéis-generais" que, oficialmente fora do Estado, dele coparticipam. Poulantzas, porém, está bem consciente dos efeitos que provocam. Pode-se supor que a menor atenção a essa questão tenha origem no fato de estar mergulhado na sociedade francesa, onde o peso da aparelhagem estatal é especialmente importante tanto na vida econômica e social, quanto no próprio cotidiano, quanto ainda na reflexão teórica sobre o Estado a partir dessa matriz centralizadora.

Essa semiausência exige do pesquisador o retorno a Gramsci, de maneira a incorporar os sujeitos – sempre analisados enquanto classes e frações de classes, como Poulantzas insiste – cuja organicidade aparenta estar totalmente fora do Estado (e por vezes, se orgulhando dessa distância), mas que exercem concretamente as formas da seletividade política (que Poulantzas reconhece), dentro e fora dele. Também nos exige voltar a pesquisar as formas da organicidade política, cultural e social da própria dominação capitalista no âmbito da sociedade civil e, em especial, nas conexões interimperialistas que já estavam em curso no período em que Poulantzas analisa as condições coetâneas do imperialismo.

Como nos lembra a historiadora Sonia Regina de Mendonça:

> é da correlação de forças estabelecidas entre esses atores coletivos e os respectivos aparelhos privados de hegemonia por eles representados que se pode partir para o estudo minucioso não apenas de suas ações coletivas, mas também de suas campanhas, propagandas ideológicas e

> modalidades de correlação com o Estado restrito, uma vez que a emergência dessas associações pode influir tanto sobre o contexto econômico quanto na regulação do conflito social e, especialmente, na implementação de certas políticas públicas.[116]

Ademais, a análise poulantziana sobre as divisões e tensões que se instauram entre as burguesias imperialistas é da maior relevância para compreendermos a ascensão (e eventual queda) de classes dominantes burguesas de países subalternos, mas que se alçaram à condição de grandes capitais monopolistas, inclusive no cenário internacional, tal como ocorreu com o Brasil no século XXI. À luz, necessariamente, do processo histórico que perpassa as décadas de 1960/70 e o período atual, somos instados a refletir sobre as conjunturas e condições – econômicas, sociais, políticas, ideológicas, culturais – que interferem nas análises que realizamos. Não apenas aplicamos teorias: elas são um fio condutor que nos exige chegar às condições concretas da "síntese de múltiplas determinações"[117] em ação no mundo efetivo, como condição do próprio marxismo.

Nos períodos posteriores à obra de Poulantzas, avultou a importância das entidades associativas sem fins lucrativos, os aparelhos privados de hegemonia, nos termos de Gramsci, em escala internacional. Elas agrupam setores dominantes, mas também setores populares e suas reivindicações, e suas dimensões se agigantaram nas décadas que nos separam de Poulantzas. Sua complexa conexão com os Estados neces-

[116] Mendonça, Sonia Regina de. "O Estado ampliado como ferramenta metodológica". *Revista Marx e o Marxismo*. v. 2, n. 2, jan./jul., 2014, p. 40-41.

[117] Marx, Karl. "O método da economia política". *Grundrisse*. São Paulo: Boitempo; Rio de Janeiro: Ed. UFRJ, 2011, p. 54.

sita de permanentes investigações e formulações teóricas. A reflexão sobre o Estado e a política no capitalismo contemporâneo não pode desconsiderar sua atuação.

6. A escala ampliada do capital-imperialismo – economia e política

A reconfiguração geopolítica internacional com a vitória dos aliados, dentre os quais a URSS, na Segunda Guerra Mundial trouxe modificações substantivas, obrigando a uma integração maior entre os países recém-saídos de conflagração interimperialista para assegurar a expansão capitalista diante da constituição do bloco soviético e da possibilidade de novos processos revolucionários. Como propunha Lenin, retomado por Gramsci e Poulantzas, doravante tais transformações teriam de ser pensadas na dupla dinâmica do capital e do imperialismo.

A categoria de capital-imperialismo[118] tem forte dívida com os autores acima mencionados. Denota uma tensa conexão interimperialista com impacto nas instâncias da produção e reprodução da vida social nacional e internacional, mas que se constitui como um longo processo histórico, marcado por diversas conjunturas. Sua expansão tem componentes voluntaristas (visíveis, sobretudo no âmbito militar), mas esse processo não pode ser analisado partindo de uma suposição teleológica, como se as classes dominantes – mesmo nessa escala internacional – pudessem definir e controlar o processo histórico. Vale, portanto, começar pelo temor de tais classes dominantes e por sua reação às lutas das classes trabalhadoras no pós-guerra: o capital-

[118] Para uma explanação mais completa, vale explorar o livro Fontes, Virgínia. *O Brasil e o capital-imperialismo*. Artigos de síntese estão disponíveis para livre acesso no *site* www.grupodetrabalhoeorientacao.com.br.

-imperialismo se caracteriza por uma generalização do anticomunismo preventivo como marca central de articulação intercapitalista. Esta característica, muito evidente durante a Guerra Fria, se tornaria seu traço ideopolítico permanente – em alguns casos embrionário, em outros explícito e predominante – mesmo após a derrocada da URSS e na ausência de processos revolucionários. Eventuais obstáculos às exigências de expansão do capital eram imediatamente designados como subversivos, terroristas e ameaçadores da ordem internacional (nacionalismo, conquistas democráticas em países secundários, lutas contra as colonizações e por soberania nacional etc.).

As mudanças analisadas por Antonio Gramsci nas décadas de 1920/30 se expandiram exponencialmente e é legítimo supor que tal expansão envolva modificações qualitativas ainda por dimensionar, em especial das formas de conexão internacional. Houve enorme crescimento da sociedade civil enquanto âmbito de lutas de classes, mas também cresceram desigualmente as imbricações das classes dominantes nos diferentes Estados, a começar pelos de matriz anglo-saxônica. A ampliação do Estado se tornava mais seletiva: acesso explícito e preferencial das classes dominantes às definições políticas e restrições crescentes às classes subalternizadas. Se as lutas de classes jamais se limitaram ao espaço institucional oficial estatal, houve enorme multiplicação das atividades voltadas para o convencimento da "necessidade" da dominação de classes, por meio de "entidades sem fins lucrativos" capitaneadas pelo empresariado em escalas nacionais e internacional.[119] O processo das lutas políticas se desdobrava célere entre a política oficial e uma modalidade política paralela que, partindo do enfrentamento às lutas populares e da defesa direta de interesses do capital, se ampliou enormemente no afã de *converter* as lutas populares em formas adaptativas e adequadas ao capital ou esterilizá-las, tanto no âmbito nacional quanto no internacional. Não se limitavam aos domínios domésticos, mas alteravam o formato da política, do direito e do próprio aparelhamento do Estado. Os aparelhos privados de hegemonia (muitos dirigidos pelo empresariado) contavam com recursos estatais e se entrelaçavam com os órgãos internacionais *oficiais* (intergovernamentais) surgidos do pós-guerra (Nações Unidas, Fundo Monetário Internacional, Banco Mundial, dentre os mais relevantes, mas abrangendo uma extensa rede internacional). Estenderam seus tentáculos para inúmeras áreas,[120] dentre as quais vale destacar a educação: preco-

---

[119] A respeito da extensão internacional de aparelhos privados de hegemonia, o trabalho pioneiro é o de René Dreifuss, *A internacional capitalista: estratégias e táticas do empresariado transnacional, 1918-1986.* Rio de Janeiro: Espaço e Tempo, 1986.

[120] A esse respeito, ver Pereira, João Marcio Mendes. *O Banco Mundial como ator político, intelectual e financeiro.* Rio de Janeiro: Civilização Brasileira, 2010 e, mais recentemente, *O Banco Mundial no Brasil (1990-2020).* Curitiba: Appris, 2022. Ver também Hoeveler, Rejane. *(Neo)liberalismo, democracia e "diplomacia empresarial": a história do Council of the Americas (1965-2019).* Tese (Doutorado em História), Programa de Pós-graduação em História, Universidade Federal Fluminense, Niterói, 2020 e *As elites orgânicas transnacionais diante da crise: os primórdios da Comissão Trilateral (1973-1979).* Dissertação (Mestrado em História), Programa de Pós-Graduação em História, Universidade Federal Fluminense, Niterói, 2015. Ver ainda Paulo, Diego Martins Doria. *As contradições da democracia e o Instituto Fernando Henrique Cardoso (2004-2019).* Tese (Doutorado em História). Programa de Pós-graduação em História, Universidade Federal Fluminense. Niterói, 2020.

cemente, *think tanks* procuraram capturar a esquerda não comunista por meio de facilitação de publicações, acesso a bolsas e a remunerações complementares, além de favorecer carreiras internacionais etc., objetivando moldar, não de maneira abertamente violenta, a produção acadêmica em escala internacional.

De maneira desigual e heterogênea, o consorciamento contraditório[121] entre os países imperialistas assegurou enorme crescimento na acumulação de capital e, como é de se prever, na centralização e concentração da sua propriedade. Essa expansão levou a um entrecruzamento intenso na propriedade do capital, em escala internacional, ao admitir sócios minoritários ou capitalistas menores de diferentes procedências nacionais. Esse processo levaria a um afastamento ainda maior do que o assinalado por Lenin entre a propriedade (agora acantonada em *holdings*) e o exercício da extração de valor. Essa distância entre propriedade e gestão anteriormente ocupada por *managers* e pelos bancos foi intensificada quando, aos tradicionais administradores, se acrescentaram novas *personas* do capital, dirigentes com variadas funções remuneradas pela intensificação da extração de valor que conseguissem implementar, assim como enorme multiplicidade de entidades financeiras não bancárias. Verdadeiros esquadrões de capitalistas cuja propriedade se limita a uma parcela (acionista ou remuneratória) do mais-valor ex-

121 A respeito, há precoce e formidável contribuição de Augusto Talheimer, caracterizando-a de "cooperação antagônica". Talheimer, Augusto. *Linhas e conceitos básicos da política internacional após a II Guerra Mundial*. 1946. Disponível em: www.marxists.org/portugues/thalheimer/1946/mes/linhas.htm. Acesso em: 6 abr. 2024.

traído atuam econômica, política, jurídica e socialmente para assegurar a expansão da dinâmica da valorização do valor, acompanhados de legiões de advogados, juristas, publicitários e seus epígonos, intelectuais orgânicos. Da união íntima que caracterizava o predomínio financeiro assinalado por Lenin, passamos a uma *fusão pornográfica*, na qual punhados de proprietários controlam direta ou indiretamente enorme parcela da produção e da riqueza mundial, conforme demonstram à exaustão numerosos relatórios do Comitê de Oxford para Alívio da Fome (Oxfam), entidade sem fins lucrativos de origem britânica, de teor ecumênico. Os megacapitais e seus séquitos lideram e controlam ainda APHs empresariais conectados aos seus Estados de origem, modelando as políticas estatais e, pela sua escala, também aquelas empreendidas pelas organizações interestatais oficiais, além de constituírem entidades empresariais "sem fins lucrativos" em escala internacional, como foi a Comissão Trilateral na década de 1960 e é, atualmente, o Fórum de Davos, por exemplo, dentre enorme multiplicidade.

Essa escala de centralização-concentração foi acompanhada pela intensificação das expropriações primárias, aquelas que separam os trabalhadores do campo (e das águas e florestas) de seus meios de vida, em todos os quadrantes do planeta e, em seu aprofundamento, abriu espaço para expropriações secundárias como a retirada de direitos, que recolocam grandes setores das classes trabalhadoras urbanizadas, que haviam conquistado defesas jurídicas (estatais) frente ao capital – saúde, educação, aposentadorias, limitação das jornadas de trabalho etc. – em condições de uma nova e brutal redisponibilização para o mercado.[122]

Para os temas trabalhados neste livro, duas questões que a categoria de capital-imperialismo permite avançar são:

a) *formação de burguesias subalternas* – o movimento expansivo do capital-imperialismo ocorre de forma desigual, mas combinada, o que levou a uma redivisão internacional do trabalho já apontada desde a década de 1960 por Ruy Mauro Marini.[123] De maneira totalmente desigual segundo as formações sociais, em algumas delas se desenvolveram burguesias significativas em escala produtiva, em concentração de capitais – assim como as dimensões de classes trabalhadoras expropriadas se expandiram, ou seja, dependendo integralmente dos mercados para sua subsistência. A coparticipação secundarizada dessas burguesias no plano internacional não eliminou seu papel fundamental de expropriação (formação de classes trabalhadoras) e da contenção política dos setores populares, assim como seu papel central na atuação e direcionamento do Estado.

Observamos em várias das pesquisas realizadas no GTO uma intensa atuação *pedagógica* capital-imperialista: associavam-se empresários de diferentes procedências nacionais nas diferentes modalidades de organização das burguesias locais, nativas. Desde muito cedo no século XX realizavam cursos, seminários e associações com os mais

---

122 Há vasta literatura sobre o tema das transformações do trabalho no mundo contemporâneo, destacando-se a extensa obra de Ricardo Antunes.

123 Marini, Ruy Mauro. *A acumulação mundial e o subimperialismo*. Disponível em: http://outubrorevista.com.br/wp-content/uploads/2015/02/Revista-Outubro--Edic%CC%A7a%CC%83o-20-Artigo-02.pdf. Acesso em: 6 abr. 2024.

variados escopos, numa prática educativa interburguesa nacional e internacional. A aceitação pelas burguesias locais não resultou de mera imposição, mas de efetiva adesão subalterna ao capital-imperialismo, com efeitos intensos sobre as reconfigurações do Estado na política institucional e, ainda, no conjunto da sociedade civil.

Muitas burguesias nativas tornaram-se assim cúmplices e defensoras vigorosas da dominação capital-imperialista, uma vez que seus interesses econômicos e políticos crescentemente mesclaram-se com os dos países dominantes, e isso tanto com aquelas de procedência direta dos Estados Unidos quanto dos demais países que integram o núcleo central dominante. Essa situação vem sendo especialmente verdadeira para as maiores burguesias, mas é necessário avançar nas pesquisas para identificar a participação de setores e frações de menor porte nesse processo. Pelos elementos de que dispomos, o conjunto das classes dominantes periféricas ou subalternas integraram ativamente tais práticas internacionalizadas, dirigidas por burguesias estadunidenses, europeias e outras.[124]

A atuação burguesa internacional exercida no cenário político nacional em países subalternos como o Brasil, com práticas históricas de truculência e autocracia social, não é

[124] Não trataremos do proto ou neofascismo diretamente neste livro, que recolhe estudos históricos. Mas é importante lembrar que as tensões internas capital-imperialistas que atravessam as burguesias em âmbito *internacional* e que emergem nas manifestações protofascistas não eliminam as bases organizativas prévias, mas as modificam. Foram criados novos APHs empresariais de extrema-direita nacionais e internacionais, e as religiões cristãs (de múltiplas confissões) assumiram papel de destaque. A conversão cultural pretendida por tais APHs anteriores se apresenta agora de maneira mais explícita, como conversão (ou guerra) religiosa e moral.

estanque nem unidirecional. Permite uma pedagogia reversa, ou seja, a transferência de práticas autocráticas para os âmbitos dos países centrais.[125]

Alguns elementos centrais a reter: 1) a expansão capitalista, mesmo sob a sombra do imperialismo, altera as relações sociais em *todos* os países afetados; 2) as burguesias locais seguem com papel de classe dominante e *aderem* ao capital-imperialismo. Ao conservarem e ampliarem sua participação no Estado, modificam-no em favor do capital-imperialismo; 3) as modalidades *pedagógicas* capital-imperialistas se espraiam para o conjunto da vida social e demarcam os diversos momentos da adesão burguesa subalterna.

b) a *devastação da política representativa*[126] – em segundo lugar, mas estreitamente ligado ao ponto anterior, as modalidades políticas predominantes no núcleo central do capital-imperialismo se expandiram de maneira desigual em todos os países girando em sua órbita. Trata-se exatamente dos processos identificados por Antonio Gramsci, de expansão da sociedade civil e de sua conexão com o Estado, mas agora

[125] Poulantzas, referindo-se especificamente ao trabalho imigrante, alertava que "essa reprodução induzida do MPC no seio dessas formações [dominadas ou subalternas] se estende, de maneira decisiva, ao domínio de seus aparelhos de Estado e de suas formas ideológicas. Enfim, essa reprodução *interiorizada e induzida*, na medida em que remete a modificações da cadeia imperialista, tem igualmente efeitos na direção inversa, das formações dependentes para as metrópoles: isso se manifesta no caso da força de trabalho pelo papel atual do *trabalho imigrado*." Poulantzas, Nicos. *Les classes sociales dans le capitalisme...*, p. 51-2. Itálicos do autor e negritos nossos.

[126] Esse tema foi tratado com mais detalhes em Fontes, Virgínia. "Hegemonismos e política. Que democracia?". *In*: Mattos, Marcelo Badaró. *Estado e formas de dominação no Brasil contemporâneo*. Rio de Janeiro: Consequência, 2017.

duplicados por malhas locais, embora muitas vezes conectadas internacionalmente, que aproximam classes dominantes de diferentes procedências, agindo na definição de enorme conjunto de políticas nacionais. Não se deve esquecer que também se conectam no uso crescente da violência social e da repressão direta sobre processos contestatórios.

Identificadas e corretamente denunciadas inúmeras vezes como interferência unilateral estadunidense em outros países, como as ações da CIA, as guerras unilaterais, as ditaduras implementadas sob seu escudo intelectual e militar, além das práticas violentas, exportavam-se formas organizativas, modalidades para produzir curto-circuito tanto nas lutas populares quanto, sobretudo, em eventuais efeitos democráticos sobre o conjunto das instituições do Estado. Assim, cresciam simultaneamente as formas de *violência aberta* (truculência), violência econômica (desemprego, informalização) e violência jurídica (encarceramento e criminalização); e de *violência discreta*, de convencimento, adestramento, cooptação e naturalização das práticas de sujeição sem direitos dos trabalhadores. Esses procedimentos passaram a constituir a forma "naturalizada" da política nos países centrais e, ao menos desde os anos 1980, em diversos países subalternos, como o Brasil. Não se pode, portanto, eximir as burguesias nativas desse processo, deslocando a questão unicamente para o âmbito externo, pois se trata de enfrentar o complexo elo capital-imperialista. Embora Poulantzas não tenha analisado o crescimento de Estados capitalistas periféricos, essa foi uma resultante da expansão capital-imperialista dirigida pelos Estados Unidos, mas implementada a partir de uma rede crescente de burguesias nativas, conectadas econômica, política e culturalmente com suas congêneres estrangeiras, chegando a constituir algumas frações de classe altamente concentradas e monopólicas no espaço internacional.

As características do Estado capitalista também sofreriam importantes modificações. Sob formatos diversos institucionais – sistemas oficiais pluri ou bipartidários –, a verdadeira multiplicação do espaço político, originada das lutas subalternas na sociedade civil, mas crescentemente empolgadas por classes dominantes que se pretendiam "apolíticas e apartidárias", além de "filantrópicas", gerou efeitos devastadores que ainda merecem estudos aprofundados. Multiplicaram-se os "partidos" não oficiais e quartéis-generais das classes dominantes, cujo acesso ao Estado era duplo, tanto por via oficial (parlamentar) quanto não oficial, sobretudo por meio da oferta de *expertise* burguesa nos diferentes setores nos quais predomina economicamente, como diretamente na *gestão geral* do Estado. O financiamento empresarial de partidos políticos institucionais das mais variadas tendências tendeu a corroer suas diferenças, a torná-los cada vez mais parecidos, reproduzindo institucionalmente as lutas de aplastramento cultural levadas a efeito em todos os âmbitos pelas classes dominantes. São procedimentos que se assemelham a processos de conversão quase religiosa, impostos pela pressão econômica, difundidos socialmente e repetidos *ad nauseam* pelas mídias, chegando a ocupar espaços centrais na educação pública. Os partidos institucionais tornavam-se novos *empreendedores* em sua prática política, ao menos no caso brasileiro, articulando-se, mas também competindo com os partidos não oficiais liderados pelas burguesias, no afã da captura de fundos públicos.

A redução de parcela expressiva das esquerdas a um braço canhoto do capital,[127] operada pela sua institucionalização, teve papel relevante ao ser diretamente atingida pela conversão capital-imperialista operada pelas classes dominantes na sociedade civil. Além disso, o hegemonismo burguês imposto ao terreno parlamentar e a modificação acelerada do próprio chão social das classes trabalhadoras foram movimentos que contribuíram para a redução da adesão popular aos espaços representativos e, por extensão, à própria política.

Os capítulos a seguir tratam de diferentes facetas desse processo. Dividido em duas seções, este livro aborda elementos do processo histórico que nos permitem compreender e aprofundar a análise dos aparelhos privados de hegemonia das frações burguesas, suas conexões com os capitais estrangeiros, sem descurar de sua intensa atuação política, na sociedade civil e no Estado tomado em sentido restrito (na institucionalidade). Por diferentes matizes, as pesquisas revelam como ocorreu a integração subalterna da burguesia ao capital-imperialismo ao mesmo compasso do aumento de sua atuação para capturar as lutas populares e acaparar espaços no interior do Estado, intensificando práticas voltadas para o convencimento. Por fim, mas não menos importante, as burguesias brasileiras atuaram permanentemente para assegurar a manutenção das práticas autocráticas que historicamente as caracterizam, por meio da violência estatal e paraestatal.

[127] Ver Coelho, Eurelino. "Derrotas recorrentes, ideias persistentes. Exame de uma hipótese sobre os governos Lula-Dilma à luz do golpe e da eleição de Bolsonaro". *In*: Meireles, Ângela Oliveira; Silva, Carla Luciana; Paziani, Rodrigo (org.). *Direitos, democracia e lutas sociais em tempos de crise*. Porto Alegre: FCM, 2020 e Iasi, Mauro. *As metamorfoses da consciência de classe:* o PT entre a negação e o consentimento. São Paulo: Lutas Anticapital, 2023.

ATUAÇÃO BURGUESA NO ESTADO BRASILEIRO (APARELHOS PRIVADOS DE HEGEMONIA – APH)

Capítulo 1

O golpe e o regime ditatorial empresarial-militar: Estado, burguesia brasileira e multinacionais

Elaine Bortone[1]

Introdução

Este capítulo apresenta a já longa e intensa organização empresarial brasileira em aparelhos privados de hegemonia, sob o molde – e o apoio – estadunidense. Na década de 1960, período de nossa pesquisa, as classes dominantes extrapolaram o âmbito da defesa de seus interesses especificamente econômicos para, por meio de aparelhos privados de hegemonia, investirem direta e pesadamente no convencimento. Incapazes de conseguir a adesão popular, apostaram simultaneamente na preparação e nos desdobramentos do golpe de Estado. Com isso, reforçamos com pesquisas próprias a hipótese já lançada por René Dreifuss de que o golpe de

---

1 Doutora em História pela UFRJ, realizou pós-doutorado em História pelo Programa de Pós-Graduação em História da UFF. Atualmente é professora e tutora do Centro de Educação a Distância do Rio de Janeiro (Cederj). Contato: elainebortone@gmail.com.

1964 foi empresarial-militar, e não meramente "civil", termo que oculta as determinações de classe.[2]

Para além do golpe, a própria ditadura, apesar de encabeçada por militares – o que introduziria outras contradições, que aqui não trataremos –, assegurou aos empresários do Instituto de Pesquisa e Estudos Sociais (Ipes) a possibilidade de redesenhar o Estado brasileiro, ocupando as principais posições nos setores econômicos estratégicos, tendo seus interesses também políticos atendidos pelos militares. Outra hipótese relevante deste trabalho é a estreita conexão entre as classes dominantes brasileiras (nativas) e suas congêneres estrangeiras. O material aqui apresentado resulta de uma compilação das minhas pesquisas de mestrado,[3] doutorado[4] e pós-doutorado,[5] cuja raiz comum é o Ipes, entidade empresarial existente no período entre 1961-1972, que conspirou e planejou o golpe de Estado de 1964. Nossa pesquisa, que foi diretamente às fontes, deve, entretanto, muito ao trabalho original sobre o Ipes realizado por Dreifuss e intitulado *1964: a conquista do Estado*.[6]

---

2 Dreifuss, René Armand. *1964: a conquista do Estado. Ação política, poder e golpe de classe.* Petrópolis: Vozes, 2006.

3 Bortone, Elaine de Almeida. *A participação do Instituto de Pesquisas e Estudos Sociais (Ipes) na construção da reforma administrativa na ditadura civil-militar (1964-1968).* Dissertação (Mestrado em História). Programa de Pós-Graduação em Administração. Universidade Federal Fluminense. Niterói, 2014.

4 Bortone, Elaine de Almeida. *O Instituto de Pesquisas e Estudos Sociais (Ipes) e a ditadura empresarial-militar: os casos das empresas estatais federais e da indústria farmacêutica (1964-1967).* Tese (Doutorado em História). Programa de Pós-graduação em História Social. Universidade Federal do Rio de Janeiro. Rio de Janeiro, 2018.

5 Bortone, Elaine de Almeida. *As conexões empresariais transnacionais: o caso da Ação Comunitária do Brasil (1966-1985).* Relatório final de Pós-Doutorado em História. Universidade Federal Fluminense, 2023.

6 Dreifuss, René Armand. *Op. cit.*

No mestrado, analisei a Reforma Administrativa de 1967 (Decreto-Lei n. 200/67), que foi inspirada e formulada a partir do anteprojeto de Reforma Administrativa elaborado pelo Ipes em 1963. Na pesquisa de doutorado, investiguei a grande presença de ipesianos no Estado restrito, sobretudo nas empresas estatais federais. O Ipes foi financiado por várias empresas; a pesquisa deu especial ênfase ao setor farmacêutico, mostrando os benefícios econômicos que o setor recebeu no governo Castelo Branco. Por fim, no pós-doutorado, realizei uma pesquisa inédita sobre a Ação Comunitária do Brasil (ACB) com os documentos oficiais produzidos pela entidade. A ACB foi criada por ipesianos em 1966, com apoio financeiro de entidades estadunidenses, e tinha como objetivo interferir nas lutas dos subalternos com falsas promessas de ajuda nas favelas, buscando organizá-los dentro dos seus preceitos ideológicos.

Dessa forma, o capítulo analisa a militância política do empresariado multinacional e associado, iniciada nos anos 1960, em oposição ao governo Goulart e em busca da criação de um Estado à sua semelhança, que atendesse seus interesses econômicos particulares.

No final dos anos 1950 e início dos 1960, com a ascendência do capital multinacional e associado, o empresariado brasileiro intensificou seus interesses por questões fora do universo de suas empresas e passou a se manifestar publicamente sobre problemas na economia e na política nacionais a fim de influir na dinâmica institucional. O período assiste a um salto de escala e magnitude na participação política empresarial no Brasil. Tendo motivações individuais diferentes, mas interesses comuns, por meio da emergência de uma ação e de uma organização coletiva, os que controlavam os negócios e as propriedades se associaram para a "preservação do capitalismo e de suas condições normais de funcionamento, como a garantia da propriedade privada, dos contratos e do funcionamento regular dos mercados".[7]

Surgiram, neste período, entidades associativas empresariais e movimentos originários da sociedade civil de natureza conservadora, estabelecendo canais apropriados para a sua crescente penetração e organização de interesses, tais como o Instituto Brasileiro de Ação Democrática – Ibad (1959) e o próprio Ipes (1961), que trabalharam em conjunto com outras entidades nacionais e estrangeiras, apoiadas pelos governos de seus países.

O Instituto de Pesquisas e Estudos Sociais (Ipes)

O Ipes surgiu em 29 de novembro de 1961, dois meses após a posse de João Goulart, em um contexto de crise econômica e política no Brasil, com inflação em alta, abalos político-institucionais e ampla mobilização popular com o aumento expressivo da participação dos trabalhadores organizados no processo político nacional, sobretudo no debate em torno das "Reformas de Base", nas reivindicações por reajustes salariais e no fortalecimento do movimento de trabalhadores rurais. Eram reivindicações de teor democratizante, que questionavam o histórico controle da participação e das instituições políticas pelas classes dominantes e por potências estrangeiras. Diante do aumento dessa participação popular, emergiram reações empresariais

7 Bianchi, Álvaro. "Empresários e ação coletiva: notas para um enfoque relacional do associativismo". *Revista de Sociologia e Política*, Curitiba, n. 28, jun. 2007, p. 121.

coletivas contra as alterações democratizantes na economia e nas regras políticas e sociais.

A elite empresarial brasileira se sentia deslocada de seu lugar central, havia perdido o acesso quase exclusivo às esferas decisórias, via alteradas "suas relações com o Estado nacional-populista, como forma de fazer avançar seus interesses de classe"[8] e estava sobressaltada com a mobilização política das classes populares. Conforme alertava a ata de novembro de 1961 do Ipes, o "perigo do Brasil não é o comunismo, no momento, mas o movimento popular de subversão da ordem que será dirigido e encampado pelos extremistas".[9]

Individualmente, empresas estadunidenses também passaram a pressionar o governo de seu país de origem contra a administração Goulart. Em 1962, a mineradora Hanna Mining Company,[10] presidida pelo brasilianista John Foster Dulles Jr., solicitou ao governo Kennedy não oferecer nenhuma assistência financeira ao Brasil até que Goulart resolvesse o caso do cancelamento de suas concessões no quadrilátero ferrífero de Minas Gerais. A Radio Corporation of America (RCA), do setor de telecomunicações, por meio do executivo John Richard, presidente da American Chamber of Commerce for Brazil (Amcham), sugeriu que os Estados Unidos provocassem um colapso econômico no país com o corte de toda ajuda ao governo brasileiro. A

---

8 Starling, Heloisa Maria Murgel. *Os senhores das gerais. Os novos inconfidentes e o golpe de 1964*. Petrópolis: Vozes, 1986, p. 43.

9 Ata do Ipes CD e CE de 27.11.61, p. 3. Acervo Instituto de Pesquisas e Estudos Sociais (Ipes), Arquivo Nacional.

10 Ver Reginatto, Ana Carolina. *A ditadura empresarial-militar e as mineradoras (1964-1988)*. Tese (doutorado em História). Programa de Pós-Graduação em História Social, Universidade Federal do Rio de Janeiro, 2019.

agência de créditos oficial do governo federal estadunidense, Export-Import Bank of the United States, representada por seu presidente, William H. Draper, sugeriu a Dean Rusk, secretário de Estado dos Estados Unidos (1961-1969), que o país adotasse a linha dura, recusando qualquer ajuda ao balanço de pagamento do Brasil até que Goulart aplicasse um plano de estabilização satisfatório para o Fundo Monetário Internacional (FMI) ou caísse com a crise de suas contas externas.[11]

Deste modo, parcela expressiva da burguesia brasileira, a multinacional-associada e as frações de classes sociais a ela ligadas, surgidas com a expansão industrial e financeira no governo Juscelino Kubitschek (1956-1961) e que sentiam os seus interesses empresariais ameaçados, se organizaram contra Goulart no sentido de esvaziá-lo e depô-lo. Portanto, o golpe de Estado de 1964 se deu devido "às restrições da aliança de classes que estava no poder e ao deslocamento que, nessa aliança, algumas sofrem em detrimento de outras".[12]

Nesse contexto, portanto, formou-se uma nova coalizão, uma força política para quebrar as reivindicações democratizantes, subverter a ordem populista e constituir o Ipes como um centro estratégico de ação com vista à ocupação do Estado para, assim, efetivar seu projeto de reordenação capitalista. Imediatamente após o golpe desferido pelos militares, o Instituto seria o responsável pelas

---

[11] Bandeira, Luiz Alberto Moniz. "O golpe militar de 64 como fenômeno da política internacional". *In:* Toledo, Caio Navarro (org.) *1964: visões críticas do golpe. Democracia e reformas no populismo.* Campinas: Editora da Unicamp, 2001, p. 92-93.

[12] Oliveira, Francisco de. "Dilemas e perspectivas da economia brasileira no pré-64". *In:* Toledo, Caio Navarro (org.). *Op. cit.* p. 26.

opções políticas que organizariam a economia e a sociedade brasileira após 1964.

Elementos do empresariado já vinham se articulando, no início dos anos 1960, de forma diferenciada e em distintos lugares, para a criação de uma entidade que defendesse seus interesses de classe. Segundo Jorge Oscar de Mello Flores, o Ipes nasceu a partir de reuniões na casa de um advogado, no Leblon (bairro nobre da cidade do Rio de Janeiro), com a participação de quatro empresários e do diretor da Casa de Rui Barbosa, que acreditavam que o "Brasil estava se comunizando". Esse grupo também se reuniu com empresários de São Paulo e escolheu para a sua presidência João Batista Leopoldo Figueiredo e para vice-presidente, Mello Flores.[13] O banqueiro Mello Flores acrescentou que a maioria dos que fundaram o Instituto estava no Conselho das Classes Produtoras (Conclap), liderado pelo empresário Jorge Bhering de Mattos. Entidade civil criada em 16 de julho de 1959, por iniciativa de um grupo de representantes das autoproclamadas "classes produtoras" para coordenar uma ação de vigilância e de defesa de seus interesses econômicos e políticos,[14] o Conclap defendia a empresa privada, a estabilidade financeira e monetária e o capital estrangeiro, opondo-se com igual vigor ao controle de preços, ao direito de greve e à estabilidade de emprego.[15]

O empresário paulista do setor farmacêutico Paulo Ayres Filho, no entanto, tem outra versão sobre o surgimento do

---

13 Flores, Jorge Oscar de Mello. *Jorge Oscar de Mello Flores II (depoimento, 1996/1997).* Rio de Janeiro, CPDOC, 1998. 66 p. dat.

14 *Ibid.*

15 Abreu, Alzira Alves de *et al.* (coords.) *Dicionário histórico-biográfico brasileiro – pós-1930.* Rio de Janeiro: CPDOC, 2010.

Instituto. Conta que, em fins de outubro de 1960, foi procurado pelo empresário estadunidense Gilbert Huber Jr. para a organização de uma entidade dedicada, exclusivamente, à defesa da "economia de mercado". Quando assumiu a direção da Carteira de Crédito Geral do Banco do Brasil, no governo Jânio Quadros, por indicação do então presidente do Banco, João Baptista Leopoldo Figueiredo, os dois retomaram contato para a concepção final do que viria a ser o Ipes-SP. Com a renúncia de Jânio, conforme o empresário, "tornou-se para todos nós urgentíssima a constituição legal do Ipes".[16] Aos poucos, explica Ayres Filho, inúmeros indivíduos e diversas empresas, bem como grupos já organizados e irmanados pelo mesmo desejo, foram se agregando ao Ipes, além de novas entidades criadas pelo próprio Instituto. O objetivo fundamental foi definido naquele momento: "defender e divulgar a economia de mercado e, portanto, a sagrada liberdade do indivíduo, indispensável para a melhor solução dos problemas que o Brasil enfrentava".[17]

---

[16] Segundo Dreifuss, a candidatura de Jânio Quadros representou a última tentativa eleitoral civil do grande capital para conseguir compartilhar o poder de Estado com o bloco populista vigente. O presidente compôs um Executivo que satisfez os grupos econômicos multinacionais e associados, com a presença de influentes associações de classe empresariais, membros da Consultec e da Escola Superior de Guerra (ESG) na administração pública e nos ministérios, e suas diretrizes políticas compatibilizavam-se com as recomendações de grupos de interesses empresariais. Com a renúncia de Quadros, conforme o autor, foi frustrada sua tentativa de tomar o poder por meio de ações legislativas/eleitorais e de generalizar as proposições modernizantes-conservadoras. Com a ascensão de João Goulart ao governo, o bloco multinacional associado, temendo perder qualquer migalha de sua posição econômica privilegiada, preparou-se para restringir as demandas populares e reprimir os interesses tradicionais pela imposição de ações fora das instituições políticas estatais. Dreifuss, René Armand. *1964: a conquista do Estado. Ação política, poder e golpe de classe. Petrópolis: Vozes, 2006.*

[17] *Ibid.*

Uma vez criado, o Ipes se declarou uma "entidade apolítica"[18] e se autodefiniu como "Estado-Maior".[19] Além disso, se inspirou na Encíclica *Mater et Magistra*,[20] uma eficiente e útil propaganda para a sua legitimação diante da opinião pública, e na ata da Aliança para o Progresso, programa que visava o auxílio e a promoção do desenvolvimento econômico e social da América Latina por meio da colaboração técnica e financeira, com propósito de defender e legitimar os parâmetros estruturais de desenvolvimento da ordem capitalista.[21]

Segundo documento de 1961,[22] que definiu as bases para a formação da entidade, as "classes produtoras" deveriam evoluir para a prática de um capitalismo modernizado a fim de enfrentar a intervenção do Estado no domínio da economia, a crise política, o "paternalismo" em relação à força de trabalho e a inflação, que estariam abalando o fundamento da iniciativa privada. Essa entidade, ainda segundo o documento,

18 O que é o Ipes, p. 2, s/d. Acervo Instituto de Pesquisas e Estudos Sociais (Ipes), Arquivo Nacional.

19 Ata do Ipes da Reunião Conjunta Rio/SP de 03/04/64. Acervo Instituto de Pesquisas e Estudos Sociais (Ipes), Arquivo Nacional.

20 A carta encíclica *Mater et Magistra* (mãe e mestra) de João XXIII, criada em 15 de maio de 1961, em meio à Guerra Fria, atualizou as orientações levantadas pela *Rerum Novarum,* de Leão XIII. Tinha como objetivo pensar sobre a recente evolução da questão social à luz da doutrina cristã. Dá uma visão crítica das estruturas socioeconômicas do capitalismo, como também fornece os instrumentos supostamente capazes de corrigir as injustiças sociais. Para saber mais, ver *site* do Vaticano. Disponível em: http://w2.vatican.va/content/john-xxiii/pt/encyclicals/documents/hf_j-xxiii_enc_15051961_mater.html. Acesso em: 05 abr. 2016.

21 Silva, Vicente Gil. *A Aliança para o Progresso no Brasil: de propaganda anticomunista a instrumento de intervenção política (1961-1964).* Dissertação (mestrado em História). Programa de Pós-Graduação em História. Universidade Federal do Rio Grande do Sul, 2008.

22 Circulação restrita. A iniciativa particular a serviço do progresso econômico e social do povo brasileiro, 18/11/1961. Acervo Paulo Ayres Filho, CPDOC/FGV.

deveria passar a exercer considerável influência no governo, no Congresso, na imprensa, nos sindicatos, nas universidades, nas Forças Armadas, no clero etc., pressionando a opinião pública e ganhando o respeito generalizado de todos os setores da vida nacional, inclusive das próprias "classes produtoras".

Em seu Estatuto,[23] o Ipes se apresentava como uma "sociedade civil sem fins lucrativos, de caráter filantrópico e com intuitos educacionais, sociológicos e cívicos". Pretendia estimular a livre empresa, o "fortalecimento do regime democrático do Brasil" por meio de uma ação que consistia em estudar os problemas nacionais e apresentar soluções. Sua ação baseava-se em "ver, julgar e agir".[24]

Assim, o Ipes ocultou sua verdadeira identidade e seus propósitos. Foi o organizador e centralizador das entidades empresariais, constituindo-se como um verdadeiro partido político da burguesia. Sua atuação se torna compreensível a partir da concepção teórico-metodológica de Antonio Gramsci, pois se constitui como "organização para dirigir a situação em momentos historicamente vitais para sua classe",[25] formado por intelectuais orgânicos que têm a função de dirigir, do ponto de vista da cultura, da ideologia geral, um grande movimento de partidos afins. É a "primeira célula na qual se sintetizam germes de vontade coletiva que tendem a se tornar universais e totais".[26]

---

[23] Estatutos do Ipes, 1963. Acervo Instituto de Pesquisas e Estudos Sociais (Ipes), Arquivo Nacional.

[24] Instituto de Pesquisa e Estudos Sociais (Ipes). Definição de atitude. s/d. Acervo Instituto de Pesquisas e Estudos Sociais (Ipes), Arquivo Nacional. A expressão "ver, julgar e agir" foi retirada da *Mater et Magistra*.

[25] Gramsci, Antonio. *Cadernos do cárcere*. Rio de Janeiro: Civilização Brasileira, 2014, v. 3, p. 61.

[26] *Ibid.*, p. 16.

O Ipes era, portanto, um aparelho privado de hegemonia, ou seja, uma instituição da sociedade civil voltada à sedimentação de um dado consenso, a hegemonia, no sentido da vitória de uma visão de mundo sobre outras, a ser conseguida por meio da ocupação de espaços ideológicos, políticos e econômicos e, se necessário, militares. Ainda de acordo com Gramsci, tais aparelhos são constituídos organicamente por intelectuais, os quais têm a função de educadores e organizadores do mundo da produção econômica e da fração a que pertencem. São prepostos do grupo dominante, articuladores com capacidade técnica, em todas as esferas, que dão homogeneidade e consciência com a finalidade de expandir a própria classe.[27]

O Instituto foi uma organização pretensamente científica, rica e sofisticada em recursos materiais e humanos, que desenvolveu ações e estratégias para expandir sua capacidade de influência sobre a sociedade com o objetivo de desestabilizar, esvaziar e depor o presidente João Goulart e, assim, "conquistar" o Estado restrito. Foi financiado por pessoas físicas, civis e militares, e jurídicas, entre empresas nacionais e internacionais.

Para alcançar seus objetivos, o Ipes fez uma intensa campanha em todo o país para influir na opinião pública por meio da produção de livros, artigos e filmes; e da organização de congressos, seminários e debates na televisão e nas rádios com temas já predeterminados, enaltecendo a iniciativa privada e o investimento estrangeiro ao mesmo tempo que demonizava o governo Goulart. Em uma campanha política, financiou diferentes setores da sociedade para atuarem junto ao seu

[27] *Id.*, v. 2.

projeto, tais como professores, sindicalistas, estudantes, donas de casa, padres, escoteiros e camponeses. Para tanto, aliou-se e financiou entidades que tinham o mesmo objetivo, dentre elas, a Associação Cristã de Moços (ACM), a Campanha da Mulher pela Democracia (Camde), o Comando de Caça aos Comunistas (CCC) e o Movimento Anticomunista (MAC), além de sindicatos e outros tipos de associações, atuando como uma entidade "guarda-chuva" e estabelecendo consensos para suas ações. Paralelamente, custeou partidos políticos e candidatos conservadores na campanha eleitoral de 1962, quando foi descoberta a aplicação de milhões de dólares em ação corrupta, que levou à cassação do Ibad em virtude do forte financiamento estadunidense no processo político nacional. Desde o princípio, portanto, o empresariado brasileiro agiu concertadamente com seus congêneres estrangeiros. O Ipes patrocinou políticos para defenderem seus interesses no Congresso e na Câmara e apresentarem projetos, bloqueando as ações do governo.[28]

A presença de ipesianos no Estado restrito (1964-1967)

Após o golpe de 1964, membros e parceiros do Ipes reformataram o próprio Estado brasileiro. Com a conquista do governo, militares e civis que haviam contribuído para os trabalhos do Ipes no sentido de derrubar Goulart receberam benefícios, como o acesso institucionalizado ou informal às esferas de decisão. Ocuparam posições-chave do Estado restrito, que corresponde à sociedade política e se refere ao

[28] Dreifuss, René Armand. *1964: a conquista do Estado. Ação política, poder e golpe de classe.* Petrópolis: Vozes, 2006.

aparato governamental estatal "incumbido da administração, da organização dos grupos em confronto, bem como do exercício da coerção sobre aqueles que não consentem".[29] A presença e a participação formal de frações de classe nos aparelhos estatais implicaram o controle do Estado e a garantia da sua influência sobre o processo decisório, traduzindo diretamente os interesses de sua classe. Em suas posições no Estado restrito, revogaram políticas públicas criadas no governo anterior que disciplinavam o capital, baixaram outras favoráveis aos negócios dos capitalistas e efetivaram seu projeto de reordenação do aparato estatal aos moldes do grande capital, reprimindo violentamente os trabalhadores organizados. No quadro a seguir podemos analisar a dimensão da ocupação do Estado restrito pelos ipesianos e seus consortes.

Os militares ostensivamente empolgaram o comando político. Sob o seu controle complacente, o empresariado redesenhou o Estado brasileiro e assegurou que este estivesse voltado para seus interesses. O quadro mostra que apenas dois ministérios (o Extraordinário de Coordenação dos Organismos Regionais e o da Marinha) não tiveram a presença de ipesianos. Nos postos da administração direta, esses agentes criaram políticas públicas; implementaram reformas, a maioria concebida pelo Ipes no período 1961-1964;[30] intervieram na economia; estimularam a iniciativa privada; incitaram o capitalismo atrelado ao capital internacional;

---

29 Mendonça, Sonia Regina de. "Estado ampliado como ferramenta metodológica". Revista *Marx e o Marxismo*, v. 2, n. 2, jan./jul. 2014, p. 35.

30 Minha dissertação de mestrado, intitulada *A participação do Instituto de Pesquisas e Estudos Sociais (Ipes) na construção da reforma administrativa na ditadura civil-militar (1964-1968)*, mostra a criação da Reforma Administrativa a partir do anteprojeto concebido pelo Ipes antes do golpe de 1964.

criaram mecanismos para reprimir quaisquer reivindicações operárias ou populares e transformaram, enfim, o Estado em termos administrativos, econômicos, políticos e sociais.

Quadro 1. Relação dos ministérios e ministros no período 1964-1967

Ministério	Ministro	Data	Ipes
Extraordinário de Coordenação dos Organismos Regionais	Oswaldo Cordeiro de Farias (militar) João Gonçalves de Souza	1964-1966 1966-1967	
Extraordinário do Planejamento e Coord. Econômica	Roberto de Oliveira Campos	1964-1967	x
Aeronáutica	Nélson Freire Lavanére-Wanderley (militar) Márcio de Souza e Mello (militar) Eduardo Gomes (militar)	1964 1964-1965 1965-1967	x
Agricultura	Oscar Thompson Flores Hugo de Almeida Leme Ney Aminthas de Barros Braga Severo Fagundes Gomes	1964 1964-1965 1965-1966 1966-1967	x x x x
Educação e Cultura	Flávio Suplicy de Lacerda Pedro Aleixo Raymundo Augusto de Castro Moniz de Aragão	1964-1966 1966 1966-1967	x x
Fazenda	Octávio Gouvêa de Bulhões	1964-1967	x
Guerra	Arthur da Costa e Silva (militar) Ademar de Queiroz (militar)	1964-1966 1966-1967	x x
Indústria e Comércio	Daniel Agostinho Faraco Paulo Egydio Martins	1964-1966 1966-1967	x x
Justiça e Negócios Interiores	Milton Soares Campos Luiz Viana Filho Juracy Montenegro Magalhães (militar) Men de Sá Luiz Viana Filho Carlos Medeiros Silva	1964-1965 1965 1965-1966 1966 1966 1966-1967	x x x x
Marinha	Ernesto de Mello Baptista (militar) Paulo Bosísio (militar) Zilmar Campos de Araripe Macedo (militar)	1965-1965 1965 1965-1967	

Saúde	Raimundo de Moura Brito	1964-1967	x
Viação e Obras Públicas	Juarez do Nascimento Fernandes Távora (militar)	1964-1967	x
Minas e Energia	Mauro Thibau	1964-1967	x
Relações Exteriores	Vasco Tristão Leitão da Cunha Juracy Montenegro Magalhães (militar)	1964-1966 1966-1967	x x
Trabalho e Previdência Social	Arnaldo Lopes Sussekind Walter Peracchi Barcellos Paulo Egydio Martins Luiz Gonzaga do Nascimento e Silva	1964-1965 1965-1966 1966 1966-1967	x x x x

Fonte: Biblioteca da Presidência. Disponível em: www.biblioteca.presidencia.gov.br/presidencia/ex-presidentes/castello-branco/equipe-de-governo/ministerios. Acessado em: 03/08/2015. Elaboração própria.

Nas empresas da administração indireta, os ipesianos assumiram cargos administrativos e de direção, criando mecanismos para aumentar a capacidade de produção e de captação de recursos para atender ao novo padrão de acumulação abertamente associado aos capitais estrangeiros. O domínio, o poder e a liberdade de ação desses agentes na estrutura do Estado foram de tamanha grandeza que perpassaram distintos setores e cargos, acumulando, em alguns casos, diferentes funções. Além disso, os ipesianos também indicaram e nomearam para diversos postos pessoas provenientes de sua rede de relacionamento, que estavam imbuídas do mesmo objetivo, como nas empresas estatais.

O levantamento dos cargos de presidente, vice-presidente, diretor e conselheiro revela a ampla influência de ipesianos em empresas estatais de 14 setores: financeiro, siderúrgico, elétrico, mineração, petrolífero, tecnologia, telecomunicações, transportes, infraestrutura, agricultura, administrativo, educação/cultura, social/saúde e turismo. Na relação, nota-se que existem setores mais e menos dinâmicos da economia, o que revela uma dinamização ainda maior dos membros e parceiros do Instituto no Estado, conforme podemos observar no quadro abaixo.

Quadro 2. Membros e parceiros do Ipes nas empresas estatais federais (1964-1967)

Setores da economia	Número de empresas	Presidente	Diretor	Conselheiro
Mineração	2	2	1	-
Petrolífero	3	3	-	5
Social/saúde	7	7	-	11
Turismo	1	1	1	-
Infraestrutura	3	3	-	1
Transportes	11	10	6	7
Agricultura	13	11	12	23
Administrativo	6	5	9	13
Tecnologia	4	3	2	6
Financeiro	14	9	43	26
Siderúrgico	5	3	7	8
Educação/cultura	11	6	4	12
Telecomunicações	4	2	2	3
Elétrico	13	5	11	23
Total	97	70	98	138

Fonte: Bortone, Elaine de Almeida. *O Instituto de Pesquisas e Estudos Sociais (Ipes) e a ditadura empresarial-militar: os casos das empresas estatais federais e da indústria farmacêutica (1964-1967)*. Tese (Doutorado em História). Programa de Pós-Graduação em História Social. Universidade Federal do Rio de Janeiro. Rio de Janeiro, 2018. Elaboração própria.

Observa-se que nas empresas estatais federais havia uma presença bastante significativa de ipesianos. Dos 14 setores da economia mapeados, 12 agrupavam empresas estatais que somam mais de 51% de presença destes na presidência. Das 97 empresas mapeadas, 70 (ou seja, 72%) tiveram presidentes que foram membros ou parceiros do Ipes. Ambas as situações mostram como a influência do Instituto foi majoritária, sem, no entanto, se esgotar aí. As estatais apresentavam ainda diretores e conselheiros que passaram pela órbita do Ipes.

Dos 205 ipesianos diretores de empresas estatais mapeados, 69 ocuparam cargos em duas ou mais empresas do mesmo setor ou de outro, nas mesmas funções ou em outras. Houve casos de atuarem simultaneamente em duas ou mais empresas e/ou de estarem no setor público enquanto exerciam funções no setor privado.

Vale destacar a área financeira pela substancial presença de ipesianos na direção das estatais. A diretoria do Banco Nacional de Desenvolvimento Econômico (BNDE), por exemplo, era formada por seis diretores e um presidente. Deste grupo, cinco eram ipesianos: o presidente Garrido Torres (1964-1967) e os diretores Genival de Almeida Santos (1964-1965); Alberto do Amaral Osório (1965-1967), que substituiu Santos; Antonio Carlos Pimentel Lobo (1964-1969); Jayme Magrassi de Sá (1964-1967) e Hélio Schlitter Silva (1964-1967).

Já a diretoria do Banco Central (BC) era formada por três diretores e um presidente, escolhidos por membros do Conselho Monetário Nacional (CMN), órgão superior do sistema financeiro do país. No período aqui analisado, a presidência ficou a cargo de Dênio Chagas Nogueira (1965-1967), com o auxílio dos diretores Casimiro Antônio Ribeiro (1965-1967), Aldo Baptista Franco da Silva (1965-1967), Luiz Biolchini (1965-1966) e Antonio Abreu Coutinho (1966-1967), que substituiu o último. Todos, ipesianos.

A primeira formação do CMN, por sua vez, foi comandada igualmente por um corpo 100% de ipesianos, a maioria banqueiros. A presença desses agentes demonstra como o Conselho foi um espaço para a representação privada e para o reforço dos laços de afinidade esclarecedores da indicação de membros do Ipes para o BC que, conforme já visto, teve sua diretoria ocupada integralmente por membros do Instituto.

As articulações da indústria farmacêutica no Ipes e os benefícios econômicos recebidos no governo Castelo Branco

O Ipes foi financiado por diversos auxílios externos,[31] entre eles, pela Central Intelligence Agency (CIA), que além de verbas, provinha orientação e lhe fornecia *know-how*;[32] por fundos estadunidenses;[33] por contribuições financeiras de pessoas físicas, civis e militares; e por várias empresas, nacionais e multinacionais, de diferentes segmentos econômicos, dentre elas as indústrias farmacêuticas. Em 1964, o Instituto tinha cerca de 440 empresas que contribuíam financeiramente.[34] Segundo Rojas, das 398 firmas dos Estados do Rio de Janeiro e de São Paulo associadas do Ipes, 297 eram "empresas norte-americanas com nomes brasileiros". Ou seja, 74% das empresas associadas dos referidos Estados eram estadunidenses.

Em nossa tese de doutorado, estudamos detalhadamente a relação das empresas farmacêuticas com o golpe empresarial-militar de 1964, com o Ipes e com a reorganização do Estado brasileiro, assim como a emergência de contradições no interior do setor. Apresentaremos aqui, brevemente, alguns elementos relevantes da conexão de empresas do setor com o Instituto, como podemos observar no quadro a seguir.

---

31 Carneiro, Severino Moura. "De onde vêm os recursos do Ibad?". *Última Hora*, 1º ago. 1963. Disponível em: Instituto Brasileiro de Ação Democrática - DocReader Web. Acesso em 17 set. 2023.

32 Bandeira, Luiz Alberto Moniz. *Presença dos Estados Unidos no Brasil*. Rio de Janeiro: Civilização Brasileira, 1973, p. 426.

33 Ipes: ata do Comitê Executivo de 14 jan. 1963.

34 Entrevista concedida por Paulo Ayres Filho, em 16 de outubro de 2001, para o Projeto de História Oral do Exército. Acervo Paulo Ayres Filho – CPDOC/FGV.

Quadro 3. Indústrias farmacêuticas que financiaram o Ipes

Empresa	Origem do capital
Hoechst do Brasil, Química e Farmacêutica S/A	Alemanha
Laboratório Gross S/A	Brasil
Laboratório Químico Farmacêutico Voros Ltda.	Brasil
Laboratório Silva Araújo Roussel S/A	Brasil/França
Laboran-Franco Velez Ind. Quím. e Farm. S/A	Brasil/Estados Unidos
Laboratórios Enila S/A	Brasil/França
Merck do Brasil	Alemanha
Química Farmacêutica Maurício Villela S/A	Brasil/França
Pravaz-Recordati Laboratórios S/A	Brasil/Itália
Laboratório Lafi Ltda.	Brasil
Indústrias Farmacêuticas Fontoura-Wyeth	Brasil/Estados Unidos
Laborterápica-Bristol	Brasil/Estados Unidos
Quimitra Com. e Indústria Química S/A	Alemanha
Johnson & Johnson	Estados Unidos
Squibb Indústria Química S/A	Estados Unidos

Fontes: Dreifuss, René Armand. *1964: a conquista do Estado, op. cit.* e documentos do Ipes-Rio e SP, custodiados no Arquivo Nacional e CPDOC/FGV. Elaboração própria.

A maioria das indústrias farmacêuticas contribuía diretamente com o Ipes, conforme comprovam os recibos encontrados. Outras vias de canalização financeira das empresas para o Instituto se davam por meio do Centro de Indústrias do Estado do Rio de Janeiro (CIRJ) e do Fundo de Ação Social (FAS),[35] formado por empresas estadunidenses. Neste último caso, as empresas entregavam os valores das contribuições às entidades que as repassavam para o Ipes. A contribuição sigilosa era uma forma de ocultar as empresas dos registros, para que não se comprometessem, além de contornarem seus reais interesses.

[35] Bortone, Elaine de Almeida. "As trincheiras do empresariado norte-americano no golpe de Estado de 1964: os casos da American Chamber of Commerce for Brazil (Amcham) e do Fundo de Ação Social (FAS)". *Revista Continentes* (UFRRJ), Rio de Janeiro, v. 16, ano 9, 2020.

Após o golpe, as empresas e os empresários do setor farmacêutico que financiaram a articulação empresarial--militar por meio do Ipes e legitimaram a ditadura foram recompensados e beneficiados pela administração Castelo Branco. De imediato, o novo governo revogou as medidas tomadas anteriormente para frear os abusos financeiros das multinacionais e fiscalizar a indústria farmacêutica de uma forma geral. Em seguida, decretou uma nova legislação que favoreceu os laboratórios, por meio da concessão de incentivos fiscais às indústrias e isenção de tributos para importações de bens para a Bayer, a Pfizer e a Fontoura--Wyeth (Lei n. 4.622/1965).

A iniciativa mais importante, no entanto, foi suspender os efeitos de um decreto de Goulart que uniformizava e controlava os preços dos medicamentos. A oposição a tal medida contou com uma mobilização ativa de empresários do setor por meio da Associação Brasileira da Indústria Farmacêutica (Abif). O que logo surtiu efeito e, dois meses após o golpe, o governo ditatorial revogou o congelamento de preços com o Decreto n. 53.984, de 25 de junho de 1964. Uma demonstração clara de quais interesses haviam vencido e para quem o governo estava trabalhando, ignorando, conforme Pacheco (1968), o verdadeiro custo de produção dos medicamentos e elevando os preços sem precisar justificar.[36] Tal decisão foi comemorada pelo empresariado: "depois de 21 anos de congelamento e de controle de preços, nós podemos declarar em alto e bom som que, pelo menos neste momento, a indústria farmacêutica

[36] Pacheco, Mário Victor de Assis. *Indústria farmacêutica e segurança nacional.* Rio de Janeiro: Civilização Brasileira, 1968.

terá o direito de liberar a si mesma no tocante à política de preços".[37]

Com todas as medidas decretadas pelo governo, as empresas do setor cresceram no período. Segundo a Abif, em 1966, a indústria farmacêutica brasileira faturou NCr$ 600 milhões, tornando-se, assim, a sexta maior indústria do ramo no mundo e a maior na América Latina.[38]

A reforma administrativa de 1967

Ao mesmo tempo que preparava e coordenava uma conspiração na sociedade civil nos espaços políticos e militares para desestabilizar e depor Goulart, o Ipes formulou 23 anteprojetos conservadores que se contrapunham às reformas propostas pelo governo de turno, revelando que "desenvolvia não só uma campanha estruturada para alcançar o poder, mas também um programa de governo"[39] para bloquear as conquistas democratizantes em curso e impor seu poder econômico e político. As propostas incluíam: Reforma Eleitoral, Reforma do Legislativo, Reforma da Estrutura Política, Reforma Administrativa, Reforma Judiciária, Reforma da Política Externa, Reforma Agrária, Reforma da Legislação Trabalhista, Reforma da Participação nos Lucros das Empresas, Reforma da Legislação de Seguridade Social, Reforma Educacional, Reforma da Política de Habitação Popular, Política Sanitária, Reforma Monetária e Bancária, Reforma Tributária, Reforma Orçamentária, Reforma da Legislação Antitruste, Reforma da

---

37 Sindusfarma. *Sindusfarma, 7 décadas. 70 anos de Sindusfarma (1933-2003)*. São Paulo: 2003, p. 32.

38 Remédios no Brasil. *A Gazeta da Farmácia*, setembro de 1967, p. 17.

39 Dreifuss, René Armand. *1964: a conquista do Estado. Ação política, poder e golpe de classe. Petrópolis: Vozes, 2006,* p. 262.

Legislação sobre o Capital Estrangeiro, Reforma da Institucionalização do Mercado de Capitais, Reforma da Política de Comércio Exterior, Reforma da Política Relativa aos Serviços de Utilidade Pública, Reforma da Política de Uso de Recursos Naturais e Reforma da Empresa Privada.[40]

Os empresários visavam tomar o controle do aparelho estatal; acabar com "vícios" administrativos, considerados inadequados às necessidades do grande capital; e criar um planejamento para o crescimento econômico, englobando mudanças institucionais, que atendessem ao grupo multinacional. Ipesianos e burocratas que defendiam os interesses dos empresários passaram a criar políticas públicas e a delinear o Estado de acordo com esses interesses, expressos nos anteprojetos de reformas de base que se traduziram por meio da contribuição desses agentes na Reforma Administrativa levada a cabo pelo Decreto-Lei n. 200/1967 – um dos maiores exemplos de implantação dos projetos do Ipes após o golpe.

A Reforma já vinha sendo delineada por alguns integrantes do Instituto[41] desde 1963, por meio da atuação da Comissão Amaral Peixoto, instituída pelo governo Goulart e presidida pelo então ministro de Estado Extraordinário da Reforma Administrativa, Ernâni do Amaral Peixoto, com o propósito de promover um ajuste em virtude da volta ao regime presidencialista.[42]

---

40 Os 23 anteprojetos de reformas de base do Ipes foram condensados na publicação do Instituto intitulada: *Reformas de base: posições do Ipes*, 1963.

41 Alim Pedro, Arnaldo Lopes Sussekind, Luiz Simões Lopes, Otávio Gouvêa Bulhões, Paulo de Assis Ribeiro, Rafael Xavier. Fonte: Reforma Administrativa Federal de 1963 – Ernani do Amaral Peixoto – FGV.

42 Com a posse de Goulart, após a renúncia de Jânio Quadros, foi instituído o parlamentarismo com a finalidade de reduzir as prerrogativas do presidente. Em 6 de janeiro de 1963, consultaram, então, a população, que decidiu pelo presidencialismo. Ver Melo, Demian Bezerra de. *O plebiscito de 1963:*

O estudo da Comissão não foi implantado naquele momento, mas suas recomendações foram de grande valia para uma outra comissão criada no primeiro governo implantado após o golpe, que reformaria a administração pública para atender às novas exigências da economia do grande capital.

Para dar início à Reforma foi estabelecido o Conselho Consultivo de Planejamento (Consplan), por meio do Decreto n. 55.722 de 2 de fevereiro de 1965, que funcionava como uma agência de avaliação de projetos governamentais e se tornou o centro de formulação de diretrizes políticas. O Consplan era formado por Lindolfo Martins Ferreira, José Rotta, Nylton Velloso, padre Fernando Bastos D'Ávila, Armando de Oliveira Assis, João Paulo dos Reis Velloso, Oswaldo Iório, Paulo de Assis Ribeiro e Eudes de Souza Leão, todos membros do Ipes.

Em 18 de novembro de 1965, por meio da Portaria n. 137, de acordo com o Decreto n. 53.914 de 11 de maio de 1964, foi criada a Assessoria Especial de Estudos para a Reforma Administrativa (Asestra), com objetivo de aprofundar a elaboração da proposta e cuidar do preparo de outros estudos "considerados essenciais à obtenção de rendimento e produtividade da administração federal".[43] Logo em seguida, o Decreto-Lei n. 200 de 25 de fevereiro de 1967 dispôs "sobre a organização da administração federal", estabelecendo "diretrizes para a reforma da administração".[44] Em 15 de março de 1967, a Reforma entrou em vigor de fato, sem ser votada pelo Congresso Na-

inflexão de forças na crise orgânica dos anos sessenta. Dissertação (Mestrado em História), Programa de Pós-graduação em História. Universidade Federal Fluminense, 2009.

43 Brasil. Decreto n. 53.914 de 11 de maio de 1964.

44 Brasil. Decreto-Lei n. 200 de 25 de fevereiro de 1967.

cional, o que foi possível graças aos poderes extraordinários conferidos ao Executivo pelo Ato Institucional n. 4 (AI-4), de 7 de dezembro de 1966.[45]

Dessa forma, percebe-se que empresários e alguns funcionários públicos, sobretudo de alto escalão, em sua maioria antigos participantes do Ipes, estavam trabalhando na formulação da Reforma e assegurando o rumo do Estado brasileiro de acordo com os seus interesses.

Constatamos que o Decreto-Lei 200/67 apresentava itens em comum com o anteprojeto formulado pelo Ipes no período de 1961 a 1964. Para favorecer a comparação e melhor averiguar a existência (ou não) de similaridades, agrupei as temáticas contidas nos dois documentos.

A tabela comparativa entre o anteprojeto do Ipes e o Decreto-Lei 200/1967 permite observar a existência de diversos pontos em comum entre o ideário ipesiano e a reforma efetivamente implementada pelo governo Castelo. Podemos falar, portanto, em uma linha de continuidade na relação de empresários pré-golpe com o desdobramento da estrutura administrativa do Estado pós-64, quando a elite econômica organizou a administração do aparelho estatal em função de um projeto político próprio. Naquele contexto, foi possível promover uma centralização altamente hierárquica, favorecendo a imposição de uma política autocrática, verticalizada (de cima para baixo) que bloqueava qualquer forma de participação popular ou contestação.

---

[45] O Ato Institucional n. 4, Art. 9 - §2º "Finda a convocação extraordinária e até a reunião ordinária do Congresso Nacional, o Presidente da República poderá expedir decretos com força de lei sobre matéria administrativa e financeira".

Quadro 4. Comparações entre o anteprojeto de Reforma Administrativa do Ipes e o Decreto-Lei 200/1967

Anteprojeto de reforma administrativa do Ipes	Decreto-Lei 200/1967
A necessidade de um órgão de cúpula para garantir a elaboração e a coordenação dos planos de ação.	Ministério do Planejamento e Coordenação Geral O chefe do órgão central do sistema é responsável pelo fiel cumprimento das leis e regulamentos pertinentes e pelo funcionamento eficiente e coordenado do sistema. (Art. 30 § 2º). Plano geral do governo, sua coordenação. Integração dos planos regionais; estudos e pesquisas socioeconômicas, inclusive setoriais e regionais; programação orçamentária; proposta orçamentária anual; coordenação da assistência técnica internacional; sistemas estatístico e cartográfico nacionais; organização administrativa (Art. 35).
A vinculação a esse órgão de cúpula de institutos de pesquisa científica e de análise geográfica e estatística.	Foram unificados no Ministério do Planejamento e Coordenação Geral o Fundo de Financiamento de Estudo e Projeto (Finep), o Instituto Brasileiro de Geografia e Estatística (IBGE) (Art. 191). Fica o Poder Executivo autorizado a instituir, sob a forma de fundação, o Instituto de Pesquisa Econômico-Social Aplicada (Ipea), com a finalidade de elaborar estudos, pesquisas e análises requeridos pela programação econômico-social de interesse imediato do Ministério do Planejamento e Coordenação Geral. (Art. 190).
A integração, no órgão de Coordenação e Planejamento, dos chefes das comissões especializadas permanentes e dos Ministros de Estado, garantindo o entrosamento entre os responsáveis pela formulação técnica dos planos, pela sua orientação política e pela coordenação de sua execução.	A ação governamental obedecerá a planejamento que vise a promover o desenvolvimento econômico-social do país e a segurança nacional, norteando-se segundo planos e programas elaborados (Art. 7º). As atividades da administração federal e, especialmente, a execução dos planos e programas de governo serão objeto de permanente coordenação. A coordenação será exercida em todos os níveis da administração, mediante a atuação das chefias individuais, a realização sistemática de reuniões com a participação das chefias subordinadas e a instituição e funcionamento de comissões de coordenação em cada nível administrativo. No nível superior da administração federal, a coordenação será assegurada por meio de reuniões do ministério, reuniões de ministros de Estado responsáveis por áreas afins, atribuição de incumbência coordenadora a um dos ministros de Estado, funcionamento das secretarias-gerais e coordenação central dos sistemas de atividades auxiliares (Art. 8º).

A reestruturação da máquina administrativa, reduzindo-se o número de Ministérios e prevendo-se a criação das Subsecretarias, a fim de dar maior unidade administrativa e permitir o funcionamento coordenado do Ministério.	Fica extinto o Conselho Deliberativo da Superintendência Nacional do Abastecimento (Art. 159). Ficam extintos os Conselhos Setoriais de Transportes que atualmente funcionam junto às autarquias do Ministério da Viação e Obras Públicas, sendo as respectivas funções absorvidas pelo Conselho Nacional de Transportes (Art. 161). Com a instalação do Departamento de Serviços Gerais, ficarão extintos o Serviço do Patrimônio da União e o Departamento Federal de Compras, do Ministério da Fazenda, e a Divisão de Edifícios Públicos, do Dasp (Art. 196).
A reorganização do regime de funcionamento do serviço público garantindo-se a centralização das funções de orientação político-administrativa, de coordenação, de normalização e de controle geral. Promover a descentralização das funções essencialmente executivas e fiscais.	As atividades da administração federal obedecerão aos seguintes princípios fundamentais: planejamento; coordenação; descentralização; delegação de competência e controle (Art. 6). A execução das atividades da administração federal deverá ser amplamente descentralizada. A descentralização será posta em prática em três planos principais: dentro dos quadros da administração federal, distinguindo-se claramente o nível de direção do de execução; da administração federal para a das unidades federadas, quando estejam devidamente aparelhadas e mediante convênio; da administração federal para a órbita privada, mediante contratos ou concessões (Art. 10).
A disciplina dos órgãos regionais e locais: estruturais, autárquicas e de economia mista, adequadamente vinculados aos órgãos centrais, cuidando-se em especial de uma mais perfeita conceituação de "autarquias".	Administração indireta compreende as autarquias, empresas públicas e sociedades de economia mista. As entidades compreendidas na administração indireta consideram-se vinculadas ao Ministério em cuja área de competência estiver enquadrada sua principal atividade (Art. 4 § 1º). No que se refere à administração indireta, a supervisão ministerial visará a assegurar, essencialmente: a realização dos objetivos fixados nos atos de constituição da entidade; a harmonia com a política e a programação do governo no setor de atuação da entidade; a eficiência administrativa; a autonomia administrativa, operacional e financeira da entidade (Art. 26).

Fonte: Tabela feita pela autora.

A Ação Comunitária do Brasil (ACB)

Uma vez no poder, os empresários do Ipes começaram a criar entidades com base no modelo estadunidense para dar continuidade ao seu projeto autocrático, como a ACB, que pode ser considerada um importante marco da atuação política do empresariado junto às camadas mais pauperizadas da sociedade.

O presidente dos Estados Unidos John Kennedy (1961--1963) afirmou em 1962 que:

> O auxílio ao estrangeiro é um método por meio do qual os Estados Unidos mantêm uma posição de influência e de controle sobre o mundo inteiro e sustentam um grande número de países que desmoronariam definitivamente ou então passariam ao bloco comunista. [46]

Sua fala diz respeito à dispersão de ações comunitárias estadunidenses em vários países, em época de Guerra Fria e de internacionalização do capital, que induziram um novo espaço de socialização das forças produtivas, agregaram novas determinações e levaram à pobreza grande parte da classe trabalhadora.

De maneira geral, os economistas liberais apresentam a pobreza como a "insuficiência de renda para que se atinja determinado mínimo de consumo".[47] No entanto, ela é decorrência justamente do sistema capitalista e é "consequência necessária das relações sociais de produção".[48] A acumulação capitalista tem um caráter antagônico: ocasiona uma

---

[46] Beaud, Michel. *História do Capitalismo de 1500 até nossos dias*. São Paulo: Editora Brasiliense, 1987, p. 358-359.

[47] Braga, Henrique Pereira. *Pensando a riqueza e a pobreza na sociedade capitalista a partir de Marx*. Anais do Colóquio Internacional Marx e o Marxismo 2019. Disponível em: www.niepmarx.blog.br/MManteriores/MM2019/Trabalhos%20aprovados/MC9/MC94.pdf. Acesso em: 27 jan. 2021.

[48] Duayer, Mário e Medeiros, João Leonardo. "Miséria brasileira e macro filantropia. Psicografando Marx". Revista *Econ. Contemp*orânea, Rio de Janeiro, v. 7, n. 2, 2003, p. 242.

acumulação de miséria correspondente ao processo assim explicado por Marx:

> a acumulação de riqueza num polo é, ao mesmo tempo, a acumulação de miséria, o suplício do trabalho, a escravidão, a ignorância, a brutalização e a degradação moral no polo oposto, isto é, do lado da classe que produz seu próprio produto como capital.[49]

A emergência do modo de produção capitalista, que ocorreu nas relações sociais ancoradas na propriedade privada dos meios de produção e em seguidas expropriações dos trabalhadores, fez-se sentir em todas as esferas da vida humana. Surgiu uma nova ordem social, na qual uma minoria das pessoas detém os meios de produção, enquanto a grande maioria possui apenas sua própria força de trabalho. Evidencia-se, assim, que o desenvolvimento do sistema capitalista gera a desigualdade e a pobreza e, quanto mais ele se alarga, mais profundas são as marcas da exploração. Nos dizeres de Marx:

> O trabalhador torna-se tanto mais pobre quanto mais riqueza produz, quanto mais a sua produção aumenta em poder e extensão. O trabalhador torna-se uma mercadoria tanto mais barata quanto maior número de bens produz. Com a valorização do mundo das coisas, aumenta em proporção direta a desvalorização do mundo dos homens. O trabalho não produz apenas mercadorias; produz-se também a si mesmo e ao trabalhador como uma mercadoria, e justamente na mesma proporção com que produz bens.[50]

A origem da ação comunitária, que é uma metodologia de intervenção na realidade social, remonta ao início do século

---

[49] Marx, Karl. *O capital*. Livro I. São Paulo: Boitempo, 2013, p. 721.

[50] Marx, Karl. *Manuscritos econômico-filosóficos*. São Paulo: Martin Claret, 2002, p. 111.

XX e tem os Estados Unidos, sob as determinações do capital, como os maiores financiadores internacionais em estratégias desse tipo. Desde os anos 1940, após a Segunda Guerra Mundial, o país vem procurando construir uma imagem de cooperação interamericana visando o "desenvolvimento" e a expansão da produção capitalista. Como aponta Mendonça, o "discurso do desenvolvimento", que consistia em transformar dois terços do mundo para atingir a prosperidade material e o progresso econômico, se transformou em um pesadelo para a América Latina na medida em que produziu o contrário, isto é, "o subdesenvolvimento, o empobrecimento, a exploração incalculável e a opressão". O desenvolvimento se tornou, portanto, "um estilo de dominação, reestruturação e apropriação da própria autoridade sobre o Terceiro Mundo".[51]

O governo estadunidense estava disposto a fornecer "assistência econômica a longo prazo" aos países do hemisfério mediante o compromisso de promover uma "revolução", que consistia no fomento ao desenvolvimento econômico e em "reformas sociais de caráter vital" aos moldes capitalistas.[52] Dessa forma, foi definido um programa para o desenvolvimento socioeconômico latino-americano a partir da atuação da Aliança para o Progresso. De acordo com a Carta de Punta del Este, que formalizou a criação da Aliança em 1961, os países latino-americanos deveriam traçar planos de desenvolvimento e garantir a maior parte dos custos, cabendo aos EUA o restante. A administração dos fundos

---

[51] Mendonça, Sonia Regina de. *O patronato rural no Brasil recente (1964-1993)*. Rio de Janeiro: Ed. UFRJ, 2009, p. 144.

[52] Loureiro, Felipe Pereira. *Empresários, trabalhadores e grupos de interesse. A política econômica nos governos Jânio Quadros e João Goulart, 1961-1964*. São Paulo: Editora Unesp, 2017, p. 143.

estadunidenses competia, em sua maior parte, à United States Agency for International Development (Usaid), agência dos Estados Unidos para o desenvolvimento internacional. Gonçalves chama atenção, no entanto, para o fato de que a "Aliança pode ser entendida como um esforço do governo Kennedy na entrada de capital de seu país nos principais países do continente", uma forma de fortalecer o domínio na América Latina.[53] Nesse cenário, a Aliança deu suporte estratégico e financeiro às entidades de ação comunitária que surgiram no Brasil.

Tais entidades foram criadas para desarmar a pressão das classes subalternas, que conservavam ainda a memória das lutas travadas antes do golpe de 1964. Supostamente, deveriam exercer assim a função social do capital. Proclamavam que atendiam às demandas sociais de pessoas e grupos que viviam de forma precária nas favelas, muitas causadas pelas contradições do próprio capital, e que estavam conjugadas com a proteção da atividade econômica, da livre iniciativa e dos interesses dos capitalistas. Nesse cenário, entraram no país entidades de ação comunitária dos EUA com a finalidade de coordenar e financiar organizações, dentre elas os Companheiros das Américas (Partners of the Americas), em 1964; o Fundo Norte-Americano para Assistência Social (FNAS), em 1965; e a Sociedade de Bem-Estar Familiar (Bemfam), em 1966.

As ações comunitárias eram executadas por entidades sem fins lucrativos, em forma de auxílios que se apresentavam como acolhimento e "solidariedade", mas reforçavam

---

53 Gonçalves, Martina Spohr. *American way of business: empresariado brasileiro e norte-americano no caminho do golpe empresarial-militar de 1964*. Tese (Doutorado em História). Programa de Pós-Graduação em História Social. Universidade Federal do Rio de Janeiro. Rio de Janeiro, 2016, p. 105.

laços de dependência e controle, induzindo certos tipos de comportamento e mudanças de valores. As entidades, na sua maioria financiadas por uma camada heterogênea de empresários, tinham como objetivos principais desativar as lutas e organizações dos trabalhadores e dos setores subalternos. De fato, tratava-se de defender os interesses das suas empresas e garantir a permanência e o sucesso do capitalismo. Eram financiadas por grandes complexos industriais e financeiros internacionais, o que fazia com que tivessem recursos consideráveis e amplos canais de informações.

A ACB-GB[54] foi criada em 1966, no então Estado da Guanabara (atual Rio de Janeiro), a partir do projeto da Accion International (AI), entidade estadunidense que organizava ações comunitárias de âmbito privado nas Américas, financiada por empresas e pelo próprio governo dos EUA. A entidade foi fundada pelo milionário Joseph Blatchford, que enxergava "um enorme potencial para a expansão da ideia da Accion" no Brasil, de "vital importância para os Estados Unidos".[55] No ano seguinte foi formada a ACB-SP.[56] Por-

[54] Fundadores e primeira diretoria: Harold Cecil Polland (Ipes), Edmundo Barbosa da Silva (Ipes), José de Almeida Barbosa Mello (Ipes), Fernando Mibielli de Carvalho (Ipes), Victor Coelho Bouças (Ipes), Paulo Mário Freire (Ipes), Luciano Villas Boas Machado, José de Almeida Barbosa Mello, José Thomaz Nabuco (Ipes), Antonio Carlos do Amaral Osório (Ipes), Derek Herbert Lovell Parker, Walther Moreira Salles (Ipes), Floriano Peçanha dos Santos, Flavio Henrique Lyra da Silva, Paulo Ayres Filho (Ipes) e Fernando Machado Portella (Ipes). Fonte: Ata da Assembleia Geral de Constituição da ACB-SP de 10/04/1967, p. 6.

[55] Encontro Anual da Diretoria, 4 dez. 1970. Accion International Records. Tufts University. Digital Collections and Archives. Medford, MA. Disponível em: https://dl.tufts.edu/pdfviewer/1544c127v/rj430g44n. Acesso em: 12 nov. 2021.

[56] A ACB-SP existe até hoje, porém com outro nome, Vocação. Fundadores e primeiros diretores: Alberto Figueiredo, Oswaldo Castro Santos, Victor Resse de Gouvêa, Alberto Emmanuel Whitaker (Ipes), Henning Albert

tanto, a criação e a expansão das ACBs revelam a articulação do capital multinacional com as burguesias brasileiras associadas. Além disso, também reforçava a conexão internacional e assegurava a interferência dos Estados Unidos com a condução dos seus projetos de poder político e econômico no Brasil, ações realizadas pelo empresariado nativo durante a ditadura empresarial-militar. Uma verdadeira pedagogia de atuação para as classes dominantes locais e de exercício de subalternidade voluntária.

Segundo seu estatuto, tratava-se de uma sociedade civil, sem fins lucrativos, com objetivo de promoção de atividades de ação comunitária, visando contribuir para a solução de problemas típicos das grandes concentrações urbanas, com a melhoria das condições econômicas e sociais dos moradores de favelas ou de habitações semelhantes, conduzindo as classes sociais mais "influentes" a participarem nas soluções dos problemas "dos mais necessitados" e demonstrando a eficácia da "ação comunitária", apresentada como um novo tipo de trabalho social, um método para produzir o progresso e a melhoria da comunidade. O estatuto também pregava que não mantinha ligações com qualquer grupo político, religioso ou econômico. Seu princípio fundamen-

---

Boilesen (Ipes), Paulo Bezerra de Menezes (Ipes), Paulo Ayres Filho (Ipes), Carlos Adolfo Schmidt Sarmento, João Soares do Amaral Neto (Ipes), Aldo Mortari (Ipes), Damon Martin, Decio Fernandes Vasconcellos (Ipes), Durval Rosa Borges, Edmundo Barbosa da Silva (Ipes), Edmundo Rosa Borges, Eulálio Vidigal Pontes (Ipes), Fernando Alencar Pinto (Ipes), Francisco Matarazzo Sobrinho, Gilberto Waack Bueno (Ipes), João Baptista Leopoldo Figueiredo (Ipes), José Martins Pinheiro Neto (Ipes), Julian Haranczyk, Mauricio Ferraz de Camargo, Oswaldo Ballarin, Oswaldo Castro Santos, Paulo Flavio Vasconcellos de Castro, Paulo Reis de Magalhães (Ipes), Ruy Mesquita (Ipes), Trajano Pupo Neto (Ipes), Vicente de Paula Ribeiro (Ipes) e William Max Pearce. Fonte: Ata da Assembleia Geral de Constituição da ACB-SP de 10/04/1967, p. 6.

tal consistia no "*self-help*" (autoajuda), ou seja, os problemas da população somente seriam resolvidos pela própria população, responsável por seu próprio destino, que deveria assumir alguns dos encargos que caberiam ao setor público, isentando-o de qualquer reivindicação. Além disso, sugeria que setores menos privilegiados da sociedade deveriam e podiam propiciar grandes contribuições ao desenvolvimento social e econômico.[57]

Inicialmente, a fundação da ACB foi financiada pela AI, mas para dar prosseguimento às suas atividades os recursos eram provenientes de entidades nacionais e estrangeiras, como a Inter-American Foundation, a Organization for Cooperation in Overseas Development (OCOD), a Canadian International Development Agency (Cida), o Rotary Club de Winnipeg e a Inter-American Foundation. Além disso, as arrecadações também vinham de festas beneficentes, leilões de obras de arte, venda de cartões de Natal e contribuições de empresas nacionais e multinacionais que, segundo elas, visavam auxiliar na "solução dos problemas dos moradores das favelas".[58] O aparente interesse em cuidar

[57] Serviço Nacional do Brasil, 1975. Fundo: BR DFANBSB V8 – Arquivo Nacional. Documento MIC/GNC/EEE_80002679,_d0001de0002, p. 12

[58] Empresas financiadoras da ACB. Algumas já financiavam o Ipes, outras os seus proprietários e executivos: Abrahn Jacob Band, Accion International, Adams & Porter Soc. Civil de Corr. Seg., Alberto Soares Sampaio, American Int. Underwriters Repres. (Ipes), Armco Indústria e Comércio, Arthur Andersen & Co., Asfaltos Crevron S/A, Banco Itaú (Ipes), Banco Com. e Ind. de Minas Gerais S/A, Banco da Bahia S/A, Banco da Lavoura de Minas Gerais S/A, Banco de Boston, Banco de Crédito Real de Minas Gerais, Banco de Minas Gerais S/A, Banco do Comércio de Minas Gerais, Banco Irmãos Guimarães S/A (Ipes), Banco Lar Brasileiro S/A (Ipes), Banco Mercantil de São Paulo S/A (Ipes), Banco Nacional de Minas Gerais, Banco Predial do Estado do Rio de Janeiro S/A, Banco Sotto Maior, Bank of London & South America Limited, Brasil Oiticica S/A, Burroughs do Brasil S/A, Casa José Silva Confecções S/A (Ipes), Casa Masson Rio S/A (Ipes),

dos pobres e prometer condições mínimas de sobrevivência, na verdade, dissimulava as necessidades do próprio capital de assegurar alguma adesão dos subalternos com a finalidade de manter a reprodução ampliada e criar uma sedimentação do seu poder político. Adicionalmente, a atuação da ACB

Cimento Portland Branco do Brasil S/A, Cisper Comp. Industrial São Paulo e Rio, Cobrazil Comp. de Mineração e Metalurgia Brasil, Cofap, Colgate Palmolive Ltda, Companhia Carnasciali Ind. e Com., Companhia Cervejaria Brahma (Ipes), Companhia de Cigarros Souza Cruz (Ipes), Companhia de Formulários Contínuos Continac S/A, Companhia de Mineração Nova Limense, Companhia Docas de Santos (Ipes), Companhia Eletroquímica Fluminense, Companhia Industrial de Papéis e Cartonagens, Companhia Industrial de Papel Pirahy, Companhia Internacional de Engenharia e Construções, Companhia Nacional de Cimento Porland, Companhia Progresso Industrial (Fab. Bangu) (Ipes), Companhia Radiotelegráfica Brasileira-Radiobras, Companhia Siderúrgica Mannesmann, Companhia Ultragaz S/A (Ipes), Credibras Financeira do Brasil S/A (Ipes), Eletromar Ind. Elétrica Brasileira S/A (Ipes), Embaixador G. E. Bucher, Ernani Teixeira Filho, Esso Brasileira de Petróleo (Ipes), Estabelecimentos Comerciais Reunidos S/A, Fábrica de Papel Tijuca S/A, Fábrica de Roupas Epsom S/A, First National City Bank, Geigy do Brasil S/A, General Electric S/A, Gillette do Brasil S/A, Grupo Boavista de Seguros (Ipes), Grupo Sul America (Ipes), Home Insurance Company of New York (Ipes), IBM do Brasil S/A, Ind. e Com. de Minérios S/A, Insurence Co. of North American, Kodak Brasileira Com. e Ind., Laboratórios Beecham Ltda., Laboratórios Eaton do Brasil Ltda., Light - Serv. de Eletricidade S/A (Ipes), Liquid Carbonic Indústrias S/A (Ipes), Lojas Americanas S/A (Ipes), Lojas Brasileiras S/A, Mappin, Massey Ferguson do Brasil, Metafil S/A Indústria e Comércio, Metal Leve S/A Com. e Ind., Moinho Fluminense S/A (Ipes), Montanha S/A Engenharia e Comércio, Montreal Montagem e Repr. Industriais, Oivind Lorentzen S/A, Panela de Pressão Lares, Pepsi Cola Refrigerantes Ltda (Ipes), Petrominas – Petróleo Minas Gerais (Ipes), Poliquima Indústria e Comércio Ltda, Price Waterhouse Peat& Co., Prod. Alim. Fleischmann e Royal, Produtos Roche Químicos e Farmacêuticos S/A (Ipes), Refinaria e Expl. de Petróleo União (Ipes), S/A Fábrica de Tecidos Werner, Schering Indústria Química e Farmacêutica (Ipes), Sidney Ross Co., Singer Sewing Machine & Co., Sociedade Brasileira de Mineração Ltda, Sociedade Construtora Triângulo S/A, Standard Electrica, Supergasbrás – Cia. Bras. de Gás, Supermercados PegPag, Texaco Brasil S/A (Ipes), União dos Bancos Brasileiros (Ipes), Votorantim, W. R. Grace & Co. Brazilian Group, Wilson Sons S/A Com. e Ind., Xerox do Brasil S/A, Federação Paulista de Futebol, Federação das Indústrias de SP.

era acompanhada pelo desmantelamento de organizações populares autônomas que se reconstituíram no pós-1964 (malgrado a pesada repressão), pela permanência e mesmo piora das condições de vida.

As atividades declaradas pela ACB nas favelas consistiam em cursos de higiene, nutrição e profissionalizantes, tais como cabeleireiro, costura industrial, culinária industrial, datilografia, desenho, técnico mecânico, eletricista, instalador, manicure/pedicure, mecânico de auto, serralheiro, solda elétrica, bombeiro hidráulico, entre outros. A ACB criou grupos de teatro para jovens, senhoras, e pais; atividades de recreação e biblioteca para o desenvolvimento de "atitudes positivas";[59] e organizou congressos e seminários para debater as questões das favelas, dos quais não consta a participação dos líderes (populares) dessas comunidades.

Demonstrando a porosidade entre iniciativas empresariais nativas ou estrangeiras com os órgãos do Estado, os cursos e seminários contavam com a participação e o apoio do Serviço Nacional de Aprendizagem Industrial (Senai), do Serviço Nacional de Aprendizagem Comercial (Senac), do Ministério da Educação e Cultura (MEC), da Fundação Nacional de Bem-Estar ao Menor (Funabem), da Legião Brasileira de Assistência (LBA) e da Camde. Usufruía ainda de profissionais nacionais e estrangeiros, por exemplo, técnicos em desenvolvimento comunitário do Conselho para a América Latina (Council for Latin America – CLA)[60]

[59] Relatório de Atividades da Ação Comunitária do Rio de Janeiro, 1975.

[60] Entidade estadunidense fundada em 1963 por David Rockefeller. Ver Hoeveler, Rejane Carolina. *(Neo)liberalismo, democracia e "diplomacia empresarial": a história do Council of the Americas (1965-2019)*. Tese (doutorado em História). Programa de Pós-Graduação em História. Universidade Federal Fluminense, Niterói, 2020.

e da Fundação de Desenvolvimento Comunitário. Alguns cursos eram assessorados por empresários de multinacionais (como Harper W. Moulton, da IBM); de enviados da Accion (Venezuela e Peru) e da International Action (EUA); e de representantes de entidades governamentais (como Homero de Oliveira, da Usaid, e Juan Dias Bordenave, da Organização dos Estados Americanos – OEA).[61] Além disso, aliada ao Mobral, a ACB apresentou palestra sobre desenvolvimento técnico e a Accion International elaborou o projeto de capacitação de mão de obra, Skill Advancement Institute.[62]

A ACB surgiu em um contexto em que a ditadura empresarial-militar tinha o objetivo de eliminar em definitivo as favelas da paisagem urbana, o que forneceu amplas oportunidades de valorização para o capital imobiliário e da construção civil, cujos representantes políticos formularam e implementaram políticas de remoção em grande escala.[63] Sua participação nesse processo foi fundamental, pois as atividades de desenvolvimento comunitário ficaram sob sua responsabilidade. Esse movimento começou em agosto de 1964, com a criação do Banco Nacional de Habitação (BNH), órgão financiador e responsável por programas habitacionais. A atuação do BNH ganhou força em 1967, quando passou a contar com recursos oriundos do Fundo de Garantia por Tempo de Serviço (FGTS). A partir de 1968, o

---

61 Arquivo Nacional, fundo Camde, Relatório de junho e setembro Camde, p. 4-5; Disponível em: BR_RJANRIO_PE_0_0_0102_de0001de0001--arquivo-camde.pdf

62 Ata de Reunião Plena de Diretoria Executiva, 26 de agosto de 1970.

63 Pestana, Marco Marques. *Ampliação seletiva do Estado e remoções de favelas no Rio de Janeiro: embates entre empresariado do setor imobiliário e movimentos de favelados (1957-1973).* Tese (doutorado em História). Programa de Pós-Graduação em História. Universidade Federal Fluminense, Niterói, 2018.

ideal remocionista toma forma com a criação da Coordenação de Habitação de Interesse Social da Área Metropolitana (Chisam),[64] vinculada ao Ministério do Interior, ao lado do BNH, com a autarquia assumindo o controle direto de vários órgãos do governo do estado da Guanabara, passando a ordenar o espaço urbano da região.

Com acesso às favelas, a ACB-GB participou ativamente dos projetos de remoção. Elói Dias Carneiro, supervisor dos trabalhos de campo da entidade na Guanabara, acreditava que o problema da favela "não pode[ria] ser resolvido com paternalismo e muito menos com a simples remoção". Tanto uma como outra, segundo Elói, não mudariam "a maneira de pensar do favelado" e não o preparariam "para se adaptar à vida em uma comunidade não favelada". Nas comunidades consideradas não urbanizáveis, o supervisor achava ser imprescindível a preparação do homem paralelamente à remoção, conforme explicou:

> É preciso dar consciência ao homem da necessidade de melhorar de vida, e, ao mesmo tempo, proporcionar-lhe as condições para isto. É preciso, também, que essa renovação não seja feita com paternalismo, dando-se uma casa em outro lugar ao homem da favela sem que ele lute ou esteja preparado para isto.[65]

Trocando em miúdos, a sugestão era que a remoção tivesse seus custos arcados pelo próprio morador de favela, que deveria ser "pedagogicamente" preparado para impedir qualquer tentativa de resistência. Em 1969, a convite da

[64] Decreto Federal n. 62.654 de 3 de maio de 1968. Sua criação foi resultado de uma iniciativa do general Affonso Augusto de Albuquerque Lima.

[65] "Atividades da ACB-GB em 1967, 68 e 69". *Jornal do Brasil*, 19 de junho de 1969, p. 5.

Chisam, a ACB passou a "preparar" pessoas que sairiam das favelas para viverem em conjuntos habitacionais e a orientar sobre seus deveres, mais do que sobre seus direitos. Nesse sentido, expandiu vários programas. Instituiu o Centro de Treinamento Profissional no conjunto habitacional da Cidade Alta, no bairro do Cordovil, zona norte da cidade, primeiro para agir dentro do programa de remoção de favelas. Para este conjunto foram transferidos moradores da favela da Praia do Pinto, situada no bairro do Leblon, área nobre da cidade do Rio de Janeiro.[66] A ACB, portanto, fazia o trabalho preparatório junto às famílias que seriam transferidas para os novos conjuntos, cujo pagamento era difícil para os moradores.[67] Nos conjuntos habitacionais também foram criados os centros de Treinamento Profissional para o Trabalho, visando formar mão de obra qualificada para atender empresas e indústrias.[68]

Em 1972, o ministro do Interior, Costa Cavalcanti, determinou que os técnicos da Chisam, da Companhia de Habitação (Cohab) e da ACB realizassem na Guanabara trabalhos de desenvolvimento comunitário nos conjuntos habitacionais ocupados por famílias ex-faveladas no sentido de "integrá-las" socialmente. Os técnicos da Chisam afiançaram que a transferência da população das favelas para os conjuntos "pouco importa[va] para os favelados" que, "sem conhecimento do sentido comunitário", faziam "dos conjuntos uma espécie de favela de concreto". Foram

66 "Ação Comunitária. Um suplemento especial do Jornal do Brasil, junho de 1969". *Jornal do Brasil*, 19 de junho de 1969, Suplemento JB.

67 "Não vai ser fácil para o Estado extinguir as favelas". *O Globo*, 15 de março de 1973, p. 3.

68 "Múltipla escolha". *O Globo*, 15 de novembro de 1978, p. 12.

organizadas palestras e cursos de capacitação profissional, como educação sanitária, e de relacionamento com o BNH, com a finalidade de minimizar os desajustes que porventura viessem a ocorrer por ocasião da mudança. Cada entidade ficou responsável por uma tarefa: o Chisam, orientar sobre a política de desfavelamento; a Cohab, organizar o condomínio e a sua administração; e a ACB, cuidar dos estudos da realidade comunitária, do "ajustamento social do morador nos conjuntos habitacionais", da capacitação profissional e da função de liderança local.[69]

No planejamento das remoções constavam 19 favelas da zona sul e outras da zona norte, e os moradores foram transferidos compulsoriamente para 21 conjuntos residenciais localizados em outros municípios, como Niterói, São Gonçalo, São João de Meriti e Nova Iguaçu – distantes dos locais anteriores de residência. Segundo a reportagem "O desafio das favelas", da revista *Manchete*, os moradores eram previamente comunicados sobre as razões e as necessidades da remoção, informados sobre os locais, tipos de habitação e valores das suas novas moradias e levados a verificar pessoalmente os apartamentos para os quais iriam se mudar. Este trabalho era realizado pela Chisam para não ocorrerem resistências às remoções. Foram formados Conselhos Comunitários e realizados programas de capacitação e aperfeiçoamento profissional por meio de convênios com o Ministério do Trabalho (Departamento Nacional de Mão de Obra, Senai e Senac), com o Ministério da Educação

[69] "Cavalcanti ordena medida de integração social nos conjuntos de ex-favelados". *Jornal do Brasil*, 11 de fevereiro de 1972, 1º Caderno, p. 5.

(bolsas e professores de ensino técnico, Mobral), com a ACB e com a Secretaria de Serviços Sociais do governo da Guanabara.[70]

A ACB-SP também atuou nas remoções. Em 1970, Alberto Whitaker apresentou em reunião uma sugestão do associado Fernando Ribeiro do Val, secretário das Finanças (1969-1971) do prefeito Paulo Maluf, sobre entrar em uma fase de construção habitacional, colocando todo o serviço da prefeitura à disposição da ACB.[71] Em 1975, o prefeito de São Paulo solicitou que a ACB desempenhasse o papel de receptora das procurações dos proprietários de terrenos localizados em loteamento clandestino que seriam objeto de desapropriação pela Cohab para um projeto em desenvolvimento.[72] No ano seguinte, a entidade recebeu uma proposta da Cohab para elaborar seminários e um projeto específico para 1.200 famílias.[73]

Organizações de ação comunitária teriam como objetivo, conforme ata da ACB-GB, "promover a melhoria das condições socioeconômicas dos moradores das favelas ou habitações semelhantes",[74] mas suas ações, no sentido de melhorar as condições de pessoas que vivem sob a exclusão, não correspondem necessariamente a um compromisso efetivo com a real melhoria da qualidade de vida dos cidadãos beneficiários desses programas, pois atuam de forma descontínua em situações pontuais, não promovem

---

70 "Milhares de novas residências serão construídas". Revista *Manchete*, 25 de dezembro de 1971, n. 1.027, p. 176.

71 Ata da II Reunião do Conselho Diretor, 1º de junho de 1970.

72 Ata da VI Reunião da Diretoria Executiva, 1º de dezembro de 1975.

73 Ata da IV Reunião da Diretoria Executiva, 26 de agosto de 1975.

74 Ata de Constituição. Ação Comunitária do Brasil da GB, de 17 de agosto de 1966. Guardada no Registro Civil das Pessoas Jurídicas do Rio de Janeiro.

a inclusão social, e procuram rebaixar a consciência social dos favelados, desconsiderando quaisquer análises das causas dos problemas. Assim, não promovem a ruptura da subalternidade e, portanto, não conseguem gerar uma real transformação de vida – ao contrário, suas ações somente reforçam a subalternidade e a desigualdade.

Alguns autores vêm debatendo sobre as verdadeiras ações e objetivos de entidades desse tipo de "ação comunitária". Além de ser uma estratégia que associa as empresas a um conjunto de valores que lhes são favoráveis, de promover a imagem da empresa privada como instituição capaz de complementar a ação do Estado na criação de condições de progresso econômico e social e em defesa dos interesses comuns, tais entidades ainda justificam a ausência de políticas voltadas para as grandes massas e fazem recair a responsabilidade da tragédia social sobre as suas vítimas.

Fontes assinala que estes são procedimentos burgueses voltados para a "esterilização das lutas de classes e para o aumento da exploração da força de trabalho", absorvidos contraditoriamente pelo senso comum como práticas benevolentes dos ricos, que utilizam seus excedentes de riqueza para melhorar a vida dos pobres.[75] É um atributo dos ricos, acrescenta a autora em sua pesquisa sobre filantropia, que "procuram justificar seu excesso de riqueza e legitimá-la".[76] Segundo Lima, que pesquisou a Federação das Entidades Assistenciais de Campinas (Feac), como um modelo comunitário estadunidense na construção do "terceiro setor",

[75] Fontes, Virgínia. "Capitalismo filantrópico? – múltiplos papéis dos aparelhos privados de hegemonia empresariais". *Marx e o Marxismo*, v. 8, n. 14, jan./jun. 2020, p. 1.

[76] *Ibid.*, p. 2.

as ações comunitárias são instrumentos de hegemonia na organização dos subalternos para conter os conflitos sociais, colaborando para a superação da crise de hegemonia do capital.[77] Cesar explica que a "questão social" sempre é colocada em evidência quando as classes trabalhadoras demonstram capacidade de organização e de mobilização, pressionando o reconhecimento, por parte da burguesia e do Estado, de uma gama de direitos em seu benefício.[78] Buscando os antecedentes da participação em ações sociais não lucrativas, Oliveira e Dulci[79] explicam que o engajamento de elites econômicas e de empresas acompanhou a trajetória do capitalismo brasileiro, mas sempre como um fenômeno secundário marcado pelas motivações de caráter pessoal (consciência religiosa e/ou filosófica) quase insignificantes frente aos fortes níveis de desigualdade social.

As ações empresariais foram importantes para demarcar suas fronteiras de classe, tanto no sentido do autorreconhecimento quanto na determinação de limites em relação a outras classes sociais. Estas entidades assumem, conforme Dreifuss, o caráter de "frentes móveis de ação internacional", isto é, se multiplicam, lideram e predispõem a classe dominante para a luta política. Possuem relativa autonomia, embora ancoradas em seus Estados de origem e sustentadas por doações empresariais e governamentais. Em sua pesqui-

---

77 Lima, Marcos. *"Terceiro setor", educação e hegemonia: uma análise da ação estratégica do "terceiro setor" e suas implicações político-pedagógicas*. Uberlândia: Navegando Publicações, 2019.

78 Cesar, Mônica de Jesus. *Empresa-cidadã: uma estratégia de hegemonia*. São Paulo: Cortez, 2008

79 Oliveira, Luciana e Dulci, Otávio. "Elites empresariais, a questão social e a responsabilidade social empresarial no Brasil e na Argentina". Revista *Organicom*, São Paulo, n. 118, ano 10, 2013.

sa sobre a interconexão e a ação política das elites orgânicas transnacionais, o autor aponta que as relações comunitárias incluem atividades relacionadas ao ecossistema sociopolítico e cultural, com ações de doutrinação, interação com a igreja e outras atividades de impacto frente à opinião pública, e com isso aprofundam mecanismos e regras comuns aos interesses para neutralizar os setores populares e as lutas.[80]

Conclusão

Os aspectos debatidos ao longo do texto reafirmam a definição empresarial-militar para o regime que se seguiu ao golpe de 1964. Analisamos algumas entidades diretamente empresariais, nas quais estavam imbricadas as classes dominantes brasileiras e estrangeiras, nomeadamente o Ibad, o Ipes e a ACB. Reforçamos, pois, que se tratou de um processo golpista de cunho empresarial-militar, e pôde-se observar como tais classes dominantes brasileiras capitaneavam os interesses propriamente imperialistas, assumindo-os como seus. O redesenho então imposto ao Estado brasileiro e a nova e intensa porosidade aos interesses dominantes jamais foram totalmente superados.

A presença e o envolvimento político do empresariado multinacional e brasileiro levaram-no a constituir o Ipes, que se converteria num efetivo "partido político" da elite empresarial, o qual, com fartos recursos, alta capacidade de organização e articulação arquitetou o golpe de 1964. Como demonstrado, seus intelectuais orgânicos obtiveram as rédeas do poder econômico, reconfigurando e ocupando

[80] Dreifuss, René Armand. *A Internacional capitalista*. Rio de Janeiro: Ed. Espaço e Tempo, 1986.

os principais cargos dos aparelhos do Estado em setores responsáveis pelas decisões econômicas, que lhes garantiram benefícios em seus negócios particulares. Não apenas o golpe, mas também o regime implementado era empresarial-militar: dirigido por militares, era simultaneamente pilotado pelo empresariado em áreas que consideravam estratégicas.

A classe dominante brasileira construiu um Estado forte, autoritário, repressor, cassou direitos sociais e trabalhistas e alcançou uma desigualdade social inumana. As leis trabalhistas passaram a servir dentro da lógica das relações de trabalho do sistema privado. A atuação truculenta foi de longa duração, tanto contra os opositores políticos como contra extensos setores populares, de maneira difusa.

A nova relação entre o Estado, as classes dominantes e o capital estrangeiro permitiu – e exigiu – que o empresariado expandisse seu projeto de dominação, para impedir que se reconstituíssem as formas de lutas populares. Para tanto, fundaram a ACB, um plano de ação comunitária que já tinha sido delineado pelo Ipes no período de 1961-1964. As estreitas conexões entre burguesias brasileiras e suas congêneres estrangeiras se prolongariam num arremedo de política supostamente apaziguadora, mas que era, sobretudo, controladora sobre os setores populares.

Em contrapartida, propiciou a centralização do capital, a concentração das atividades de várias empresas e a formação de grandes grupos monopolistas brasileiros, que passaram a capitanear a economia ao lado das empresas estatais, dirigidas por ipesianos, e os conglomerados internacionais.

Capítulo 2

Hegemonia burguesa e organização da cultura: amostra da atuação da Fundação Roberto Marinho

Otávio Cunha[1]

Introdução

Assim como os demais artigos neste livro, este leva em consideração o papel dos diversos aparelhos privados de hegemonia empresariais e a evidência da luta de classes. Em nosso caso específico, observamos o braço filantrópico do Grupo Globo: a Fundação Roberto Marinho (FRM). A análise crítica em torno das chamadas práticas de "bem-estar" precisa e deve denunciar aquilo que pavimenta o terreno para a expansão do capital, uma vez que o que se chama de "responsabilidade social-empresarial" esconde, na realidade, uma verdadeira corrida privada em torno de recursos públicos. Como aponta Virgínia Fontes na introdução deste livro, é de fundamental importância

---

1 Doutor em História pela UFF, mestre em Comunicação e Cultura pela Escola de Comunicação da UFRJ. Contato: otavio.augustoc86@gmail.com.

observar o papel desses diversos aparelhos privados de hegemonia empresariais (APHEs), responsáveis pela tentativa de ocultamento da luta de classes e pela conversão mercantil-filantrópica das lutas populares na construção de vontades coletivas. Além disso, com o objetivo de criar um consenso em torno da ordem capitalista e mercadológica, tais aparelhos são guiados pelos estudos teóricos de entidades capitalistas supranacionais, como o Banco Mundial e o Fundo Monetário Internacional (FMI).

Contudo, nos últimos anos, esses APHEs têm tido um enorme destaque, principalmente no que diz respeito ao direcionamento do papel do Estado na proposição, cada vez mais intensa, de políticas públicas. Essa sociedade civil empresarial e organizada[2] seria responsável por bloquear – dentro e fora do Estado – a participação das organizações das classes trabalhadoras. O avanço das ações empresariais organizadas sobre as reivindicações dos mais atingidos pelo caos social capitalista busca sempre a sujeição dessas demandas à ordem vigente, ou seja, a obediência às leis do mercado e à afirmação da acumulação do capital como naturais e não como uma realidade produzida historicamente. Acreditamos que o papel da FRM na proposição e redefinição de políticas públicas desde o período da ditadura empresarial-militar, sobretudo nas áreas de educação e cultura, é de fundamental interesse público e, portanto, necessita de uma crítica que dê conta de apontar não só a sua atuação, mas sua vinculação ao Estado, sua sujeição ao direcionamento teórico da teia capital-imperialista internacional e as tensões e vínculos

---

[2] Dreifuss, René Armand. *1964: a conquista do Estado. Ação política, poder e golpe de classe.* Petrópolis: Vozes, 1981, p. 489.

com outros aparelhos privados de hegemonia igualmente empresariais, bem como sua aproximação com partidos políticos (no sentido estrito do termo – partidos institucionais).

O surgimento da Fundação Roberto Marinho e o vínculo com a ditadura empresarial-militar: primeiras ações

Desde a sua formação em 1977, com a ajuda do aparato telecomunicativo da TV Globo, a FRM teve como objetivo destinar suas atividades para a área da educação e da cultura em conivência direta com a autocracia burguesa em sua forma ditatorial inaugurada pelo golpe de abril de 1964. De acordo com informações disponíveis no *site* da instituição, a Fundação é uma instituição filantrópica "sem fins lucrativos", criada a partir do patrimônio do seu criador, o então proprietário das organizações Globo: Roberto Marinho.

O objetivo da iniciativa era valer-se dos recursos da Rede Globo de Televisão para atuar primordialmente no ramo de educação a distância, mas também nas áreas de cultura e esportes. Nas palavras de Roberto Marinho, sua Fundação visava "colocar os meios de comunicação a serviço da educação".[3] Se durante as décadas de 1940 e 1950 o fenômeno do rádio ainda não podia ser compreendido como um exemplo de indústria cultural efetiva por não ter o caráter integrador que caracteriza o conceito, é a partir do incentivo estatal ao surgimento de um amplo sistema de telecomunicações e a consequente propagação da televisão nos lares brasileiros que observamos na prática o proces-

[3] Finguerut, Silvia; Sukman, Hugo (orgs.). *Fundação Roberto Marinho: 30 anos*. Rio de Janeiro: Goal Editora, 2008.

so de naturalização das contradições sociais do regime, a cooptação de intelectuais para trabalhar dentro da própria indústria e o incentivo a uma cultura oficial, porém não nacional popular no sentido gramsciano do termo.

Durante os anos 1970, as organizações Globo já gozavam de grande influência no ramo da comunicação no Brasil, e a notável expansão do Grupo Globo durante esse período deve muito ao apoio que o regime empresarial-militar concedeu ao setor de telecomunicações. Com recursos públicos e visando organizar alguma forma de consentimento ao regime autocrático, o Estado propiciou uma reformulação estrutural no ainda precário setor, o que levou as organizações Globo a adquirir sua concessão pública para a criação de um canal de televisão em 1965. A partir da análise do primeiro relatório realizado por Roberto Marinho, podemos observar que desde o início de suas atividades a Fundação visava estabelecer um "modelo" de educação para entidades públicas e privadas, num contexto em que três quartos da população brasileira não haviam concluído o Ensino Médio, então denominado segundo grau.

Assim como as demais emissoras comerciais, a TV Globo deveria cumprir a determinação editada pelo Ministério da Educação e Cultura (MEC) em 1970 que obrigava a transmissão de pelo menos cinco horas de programas educacionais. Roberto Marinho foi além e decidiu que sua Fundação seria "a síntese das sínteses" do seu projeto de comunicação. Além disso, por meio de uma instituição sem fins lucrativos seria possível a captação de recursos estatais para a elaboração de projetos de interesse público e, principalmente, o abatimento de impostos. Isso tornou impossível que o projeto educacional iniciado por Roberto Marinho fosse veiculado somente pela TV Globo em horário comercial.

A FRM iniciou suas atividades com duas frentes de atuação muito bem definidas: a preservação do patrimônio histórico e a educação. Ainda em 1977, a primeira campanha da Fundação "sem fins lucrativos" de Roberto Marinho visava chamar atenção a respeito da importância do patrimônio histórico de Minas Gerais. Inicialmente, a campanha seria restrita à TV Globo Minas, mas logo ganhou corpo e foi veiculada nacionalmente pela emissora. A FRM, em comum acordo com organismos públicos como o Instituto do Patrimônio Histórico e Artístico Nacional (Iphan), divulgou festas e celebrações culturais e realizou obras de restauração em inúmeros monumentos históricos na região de Minas Gerais. O programa de preservação do patrimônio histórico e da memória cultural do Brasil colocava as Organizações Globo como pioneiras nessa área, aumentando a captação de recursos públicos para atuar em funções antes estatais. Um dos primeiros parceiros privados da Fundação nessa área foi a Fiat Automóveis, que tinha acabado de chegar ao estado e decidiu associar sua imagem à defesa do legado do barroco mineiro.

A TV Globo, em contrapartida, cedia espaço publicitário para fortalecer a marca das empresas envolvidas nas ações de preservação, e a FRM se encarregava de coordenar e executar os projetos. Quando tais ações se estenderam ao Rio de Janeiro, o projeto de recuperação do Convento de Santo Antônio, localizado na região central da cidade, teve parceria das Organizações Globo e do grupo Citibank. Nesses casos, a Fundação aparecia para a sociedade como uma entidade "sem fins lucrativos" criada pelo interesse público do proprietário das Organizações Globo, Roberto Marinho, que atuava em defesa do patrimônio histórico e da memória nacional, mas o seu grande projeto ainda estava sendo gestado.

A edição do jornal *O Globo* de 20 de abril de 1978 trazia uma reportagem a respeito do lançamento e da apresentação do projeto Telecurso para autoridades na sede da Rede Globo em Brasília. Na ocasião, Roberto Marinho afirmou em discurso que a Fundação trabalhava "para a democratização do ensino e para a igualdade de oportunidades, indispensáveis postulados à grandeza de um futuro que podemos desde já entrever".[4] Ainda segundo a matéria, estiveram presentes lideranças do MEC, como Euro Brandão e Carlos Alberto Direito, respectivamente, secretário-geral e chefe de gabinete do ministério; o secretário de educação do Distrito Federal, embaixador Wladimir Murtinho; o reitor da Universidade de Brasília (UnB), José Carlos de Azevedo; Maria Lúcia Moriconi; e o diretor da TV Globo em Brasília, Afrânio Nabuco.

Como já mencionamos, o pioneirismo das Organizações Globo para a elaboração do projeto Telecurso 2º Grau também se deu em função de uma obrigação legal promulgada em 1970. A portaria 408,[5] estabelecida conjuntamente entre o MEC e o Ministério das Comunicações, previa a transmissão obrigatória de cinco horas semanais de material educativo pelas emissoras comerciais de televisão. O jornal *O Estado de S. Paulo*, na quarta-feira, 17 de setembro de 1980, publicou uma denúncia de transmissão de verbas do

---

4 *Ibid.*

5 A portaria n. 408/70 regulamentou o § 2º do art. 16 do Código Nacional de Telecomunicações, por força do qual as emissoras comerciais de rádio e TV devem transmitir programas educacionais, em horários obrigatórios e gratuitos, num total de cinco horas semanais.

governo federal à FRM, feita por Luis Eduardo Nascimento, então diretor da TV Educativa do Espírito Santo. Segundo o diretor, o MEC repassou à FRM, por determinação do ministro do Planejamento, Delfim Neto, a quantia de "Cr$ 285 milhões para a realização de um curso supletivo de 1º grau a ser veiculado por todas as emissoras de televisão do país, em cumprimento à Portaria 408":

> A medida é absurda porque a Fundação Roberto Marinho, não tendo recursos próprios para fazer o programa, terá de recorrer, muito provavelmente, à Fundação Centro Brasileiro de Televisão Educativa, do Rio de Janeiro, um órgão do Ministério da Educação que deveria ter sido acionado para o cumprimento da missão.[6]

Além disso, os dados alarmantes a respeito do desenvolvimento educacional no Brasil chamavam a atenção. Em 1978, cerca de dois terços da população maior de 21 anos não tinha concluído o segundo grau,[7] e esse público necessitava de um projeto educativo público que pudesse equacionar a defasagem escolar. Nos anos 1970, a TV Globo era o carro chefe das Organizações Globo e dos negócios de Roberto Marinho, reconhecida nacional e internacionalmente pela qualidade e abrangência de suas produções. A parceria estratégica com a Fundação Padre José Anchieta (FPA)[8] demonstrou que Roberto Marinho utilizaria não só o poderio da sua emissora de televisão, mas também de parceiros públicos e

6 "MEC dá 285 milhões para supletivo da TV". *O Estado de S. Paulo*. Edição de 17 de setembro de 1980.

7 Fonte: IBGE.

8 A Fundação Padre Anchieta é uma fundação brasileira que desenvolve atividades de radiodifusão pública e educativa, sediada em São Paulo. É a proprietária e gestora da TV Cultura e das rádios Cultura FM e Cultura Brasil. É membro associado da União Europeia de Radiodifusão.

privados interessados em pôr em funcionamento o projeto educativo de sua autoria.

Na cerimônia de inauguração do projeto, no prédio da FPA em São Paulo, estiveram presentes os presidentes das fundações parceiras – Roberto Marinho e Antônio Soares Amora –, funcionários do MEC e representantes da Secretaria de Educação de São Paulo. Ao tornar públicos os objetivos do projeto, seus idealizadores chamavam a atenção para o problema da educação no Brasil e quais objetivos deveriam ser alcançados pelo Telecurso. Estima-se que 400 mil pessoas foram atingidas pelo projeto somente na grande São Paulo.[9] Durante a cerimônia, coube a Euro Brandão a ingrata missão de explicar o motivo da existência daquele número de pessoas sem escolarização. Para o secretário, era "perfeitamente natural" que cerca de 400 mil pessoas com mais de 21 anos não pudessem frequentar o segundo grau, dado que a meta prioritária do governo federal para o ano de 1979 era "a escolarização de 90% dos 25 milhões de crianças de 7 a 14 anos de idade, do primeiro grau de ensino."[10]

Desde o primeiro momento, Roberto Marinho fazia questão de destacar o "compromisso social" da sua Fundação e do seu projeto de educação para o "desenvolvimento nacional" em um momento em que o país enfrentava os desafios da modernização. O fato é que o sucesso do programa inseriu as Organizações Globo no âmbito da educação a distância (EAD) e, com isso, ampliou o poder da família Marinho na sociedade. Com o auxílio de subsídios governamentais, a FRM conseguiu abater impostos com a atividade

---

[9] Fundação Roberto Marinho. *Relatório 1*. 1978.

[10] "Telecurso de 2° grau já iniciado em dois canais". *Folha de S. Paulo*. Edição de 17 de janeiro de 1978.

educativa, captando recursos do governo federal e do mercado, sustentando um projeto político pedagógico alinhado com o discurso de segurança nacional proposto pela ditadura empresarial-militar, além de expandir a influência e o poder do Grupo Globo para fora de seu tradicional campo midiático-corporativo tradicional.

Vale destacar que a proposta do Telecurso 2º Grau continha o ensino da "educação moral e cívica", que dialogava diretamente com a preocupação do Estado autoritário em torno do consenso para o regime imposto em 1964, que se justificava pela gestão do ministro Jarbas Passarinho à frente do MEC (1969-1973). O ministro foi responsável pela elaboração de uma política cultural oficial por parte do Estado brasileiro. O MEC, em parceria direta com o consórcio estadunidense United States Agency for International Development (Usaid), produziu os conhecidos acordos MEC-Usaid, que mostram a relação de proximidade entre o ministério e o projeto de poder das elites dirigentes do país naquela quadra histórica.

O alinhamento político-ideológico com o projeto da ditadura empresarial-militar fica ainda mais evidente na edição do jornal *O Globo* do dia 26 de outubro de 1978, que trazia a seguinte manchete: "Geisel aplaude o Telecurso". O chefe do Executivo brasileiro redigiu uma carta ao empresário Roberto Marinho elogiando os serviços prestados pelo programa e, além da manchete em primeira capa, o jornal publicou a íntegra do documento escrito pelo presidente Ernesto Geisel (1974-1979) na página 8 da sua edição matinal.[11] Na carta, o presidente aproveitou para fazer propaganda do

[11] "Geisel aplaude o Telecurso". *O Globo*. Edição de 26 de outubro de 1978.

seu governo e falar da sua preocupação com a "melhoria da educação dos brasileiros", afirmando que o orçamento a ser enviado ao Congresso para o ano de 1979 previa 43 milhões de cruzeiros para a educação e para a cultura, fato que interessava diretamente a Roberto Marinho.[12]

Geisel argumentou que o investimento massivo em educação e cultura fazia parte do projeto de desenvolvimento nacional proposto pelo governo. No entanto, ao fim da carta, o presidente demonstrou afinidade com a iniciativa privada, pontuando a oposição do regime brasileiro em relação aos países aliados da URSS: "em nenhum país do mundo livre o problema da educação se pode resolver por ação exclusiva do governo". Nesse sentido, apontou que a educação fazia parte de um esforço coletivo da sociedade, sendo que essa responsabilidade deveria ser "particularmente acrescida no caso das empresas de comunicação." Além disso, Geisel enfatizou:

> Por todas essas razões, registro com efusivos aplausos a iniciativa da Rede Globo, de produzir o Telecurso 2º Grau. É uma realização que honra a tradição de serviços prestados à Nação por Vossa Senhoria e por essa organização, e merece por isso o apoio do governo e reconhecimento da comunidade brasileira.

Entretanto, chama a atenção o fato de o presidente não mencionar em nenhum momento a parceria da FRM com uma entidade diretamente envolvida na realização do projeto Telecurso 2º Grau*:* a FPA.

Em 1979, já no governo do general João Figueiredo (1979-1985), Roberto Marinho foi convidado pela

[12] *Ibid.*

Câmara de Deputados para apresentar o Telecurso 2º Grau. Esse convite veio logo após uma declaração do então ministro da Educação e Cultura, Eduardo Portella, sobre os desafios da educação no Brasil e a importância de um projeto como o da Fundação. Com isso, se estreitavam as relações entre o empresário e o Executivo para a realização de um programa com financiamento direto do governo militar. Roberto Marinho, em longa exposição, defendeu a importância do seu projeto, já que "algo novo e importante surgiu no campo da teleducação". O empresário afirmou ainda que o "poder público não pod[ia] ficar alheio a um problema de vastas dimensões e de implicações tão vitais para o próprio desenvolvimento da nação".[13] As declarações de Roberto Marinho deixam bastante evidente o papel que a educação empresarial deveria exercer no regime ditatorial: em primeiro lugar, a defesa da Doutrina de Segurança Nacional pautada por um anticomunismo convicto; em segundo, a reafirmação do projeto desenvolvimentista dependente proposto pelo regime que necessitava de uma massa trabalhadora minimamente qualificada no aspecto técnico.

Em 1980, Roberto Marinho e o ministro Eduardo Portella assinaram o Acordo de Amparo Técnico e Financeiro n. 01/80, que consolidava os interesses da FRM desde o início do projeto Telecurso: o financiamento por parte do poder público. Estava prevista ainda a criação de um Telecurso 1º Grau nos mesmos moldes do anterior, só que dessa vez sem a participação da FPA. As emissoras

13 "Roberto Marinho na Câmara: Telecurso é inédito no mundo". *O Globo*. Edição de 9 de agosto de 1979.

concorrentes, obviamente, não dispunham desse suporte tecnológico e nem do apoio explícito do governo federal para projetos de tal grandeza, o que explica bastante o crescimento financeiro do Grupo Globo naquele contexto histórico.

Roberto Marinho sempre teve convicção do projeto que estava empreendendo, assim como de seu apoio ao golpe de abril de 1964. Segundo ele, o Telecurso era uma experiência vitoriosa: "ao favorecer a educação de todos, os meios de comunicação de massa estão promovendo ativamente a elevação da cultura e da civilização do povo brasileiro".[14] As convicções e associações do empresário não deixam dúvidas do alinhamento direto com o regime empresarial-militar e com a Doutrina de Segurança Nacional nos anos mais violentos da ditadura.

A Fundação Roberto Marinho como aparelho privado de hegemonia do Grupo Globo: estrutura interna, caráter de classe e intelectuais orgânicos

Acreditamos que é essencial a compreensão do papel de intelectuais orgânicos na luta de classes e, consequentemente, na disputa pela organização da cultura – ou seja, pela hegemonia no Brasil contemporâneo. Principalmente na atuação e afirmação de uma classe sobre a outra, uma vez que são esses os responsáveis por dividirem e disseminarem uma concepção de mundo, via aparelhos privados de hegemonia ou por dentro da ossatura material do Estado *stricto sensu*, atrelada aos interesses da classe

[14] "Telecursos de 1º e 2º Graus são experiências vitoriosas". *O Globo*. Edição de 25 de junho de 1981.

que representam com o interesse concreto de determinar vontades coletivas reais para o conjunto da sociedade. Pois, de acordo com Sonia Mendonça:

> neste ponto, torna-se essencial no pensamento gramsciano a figura do intelectual como efetivo organizador das vontades e da ação coletiva. Dessa forma, o pleno desenvolvimento de uma classe – ou fração – depende de sua capacidade de gerar seu próprio quadro de intelectuais, aptos a lhe conferirem homogeneidade e mesmo consciência de sua função, seja no âmbito econômico, político ou ideológico. A partir dessa capacidade organizativa por excelência, os intelectuais respondem não só pela organicidade de um dado aparelho de hegemonia, mas, também, pela tarefa de atingir a própria organização da sociedade em geral, o que configuraria, de modo efetivo, a plena hegemonia da fração de classe específica por eles representada.[15]

Compreendemos que a organização da cultura, da hegemonia e do consenso para que uma determinada concepção de mundo nascida do âmbito da produção se torne uma realidade depende, portanto, do grau de organização de determinada classe sobre o conjunto da sociedade. Nesse quesito, podemos afirmar a centralidade da luta política e da luta de classes para o materialismo histórico como ponto central da nossa reflexão. No Quadro 1 vemos o conjunto de intelectuais orgânicos que compuseram a estrutura de funcionamento da FRM até março de 2022.

[15] Mendonça, Sonia Regina de. "O Estado ampliado como ferramenta metodológica". *Marx e o Marxismo*, v. 2, n. 2, jan./jul., 2014.

Quadro 1. Estrutura organizacional[16]

Membro	Currículo
José Roberto Marinho (Presidente)	Vice-presidente do Grupo Globo, estudou História na Pontifícia Universidade Católica do Rio de Janeiro (PUC-Rio) e Geografia na Universidade Federal do Rio de Janeiro (UFRJ). Começou sua vida profissional em 1972, como repórter do jornal *O Globo*. Em 1981, passou a editor-assistente. Em 1983, foi designado para o cargo de subchefe da redação, no qual permaneceu até 1984. Nesse ano, deixou o jornal para ocupar o cargo de diretor de programação de FM do Sistema Globo de Rádio, onde mais tarde foi diretor-geral e vice-presidente. Em 1992, fundou o Instituto Acqua de preservação dos recursos hídricos. José Roberto Marinho preside o Comitê de Responsabilidade Social do Grupo Globo. É também membro do Comitê de Governança do Juntos pelo Desenvolvimento Sustentável – Comunitas, do Conselho Consultivo do WWF-Brasil, do Instituto Ethos de Empresas e Responsabilidade Social, do Conselho Curador da Fundação Orquestra Sinfônica Brasileira, do Conselho Empresarial Brasileiro para o Desenvolvimento Sustentável (CEBDS), dentre outros. Em 2006, participou da fundação do movimento Todos pela Educação, do qual faz parte como integrante do Conselho de Governança.
Wilson Risolia (Secretário-Geral)	Graduado em Ciências Econômicas, pós-graduado em Engenharia Econômica e em Desenvolvimento Econômico – 1º Ciclo – ISVE/Itália, com MBA em Finanças – IBMEC, Wilson Risolia foi secretário de Educação do Estado do Rio de Janeiro. Exerceu também os cargos de CEO da Falconi Consultores de Resultado e líder da Falconi Educação, além de vice-presidente do fundo de investimentos da Caixa Econômica Federal. É integrante da Academia Brasileira de Educação.
João Alegria (Gerente do Laboratório de Educação)	Graduou-se em História pela Universidade Federal de Ouro Preto (Ufop), em Minas Gerais. Cursou a pós-graduação em História na Universidade Federal Fluminense (UFF), mas não defendeu sua dissertação. Se doutorou em Educação pela PUC-Rio em 2008. O "LEd – Laboratório de Educação" é a área da Fundação Roberto Marinho responsável pelo desenvolvimento e implementação das soluções educacionais que caracterizam a organização. O Telecurso, o Canal Futura e o Aprendiz Legal são algumas das principais iniciativas do Laboratório.

[16] Disponível em: https://frm.org.br/sem-categoria/a-fundacao/. Acesso em: 23 set. 2024.

Carlos Carletto (Gerente de Planejamento e Finanças)	Engenheiro metalúrgico e de materiais pela UFRJ, tem pós-graduação em Gestão de Projetos. Anteriormente, ocupou o cargo de coordenador de planejamento e controle por sete anos. Também atuou como engenheiro na Companhia Vale do Rio Doce.
Ana Érika Marques (Assessora Jurídica)	Formada em Direito pela Universidade Candido Mendes, pós-graduada em Direito Processual Civil na mesma instituição e com MBA em Direito da Economia e da Empresa pela Fundação Getúlio Vargas (FGV), atua como coordenadora jurídica desde 2002. Além disso, entre outras posições, foi advogada da *holding* TVX Participações Ltda. na área de contratos na regulação de mineração, e membro do escritório Vanuza Sampaio Advogados Associados, onde trabalhou com direito civil e tributário, com ênfase na regulação de petróleo.
Mônica Pinto (Gerente de Desenvolvimento Institucional)	Mestre em Educação pela PUC-Rio, com pós-graduação em História e Cultura Contemporânea e formação pelo Programa de Desenvolvimento de Executivos da Fundação Dom Cabral. Foi consultora e coordenadora do Programa Nacional de Formação de Professores, vinculado ao MEC e à TVE (Um Salto Para o Futuro). Como consultora em Mídia-Educação, atendeu ao Sesc nacional, à TV Escola e às secretarias municipais e estaduais de Educação, dentre outras instituições. Na FRM, atua no desenvolvimento e manutenção de parcerias do Canal Futura e de seus projetos especiais. É responsável também pela gestão e contratação das avaliações externas de resultado dos projetos nas áreas de Educação, Patrimônio, Meio Ambiente e Comunicação. Além disso, foi Gerente de Conteúdo do Canal Futura no período de sua criação e implementação (1997 a 2000).
Gustavo Bastos (Gerente de Tecnologia e Suprimentos)	Engenheiro eletrônico pelo Instituto Militar de Engenharia (IME), tem pós-graduação em Engenharia Econômica e Administração Industrial pela UFRJ e especialização em Tecnologia, Operações e Gestão de Cadeia de Valor pelo Massachusetts Institute of Technology (MIT). Na FRM, atua desde 2001 na definição da estratégia e concepção e desenvolvimento de insumos tecnológicos de projetos e processos.

Rosalina Soares (Assessora de Pesquisa e Avaliação)	Graduada em Pedagogia pela Universidade Federal de Minas Gerais (UFMG), possui mestrado em Educação, na linha de pesquisa "Políticas Públicas, Monitoramento & Avaliação". É certificada pela APMG International: Project Management for Development Professionals (PMD Pro) e pelo Programa de Desenvolvimento de Capacidades em Avaliação para a América Latina e o Caribe (IPDET). Atuou como supervisora escolar e analista técnica da Secretaria de Educação de Minas Gerais, estimulando o uso dos dados do Sistema Mineiro de Avaliação da Educação Pública (Simave), incidindo em melhorias do aprendizado. Como pesquisadora do Grupo de Avaliação e Medidas Educacionais (Game/UFMG), atuou em pesquisas relacionadas à eficácia escolar. Coordenou a produção de relatórios para divulgação pedagógica dos resultados de avaliações e a formação de técnicos da Secretaria de Educação para uso dos resultados de Avaliações em Larga Escala. Também na UFMG realizou pesquisas e formações sobre representações sociais de professoras do meio rural e alfabetização de adultos no Programa Nacional de Educação na Reforma Agrária. Foi Consultora no Núcleo de Apoio ao Professor (NAP – Plug Minas) e Vale Juventudes (Fundação Vale), sendo a responsável por diagnósticos e monitoramento. Na FRM, gerencia o Núcleo de Pesquisa e Avaliação desde 2019 e atua na mesma área há 8 anos. É responsável por realizar diagnósticos, identificando territórios e populações vulneráveis, assim como a produção de relatórios analíticos sobre a Educação Básica, elaboração de Teoria da Mudança, Monitoramento e Avaliação das Soluções Educacionais.

Fonte: Elaboração do autor.

A estrutura desse aparelho privado de hegemonia nos mostra a complexidade e as dificuldades em torno do combate à ideologia dominante e os desafios da classe trabalhadora rumo à sua emancipação. O vínculo desses intelectuais com outras entidades empresariais demonstra o caráter de classe da atuação da FRM. Os diferentes intelectuais orgânicos por trás desse aparelho privado de hegemonia se originam de quadros empresariais fundamentais no processo de dominação capitalista para o Brasil contemporâneo, tanto em sua atuação profissional quanto em sua formação acadêmica ou atuação pública (destaca-se aqui a figura do ex-secretário estadual de Educação do governo Sérgio Cabral, Wilson Risolia). Isso significa que, apesar de frequentemente apresentarem projetos ligados às concepções de "diversidade" e/ou "pluralidade de ideias", essa falsa aparência progressista se esgota quando percebemos que tais temáticas só podem ser concebidas e realizadas se comungam com a concepção de mundo e os mesmos valores compartilhados por esses intelectuais orgânicos.

A economia de mercado, a perspectiva capitalista e a ideia da educação como princípio meramente técnico e pragmático são marcas fortes e latentes do pensamento liberal e empresarial e determinam a formação e a atuação desses intelectuais. Na estrutura organizacional, encontram-se, além do presidente e do secretário-geral, os gerentes e assessores das principais áreas de atuação da Fundação. Ou seja, são os principais intelectuais orgânicos responsáveis pela engrenagem, pelo funcionamento e pela direção da realização de projetos e parcerias da FRM.

Delimitar os reais interesses de classe por trás da atuação de um aparelho privado de hegemonia e seus intelectuais orgânicos é de fundamental interesse público, sobretudo porque a visão nos ajuda a constar que entidades dedicadas à chamada "responsabilidade social-empresarial" atuam na sociedade civil em busca do consenso para legitimar a ideologia do fim da luta de classes (ou seja, o fim das contradições entre capital e trabalho); para tentar sedimentar a ideia de que empresas buscam resolver questões sociais, ao mesmo tempo que propõem projetos particulares de sociedade como se fossem universais. O objetivo desses projetos, no entanto, não é debater as causas reais das mazelas sociais, e sim buscar um tipo de concepção de mundo que elimine essas contradições e vise o "consenso capitalista", ou seja, a conformidade com o existente e a supressão de uma cultura crítica que busque a transformação radical da sociedade a fim de que supere suas contradições estruturais. O mesmo viés de classe é observado no Conselho Curador da Fundação, como podemos observar a seguir.

Quadro 2. Conselho Curador[17]

Membro	Currículo
Antonio Jacinto Matias	Engenheiro de produção, graduado pela Escola Politécnica da Universidade de São Paulo (USP) e pós-graduado em Administração de Empresas pela Escola de Administração de Empresas de São Paulo (EAESP/FGV), Matias é vice-presidente da Federação Brasileira de Bancos (Febraban) e vice-presidente sênior do Banco Itaú S. A., onde também preside o Comitê de Ética e o Comitê Executivo de Responsabilidade Socioambiental, além de ocupar a vice-presidência de programas sociais da Fundação Itaú Social e a direção-executiva do Instituto Itaú Cultural. É ainda membro do Conselho Deliberativo do Instituto Ethos, do Conselho de Orientação Estratégica do Centro de Empreendedorismo Social e Administração em Terceiro Setor (Ceats) e do Conselho de Associados da Escola Superior de Propaganda e Marketing (ESPM).

[17] Disponível em: https://frm.org.br/sem-categoria/a-fundacao/. Acesso em: 23 set. 2024.

Beatriz Gerdau Johannpeter	Graduada em Arquitetura e Urbanismo, possui educação executiva em Corporate Social Responsibility na Harvard Business School. É consultora associada da Cambridge Family Enterprise Group-Brasil, uma organização internacional altamente especializada em consultoria, educação e pesquisa que atende empresas familiares. Fundada em 1989, dedica-se a auxiliar na obtenção de sucesso multigeracional para suas famílias, empresas e riqueza financeira. Em 2005, passou a dedicar-se inteiramente ao recém-criado Instituto Gerdau, responsável pela gestão do Investimento Social Privado (ISP) da empresa e da família Gerdau Johannpeter. Desde então, participa das principais entidades e fóruns do Terceiro Setor, tendo presidido o Grupo de Institutos, Fundações e Empresas (Gife) por dois mandatos (de 2014 a 2017). Também é membro do Comitê de Empresas de Controle Familiar do Instituto Brasileiro de Governança Corporativa (IBGC) e, além do Conselho da FRM, integra o movimento Todos pela Educação, a Fundação Iberê Camargo e a Associação de Resgate à Cidadania por Amor à Humanidade (Arcah).
Denise Aguiar Alvarez	Formada em Pedagogia e com especialização na área de Educação, é neta de Amador Aguiar, empresário responsável por fundar o banco Bradesco na década de 1940. Nos negócios da família, atua como diretora-presidente da Associação Desportiva Classista Bradesco, o braço do banco que trabalha com a promoção social de jovens por meio do esporte, e participa da Fundação Bradesco, com o mesmo foco. Além disso, é uma das principais acionistas da *holding* Cidade de Deus e sócia da Associação de Apoio ao Programa de Alfabetização Solidária.
Denis Mizne	Advogado formado pela USP, estudante visitante na Universidade Columbia e Yale World Fellow na Universidade Yale. Fundou e preside o conselho do Instituto Sou da Paz. Além de compor o conselho da FRM, também integra o do Gife.
Heloísa Buarque de Hollanda	Graduada em Letras Clássicas pela PUC-Rio, com mestrado e doutorado em Literatura Brasileira na UFRJ e pós-doutorado em Sociologia da Cultura na Universidade de Columbia, em Nova York, é ensaísta, escritora, editora e crítica literária. Também atua como professora emérita de Teoria da Cultura da Escola de Comunicação da UFRJ, como coordenadora do Programa Avançado de Cultura Contemporânea (Pacc/UFRJ) e como diretora da HB – Heloísa Buarque Projetos Editoriais, que possui em seu catálogo os livros: *Rachel Rachel*, *Cultura em Transe: Brasil anos 60* e *Correspondência incompleta*. Além disso, foi diretora da editora da UFRJ, da Editora Aeroplano, do Museu da Imagem e do Som do Rio de Janeiro e curadora do Portal Literal.

Lauro Cavalcanti	É arquiteto, antropólogo e escritor. Escreveu vários livros sobre arquitetura, estética e sociedade, além de organizar diversas coletâneas sobre os temas. É conselheiro da Casa Lucio Costa e da Fundação Oscar Niemeyer. Membro do conselho editorial do Iphan, é também diretor do Paço Imperial e professor da Escola Superior de Desenho Industrial (Esdi/Uerj). Possui graduação em Arquitetura pela UFRJ (1979), onde cursou o mestrado (1987) e o doutorado (1993) em Antropologia Social. Atualmente é técnico em preservação cultural do Iphan e professor adjunto da Universidade do Estado do Rio de Janeiro (UERJ). Tem experiência na área de Arquitetura e Urbanismo, com ênfase em Teoria da Arquitetura, atuando principalmente nos seguintes temas: arquitetura moderna, arquitetura, Brasil, artes plásticas e arte.
Merval Pereira	Escritor brasileiro, membro da Academia Brasileira de Letras (ABL), é neto pelo lado materno do ex-senador Clodomir Cardoso. Tendo ocupado diversos cargos nas Organizações Globo ao longo da carreira, Merval Pereira é colunista do jornal *O Globo*, bem como comentarista político da rede CBN e do canal a cabo GloboNews. É conselheiro do Centro de Estudos da América da Universidade Candido Mendes e membro do Board of Visitors do John S. Knight Fellowships da Universidade Stanford.
Marcos Castrioto de Azambuja	Embaixador do Brasil na França de 1997 a 2003. Embaixador do Brasil na Argentina de 1992 a 1997. Secretário-geral do Itamaraty de 1990 a 1992. Chefe da Delegação do Brasil para Assuntos de Desarmamento e Direitos Humanos, em Genebra, de 1989 a 1990. Coordenador da Conferência Rio 92. Presidente da Fundação Casa França-Brasil de 2003 a março de 2008. Membro da Comissão de Armas de Destruição em Massa (WMDC 2004-2006). Autor de numerosos textos e palestras sobre relações internacionais, notadamente nos campos do desarmamento e desenvolvimento sustentável, governança corporativa e integração regional, direitos humanos, Antártica e política espacial. Membro do Instituto Histórico e Geográfico Brasileiro (IHGB), do Conselho Empresarial de Cultura da Associação Comercial do Rio de Janeiro, do Conselho do Iphan, membro do Conselho Editorial da revista *Política Externa*, do Conselho Técnico da Confederação Nacional do Comércio, da Academia Brasileira de Artes (ABA) e de várias outras entidades acadêmicas.

Nélida Cuíñas Piñón	Escritora brasileira e integrante da ABL, formou-se em Jornalismo pela PUC-Rio e foi editora e membro do conselho editorial de várias revistas no Brasil e no exterior. Também ocupou cargos no conselho consultivo de diversas entidades culturais em sua cidade natal. Foi a primeira mulher a se tornar presidente da ABL, entre 1996 e 1997.
Paula Mesquita Marinho	Filha de João Roberto Marinho.
Sérgio Besserman Vianna	Economista brasileiro, graduado pela PUC-Rio. Foi presidente do Instituto Brasileiro de Geografia e Estatística (IBGE). Atualmente, é o presidente do Instituto de Pesquisas Jardim Botânico do Rio de Janeiro. Ganhador do Prêmio BNDES de Economia de 1987 com sua tese sobre a política econômica do segundo governo Vargas, orientado pelo professor e também economista Winston Fritsch, Besserman se tornou funcionário do BNDES em 1988. Fez carreira executiva chegando a diretor de planejamento. Trabalhou ao lado de diversos presidentes do banco, entre eles Eduardo Modiano, Persio Arida e Luiz Carlos Mendonça de Barros, no processo de reforma modernizante do aparelho de Estado brasileiro e de reestruturação da indústria, que incluiu corte de gastos e privatização de empresas estatais. Foi o primeiro diretor da área social do BNDES, quando ela foi recriada em 1997. No segundo mandato do governo Fernando Henrique Cardoso (1999-2003), foi presidente do IBGE, quando comandou a realização do Censo 2000. Em Brasília, ficara conhecido como o "louco do IBGE", depois de trocar a carreira segura de diretor do BNDES pela panela de pressão do Instituto, que à época contava com uma estrutura precária. Ambientalista, é membro do conselho diretor da WWF Brasil e trabalha no tema mudanças climáticas desde 1992, tendo sido membro da missão diplomática brasileira em duas Conferências das Partes da ONU. Foi presidente do Instituto Pereira Passos da cidade do Rio de Janeiro e preside a Câmara Técnica de Desenvolvimento Sustentável e de Governança Metropolitana da cidade. É professor de economia brasileira na PUC-Rio, comentarista de sustentabilidade na GloboNews e da cidade na rádio CBN.

Sérgio Mindlin	Engenheiro de formação pela USP, mestre em Psicologia Social pela Universidade Cornell e doutor em Administração pela instituição paulista, é presidente do Conselho Deliberativo e sócio-fundador do Instituto Ethos, sócio-diretor da consultoria Ação Responsável, membro-fundador do Conselho Akatu e da Fundação Jari; membro da Comissão de Sustentabilidade e do Colegiado de Conduta do IBGC, presidente da Fundação Telefônica, conselheiro de Administração e presidente da Metal Leve; membro do Conselho do Gife, presidente do Conselho e presidente da Fundação Abrinq; fundador e coordenador do Pensamento Nacional das Bases Empresariais (PNBE).
Sérgio Valente	Valente construiu uma sólida carreira na área de comunicação, nos cenários nacional e internacional. Com formação em Engenharia Civil e Administração de Empresas, e pós-graduação na Universidade de Harvard, acumula mais de 25 anos de experiência profissional. No mercado publicitário, trabalhou em agências de destaque, se tornando importante executivo do Grupo ABC, assumindo a presidência da DM9 em janeiro de 2005, cargo que ocupou até o início de 2013. Deixou a direção de Comunicação do Grupo Globo em novembro de 2020.
Sergio Renault	Advogado especializado em Direito Administrativo pela USP, atuou como assessor do Banco Mundial para o projeto de modernização do Poder Judiciário e do Ministério das Comunicações na elaboração do Projeto de Lei de Comunicação Eletrônica de Massas, e foi subchefe para Assuntos Jurídicos da Casa Civil da Presidência da República.

Fonte: Elaboração do autor.

Essa estrutura organizacional demonstra de forma inequívoca a comunhão de intelectuais orgânicos ligados às áreas de ciência, educação e comunicação em entidades privadas de todo tipo. De acordo com o estatuto da FRM, especialmente o Conselho Curador tem *a missão de zelar pelo bom desenvolvimento da Fundação*. Nesse Conselho é possível observar a articulação com intelectuais orgânicos ligados a outras fundações "sem fins lucrativos", bem como com outras entidades empresariais, como por exemplo bancos privados e até mesmo jornalistas de destaque no cenário nacional, escritores, arquitetos etc. Destacaremos o vínculo entre a atuação da FRM e seu conjunto de intelectuais orgânicos com uma entidade específica, o Grupo de Institutos, Fundações e Empresas (Gife).

O Gife é uma entidade centralizadora e organizativa criada nos anos 1990, no contexto de neoliberalização da economia brasileira, responsável por agrupar institutos e fundações interessados na atuação política, ideológica e partidária em favor dos seus interesses de classe (entre essas instituições – é claro – está a FRM).[18] A atuação empresarial nesse sentido tem como fundamento a retórica da Terceira Via, da ineficiência de um Estado grande demais para equacionar as questões sociais e, portanto, caberia ao altruísmo do setor privado atuar para sanar as questões mais urgentes do país, principalmente nas áreas de educação e cultura – áreas de interesse de Roberto Marinho desde o início da sua "fundação sem fins lucrativos", como vimos anteriormente. Segundo o Gife em seu endereço oficial:

> A sociedade deve estar no centro do *investimento social privado*. Seu papel e potencial transformador ganham forma na sua capacidade de reconhecer e assimilar as demandas e necessidades da sociedade. Para isso, o investimento social possui instrumentos poderosos ligados à mobilização dos recursos da sociedade e do capital privado, à capacidade de assumir riscos e promover inovação e ao papel da sociedade no fortalecimento das políticas públicas e no exercício do controle social sobre o Estado.[19]

[18] Disponível em: https://gife.org.br/wp/media/2015/07/GIFEC%C3%B3digo-de-%C3%89tica.pdf. Acesso em: 23 set. 2024.

[19] Disponível em: https://gife.org.br/investimento-social-privado/. Acesso em: 23 set. 2024, grifos meus.

Como observou o pesquisador André Martins em seu trabalho, o Gife é a instituição responsável pela mudança de comportamento político e empresarial na sociedade civil em meados dos anos 1990. Segundo Martins, o Gife – ao contrário da Fundação Abrinq[20] – não concentrou suas ações num único campo, expandindo-se para as mais diferentes temáticas e formas de atuação ideológica de cunho empresarial. Seu objetivo seria fornecer uma aparelhagem preparada para orientar, dirigir e apoiar as intervenções político-ideológicas do empresariado no âmbito social, onde as demandas dos mais precarizados pela desigualdade social seriam mais urgentes.[21] Dessa forma, o que se convencionou chamar de *investimento social privado* passa por uma ideologia mercadológica de eliminação da luta de classes como motor da história. Em outras palavras, esse tipo de ação acredita ser responsável pela eliminação das contradições estruturais para a construção de uma sociedade sem conflitos.

A construção do consenso em torno dessa ideia, sob pressupostos empresariais e mercadológicos próprios dos intelectuais orgânicos envolvidos, também aponta para um tipo particular de relação com o Estado e suas políticas públicas. As empresas que realizam o *investimento social privado* desejam assumir responsabilidades antes atribuídas ao Estado (como educação e cultura públicas) para contar com isenções fiscais e, principalmente, com recursos do fundo público para executar essas ações. Nas diversas áreas

---

20 Fundada em 1990 com foco em crianças e adolescentes.

21 Martins, André. *Burguesia e a nova sociabilidade: estratégias para educar o consenso no Brasil contemporâneo.* Tese de doutorado em Educação, Programa de Pós-Graduação em Educação, Universidade Federal Fluminense. Niterói, 2007.

de atuação em que a FRM está presente, observamos que os parceiros são oriundos dos quadros de grandes empresas privadas que giram em torno do Gife. Além dos associados, o Gife também realiza projetos em parceria direta com outras entidades dos setores dominantes da sociedade, tal como a própria TV Globo, Accenture, Banco JP Morgan, Banco Bradesco, BASF, BG Brasil, Carrefour, CCR, Cielo, FTD Educação, Mattos Filho, Microsoft, Intel, NET, Oi Futuro, Monsanto, ProUni-Unimed Cuiabá, Roche, Pepsico, Santander, SAP Brasil, Samarco, Tecnisa, Tim Brasil, Serasa Experian, União Marista do Brasil e United Way Brasil. Dessa forma, o Gife articula e organiza os objetivos de relevantes grupos econômicos atuantes em diferentes campos da sociedade civil.

Para a atividade de uma instituição como a FRM, a existência de uma entidade organizativa e centralizadora como o Gife é de fundamental importância para os objetivos em torno do *investimento social privado* por parte dos setores dominantes da sociedade. Como afirma Virgínia Fontes, "aparelhos privados de hegemonia não se definem, em Gramsci, unicamente pela vontade de transformação (ou de conservação), mas pelos laços orgânicos que os ligam às classes sociais fundamentais".[22] É importante mencionar a predominância da educação e da cultura como focos principais do *investimento social privado* e das relações dos intelectuais orgânicos mencionados. Sendo a educação o carro chefe de atuação da FRM, percebemos como esse aparelho privado de hegemonia do Grupo Globo está alinhado com

[22] Fontes, Virgínia. *O Brasil e o capital-imperialismo*. Rio de Janeiro: Ed.UFRJ/EPSJV, 2010, p. 282.

os principais objetivos dessa atuação e continua reunindo forças para abrir mais espaço para a sua causa. Além disso, percebemos que as áreas de trabalho e emprego aparecem com destaque entre as entidades participantes do Gife e são outra área importante de atuação da Fundação.

A questão da burocracia estatal é sempre apontada como impedidora dos "avanços sociais" que essas instituições visam realizar. Nesse quesito, o Grupo Globo é o principal aparelho privado de hegemonia responsável pela disseminação diária de uma lógica privatista e antiestatal, como sinônimo de progresso e inovação da gestão pública, por meio do seu poderoso arsenal comunicacional em todo território nacional.

O vínculo entre o Gife e a FRM é de importância crucial nessa análise, bem como das demais entidades que giram em torno do *investimento social privado*, para a compreensão da atuação burguesa em sua busca pelo consenso capitalista no Brasil contemporâneo, jogando luz sobre a atuação do Grupo Globo no âmbito da sociedade e sobre os desafios da classe trabalhadora frente ao horror econômico e social causado pelo sistema capitalista.

Considerações finais

O papel dos diversos aparelhos privados de hegemonia na construção de consenso em torno de práticas de "bem-estar" precisa, e deve, ser denunciado como aquilo que pavimenta o terreno para a expansão do capital, uma vez que o que se chama de "responsabilidade social-empresarial" e/ou "investimento social-privado" esconde, além da realidade, uma verdadeira corrida empresarial em torno de recursos públicos nas áreas de saúde, educação e lazer – enquanto a pobreza, a desigualdade e as crises do sistema capitalista se perpetuam como questões "naturais".

De acordo com Medeiros,[23] a necessidade de denunciar os pressupostos teóricos e práticos para os quais a atuação altruísta empresarial é sinônimo de redução da pobreza ou do combate imediato à desigualdade deve partir de uma crítica ontológica tal como compreendeu Marx (e não apenas empírica, como a maioria das análises funcionantes ao capital). A crítica dos pressupostos filosófico-teóricos e em particular da realidade que constrói a visão de mundo dos intelectuais orgânicos envolvidos é fundamental para apontar a objetividade do conhecimento, uma vez que o mundo é estruturado de alguma forma e é possível demonstrar, ontologicamente, como e por que tais proposições são falsas e, ao contrário do que apresentam, intensificam o horror econômico que dizem combater.

Todas as políticas empresariais para a redução da pobreza e da desigualdade no mundo assumem, em maior ou menor grau, a naturalização do sistema capitalista como a única formação social possível. A naturalização da ordem vigente produz, necessariamente, análises e práticas que não reconhecem questões estruturais como fundamento real dos problemas sociais. As questões determinantes passam a ser relacionadas com a falta de "capital humano", ou seja, o problema é do próprio indivíduo que não conquistou o conhecimento necessário para incluí-lo na sociedade e no mundo do trabalho. Daí nasce a retórica em torno da educação como prática meramente pragmática e formadora de trabalhadores aptos

[23] Medeiros, João Leonardo. *A economia diante do horror econômico: uma crítica ontológica dos surtos de altruísmo da ciência econômica*. Niterói: Eduff, 2013.

a se enquadrarem à ordem e não contestá-la. A negação do caráter histórico e estruturado da realidade é a base de premissas teóricas pós-modernas, em oposição à historicidade defendida pelo materialismo histórico (ou como chamou Gramsci, filosofia da práxis), que se apresentam como as mais avançadas na maioria dos estudos científicos das organizações internacionais, mas são, na verdade, uma operação ideológica de descrédito do sujeito como capaz de compreender a práxis e a perspectiva que almeja outra forma de sociedade. Negam as possibilidades da autonomia dos sujeitos e reduzem o destino humano ao aprisionamento, seja nas estruturas da linguagem, seja nas micro e macroestruturas da sociedade; ou seja, o pós-modernismo, assim, não está proferindo outra narrativa sobre a história, apenas negando que a história tem forma de história. Não por falta de realidade, mas por uma suposta hiper-realidade. Assim, a rejeição a uma crítica dialética e historicista que compreendesse a luta de classes e o papel da hegemonia de um grupo social sobre os demais descamba para uma rejeição total do sujeito como agente transformador da totalidade social, determinando a relação de complementaridade entre o discurso adotado pelos meios oficiais para justificar o neoliberalismo, orientado pela lógica do pensamento único e relativista,[24] e o pós-modernismo enquanto discurso utilizado para a legitimação do modelo neoliberal nos meios intelectuais.[25]

---

[24] Duayer, Mário. "Antirrealismo e absolutas crenças relativas". *Margem Esquerda*, n. 8. São Paulo, Boitempo, 2006.

[25] Carcanholo, Marcelo Dias; Baruco, Grasiela Cristina da Cunha. "A atual ideologia conservadora e o capitalismo contemporâneo: uma crítica à teoria pós-moderna neoliberal". *Encontro Nacional de Economia*, 36, 2008, Salvador. Anais eletrônicos. Salvador: Anpec, 2008. Disponível em: http://www.

Contudo, para fazer a crítica a uma vasta quantidade de argumentos conservadores, é necessário trazer a reflexão para o terreno ontológico e demonstrar suas limitações e suas contradições. A denúncia de determinados pressupostos teóricos e práticos da atuação empresarial – no que diz respeito ao combate da desigualdade e da pobreza – é a afirmação da luta de classes, das visões de mundo antagônicas e inconciliáveis presentes na sociedade capitalista. A observação de como a ideologia dominante se torna hegemônica – ou seja, força material – e a demonstração dos seus limites e equívocos é o que se entende aqui como crítica ontológica.

O arsenal teórico de Gramsci utilizado neste artigo é de fundamental importância para o direcionamento dessa análise. Seus conceitos têm guiado uma série de pesquisas a respeito da ocidentalização empresarial da sociedade civil brasileira nos últimos anos, isto é, o vínculo direto desses aparelhos privados de hegemonia com a redefinição do papel do Estado. Com Gramsci não perdemos de vista a intensa luta de classes presente na sociedade civil, seus desdobramentos e tensões e as possíveis tendências trazidas pelas contradições do momento presente. Isso porque a sociabilidade do capital vive de tensões na construção da própria hegemonia dominante, disputas intraclasses, vínculos e distensões que precisam ser observadas de perto.

Como foi demonstrado ao longo do artigo, não é possível separar a atuação da FRM dos objetivos de classe de seus proprietários diretos. O interesse em converter lutas populares em obediência à ordem (mercantil-filantrópica) é

anpec.org.br/encontro2008/artigos/200807091134410-.pdf. Acesso em: 23 set. 2024.

parte do processo de dominação burguesa presente no Brasil, e o Grupo Globo é parceiro imprescindível para o seu funcionamento, justamente pelo poderio midiático-corporativo construído, sobretudo no período da ditadura empresarial-militar. O compromisso em "educar" a sociedade para que a sua visão de mundo se torne uma realidade universalizada é parte do jogo que naturaliza a sociabilidade sob a ordem capitalista como a única possível. Ao mesmo tempo que criticam o Estado (e a sua burocracia) diariamente em editoriais de veículos pertencentes ao Grupo Globo, nos quais pedem o fim de direitos sociais e mais austeridade fiscal e econômica, atuam por meio da Fundação de mãos dadas com o Estado, disseminando a sua visão de mundo com dinheiro público. Os proprietários do Grupo Globo, componentes de uma burguesia multinacional e associada, ainda que de forma rebaixada, pelas leis do capital-imperialismo internacional, têm como objetivo natural de classe impedir que as contradições em torno da sociabilidade do capital sejam expostas de forma a criar grandes mobilizações sociais de trabalhadores, e têm aversão ao povo ou a tudo que tenha "cheiro de povo".

A questão da transformação ou da reprodução da ordem se coloca como fundamental para analisar a atuação de um aparelho privado de hegemonia que organiza e constrói soluções particulares para problemas universais e apresenta a sua visão de mundo como a única possível no atual contexto histórico. A demonstração dos intelectuais orgânicos envolvidos na construção da atuação desse aparelho, bem como sua função política de atuação partidária e direcionadora, é importante na medida em que nos ajuda a compreender a articulação em torno de determinada ideologia e como essa ideologia em prática se transforma em hegemonia da classe dominante sob o conjunto da sociedade, interferindo nas lutas sociais, direcionando objetivos e ocultando contradições estruturais. A ampliação, cada vez maior, do Estado em vínculo direto com uma centena de aparelhos privados de hegemonia que visam a universalização da sua visão de mundo empresarial como a visão de mundo de toda a sociedade é profundamente preocupante atualmente. Se, por um lado, o Grupo Globo usa seu poderio midiático corporativo para impor uma agenda econômica que é de interesse dos seus proprietários, por outro, pratica uma verdadeira "pedagogia da hegemonia"[26] com a sua Fundação cada vez mais enraizada em projetos de educação e cultura Brasil afora.

Nosso interesse aqui foi demonstrar a contradição e a problemática dessa atuação, elucidar como essa atividade é parte da forma da luta de classes no Brasil contemporâneo e como a mercantil-filantropia é na verdade um processo de educação do consenso popular em torno de um projeto de classe que estrangula os trabalhadores em estreita sintonia. As ações em torno da austeridade e dos cortes de gastos públicos defendidos diariamente pela família Marinho em seu império comunicativo são exigências dos organismos supranacionais. Esses organismos internacionais – como o FMI, o Banco Mundial e o Banco Internacional de Reconstrução e Desenvolvimento (Bird) – disseminam a ideologia neoliberal e pró-mercado que orientam reformas no caráter dos Estados de países dependentes como o Brasil para facilitar a atividade empresarial como sinônimo de "modernização' e "avanço"

[26] Neves, Lúcia Maria Wanderley (org.) *A nova pedagogia da hegemonia: estratégias do capital para educar o consenso.* São Paulo: Xamã, 2005.

social. Em outras palavras, os problemas relacionados à educação e à cultura nesses países deveriam contar com a "boa ação" de uma iniciativa privada interessada em performar uma "responsabilidade social empresarial", principalmente num processo ideológico de "fim da luta de classes" e dos interesses antagônicos na sociedade capitalista.

Nesse sentido, desde o início deste artigo deixamos claro que a crítica pretendida aqui não é uma crítica moral: não se trata da análise da atuação individual de cada sujeito envolvido nos referenciados projetos. Nossa crítica tem a perspectiva calcada no materialismo histórico, ou seja, em uma análise que considera irreparável a contradição presente entre capital *versus* trabalho sob a lógica mercadológica, que acredita na verdade e que demonstra que é possível uma consideração firme a respeito da orientação ideológica que determina a ação de certo aparelho privado de hegemonia e sua prática social formadora de vontades coletivas.

Capítulo 3

A assim chamada "Reforma do Estado": gestão burguesa e o controle sobre o "público"

Anderson Tavares[1]

Nos anos 1990, o Estado brasileiro passou por um profundo processo de reestruturação interpretado por muitos autores como uma contrarreforma.[2] Ou seja, considera-se que as medidas tinham como objetivo principal descaracterizar conquistas populares inseridas na Constituição de 1988. Sabemos que o processo de transição para o regime democrático-parlamentar, lento e tutelado pelas Forças Armadas nas tensas composições da "Nova República",[3]

---

1 Graduado em História pela Universidade Federal do Rio de Janeiro (UFRJ), mestre e doutor em História pelo Programa de Pós-Graduação em História da UFF. Atua como professor do ensino básico na Rede Estadual de Educação do Rio de Janeiro e na Rede Municipal de Educação de Angra dos Reis. Contato: tavares.sg@gmail.com.

2 Behring, Elaine Rosseti. *Brasil em contra-reforma: desestruturação do Estado e perda de direitos.* São Paulo: Cortez, 2008; Coutinho, Carlos Nelson. "A época neoliberal: revolução passiva ou contra-reforma?" *Revista Novos Rumos*, 49(1), 2012. Disponível em: https://doi.org/10.36311/0102-5864.2012.v49n1.2383. Acesso em: 13 ago. 2024.

3 O termo "Nova República" tem sido utilizado na historiografia com dois sentidos entrecruzados: o primeiro se refere ao governo de transição da cha-

foi marcado pela permanência de parte significativa do arcabouço jurídico e das instituições do período ditatorial.

Nesse cenário, as mudanças no papel do Estado ocorreram em conjunto com a reestruturação produtiva, destinada a adequar a inserção subordinada do Brasil sob o *capital-imperialismo*. Novas formas organizacionais a partir dos países capitalistas centrais foram incorporadas às grandes empresas, que podem ser resumidas pelo predomínio de ideias e práticas gerenciais (*management*) na organização do trabalho. A transposição das práticas gerenciais para as organizações estatais é um dos temas deste artigo. Mais especificamente, como as relações entre Estado e burguesia, a partir de seus objetivos políticos e econômicos, condicionaram as transformações do Estado e sua institucionalidade.[4]

Este artigo se divide em três seções. A primeira é destinada a apresentar o processo de reestruturação produtiva nos anos 1990 a partir dos programas governamentais de apoio às empresas privadas. Já na segunda seção, debatemos a trajetória do Grupo Gerdau e de seu principal dirigente no período estudado, Jorge Gerdau Johannpeter. Por fim, apresentamos o Movimento Brasil Competitivo (MBC) a

pa Tancredo Neves e José Sarney, que governou o Brasil entre 1985-1990. Esta visão é mais comum em trabalhos temporalmente próximos àqueles acontecimentos. Recentemente, o termo tem sido usado para se referir ao período histórico aberto com o fim dos governos militares, se iniciando em 1985 e continuando até atualmente. Um exemplo deste segundo uso aparece em Castro, Celso; D'araujo, Maria Celina (org.) *Militares e política na Nova República*. Rio de Janeiro: Ed. Fundação Getúlio Vargas, 2001. Um importante debate, ainda em curso, é o possível esgotamento desse período com o golpe parlamentar que depôs Dilma Rousseff, em 2016, e os processos que conduziram à eleição de Jair Bolsonaro para a presidência, em 2018.

4 Vale lembrar que a institucionalidade estatal é o resultado das lutas de classes e entre frações de classes, como demonstrou Nicos Poulantzas. Ver: Poulantzas, Nicos. *O Estado, o poder, o socialismo*. Rio de Janeiro: Graal, 1981.

partir de sua trajetória, atuação político-ideológica, articulação internacional, financiamento e programas promovidos.

Poderemos, assim, observar a articulação da ação política e ideológica da grande burguesia brasileira – por meio da inserção de empresas de consultorias, multinacionais e nacionais detentoras do conhecimento gerencial – no aparelho de Estado.

Histórico dos programas de qualidade nos anos 1990

No início dos anos 1990, a abertura econômica forçada pelo choque neoliberal significou, entre outras coisas, uma redução drástica das tarifas de importação, expondo as indústrias locais a uma concorrência até então nunca vista.

> As alíquotas do imposto de importação, reduzidas, durante a administração de Collor de Melo, de 32,20%, em 1990, para 21,20%, em 1992, caíram para 17,10%, em 1993, e 14,2%, em 1994, tendo o Brasil adotado, junto à Argentina, Uruguai e Paraguai, a Tarifa Externa Comum (TEC), da ordem de 12,3%, ao constituir-se, em 1° de janeiro de 1995, o Mercosul, conforme determinado pelo Tratado de Assunção.[5]

Nesse contexto de maior concorrência interna, o parque industrial passou por transformações importantes, dentre os quais destacam-se os processos de privatização e a reestruturação produtiva. Realizou-se uma ampla privatização de empresas estatais que atingiu gigantes dos setores de siderurgia, petroquímica, mineração, energia e telecomunicações.[6]

---

5 Bandeira, Moniz. *As relações perigosas: Brasil-Estados Unidos (de Collor a Lula, 1990-2004)*. Rio de Janeiro: Civilização Brasileira, 2015, p. 80.

6 Almeida, Mônica Piccolo. *Reformas neoliberais no Brasil: a privatização nos governos Fernando Collor e Fernando Henrique Cardoso*. Tese (Doutorado em História), Programa de Pós-graduação em História, Universidade Federal Fluminense. Niterói, 2010, p. 272.

Os programas de qualidade e produtividade foram criados nesse contexto, com o objetivo de atualizar as práticas de produção e organização do trabalho no setor industrial. Um dos eixos trabalhados foi a economia de recursos e, nesse sentido, estabeleceu-se um discurso centrado na defesa da eficiência e competitividade.

> Uma das razões que explicam a propagação dos conceitos da qualidade é a conotação ampla a ela atribuída, à qual se aliam elementos de ambiguidade e imprecisão chegando a permitir sua identificação como uma conformidade do Bem superior, sinônimo do bom e expressão do interesse coletivo, acima dos conflitos do mundo real.[7]

Os conceitos de "qualidade" e "eficiência" presentes nos programas de padronização produtiva compõem uma *ideologia* que opera de modo a universalizar um conjunto de transformações, tanto no mundo da produção quanto nas agências estatais, de modo a serem vistas como necessárias ao conjunto da sociedade. Tais transformações dizem respeito à maneira de produzir e organizar o trabalho e a produção. Enquanto ser mais eficiente na produção capitalista significa aumentar o mais-valor extraído ao final do ciclo do capital, no setor estatal não produtivo significa reservar parcela cada vez maior do valor coletado na forma de impostos e taxas para as obrigações financeiras do Estado ou para a dívida pública.

Dessa forma, importantes setores da grande indústria brasileira, contando com o apoio de projetos mantidos pelo

---

7 Vital, José Eduardo Santos. *Levantamento histórico da temática da qualidade: um registro de estudos e propostas dirigidas às organizações empresariais e à administração pública.* Novembro de 2005, p. 7. Disponível em: www.fundaj.gov.br/images/stories/observanordeste/vital1.pdf. Acesso em 16 fev. 2018.

Estado, se articularam para promover a reestruturação focada em processos de "controle de qualidade" e de "gestão", com a justificativa de que tal movimento resultaria em aumento de produtividade, eficiência e melhora das condições de acumulação da indústria e de concorrência junto ao mercado internacional.

O Programa Brasileiro da Qualidade e Produtividade (PBQP) foi criado pelo governo de Fernando Collor em 1990 e manteve continuidade até 2001. O PBQP se vinculou à Política Industrial e de Comércio Exterior (Pice) daquele governo, que se pautava por dois eixos: o próprio PBQP e o Programa de Competitividade Industrial (PCI).

O PCI se caracterizou pela criação de medidas para proporcionar a reestruturação de setores selecionados da indústria brasileira. Assim, tinha como "objetivo o aumento da eficiência na produção e comercialização de bens e serviços, mediante a modernização e a reestruturação da indústria". O elemento ideológico de "bem universal que busca atender a todos" vinha contemplado na sequência, ao afirmar que o programa contribuía "para a melhoria da qualidade de vida da população brasileira".[8]

Dessa forma, estavam colocados os objetivos de aumento da produtividade e adequação a padrões internacionais de "qualidade", leia-se a adoção de determinados padrões produtivos e organizativos. Assim, o PCI tinha como finalidades o desenvolvimento de setores de tecnologia de ponta e a reestruturação de indústrias e serviços.

> Os setores geradores do progresso tecnológico merecerão uma atenção especial, uma vez que contribuem para a

[8] Brasil. Portaria MEFP n. 365, de 26 de junho de 1990.

> modernização e o desenvolvimento da economia como um todo. Assim, os subprogramas identificarão seletivamente mercados, produtos e serviços capazes de potencializar os efeitos das novas tecnologias. Da mesma maneira, serão utilizados todos os instrumentos da Política Industrial e de Comércio Exterior, visando atingir o objetivo central de dispor de capacitação tecnológica nacional suficiente para produzir bens e serviços em padrões competitivos internacionalmente. Os demais complexos industriais serão analisados e os subprogramas serão desencadeados naqueles setores potencialmente competitivos.[9]

Os setores priorizados seriam aqueles com potencial de inserir o Brasil em melhores condições de competição no mercado internacional. A política industrial buscava articular o apoio financeiro ao processo de reestruturação, vinculando as empresas à implementação de padrões de gestão definidos no âmbito do PBQP. Como se observa na portaria do Ministério da Economia:

> Particularmente, no que se refere a máquinas e equipamentos, torna-se necessário:
>
> a) a revisão dos procedimentos operacionais adotados pela Finame, com a modificação dos critérios para cadastramento de produtos e fornecedores. Será requerida a implementação de modernos métodos de gestão de acordo com as orientações do Programa Brasileiro da Qualidade e Produtividade.

O modelo que marcou a primeira fase do programa associava o financiamento de agências públicas, como o BNDES, à implementação da reestruturação gerencial definida no PBQP. Este programa tinha como base uma estreita relação entre os setores público e privado, pois era mantido e conduzido pelo governo, mas voltado aos inte-

9 *Ibid.*

resses e necessidades do setor privado. Apesar de diversas transformações em sua estrutura de funcionamento, a partir de 1993 o PBQP passou a contar com espaços de inclusão de entidades vinculadas aos movimentos de trabalhadores, consumidores e outras associações não ligadas ao governo ou aos grupos empresariais. O programa buscava reproduzir a experiência das Câmaras Setoriais da Indústria Automobilística de representação tripartite (governo, empresários e trabalhadores) que gestou as negociações para a reestruturação produtiva do setor, em 1991.[10]

O PBQP proporcionou o contato entre professores universitários com experiência no modelo de qualidade total e empresários do setor industrial. Dorothea Fonseca Furquim Werneck,[11] secretária-executiva do PBQP, apresentou os engenheiros aos donos das maiores empresas brasileiras. "O terceiro cartão que Dorothea entregou a Marcel [Telles][12] foi

10 Ver Arbix, Glauco. *Uma aposta no futuro*. São Paulo: Scritta, 1995.

11 Economista (UFMG) com mestrado pela Fundação Getulio Vargas (FGV) e doutorado no Boston College (EUA). Foi técnica do Ipea e professora da FGV e da UFRJ. Foi secretária de Empregos e Salários no Ministério do Trabalho (1985-1988), passando à Secretária de Planejamento Econômico e Social, do Ministério do Planejamento (1988). Assumiu o Ministério do Trabalho em 1989. Foi secretária nacional de Economia no Ministério da Economia do governo Collor, passando à secretaria executiva do PBQP. Foi secretária executiva do Ministério da Fazenda (1992). Fundou a Consultoria Trevisan Auditores e Consultores (1992-1994). No governo FHC, foi ministra da Indústria e Comércio (1995-1996) e presidente da Apex (1999). Passou ainda pela presidência do Excel Banco de Investimentos (1997). Ver: Abreu *et al.* (coords.) *Dicionário histórico-biográfico brasileiro – Pós-1930*. Rio de Janeiro: CPDOC, 2010. Disponível em: www.fgv.br/cpdoc/acervo/dicionarios/verbete-biografico/dorotea-fonseca-furquim-werneck. Acesso em: 1 set. 2020.

12 Sócio fundador da 3G Capital, "empresa de investimento global", com propriedades nas indústrias de bebidas e alimentos, tais como Inbev, Lojas Americanas, entre outras. Ao lado de Jorge Paulo Lemann e Carlos Sicupira, adquiriram a cervejaria Brahma, em 1989. Ver: www.3g-capital.

o de um professor da Fundação Christiano Ottoni (FCO),[13] vinculada à Escola de Engenharia da Universidade Federal de Minas Gerais (UFMG), que já trabalhava com grandes empresas, como Gerdau e Usiminas".[14] Tratava-se de Vicente Falconi,[15] tido como o "professor de Engenharia que revolucionou o modelo de gestão no Brasil".[16]

Ainda em 1991, como parte do PBQP, foi criado o Prêmio Nacional de Qualidade (PNQ) organizado pela Fundação Nacional da Qualidade (FNQ).[17] A FNQ se instituiu como organização sem fins lucrativos e com sede em São Paulo. Criada para organizar o PNQ, atualmente suas finalidades foram ampliadas e visam "disseminar os fundamentos da gestão para excelência e para aumento da competitividade das organizações e do Brasil" e "promover a conscientização da gestão para a excelência".[18]

---

com/about.html; www.infomoney.com.br/perfil/marcel-herrmann-telles/. Acesso em 01 set. 2020.

13 Fundada em 1974 por professores da Escola de Engenharia da UFMG.

14 Correa, Cristiane. *Vicente Falconi.* Rio de Janeiro: Primeira Pessoa, 2017, p. 20.

15 "Vicente Falconi nasceu em 1940 e graduou-se em Engenharia pela UFMG em 1963 e M.Sc. e Ph.D. em Engenharia pela Colorado School of Mines, EUA, em 1968 e 1971. Foi professor de Engenharia na UFMG de 1964 a 1992, tendo sido agraciado por aquela universidade com o título de Professor Emérito. Trabalhou durante muitos anos com os japoneses da Union of Japanese Scientists and Engineers (Juse) em empresas brasileiras e é sócio-fundador e presidente do Conselho de Administração da Falconi Consultores de Resultado. Foi membro da Câmara de Gestão e do Comitê Gestor da Crise de Energia em 2001". Participa do Conselho de empresas como AmBev, Sadia e Eletrobras. Disponível em: www.falconi.com/flcn_author/vicente-falconi-campos/. Acesso em: 20 fev. 2018.

16 Correa, Cristiane, *op. cit.*

17 Na época, a entidade foi criada com o nome de Fundação para o Prêmio Nacional da Qualidade, modificado posteriormente.

18 Fundação Nacional da Qualidade. *Estatuto.* 2016. Disponível em: www.fnq.org.br/2016_Estatuto_da_FNQ.pdf. Acesso em: 26 nov. 2017.

O PNQ seguiu o modelo estadunidense do Prêmio Malcolm Baldrige,[19] instituído pela *American Society for Quality* (ASQ)[20] em 1987, durante o governo de Ronald Reagan. O histórico da ASQ remonta ao pós-Segunda Guerra Mundial e à criação dos primeiros programas de controle de qualidade nos EUA e no Japão. Vale destacar que o Controle de Qualidade Total (CQT) foi sistematizado por Armand Feigenbaum. Já Edward Deming e Joseph M. Juran auxiliaram a criação do modelo japonês durante a reconstrução da indústria do país.

Portanto, o Prêmio da Qualidade brasileiro significou a adoção de um modelo influenciado pela formulação estadunidense e voltado para estimular as indústrias a se adequarem a certos padrões produtivos. O Japão tinha criado o seu Prêmio Deming ainda em 1951. Porém, a referência direta do prêmio no Brasil, pela proximidade temporal e política, esteve vinculada à experiência dos EUA.

A partir de 1995, no primeiro governo de Fernando Henrique Cardoso, o PBQP influenciou diretamente a re-

19 "Entre as empresas que receberam o prêmio estão a Armstrong World Industries, a Motorola, a Eastman Chemical, a Xerox, a Federal Express, a Texas Instrument, a Westinghouse, a General Motors e a IBM". Disponível em: http://www5.fgv.br/ctae/publicacoes/Ning/Publicacoes/00Artigos/JogoDeEmpresas/Karoshi/glossario/PREMIO_BA.html. Acesso em: 1 nov. 2017.

20 "[Nos EUA] foi fundada em 1946 a American Society for Quality Control (ASQC), atualmente American Society for Quality (ASQ), com a participação de importantes nomes da área de qualidade, como Joseph M. Juran, que é membro fundador". Carvalho, Marly Monteiro. "Histórico de Gestão da Qualidade." *In:* Carvalho, Marly Monteiro; Paladini, Edson Pacheco (coord.) *Gestão da Qualidade*. Rio de Janeiro: Elsevier, 2012, p. 4. "Criada há quase 70 anos, com sede em Milwaukee, EUA e operações em todo o mundo [...]. Desde 1991, a ASQ é o único administrador do Prêmio Nacional da Qualidade Malcolm Baldrige". Disponível em: http://asqlatam.org/br/qsomos.html. Acesso em: 1 fev. 2018.

forma administrativa que advogava o gerencialismo como modelo de gestão também nos órgãos públicos. O Ministério da Administração Federal e Reforma do Estado (Mare), conduzido pelo economista Luiz Carlos Bresser-Pereira, foi responsável por um amplo processo de reestruturação dos órgãos públicos e pela introdução de novos mecanismos de controle e gestão de serviços públicos.

Também chamada de contrarreforma, a proposta elaborada pelo Mare modificou, por exemplo, a estrutura de Estado, introduzindo a figura da gestão privada de serviços públicos por meio das Organizações Sociais. Ainda durante a vigência do Mare, em 1997, foi criado o Programa da Qualidade e Participação na Administração Pública (PQPAP)[21] como um desdobramento do PBQP.

> Nesse Plano, o Programa da Qualidade e Participação na Administração Pública cumpre a função de principal instrumento para a mudança de uma cultura burocrática para uma cultura gerencial, responsável por promover a revolução nos valores estabelecidos no plano político e filosófico, necessários à implementação de um novo modelo de Estado.[22]

Em março de 1998, foi lançado o Prêmio da Qualidade do Governo Federal (PQGF) como parte do PQPAP. Ao adaptar os conceitos de qualidade e produtividade para o setor público, foi introduzida a noção de "cidadania" associada à de "qualidade".[23] De modo que a "qualidade" do serviço público

---

21 Vital, José Eduardo Santos. *Levantamento histórico da temática da qualidade: um registro de estudos e propostas dirigidas às organizações empresariais e à administração pública. Novembro de 2005, p. 14. Disponível em: www.fundaj.gov.br/images/stories/observanordeste/vital1.pdf. Acesso em 16 fev. 2018.*

22 Brasil. Ministério da Administração Federal e Reforma do Estado. *Programa da qualidade e participação na administração pública*. Brasília: Mare, 1997, p. 12.

23 Algarte e Quintanilha *apud* Vital, José Eduardo Santos. *Op. cit.*, p. 14.

seria uma forma de garantir o acesso à cidadania, esta vista apenas como o consumo de serviços em oposição ao acesso a direitos. "Entre as Metas Mobilizadoras Nacionais, lançadas em 28 de maio de 1998, encontrava-se uma tentativa de obscurecer as nítidas diferenças entre consumidor e cidadão, ao adotar-se a noção eclética de consumidor cidadão".[24]

Como apontou o jornalista Luis Nassif, em coluna sobre os dez anos do Movimento Brasil Competitivo (MBC),[25] além dele próprio integraram a equipe de jurados do PQGF Jorge Gerdau Johannpeter,[26] Antônio Maciel[27] e Elcio Anibal de Lucca,[28] autênticos representantes da grande burguesia

---

24 *Ibid.*, p. 15.

25 Nassif, Luís. "Os dez anos do Movimento Brasil Competitivo". *Jornal GGN*. Edição de 10 de dezembro de 2011. Disponível em: https://jornalggn.com.br/blog/luisnassif/os-dez-anos-do-movimento-brasil-competitivo. Acesso em: 28 mar. 2018.

26 A trajetória de Jorge Gerdau, que se confunde com a expansão do Grupo Gerdau e as articulações estabelecidas em pouco tempo pelo MBC, será detalhada na segunda seção deste capítulo.

27 Atuou como executivo em empresas multinacionais como Ford, Papel e Celulose Suzano, Hyundai, Grupo Itamaraty e Petrobras. Fonte: http://antoniomacielneto.com.br/. Acesso em: 27 mar. 2018.

28 Elcio Anibal de Lucca é administrador formado pela FGV-SP. Foi presidente da Serasa (1991-2007). Presidente do Conselho de Notáveis e-Learning & Performance Brasil; vice-presidente do Conselho de Autorregulação da Febraban; conselheiro do Instituto Akatu, Instituto Ayrton Senna, Ciee, ADVB, FNQ, entre outras. Membro da Academia Brasileira de Marketing e Academia Brasileira da Qualidade. Presidente de várias entidades, tais como: ABPMF, Fórum Empresarial, Alacred – Associação Latino-Americana de Credit Bureau. Vice-presidente em vários conselhos, tais como: Eaesp – FGV, Associação Latino-Americana de Mercado Bancário, Conselho de Administração da Serasa/Serasa Experian. Conselheiro de entidades, tais como: Anatel, Febraban, Inemp, Comitês: Brasil-Itália, Brasil-Peru, ADVP, Prêmio da Qualidade do Governo Federal, Comitê Nacional da Qualidade e Produtividade Casa Civil Gov. Federal, Ex-alunos FGV, Depto. Contabilidade/Finanças FGV, Instituto Ethos, Bem Eficiente, Fome Zero, ACM, Viva o Centro, GPAC, entre outros. Conselheiro editorial das revistas: *Banco Hoje*, *Tecnologia de Crédito*, *Card News*, *Think Tank* e

brasileira, sendo o primeiro e o último dirigentes do MBC, como veremos à frente.

Entre 2000 e 2001, ainda foram criadas outras iniciativas visando a "qualidade" do serviço público, tais como: o Programa de Qualidade no Serviço Público (PQSP), o Fórum da Qualidade no Serviço Público e o Sistema Nacional de Avaliação da Satisfação do Usuário dos Serviços Públicos (Snaups). Esses programas estavam no escopo do PBQP, que foi encerrado com o mandato de FHC.[29]

Em 2001, foi fundado o MBC no Rio de Janeiro. Segundo Luis Nassif, a criação do Movimento teria surgido de uma iniciativa de Jorge Gerdau Johannpeter quando Bresser-Pereira estava saindo do comando do Mare. O industrial também contribuiu para a criação do Programa Gaúcho de Qualidade e Produtividade[30] (PGQP), fundado em 15 de outubro de 1992 – congênere regional do PBQP e do PNQ, sendo parte da Rede Nacional da Gestão.

Razão Contábil. Fonte: www.abramark.com.br/web-portfolio/elcio-anibal-de-lucca/. Acesso em: 5 jul. 2019.

29 Vital, José Eduardo Santos. Levantamento histórico da temática da qualidade: um registro de estudos e propostas dirigidas às organizações empresariais e à administração pública. Novembro de 2005, p. 14. Disponível em: www.fundaj.gov.br/images/stories/observanordeste/vital1.pdf. Acesso em: 16 fev. 2018.

30 A entidade é responsável pelo maior evento do mundo na área da Qualidade, o Congresso Internacional da Gestão, no qual ocorre também a cerimônia de entrega do Prêmio Qualidade RS, que já concedeu aproximadamente 1,3 mil reais em reconhecimentos. O Prêmio Inovação RS segue o mesmo caminho, porém reconhecendo as empresas e entidades que estão se destacando com novas ideias e projetos. Em 2017, o PGQP lançou o mérito denominado Exemplaridade na Aplicação dos Fundamentos da Excelência em Gestão, baseado no novo Modelo de Excelência da Gestão – MEG, criado pela FNQ, com o objetivo de condecorar as organizações que demonstram ser referência na aplicação dos Fundamentos da Excelência em Gestão. Disponível em: www.qualidade-rs.org.br/site/institucional/historico/. Acesso em: 1 fev. 2018.

A partir da experiência regional do programa gaúcho de qualidade e da participação nos espaços do PBQP, Gerdau expandiu as ações em torno do tema da qualidade por meio de uma nova entidade empresarial, o MBC. O primeiro Relatório de Atividades divulgado pelo Movimento, em 2006, afirma que:

> O Movimento Brasil Competitivo (MBC) é resultado de uma proposta de aprimoramento do Movimento Brasileiro da Qualidade e Produtividade. *Representantes do setor público e privado construíram um plano de criação de uma nova instituição cuja principal função é promover o revigoramento do Movimento Brasileiro pela Qualidade e Produtividade.*[31]

Vale destacar que, diferentemente do formato anterior, conduzido pelo governo federal e contando com a participação do setor privado, o MBC se constituiu como Organização da Sociedade Civil de Interesse Público (Oscip) um ano depois, instituição privada, mas de "interesse público".

Antes de nos debruçarmos sobre tal entidade, dedicamos uma seção deste artigo ao seu principal dirigente, Jorge Gerdau.

O Grupo Gerdau: internacionalização, gerência e ação política.

Jorge Gerdau Johannpeter nasceu em 1936, no Rio de Janeiro, sendo parte da quarta geração da família Gerdau, de imigração alemã, que se instalou no Rio Grande do Sul ainda no século XIX. Cresceu no período em que a família Gerdau-Johannpeter ingressou no ramo siderúrgico e acompanhou a expansão da produção de aço no Brasil.

[31] Movimento Brasil Competitivo. *Relatório Anual de Atividades*, 2006, p. 7, grifos nossos.

> A inserção da quarta geração nos negócios familiares possuía um padrão johannpeteriano de profissionalização dos herdeiros: inclusão precoce, aos cerca de 14 anos, no mundo do trabalho, dentro ou fora dos negócios da família, para aquisição de conhecimento real do processo produtivo [...]. Na ausência de oferta de gerentes e administradores no mercado de trabalho, a família se encarregava do provimento de capital humano, como no início da Revolução Industrial.[32]

A consolidação da presença dos Gerdau-Johannpeter no setor siderúrgico na região Sul do país ocorreu nas décadas de 1950 e 1960, chegando ao Sudeste nos anos 1970. No final desse período, já proprietários de cinco siderúrgicas, a família começou a traçar voos internacionais, em rotas de financiamento da sua expansão e na aquisição de conhecimentos sobre reestruturação produtiva e obtenção de parâmetros de qualidade.

> Ao buscar a melhoria da produtividade e aumento da linha de produtos, acertou parcerias para a transferência de tecnologia com siderúrgicas japonesas. O resultado foi o estabelecimento de um processo paulatino de criação de parâmetros de qualidade que desembocariam futuramente no Gerdau Business System (GBS), sistema de controle das unidades fabris por meio do estabelecimento de parâmetros de gestão.[33]

Graduado em Ciências Jurídicas e Sociais pela Universidade Federal do Rio Grande do Sul, Jorge Gerdau Johannpeter assumiu a presidência do Grupo Gerdau em 1983. Porém, já atuava nas indústrias do conglomerado antes de chegar neste cargo. Na segunda metade dos anos

[32] Melo, José Lannes. "Os Gerdau-Johannpeter: a via industrial pesada gaúcha". *In*: Campos, Pedro Henrique Pereira; Brandão, Rafael Vaz da Motta (org.) *Os donos do capital*. Rio de Janeiro: Autografia, 2017, p. 158-159.

[33] *Ibid*., p. 161.

1970, foi ainda dirigente do setor siderúrgico do Instituto Brasileiro de Siderurgia (IBS), presidindo o Conselho Diretor da entidade entre 1979-1980. No interior do IBS foi formulado o projeto de privatização do setor siderúrgico estatal,[34] período que findaria sendo decisivo para a reorientação geral da política econômica para o setor com o início das privatizações, ainda na primeira metade da década de 1980.[35]

Jorge Gerdau ficou 24 anos na presidência do Grupo, até 2007, quando começou um processo de sucessão na diretoria. Esse período correspondeu à forte expansão do Grupo, dentro e fora do Brasil,[36] assim como a continuidade de sua atuação política e organizativa em diferentes entidades empresariais da sociedade civil.

No início dos anos 1980, também teve início a atuação internacional do Grupo Gerdau com a aquisição da primeira fábrica fora do Brasil, a Siderúrgica Laisa S.A., no Uruguai. No entanto, a expansão internacional em maior escala ocorreu apenas a partir de 1989 e ao longo dos anos 1990, quando o Grupo adquiriu unidades produtivas no Chile, Canadá, Argentina e EUA.

---

34 Moreira, João Paulo de Oliveira. *A construção do consenso privatista: o Instituto Brasileiro de Siderurgia (IBS) e os seus agentes (1976-1990)*. Dissertação (Mestrado em História). Programa de Pós-Graduação em História Social, Universidade Federal Fluminense. Niterói, 2014.

35 Quadro de Presidentes do Conselho Diretor disponível em vídeo institucional do Instituto Aço Brasil. Instituto Aço Brasil. *Dirigentes Aço Brasil*. Disponível em: www.youtube.com/watch?time_continue=145&v=YkFcqJHrW9I. Acesso em: 1 set. 2019.

36 Grzybovski, Denize; Hoffmann, Patrícia Zanella; Muhl, Ediane Eschner. "Estratégia e sucessão na gestão de empresas familiares: um estudo do caso Gerdau". *V Encontro de Estudos Organizacionais da ANPAD*. Belo Horizonte-MG: 18-20 jun. 2008, p. 7. Disponível em: www.anpad.org.br/admin/pdf/EnEO11.pdf. Acesso em: 7 jul. 2019.

Além da atuação corporativa, Jorge Gerdau disputou ativamente os rumos da Constituinte de 1988 por meio de grupos empresariais como a Câmara de Estudos e Debates Econômicos e Sociais (Cedes), a União Brasileira de Empresários (UB) e o Movimento Cívico de Recuperação Nacional (MCRN).[37] Destaca-se também sua atuação em entidades de estudo e formação política e ideológica como o Instituto Liberal (IL), o Instituto Liberdade (antigo Instituto Liberal do Rio Grande do Sul) e o Instituto de Estudos Empresariais (IEE).[38]

Nos anos 1990, quando as privatizações das estatais chegaram a mais setores, o Grupo Gerdau participou da aquisição de companhias importantes e ampliou a magnitude do seu capital no país. Ainda em 1989, adquiriu a Usina Siderúrgica da Bahia (Usiba); em 1991, a Companhia Siderúrgica do Nordeste (Cosinor); em 1992, a Aços Finos Paratini e, em 2001, a Aço Minas.

A expansão nacional e internacional do grupo ocorreu em paralelo à reestruturação produtiva que introduziria conceitos de "qualidade total" na produção, processo que se iniciou no Grupo Gerdau ainda nos anos 1970, mas que só tomou contornos definitivos na década de 1990, se coadunando com a abertura do mercado brasileiro e a expansão do próprio conglomerado. Iniciativas como "grupos de solução de problemas" e grupos com "foco no operador" caminhavam na direção dos "Círculos de Controle de Qualidade".

---

[37] Dreifuss, René. *O jogo da direita na nova república*. Petrópolis: Vozes, 1989. p. 50-65.

[38] Casimiro, Flávio Henrique Calheiros. *A nova direita no Brasil: aparelhos de ação político-ideológica e a atualização das estratégias de dominação burguesa (1980-2014)*. Tese (Doutorado em História), Programa de Pós-Graduação em História, Universidade Federal Fluminense. Niterói, 2016, p. 404-407.

> Em 1996, o grupo intervém novamente na sua arquitetura gerencial. Implantaram-se as células de negócios e a gestão por processos, estrutura mais limpa e desburocratizada para dar agilidade e visibilidade a todas as operações e permitir a avaliação permanente de metas e resultados por setor, equipe e colaborador. Para fazer funcionar esse modelo de gestão, foi fundamental a adoção de sistemas informatizados, *softwares* como o SAP R/3, capazes de receber e integrar todas as informações geradas no grupo, nas áreas de produção, vendas, suprimentos, contabilidade, comunicação e outras. Foi também decisiva a contribuição de Vicente Falconi, um dos mais conceituados consultores de Qualidade Total, no processo de desenvolvimento da qualidade do Grupo Gerdau.[39]

É importante ressaltar que o desenvolvimento do PBQP, analisado na primeira seção deste capítulo, ocorreu paralelamente à adoção de tais medidas no interior do Grupo Gerdau, e destaca-se aí a figura de Vicente Falconi, consultor na área de controle de qualidade que, posteriormente, também teve papel importante nas ações do MBC.

A entrada da Gerdau no mercado estadunidense ocorreu em 1999. "A AmeriSteel Corp. foi a mais importante aquisição do grupo até então, adicionando quase 2 milhões de toneladas/ano à sua produção. A AmeriSteel possuía quatro usinas na costa leste dos Estados Unidos".[40] Rapidamente, o Grupo Gerdau adquiriu um conjunto de outras unidades no país, com destaque para Chaparral Steal, em 2007, considerada a maior compra realizada pelo conglomerado. Os ativos da empresa adquirida eram avaliados em US$ 4,22 bilhões

---

39 Grupo Gerdau. *Chama empreendedora – a história e a cultura do Grupo Gerdau (1901-2001)*. São Paulo: Prêmio Editorial, 2001. p. 215.

40 Athia, Felipe; Costa, Armando Dalla. "Grupo Gerdau: uma análise do crescimento produtivo e da expansão internacional". *Economia & Tecnologia,* ano 05, v. 16, jan./mar. 2009, p. 138.

no momento da compra. Com esse conjunto de aquisições, dentre outras, o Grupo Gerdau aparece, de acordo com o World Investment Report da Conferência das Nações Unidas sobre Comércio e Desenvolvimento (Unctad), de 2007, como uma das três empresas brasileiras mais internacionalizadas, ao lado da Petrobras e da Vale do Rio Doce.[41] Jorge Gerdau ainda ocupou, representando o grupo, o Conselho Diretor e o Comitê Executivo do International Iron and Steel Institute (IISI), entidade internacional empresarial do setor siderúrgico cujos membros são responsáveis por 85% da produção mundial de aço.[42]

A abordagem associativa do Grupo Gerdau e de seus representantes junto a *aparelhos "privados" de hegemonia* (APHs) busca expandir a influência e a capacidade de liderança sobre uma fração ou conjunto de indústrias. Nesse sentido, Jorge Gerdau é um dos fundadores do Instituto de Estudos para o Desenvolvimento Industrial (Iedi), criado em 1989, que organiza os interesses de grandes indústrias brasileiras, algumas delas multinacionais.

Nos anos 2000, teve atuação de destaque em diversas entidades que assumiram papel protagonista no processo político e na organização da burguesia brasileira, conformando a "Nova Direita", como apontou Flávio Casimiro.[43]

41 Macadar, Beky Moron de. "A internacionalização de grandes empresas brasileiras e as experiências do Grupo Gerdau e da Marcopolo". *Ensaios FEE*, Porto Alegre, v. 30, n. 1, p. 7-34, maio de 2009, p. 13.

42 Em 2018-2019, André Gerdau foi presidente da entidade, passando à vice-presidência no período 2019-2020. Ver: www.worldsteel.org/about-us/who-we-are/worldsteel-governance.html. Acesso em: 1 set. 2020.

43 Casimiro, Flávio Henrique Calheiros. *A nova direita no Brasil: aparelhos de ação político-ideológica e a atualização das estratégias de dominação burguesa (1980-2014)*. Tese (Doutorado em História), Programa de Pós-Graduação em História, Universidade Federal Fluminense. Niterói, 2016.

A formulação de uma pauta ideológico-cultural mais ampla pode ser observada por meio da participação do empresário em entidades como o Grupo de Líderes Empresariais (Lide-RS)[44] e o Conselho de Governança e Câmara de Mantenedores do Instituto Millenium (Imil).[45] Também vale destacar a atuação na fundação do Movimento Todos pela Educação, entidade transformada em Oscip que conta com a participação de segmentos empresariais e opina em políticas públicas na área educacional. A partir da expansão internacional do Grupo Gerdau, tornou-se significativa a sua articulação com setores das classes dominantes dos EUA. Além da IISI, Jorge Gerdau fez parte da Câmara Americana de Comércio para o Brasil (Amcham-Brasil), representando o Grupo Gerdau.[46]

A partir da trajetória apresentada, observa-se que o grupo e Jorge Gerdau buscaram diversificar sua atuação política e ideológica. A construção e a participação de APHs com viés ideológico, associando liberalismo econômico (sem abandonar o papel do Estado por meio de políticas setoriais) e conservadorismo podem ser compreendidas como parte da estratégia da classe dominante de reforçar suas posições ideológicas no processo de abertura política. A atuação no

---

[44] A unidade gaúcha da entidade possui como critério de ingresso empresas que possuam ao menos R$ 200 milhões de faturamento anual. *Ibid.*, p. 196-215.

[45] Lançado no XIX Fórum da Liberdade, em 2006, na cidade de Porto Alegre, foi reconhecido como Oscip em 2009. Defende os princípios do liberalismo e congrega intelectuais e empresários. Organizado em diversas câmaras e conselhos, conta com um conjunto significativo de representantes das frações burguesas brasileiras. *Ibid.*, p. 308.

[46] Tema de investigação interessante a ser desenvolvido em futuras pesquisas é a relação entre frações burguesas específicas sediadas no Brasil e nos EUA, em especial como se estabelece essa relação no processo mais recente de internacionalização das empresas brasileiras e de reorientação da política estadunidense para a região a partir do início da década de 2010.

interior da estrutura corporativa patronal também ocorre na proximidade com a Federação das Indústrias do Estado do Rio Grande do Sul (Fiergs) e a composição do Conselho Superior Estratégico da entidade congênere paulista, a Fiesp.

Dado o conjunto de interações políticas, articulando acelerada concentração e centralização de capitais, internacionalização por meio de exportação de capitais, associativismo empresarial e acesso ao Estado restrito, é possível afirmar que o Grupo Gerdau possuiu, durante os anos 2000, posição de destaque no interior da *grande burguesia brasileira*.

Nesse sentido, é fundamental a compreensão da conexão entre as formas atuais de concentração e centralização do capital e os processos de reforma de Estado ou de reordenamento dos Estados nacionais.

O Movimento Brasil Competitivo

Fundado em 2001, o MBC se constituiu como associação civil de direito privado, sem fins lucrativos ou econômicos, tendo como seu principal objetivo "contribuir para a evolução contínua do comportamento da sociedade brasileira quanto à qualidade, produtividade e competitividade, enfatizando permanentemente a valorização do ser humano".[47]

Seu principal órgão deliberativo é o Conselho Superior, órgão abaixo apenas da Assembleia Geral. A Assembleia

[47] Utilizamos para nossa análise a versão de 2014 do estatuto do MBC. Está disponível no *site* da entidade uma nova versão, do ano de 2017, que prevê a ampliação do Conselho Superior e a exclusão do Conselho Estratégico previsto na versão anterior. O Conselho Superior passou a ter até 20 representantes de entidades privadas e cinco da administração pública federal. Ver: Movimento Brasil Competitivo. *Estatuto*. 2017. Disponível em: www.mbc.org.br/portal/wp-content/uploads/2015/04/Estatuto-2017.pdf. Acesso em: 5 mai. 2018.

elege os representantes das empresas mantenedoras, ou entidades filiadas, para o Conselho Superior, que também é ocupado por ministros de Estado. Estava prevista no Estatuto a participação de cinco representantes de entidades civis privadas que contribuem como mantenedores, quatro representantes da Administração Pública Federal (Ministérios da Casa Civil; do Planejamento; da Ciência e Tecnologia; do Desenvolvimento, Indústria e Comércio), e mais um representante da Fundação Nacional da Qualidade e um representante da sociedade civil "com notória contribuição para o desenvolvimento do país", além dos conselheiros natos[48] sem direito a voto. O conselho define as diretrizes "político-estratégicas" da instituição e é o principal fórum de formulação do Movimento. Já a Assembleia Geral, fórum máximo, com a presença de todos os membros, se reúne apenas uma vez ao ano.[49]

Flávio Casimiro, ao analisar a composição do Conselho Superior do MBC, argumenta que a entidade funciona como uma "porta giratória" entre a alta burocracia de Estado e executivos do setor privado exatamente pela presença de ministros de Estado no seu Conselho. A terminologia é empregada para o trânsito entre o alto escalão do poder público e o setor privado.

O MBC buscava preservar a relação público-privada que havia nos tempos do PBQP, isto é, quando havia um pro-

---

48 Os conselheiros natos eram todos os ex-presidentes. O primeiro deles recebeu o título de presidente-fundador, e trata-se de Jorge Gerdau Johannpeter (Movimento Brasil Competitivo. *Estatuto*, 2014). Em 2017, o Conselho Superior foi ampliado para um presidente e quatro vice-presidentes, além de 20 membros com maioria de empresas mantenedoras (Movimento Brasil Competitivo, *Estatuto*, 2017).

49 Movimento Brasil Competitivo, *Estatuto*, 2014.

grama governamental voltado para o tema da "qualidade". No entanto, o caráter privado do Movimento modificou o modo de articulação com o Estado. Não se tratava apenas da promoção, por parte do Estado, de uma política para atender as demandas do setor industrial, mas de uma entidade privada que previa a participação de ministros de Estado e propunha políticas sobre a gestão do setor público.

Vale destacar que, desde 2002, o Partido dos Trabalhadores ocupava a Presidência da República. Lula foi eleito naquele ano e reeleito em 2006 para um segundo mandato. Desde o início, o governo se caracterizou pela conciliação de interesses de diferentes classes e frações de classe e uma ampla coalizão de partidos políticos. A proximidade de setores da grande burguesia com o governo se expressava nas agências de articulação como os conselhos de representação de interesse, tais como o Conselho de Desenvolvimento Econômico e Social e o Conselho Nacional de Desenvolvimento Industrial.

Setores da imprensa questionaram a participação de ministros de Estado no MBC. Em matéria da *Folha de S.Paulo*, de 06/06/2009, sobre os contratos firmados entre a Petrobras e o Movimento, aparecem como integrantes do MBC: Dilma Rousseff (Casa Civil), Miguel Jorge (Desenvolvimento), Paulo Bernardo (Planejamento), Sérgio Rezende (Ciência e Tecnologia) e José Sérgio Gabrielli (Presidente da Petrobras). Nesse grupo de ministros, por exemplo, Dilma Rousseff declarou em nota que não havia participado de nenhuma reunião do MBC.[50]

[50] Michael, Andrea; Salomon, Marta. "Petrobras contrata ONG por R$ 16,1 mi". *Folha de S.Paulo*. Edição de 06 jun. 2009. Disponível em: www1.folha.uol.com.br/fsp/brasil/fc0606200911.htm. Acesso em 13 ago. 2024.

O apoio do governo às ações da entidade não dependia necessariamente da ocupação formal dos cargos previstos no Conselho Superior. Na verdade, a criação desses cargos indica a intenção de manter estreita relação com o poder público mesmo a partir de uma entidade privada. A constituição do MBC sob controle empresarial mudou profundamente o caráter das iniciativas até então formuladas nos Programas de Qualidade e Produtividade, como apresentamos na primeira seção. Porém, o marco regulatório do "Terceiro Setor" permitiu que a organização se transformasse em Oscip, dissimulando seu caráter não apenas privado, mas vinculado à grande burguesia brasileira.[51]

O conjunto de empresas que constituíam o MBC se ampliou entre 2004 e 2006. Passaram a fazer parte do grupo de mantenedoras grandes multinacionais como a Xerox, a Ford, a Embratel, a Itaipu Binacional, a John Deere, a Vivo, a Furnas, entre outras. O rápido crescimento de associados, passando de 13 para 73 em apenas dois anos, revela uma significativa capacidade de aglutinação de grupos empresariais em torno de sua pauta, chegando a 2015 com 93 empresas mantenedoras.[52] Em 2002, a sede foi transferida do Rio de Janeiro para Brasília, visto que a proximidade com o centro de poder do país era fundamental para os objetivos da entidade.

Identificamos um *núcleo dirigente* a partir da delimitação dos integrantes com maior participação no Conselho Supe-

[51] Sobre os debates em torno da criação do marco regulatório do Terceiro Setor e das OSs no governo FHC ver: Tavares, Anderson. *Transformações no aparelho de Estado e dominação burguesa no Brasil* (1990-2010). Tese (Doutorado em História), Programa de Pós-graduação em História, Universidade Federal Fluminense. Niterói, 2020, p. 137-142.

[52] *Id.*, p. 220-221.

rior entre 2006 e 2014. Esse grupo foi formado a partir de oito representantes de grandes empresas, como proprietários ou como "executivos", que participavam dos Conselhos de Administração das respectivas empresas. Além de Jorge Gerdau, participaram, durante maior parte do período estudado, como conselheiros titulares do MBC: Carlos Augusto Salles, Élcio Aníbal de Lucca, Wilson Ferreira, José de Freitas Mascarenhas, Carlos Alberto da Veiga Sicupira, Antoninho Trevisan e Pedro Passos. Aparecem, ainda, os presidentes da Petrobras, José Sérgio Gabrielli e Maria das Graças Silva Foster.

Carlos Augusto Salles foi diretor industrial da Casa da Moeda do Brasil e presidente da Xerox no país.[53] Élcio Aníbal de Lucca teve atuação no movimento da qualidade nos anos 1990, participando de entidades voltadas para essa temática.[54] Wilson Ferreira atuou em empresas do setor de energia elétrica, tendo participado do processo de privatização no setor, nos anos 1990. Atuou também em associações setoriais no setor elétrico e de infraestrutura.[55] O diretor

---

53 Além de membro do Conselho Consultivo do Ibope. Fontes: http://propmark.com.br/mercado/ibope-lanca-conselho-consultivo; http://www.aberje.siteprofissional.com/antigo/revista/n20/artigo3b.htm. Acesso em 05 jul. 2019.

54 Ver nota 27.

55 "Wilson Ferreira Júnior é presidente da Eletrobras desde julho de 2017. Formado em Engenharia Elétrica pela Escola de Engenharia da Universidade Mackenzie e em Administração de Empresas pela Faculdade de Ciências Econômicas, Contábeis e Administrativas da Universidade Mackenzie. Cursou mestrado em Energia pela Universidade de São Paulo (USP) e possui várias especializações, dentre as quais Engenharia de Segurança do Trabalho (Universidade Mackenzie), Marketing (Fundação Getulio Vargas) e Administração de Distribuição de Energia Elétrica (Swedish Power Co.). Na Companhia Energética de São Paulo (Cesp), exerceu diversos cargos, incluindo o de diretor de Distribuição (1995 a 1998). Foi presidente da RGE de 1998 a 2000, presidente do Conselho de Administração da Bandeirante

da Odebrecht, José Mascarenhas, também foi membro de entidades de representação corporativa da indústria no Estado da Bahia.[56] Carlos Alberto Sicupira é acionista da Inbev, indústria multinacional de bebidas.[57]

O que aqui denominamos *núcleo dirigente* era composto por proprietários e executivos vinculados a grandes empresas multinacionais de diversos setores de produção. Além disso, estavam articulados à representação industrial corporativa e às entidades setoriais da indústria.

Quando observados os demais componentes do Conselho Superior do MBC, destaca-se que mesmo entre os representantes da FNQ, fundação que organiza o Prêmio da Qualidade, havia atuação burguesa, como no caso de Pedro Passos,[58] presidente da Natura, empresa do setor de cosmé-

---

Energia S.A. de 2000 a 2001 e presidente da CPFL Paulista entre 2000 e 2002. Em 2002, tornou-se presidente da CPFL Energia, cargo que ocupou até 2017. Presidiu também a Associação Brasileira de Distribuidores de Energia Elétrica (Abradee), entre 2009 e 2010, e a Associação Brasileira da Infraestrutura e Indústrias de Base (Abdib)". Disponível em: https://i4lp.com/sobre/wilson-ferreira-junior/. Acesso em: 01 nov. 2020.

56 Presidiu a Federação de Indústrias da Bahia, foi vice-presidente da Confederação Nacional da Indústria e Secretário de Minas e Energia do governo baiano. Além disso, fez parte do Conselho de Administração da Brasken. Fontes: http://www.fieb.org.br/pagina/299/%E2%80%9Co-ponto-forte--do-cimatec-sao-as-pessoas%E2%80%9D-%E2%80%93-entrevista-com--jose-mascarenhas-presidente-da-fieb.aspx; https://www.braskem.com.br/RI/conselhos-e-diretoria. Acesso em 05 jul. 2019.

57 Considerado diversas vezes pela revista *Forbes* como um dos dez mais ricos do Brasil. É sócio da Inbev, conglomerado transnacional da indústria de bebidas, com participação no Conselho de Administração. Formado em Administração de Empresas pela UFRJ. Diretor da GP Investimentos S/C Ltda, Presidente do Conselho de Administração das Lojas Americanas S.A e Ex-Diretor do Banco de Investimento Garantia S.A. Presidente do Conselho da Artex S.A – Fábrica de Artefatos Têxteis (desde 1983) e Conselheiro e Diretor da Polônia Participações (desde 1993). Fonte: http://ri.ambev.com.br/arquivos/Ambev_IAN_2000.pdf. Acesso em 05 jul. 2019.

58 Atuou como engenheiro em indústrias como a Metalúrgica La Fonte e como executivo na Macisa Metais e Fepasa. Atualmente, é presidente do

ticos, e Antoninho Trevisan, presidente da Trevisan Escola de Negócios, instituição privada de ensino superior de formação na área de administração e contabilidade empresarial. Apesar de aparecer como "representante da sociedade civil", Antoninho Trevisan[59] tem atuação de destaque em entidades industriais como a Fiesp/Ciesp, as Associações Comerciais de São Paulo (ACSP) e do Rio Grande do Sul (ACRGS).

Em suma, os nomes de destaque no núcleo dirigente do MBC colocavam a entidade como articuladora direta de interesses e projetos políticos do grande capital, em alguns casos, multinacional, com capacidade de pressão e inserção no Estado, pois apresenta-se como defensora de um valor comum das atividades econômicas, isto é, a busca da "qualidade e competitividade".

José Sérgio Gabrielli e Maria das Graças Foster foram presidentes da Petrobras, entre 2005 e 2015. Ambos são filiados ao Partido dos Trabalhadores. Gabrielli é economista formado pela Universidade Federal da Bahia (UFBA). Quando estudante, foi militante da Ação Popular Marxista-Leninista, na década de 1960. Concluiu mestrado na mesma universidade e doutorado na Universidade de Boston (EUA). Foi professor de economia na Escola de Administração de Empresas da Bahia e na UFBA. Atuou no Sindicato Nacional dos Docentes das Instituições de Ensino Superior

---

Conselho de Administração da Natura, presidente da ONG SOS Mata Atlântica, fundador do instituto Semeia. Também participa dos conselhos do instituto Endeavor, da Fapesp e do hospital A.C. Camargo. Disponível em: www.istoedinheiro.com.br/futuro-em-equilibrio/. Acesso em: 01 set. 2020.

59 Atuou em entidades sem fins lucrativos como o Instituto Ethos e Ação Fome Zero, foi membro da Comissão de Arbitragem da BMF & Bovespa e conselheiro no CDES. Para mais detalhes da sua trajetória, ver: www.abracicon.org/post.php?p=443. Acesso em 01 out. 2020.

(Andes), em 1984. Seguiu carreira acadêmica, com passagens em cargos públicos nas décadas de 1980 e 1990. Em 2003, assumiu a diretoria financeira e de relações com investidores da Petrobras. Foi nomeado para a presidência da empresa em 2005.[60] Graça Foster, por sua vez, é engenheira química formada pela Universidade Federal Fluminense (UFF), com pós-graduação pelo Instituto Alberto Luiz Coimbra de Pós-Graduação e Pesquisa de Engenharia (Coppe/UFRJ) e MBA em economia pela FGV. É funcionária de carreira da Petrobras desde 1981. Ocupou cargos na empresa e foi responsável pela implementação do gasoduto Brasil-Bolívia.[61]

A presença dos presidentes da Petrobras no Conselho Superior da entidade ajuda a compreender as relações políticas estabelecidas entre a empresa estatal e a entidade. A empresa foi responsável por patrocinar projetos do MBC que analisaremos adiante.

Na estrutura organizativa do MBC existia ainda o órgão chamado Conselho das Partes Interessadas (ConPI), que era composto por entidades da sociedade civil de diversos matizes: entidades regionais voltadas para o tema da competitividade, entidades ligadas ao sindicalismo patronal e de trabalhadores, órgãos estatais, empresas públicas e privadas. O ConPI deixou de existir na estrutura do Movimento em 2013, e passaram a constar apenas os chamados "Associados Institucionais", desses excluídas as empresas e órgãos esta-

---

[60] Burlamaqui, Patricia; Hippolito, Regina. "José Sérgio Gabrielli de Azevedo". *In:* Abreu, Alzira Alves de *et al.* (coords.). *Dicionário histórico-biográfico brasileiro – pós-1930*. Rio de Janeiro: CPDOC, 2010.

[61] Abreu, Alzira Alves de *et al.* (orgs.). *Dicionário Histórico-Biográfico Brasileiro – Pós-1930*. Rio de Janeiro: CPDOC, 2010. Disponível em: www18.fgv.br/CPDOC/acervo/dicionarios/verbete-biografico/maria-das-gracas-silva-foster. Acesso em: 20 ago. 2024.

tais, permanecendo as entidades de caráter associativo ou de pesquisa e estudos.

Fizeram parte dos "Associados Institucionais", e antes do ConPI, importantes entidades sindicais de trabalhadores, tais como Central Única dos Trabalhadores (CUT), a Força Sindical, a União Geral dos Trabalhadores (UGT), a Central Geral dos Trabalhadores do Brasil[62] (CGTB) e a Confederação Nacional dos Trabalhadores na Agricultura (Contag). Estas instituições aparecem como apoiadoras do programa defendido pelo MBC, o que reforça o projeto de construção do consenso em torno da pauta da "eficiência". Sustenta-se a concepção de "competitividade" como um valor fundamental e geral, acima de conflitos de classe. A partir de 2016, no entanto, a relação de associados institucionais deixou de constar nos Relatórios de Atividades do MBC.

Articulação internacional

Antes da consolidação do MBC, a articulação com organizações congêneres nos Estados Unidos em torno do tema da qualidade e da competitividade já havia no âmbito do Programa Gaúcho de Qualidade e Produtividade. Em 2002, no evento de dez anos do PGQP, foi estabelecida parceria com a American Society for Quality (ASQ), entidade que criou o Prêmio de Qualidade Malcolm Baldrige nos EUA, inspiração para o PNQ brasileiro. Durante a 32ª Reunião da Qualidade-RS, em 17/10/2002, a divulgação oficial do evento informava:

62 Antes de 2004, a entidade se chamava apenas Central Geral dos Trabalhadores.

> O Programa Gaúcho da Qualidade e Produtividade, considerado referência nacional entre os movimentos pela Qualidade, completou 10 anos no dia 15 de outubro de 2002. Nesta nova fase, lança este mês, em parceria com a Associação Americana para a Qualidade (ASQ), o plano de adesão para pessoas físicas em todo o Brasil. Com a adesão individual, as duas entidades estão oferecendo uma série de benefícios aos novos associados, além de disponibilizar treinamentos em qualidade para profissionais e estudantes em diversos segmentos.[63]

Alguns anos depois, o MBC organizou eventos contando com a presença das mesmas entidades estadunidenses vinculadas ao tema da qualidade e da produtividade, como a I Bienal Brasileira de Design:

> O evento [I Bienal Brasileira de Design] recebeu a visita de representantes do American Society for Quality, do Council of Competitiveness, Merck & Co., Nasdaq e da Amcham, além de uma missão de jornalistas internacionais, promovida pela ABDesign e Apex Brasil. Durante a Bienal, aconteceu também a Reunião de Planejamento do Programa Brasileiro do Design (PBD), promovida pelo MDIC e pela ABDI. O evento teve ainda um painel com o tema Design e Tecnologia – um ciclo de palestras sobre o desenvolvimento da marca Petrobras, robótica e ampliação do Cenpes, com foco na relação entre arquitetura, tecnologia e ecoeficiência.[64]

Entre 2006 e 2015, foram realizadas cinco edições da Bienal Brasileira de Design, evento voltado para o tema do *design* industrial. Vale destacar que a articulação internacional contava com o apoio de agências governamentais como o Ministério do Desenvolvimento, Indústria e Comércio

---

[63] Disponível em: www.qualidade-rs.org.br/mbc/pgqp/hot_sites/reuniao_32/imprensa3.php. Acesso em: 01 fev. 2018.

[64] MBC. Relatório Anual de Atividades. 2006. p. 39.

(MDIC) e a Agência Brasileira de Desenvolvimento Industrial (ABDI), revelando a estreita imbricação entre as orientações do MBC e os objetivos da política industrial brasileira nesse período. No ano de 2007, o Movimento esteve presente no Fórum de Competitividade das Américas, na cidade de Atlanta, nos EUA. No mesmo ano, o MBC ainda participou de reuniões no âmbito do Conselho Empresarial Brasil-EUA.

> A Seção Brasileira do Conselho Empresarial Brasil – Estados Unidos (Cebeu) foi aos Estados Unidos para uma série de visitas ao congresso norte-americano e às autoridades do poder executivo daquele país. O MBC integra o grupo que durante cinco dias discutiu os principais pontos da agenda da Seção Brasileira para as relações bilaterais. O grupo é formado pelo MBC, Confederação Nacional da Indústria (CNI), Federação das Indústrias do Estado de São Paulo (Fiesp), Federação das Indústrias do Estado do Rio de Janeiro (Firjan), Câmara Americana de Comércio do Rio de Janeiro e São Paulo (Amcham/RJ e SP), Centro Brasileiro de Relações Institucionais (Cebri), Instituto de Estudos do Comércio e Negociações Internacionais (Icone) e Fundação Armando Álvares Penteado (Faap).[65]

Nessas articulações também se destaca a participação de outras entidades representativas da burguesia brasileira, como as industriais corporativas. Quanto à proximidade com outras entidades representativas estadunidenses, deve ser destacado o papel do Council of Competitiveness (CoC). Esta entidade também possui origem em uma relação orgânica entre Estado restrito e associações privadas.

---

65 MBC. Relatório Anual de Atividades. 2007. p. 65.

> As raízes do Conselho remontam a 1986, durante a Comissão sobre Competitividade Industrial da era Reagan, presidida pelo CEO da Hewlett-Packard [HP], John Young. No final do trabalho da Comissão, Young criou o Conselho para a Competitividade do setor privado. Na época, a competitividade dos EUA estava sendo desafiada pelo aumento da concorrência internacional de países como o Japão e a Alemanha.[66]

Council of Competitiveness Board é a instância decisória da entidade que conta com a participação de grandes empresas multinacionais dos EUA. A Presidente do CoC, Deborah L. Wince-Smith, participou de eventos conjuntos com o MBC.

Vale destacar que, ao longo dos governos de Lula, a diplomacia dos EUA guardava ressalvas com o presidente brasileiro e sua política em diferentes áreas. Clifford Michael Sobel, diplomata dos EUA no Brasil entre 2006 e 2009, criticava a mudança na lei de concessões para a exploração do pré-sal, entre outras medidas do governo. Em 2007, participou de uma reunião promovida pelo MBC junto com empresários brasileiros com o tema "A competitividade brasileira e a participação do Brasil no Americas Competitiveness Forum".[67] Sucintamente, o informe apontava a posição do embaixador sobre o interesse no fortalecimento das relações comerciais entre os países. Sobel foi responsável pelo chamado "Projeto Pontes", por meio do qual a embaixada dos EUA treinou juízes brasileiros, incluindo

---

[66] Fonte: www.compete.org/about/about-council. Acesso em: 05 ago. 2019 (tradução nossa).

[67] MBC, Relatório Anual de Atividades, 2007, p. 18.

Sérgio Moro, para realizar investigações e forças-tarefas no combate a "crimes financeiros" e ao "terrorismo".[68]

Em 2010, o MBC participou da fundação da Federação Global de Conselhos de Competitividade (GFCC). Além do MBC, a ABDI também assina os "Princípios da Competitividade", documento inaugural da GFCC.

> A Federação Global de Conselhos de Competitividade (GFCC) é uma rede de líderes e organizações de todo o mundo comprometidos com a competitividade e padrões de vida mais altos. Fundada em 2010, a Federação Global de Conselhos de Competitividade reúne mais de sessenta organizações membros e atualmente está representada em mais de 35 países diferentes em torno de uma coleção de princípios compartilhados para melhorar a prosperidade regional, nacional e global.[69]

O MBC também atuou na elaboração dos "índices de competitividade" ao lado da Fundação Dom Cabral. Entidade fundada em 1976, esta se autodenomina "escola de negócios", de caráter educacional, sem fins lucrativos e voltada para a formação empresarial. As duas entidades ficaram responsáveis pelos dados brasileiros que compunham o Relatório de Competitividade Global do Fórum Econômico Mundial.

Também no âmbito da "competitividade global", o MBC desenvolveu ações junto à Amcham na organização do "Painel da Competitividade". Esta iniciativa tem como objetivo reunir "indicadores considerados pelos principais estudos

[68] Kanaan, Gabriel Lecznieski. "O Brasil na mira do Tio Sam: o Projeto Pontes e a participação dos EUA no golpe de 2016". *Anais do Encontro Internacional e XVIII Encontro de História da ANPUH-RIO: História e parcerias*. Disponível em: www.encontro2018.rj.anpuh.org/resources/anais/8/1530472505_ARQUIVO_KANAAN,GabrielLecznieski.OBrasilnamiradoTioSam[ANPUHRJ].pdf. Acesso em: 13 ago. 2024.

[69] Fonte: www.thegfcc.org/about. Acesso em: 5 jun. 2019 (tradução nossa).

sobre competitividade global", por meio do The Global Competitiveness Yearbook (IMD) e do Doing Business, "totalizando 24 variáveis em três subgrupos: custo e disponibilidade de capital, custo fiscal e institucional, e custo operacional entre o período de 2000 e 2006".[70]

Modernizando ou privatizando a gestão do aparelho de Estado?

O principal projeto promovido pelo MBC foi o Programa Modernizando a Gestão Pública (PMGP). O PMGP se configurou como um programa que levou à reestruturação de órgãos públicos a partir de conceitos e procedimentos oriundos das concepções gerenciais de organização do setor privado. A apartir de suas lideranças empresariais, o MBC fomentou a abertura de espaços junto ao Estado restrito para a atuação das empresas de consultoria que reformularam o funcionamento de agências estatais. Cabe debruçarmo-nos sobre o conteúdo dessas reestruturações. A chamada "modernização da gestão pública" trouxe um conjunto de conhecimentos gerenciais formulados e implementados pela consultoria de Vicente Falconi e outras que também participaram do PMGP.

Vicente Falconi foi responsável pela reestruturação de grandes multinacionais brasileiras, como o Grupo Gerdau. Professor de engenharia da UFMG, afirmava que "[a]s técnicas de gestão são universais. Elas servem para gerenciar qualquer coisa, o que muda é o conhecimento técnico".[71]

---

[70] MBC. Relatório Anual de Atividades. 2006, p. 57.

[71] "Encarando o desafio de gerir o Estado". *Correio Braziliense*. Edição de 16 de agosto de 2015, p. 9. Disponível em: https://falconi-institucional.s3.amazonaws.com/wp-content/uploads/2015/08/Entrevista-Prof.-Falconi--Correio-Braziliense.jpg. Acesso em: 01 nov. 2020.

A partir dessa visão, um conjunto de conhecimentos foi adaptado a órgãos públicos sob o verniz ideológico do "moderno" e "eficiente", gestando na prática a lógica privada na ponta de serviços que pressupõem a implementação de direitos. Nesse sentido, essas práticas descaracterizam os serviços públicos como direitos sociais, pois se baseiam em noções próprias de eficiência cujo objetivo, em seu cerne, é a maximização do lucro e a acumulação de capitais.

O método gerencial mais utilizado por Falconi foi a introdução do PDCA (Plan-Do-Check-Act), que pode ser traduzido por: planejar, fazer, checar e ajustar. Segundo Falconi, esta é a alma do Sistema Toyota de Produção.[72] A implementação do sistema de gestão passa ainda pela introdução de métricas financeiras que cumprem o papel de quantificação de qualquer item do processo a ser controlado. Mesmo no caso do setor público, esta é uma parte essencial.

> Algumas pessoas dos governos costumam falar que o objetivo do Estado não é o lucro com o sentido de dizer que as métricas financeiras não são importantes. Pergunte a um governador se ele não teria interesse em ter mais recursos para investimentos. É óbvio que todos querem. Então deveríamos ter um indicador financeiro do tipo 'percentual do orçamento disponível para investimento' e trabalhar para que este seja o maior possível, reduzindo os custos e a sonegação.[73]

A quantificação viabiliza a criação de parâmetros e estabelece as metas a serem alcançadas. Em síntese, esta é a base do "controle estatístico de processos" do sistema japonês de

---

[72] Falconi, Vicente. *O verdadeiro poder.* Práticas de gestão que conduzem a resultados revolucionários. Nova Lima: Falconi Editora, 2013, p. 24.

[73] *Id.*, p. 4.

produção. No setor público, os objetivos são apresentados da seguinte forma pela Consultoria Falconi:

> I) Redução de despesas por meio de *benchmarks*, melhores práticas e eliminação dos desperdícios (fazer mais com menos);
> II) Aumento da eficiência da arrecadação com técnicas modernas de análise e identificação de oportunidades para o combate à sonegação e omissões no recolhimento dos tributos (aumentar receitas sem aumentar impostos);
> III) Aumento da eficiência operacional, visando a qualidade, custo, prazo, segurança e meio ambiente;
> IV) Planejamento estratégico com desdobramento de metas; e gerenciamento de projetos por meio de um método estruturado, padronizado e que garanta um bom planejamento e o atendimento dos prazos e orçamentos estabelecidos.[74]

Em síntese, os itens acima tratam de controle de despesas, inserção de mecanismos para o aumento de receitas tributárias e um controle de procedimentos que permita aumentar a produtividade do trabalho a partir do estabelecimento de metas. A consultoria desenvolve processos para as seguintes áreas do setor público do Poder Executivo: tributação, educação, segurança e saúde.

Identificamos um conjunto de empresas de consultoria indicadas como parceiras que participaram de ações do PMGP: KPMG, LBP Consultoria Especializada, Macroplan, Grupo Meta, Symnetics, Falconi Consultores de Resultados (antiga INDG), McKinsey e Co. e Accenture do Brasil. Algumas também aparecem como empresas mantenedoras do MBC (McKinsey e Co., Accenture do Brasil, Falconi Consultores de Resultados, Symnetics). Tais

---

[74] Disponível em: www.falconi.com/segmentos/area-publica/ Acesso em: 01 fev. 2020.

empresas constituem redes de especialistas espalhados por todo o mundo.

A expansão das empresas de consultoria e sua importância em processos de reestruturação produtiva se intensificou a partir dos anos 1980, com a reestruturação produtiva nos EUA e Europa. Empresas de consultoria se caracterizam como uma *camada específica e especializada de intelectuais* ligados à etapa atual das formas de produção capitalistas. Trata-se, a nosso ver, de um processo de especialização dos conhecimentos organizacionais que estavam integrados ao corpo de especialistas das firmas, mas que, a partir dos anos 1970, se autonomizaram com a difusão dos processos de reestruturação, a partir dos anos 1970.[75]

Dentre as empresas de consultoria multinacionais destacam-se a KPMG,[76] a Accenture e a McKinsey e Co., que estão entre as dez maiores do mundo, considerando o faturamento de 2006.[77] A LBP Consultoria aparece vinculada a Leandro Piquet Carneiro, economista, professor de Relações Internacionais na Universidade de São Paulo (USP), colunista do *site* do Instituto Millenium[78] que executou o

---

[75] Braz, Rodrigo Garcia Vieira. *Reestruturação capitalista, firmas multinacionais de consultoria e telecomunicações: a privatização do sistema Telebrás na lógica da mundialização do capital.* Tese (Doutorado em Comunicação), Programa de Pós-graduação em Comunicação, Universidade de Brasília. Brasília, 2014. p. 74 e seguintes.

[76] A KPMG foi fundada em 1987 com a fusão das consultorias Peat-Marwick (1911) e Klynveld-Goerdeler (1979, p. 79). A KPMG "atua como uma rede global de firmas-membro independentes que prestam serviços profissionais de auditoria, consultoria tributária e consultoria de negócios". Está espalhada por 156 países, possuindo 207 mil profissionais. No Brasil, são cerca de 4 mil profissionais em 22 cidades de 14 estados. Disponível em: https://kpmgbrasil.com.br/news/list?id=40. Acesso em: 01 fev. 2020.

[77] Braz, Rodrigo Garcia Vieira. *Reestruturação capitalista*..., 2014, p. 82.

[78] Disponível em: www.institutomillenium.org.br/author/leandro-piquet-carneiro/. Acesso em: 01/02/2020.

PMGP na prefeitura do Guarujá (SP).[79] A Macroplan[80] é uma consultoria fundada e presidida por Cláudio Porto, economista. Foi parceira técnica na execução do PMGP na cidade de Niterói (RJ), entre 2013 e 2014, na implantação do "Modelo de Gestão Orientada para Resultados".[81] O Grupo Meta é uma empresa de consultoria de Telmo Costa[82] e Cláudio Carrara. A empresa abriu sua filial nos EUA em 2015. A Symnetics é uma empresa de consultoria multinacional com atuação em dez países.

Porém, a participação das consultorias dependia da liderança política e da articulação estabelecida pelo MBC junto aos chefes de governo. A primeira experiência de reestruturação de órgãos estatais foi em 2003, com a elaboração do chamado "Choque de Gestão" no governo estadual de Minas Gerais, no início do mandato de Aécio Neves (PSDB). O projeto foi implementado por meio do Instituto de Desenvolvimento Gerencial (INDG). Fundado por Vicente Falconi e José Martins Godoy[83] no final dos anos 1980, o

79 Disponível em: www.diariodolitoral.com.br/politica/guaruja-lanca-plano-de-gestao-publica/7961/. Acesso em: 01 out. 2020.

80 "A Macroplan é uma empresa brasileira de consultoria com sede no Rio de Janeiro e atuação em todo o Brasil. Surgiu como *spin off* da Claudio Porto & Consultores Associados, no final da década de [19]80, e logo ingressou no mercado de consultoria do Brasil entregando um produto inovador – construção de cenários e prospecção de futuros – no 1º ciclo de planejamento estratégico da maior empresa do país: a Petrobras". Disponível em: www.macroplan.com.br/nossa-historia. Acesso em: 01 nov. 2020.

81 Movimento Brasil Competitivo. *Relatório Anual de Atividades*, 2013, p. 27.

82 Economista e presidente (2012-2013) da Associação de Dirigentes de Marketing e Vendas do Brasil – ADVB/RS, filiada à Federação Nacional das Associações dos Dirigentes de Marketing e Vendas do Brasil (FENADVB). Disponível em: www.advb.com.br/site/noticia/telmo-costa-assume-a-presidencia-da-advbrs/. Acesso em: 10 jan. 2019.

83 Godoy e Falconi romperam em 2011 em virtude de disputas sobre os rumos do negócio. Godoy passou a atuar no Instituto Aquila e na Fundação de Desenvolvimento Gerencial responsável pela Gide, modelo de gestão na área

INDG participou da implementação do modelo de qualidade total no setor siderúrgico. No final da década de 1990, Falconi e Godoy passaram a implantar conceitos de gestão de processos em agências públicas por meio da Fundação de Desenvolvimento Gerencial (FDG),[84] criada em 1998 e transformada depois no INDG. Em 2012, o Instituto passou a se chamar Falconi Consultores de Resultados (FCR).[85] A FCR afirma, em seu endereço eletrônico, ter atuação em 30 países, contando com cerca de 600 consultores. Por meio da "Falconi Editora", a entidade já publicou 35 livros na área.[86]

> 'Ele [Vicente Falconi] entra nos governos com uma máquina fotográfica virtual e mede tudo', afirma David Feffer, presidente do conselho da Suzano, que tem o INDG como consultoria. 'Olha cada atividade e quer saber quanto tempo demora, quanto custa, para que serve. Igualzinho ao que faz na iniciativa privada'.[87]

---

educacional. Falconi mudou o nome do INDG para Falconi Consultores de Resultados. Sônego, Dubes. "Escolha de executivo de fora foi ponto de inflexão em parceria com Falconi, diz ex-sócio". Época Negócios. Edição de 8 fev. 2017. Disponível em: https://epocanegocios.globo.com/Empresa/noticia/2017/02/escolha-de-executivo-de-fora-foi-ponto-de-inflexao-em--parceria-com-falconi-diz-ex-socio.html. Acesso em: 21 jan. 2024.

84 "Em 2001, o FDG, junto à Fundação Brava (organização criada por Carlos Alberto Sicupira), iniciou um projeto-piloto de gerenciamento da qualidade total em algumas escolas estaduais do Ceará, conhecido como Programa de Modernização e Melhoria da Educação Básica (PMMEB)". Silva, Fabrício Fonseca da. O novo modelo de gestão escolar na Rede Estadual do Rio de Janeiro. Dissertação (Mestrado em Educação), Programa de Pós-graduação em Educação, Universidade Federal Rural do Rio de Janeiro. Rio de Janeiro, 2017, p. 90-91.

85 Disponível em: https://falconi.com/flcn_releases/indg-muda-o-nome-para--falconi-consultores-de-resultado-e-caminha-para-se-tornar-uma-das--maiores-do-mundo/. Acesso em: 01 fev. 2020.

86 Ver: www.falconi.com/quem-somos/sobre-a-falconi/. Acesso em: 1 fev. 2020.

87 Teixeira, Alexandre. "Gestão pública à moda privada". *Época negócios*. Edição de 03 jun. 2010. Disponível em: http://epocanegocios.globo.com/Revista/Common/0,,EMI145255-16642,00

O "Choque de Gestão" no governo estadual de Minas Gerais durou todo o primeiro mandato de Aécio Neves. O "plano se inicia já em 2003 e se estende até 2006, com diversas iniciativas destinadas especificamente a promover o ajuste fiscal e a organização do governo e suas ações prioritárias."[88]

Dada a amplitude do plano de reestruturação, é possível pensá-lo também como a implementação de uma determinada racionalidade no conjunto das atividades estatais, abrangendo ações em áreas como saúde, educação, segurança, controle fiscal e orçamentário etc. Um dos aspectos importantes foi a introdução da avaliação de desempenho dos servidores atrelada à progressão funcional e à bonificação salarial. Nesse modelo, se associa a melhora nos serviços ao comportamento de determinados índices estatísticos incorporados à chamada "gestão por resultados".

> é na gestão de Aécio Neves que a temática da inovação e da modernização da gestão pública assume diretamente a concepção do regime de exceção. Sob o nome de 'Choque de Gestão' o governo recém-eleito empreende em menos de um mês a mais ampla e profunda alteração na forma de gerir o trabalho, os recursos, o pessoal na administração pública. A possibilidade de realizar tal empreitada foi garantida pelas 'Leis Delegadas' por meio das quais o executivo recebe do legislativo 'autonomia' para legislar até mesmo por longos períodos, nos quais as mudanças podem ser feitas sem que se discuta na arena de representação estas alterações.[89]

GESTAO+PUBLICA+A+MODA+PRIVADA.html. Acesso em: 01 fev. 2020.

[88] Marques, Antônio Jorge de Souza *et al*. *Choque de gestão na saúde em Minas Gerais*. Belo Horizonte: Secretaria de Estado de Saúde de Minas Gerais, 2009. p. 31.

[89] Figueiredo, Lorene. "Choque de Gestão e estado de exceção. Breve análise das políticas de reforma do estado em MG". *Anais do XXVII Simpósio Nacional de História*. Natal-RN, 2013.

De acordo com Lorene Figueiredo, 63 leis delegadas permitiram ao governo estadual mineiro modificar o conjunto da administração pública logo no início do mandato. Ao modo das reestruturações empresariais, grandes mudanças são implementadas sem considerar seu impacto sobre trabalhadores e usuários dos serviços públicos, tampouco foram respeitados procedimentos democráticos de controle social.

Os projetos implementados no governo estadual de Minas Gerais contaram com a participação da Fundação Dom Cabral e das empresas de consultoria Marcoplan,[90] McKinsey&Co[91] e do Banco de Desenvolvimento de Minas Gerais. A partir da articulação do MBC junto ao Estado restrito, o "choque de gestão" em Minas Gerais foi transformado em um programa a ser replicado em diversos níveis de governo, utilizando sua influência política para alcançar esses objetivos.

O PMGP foi criado em 2005 com o objetivo de atender agências estatais em nível federal, estadual e municipal. O início oficial do programa se deu junto ao governo federal, na gestão do Programa Fome Zero do Ministério do Desenvolvimento Social (MDS). Até 2006, além do MDS, o PMGP obteve a adesão da Secretaria de Patrimônio da União, do Instituto Nacional de Propriedade Industrial e

---

90 Empresa de consultoria criada no final dos anos 1980. Atua no setor empresarial, público e de entidades não-governamentais. A empresa se apresenta como especialista em "construção de cenários e prospecção de futuros", "planejamento estratégico baseado em cenários" e "gestão estratégica baseada em resultados". Disponível em: www.macroplan.com.br/nossa-historia/. Acesso em: 1 set. 2020.

91 Empresa de consultoria empresarial de origem estadunidense, fundada em 1926.

da Prefeitura de São Paulo. No caso do Programa Fome Zero, em documento de balanço destaca-se a criação de incentivos financeiros para municípios que completassem o cadastro dos usuários levando à criação do Índice de Gestão Descentralizada.[92]

Com o início do segundo mandato de Lula, a partir de 2007 e, principalmente, 2008, o PMGP se expandiu para uma série de estados e capitais importantes do país. Naquele último ano, atingiu dez governos estaduais (RJ, SP, MG, AL, SE, DF, PE, RS, MT e BA), duas capitais (São Paulo e Porto Alegre) e mantinha negociações para chegar a outros seis estados e seis municípios.[93]

A expansão do PMGP continuou nos anos seguintes. Em 2010, estabeleceu convênio com as prefeituras do Rio de Janeiro, de Rio Grande (RS), Pelotas (RS) e Londrina (PR); com o Tribunal de Justiça do Rio Grande do Sul e com o Governo do Pará. Ainda encontramos informações dispersas pelos relatórios sobre o acompanhamento das ações do PMGP no Guarujá (SP). Em 2011, o PMGP tinha alcançado "13 estados, 11 municípios, além de dois ministérios, duas secretarias da Presidência da República e dois órgãos do poder judiciário".[94]

No Relatório de Atividades de 2014, quando o MBC afirmava a necessidade de um "planejamento estratégico" da entidade, a apresentação dos resultados do PMGP informa que este havia sido "implementado nos poderes executivos

---

92 Aranha, Adriana Veiga (org). *Fome Zero*: uma história brasileira. Brasília-DF. Ministério de Desenvolvimento Social e Combate à Fome. 2010, v. 1, 190 p.

93 Movimento Brasil Competitivo. *Relatório Anual de Atividades*. 2008, p. 21.

94 Movimento Brasil Competitivo. *Relatório Anual de Atividades*. 2011, p. 25.

de 14 estados, 13 municípios, sete ministérios, uma secretaria da Presidência da República, dois órgãos do Poder Judiciário, além de uma empresa do governo".[95]

No estado do Rio de Janeiro, no governo de Sérgio Cabral, o PMGP foi implementado a partir de estreita articulação política do MBC, por meio de Jorge Gerdau. De acordo com o jornalista Alexandre Teixeira:

> Ainda na época da campanha, Cabral teve um encontro com Gerdau e Falconi. Gerdau lhe disse: 'Se você ganhar a eleição, gostaríamos de oferecer ao governo do Estado os serviços do professor Falconi, por meio do MBC'. Cabral respondeu: 'É tudo que eu quero'.[96]

Segundo a reportagem, os resultados na área fiscal do governo estadual do Rio de Janeiro tinham como meta inicial elevar a receita em R$ 800 milhões, porém, teria acumulado um aumento de R$ 1,9 bilhão. Comparando os dados com relatório[97] da Secretaria do Tesouro Nacional sobre o resultado financeiro do Estado, observa-se que o aumento da receita em 7,1%, em 2008, teve como causa principal o aumento dos repasses referentes aos *royalties* de petróleo que atingiram R$2,89 bilhões, representando aumento de 28,8% deste item em relação ao ano anterior. O secretário estadual de fazenda era Joaquim Levy,[98] ex-secretário do Tesouro

---

[95] Movimento Brasil Competitivo. *Relatório Anual de Atividades*. 2014, p. 10.

[96] Teixeira, Alexandre. Gestão pública à moda privada, 2010.

[97] Secretaria do Tesuro Nacional. *Avaliação da Secretaria do Tesouro Nacional sobre a situação financeira do estado do Rio de Janeiro*. Brasília, 02/10/2009. Disponível em: www.transparencia.rj.gov.br/transparencia/content/conn/UCMServer/path/Contribution%20Folders/site_fazenda/informacao/transpFiscal/PAF/2009/Avalia%c3%a7%c3%a3o%20do%20Programa%20Metas%202008%20-%202009.pdf?lve. Acesso em: 03 nov. 2020.

[98] Joaquim Levy é formado em Engenharia Naval, doutor em Economia pela Universidade de Chicago (1992) e mestre em Economia pela FGV (1987).

Nacional no primeiro governo de Lula e futuro ministro de Dilma Rousseff.

Na área educacional, em 2010 foi implementado na rede estadual o Projeto Educação. O MBC e, à época, o INDG foram responsáveis pela coordenação e execução, respectivamente. O principal objetivo era melhorar a colocação do estado no Índice de Desenvolvimento da Educação (Ideb). Dentre as etapas do programa estavam: "1) definição dos indicadores; 2) fixação de metas; 3) certificação do cumprimento de metas; e o pagamento do Bônus".[99] Os princípios do método gerencial estabelecidos para o ensino público podem ser observados nessas etapas do programa. Seus efeitos foram questionados quanto à precarização e intensificação do trabalho, além de ações do governo impedindo a implementação de direitos previstos no Plano de Cargos e Salários da categoria de profissionais da educação.[100]

Um dos argumentos utilizados pelo MBC para demonstrar os benefícios do PMGP para o Poder Público refere-se à ausência de gastos públicos para a sua implementação. Em diversos momentos, o MBC argumenta que esses custos seriam cobertos pela iniciativa privada. As informações que levantamos, porém, demonstram o contrário. Uma

---

Foi Diretor de Operações da Flumar S/A Navegação (1984), trabalhou no FMI (1992-1999), no Banco Central Europeu (1999-2000), no Bradesco (2010-2014) e no Banco Mundial (2016). Foi professor da FGV em 1990. No setor público, foi Secretário Adjunto de Política Econômica do Ministério da Fazenda (2000), Economista-Chefe do Ministério do Planejamento, Orçamento e Gestão (2001); Secretário de Fazenda do estado do Rio de Janeiro (2007-2010); Ministro da Fazenda (2015) e trabalhou no BNDES (2019). Fonte: Pinheiro, Luciana. Joaquim Vieira Ferreira Levy. *In:* Abreu, Alzira Alves de *et al.* (coords.). *Dicionário Histórico-Biográfico Brasileiro – Pós-1930*. Rio de Janeiro: CPDOC, 2010.

[99] Silva, Fabrício Fonseca da. O novo modelo de gestão escolar, 2017, p. 130.

[100] *Id.*, p. 132-133.

das principais fontes de financiamento do MBC, em 2007 e 2008, foram os contratos de patrocínio junto à Petrobras.

> Na 26ª Reunião do Conselho Superior do Movimento Brasil Competitivo, realizada em 22 de julho [de 2008], em Brasília, Cláudio Gastal foi eleito por aclamação diretor-presidente do MBC. Entre os principais pontos da reunião, está o anúncio da *assinatura de convênio com a Petrobras para a execução do Programa de Modernização da Gestão Pública* (PMGP), desenvolvido pelo MBC.[101]

Encontramos nove contratos de patrocínio para diversas atividades e eventos promovidos pelo MBC. O maior foi justamente para o Programa de Modernização da Gestão Pública, principal atividade promovida pelo Movimento. No total, a entidade recebeu pouco mais de 18 milhões e 400 mil reais no conjunto dos contratos. Esse montante não passou por licitação prévia, pois foi tratado como verba de patrocínio.[102]

A relação entre o MBC e os patrocínios da Petrobras foi questionada por grandes veículos de comunicação. O jornal *Folha de S.Paulo* questionava o fato de o MBC ter sido contratado sem licitação e o sigilo sobre as fontes de recursos da entidade, contrariando a legislação sobre as Oscips. A matéria revelava que o "maior dos contratos (no valor de R$16 milhões) [tinha] como finalidade a modernização da gestão pública e o aumento da competitividade do setor privado em seis estados (PE, AL, SE, BA, RJ, AM) e no Distrito Federal".[103] O jornal denunciou o fato de o Con-

[101] Movimento Brasil Competitivo. *Relatório Anual de Atividades*, 2008, p. 52.

[102] Ver Tavares, Anderson. Transformações no aparelho de Estado e dominação burguesa no Brasil (1990-2010)..., 2020, p. 248.

[103] Michael, Andrea; Salomon, Marta. "Petrobras contrata ONG por R$ 16,1 mi", 2009.

selho Superior da entidade ter vagas reservadas a membros do alto-escalão do governo, tal como previsto no Estatuto do MBC. Além disso, concluiu que a presença no Conselho já era indício de influência sobre decisões do governo e de empresas públicas. As jornalistas finalizam afirmando que o MBC já tinha conseguido mais de R$ 20 milhões em contratos com o governo federal durante a gestão de Lula.

O MBC respondeu aos questionamentos do jornal com uma declaração de Cláudio Gastal, então diretor-presidente da entidade,[104] publicada dois dias depois com os supostos resultados obtidos pelo Movimento a partir dos contratos. Segundo ele, os recursos economizados pela melhora na eficiência das agências públicas chegavam à casa dos R$10 bilhões, sem que fosse apresentada a comprovação das informações.[105] Afirmava ainda que, para 2008, os contratos com a Petrobras diziam respeito a apenas 7% da arrecadação total do MBC, na casa dos R$47 milhões.

A Petrobras estava sendo investigada por uma série de contratos de patrocínio, ainda no âmbito administrativo, por meio de ações do Tribunal de Contas da União (TCU). O mesmo processo que apontou recursos destinados ao MBC fiscalizou outros patrocínios envolvendo a empresa. O problema principal identificado pelo TCU era a ausência de exigência para a prestação de contas nos contratos.

Antes dos polpudos contratos com a empresa estatal, o MBC esteve envolvido em outra investigação do TCU refe-

---

104 A função de diretor-presidente fazia parte da Diretoria Voluntária, estrutura em nível hierárquico inferior ao Conselho Superior. Ver: MBC. *Estatuto*, 2014.

105 Refere-se ao Programa de Modernização da Gestão Pública no qual nos deteremos a seguir.

rente a um convênio junto ao Ministério do Planejamento, em 2003. A investigação encontrou diversas irregularidades, dentre elas relatórios com apenas quatro páginas, de caráter superficial, ao custo de R$ 120 mil.[106] Tais contratos junto ao Ministério do Planejamento, Orçamento e Gestão (MPOG) eram iniciativas promovidas no âmbito do Programa das Nações Unidas para o Desenvolvimento (PNUD) para implementação de sistemas de controle e gestão em órgãos federais, com o custo dividido junto ao governo brasileiro. Parte dos projetos previstos não chegaram a ser concluídos, o que levou à suspensão dos convênios. À época, estava no MPOG Guido Mantega, como ministro, e, na Secretaria de Gestão, Humberto Falcão Martins,[107] ex-integrante da equipe do Mare no governo FHC.

Diante da fiscalização dos órgãos federais de controle, o MBC também estabeleceu patrocínios privados para a sua plataforma de reestruturação do Estado. Diversos projetos ligados a governos estaduais e municipais contaram com o financiamento de empresas, algumas interessadas diretas nos projetos de reestruturação. Por exemplo, a construtora OAS financiou o projeto responsável pela organização do funcionamento do Complexo Industrial e Portuário de Suape, no qual participou das obras de construção.[108] As

[106] Ver processo disponível em: https://tcu.jusbrasil.com.br/jurisprudencia/317295153/1046220041/inteiro-teor-317295274?ref=juris-tabs. Acesso em 10 jan. 2019.

[107] Administrador de empresas com formação na UNB, FGV e Enap. Atua no Instituto Publix, empresa de consultoria na área de gestão pública, foi professor da Ebape-FGV (2013-2020) e, atualmente, da Fundação Dom Cabral. Disponível em: www.clp.org.br/team/humberto-falcao-martins/. Acesso em: 15 set. 2020.

[108] Câmara Dos Deputados. "Comissão Parlamentar de Inquérito - Petrobras". *Relatório Final*. Outubro de 2015. p. 151-202.

empresas aéreas TAM, Gol e Azul financiaram a implantação do Modelo de Gestão para Autoridade Aeroportuária no aeroporto de Guarulhos. Construtoras como OAS, Odebrecht, Camargo Corrêa e a Companhia de Concessões Rodoviárias (CCR), diretamente interessadas em obras ou na administração de rodovias privatizadas, financiaram a reestruturação de procedimentos no Ministério dos Transportes.

O "financiamento privado", porém, estava vinculado às deduções fiscais permitidas pela legislação das Oscips, criada em 1999. A lei n. 9790/1999 permite que pessoas jurídicas façam doações dedutíveis do imposto de renda para entidades de interesse público que, formalmente, não possuem fins lucrativos. Além do papel político a partir da base de mantenedores empresariais do MBC, o caráter de Oscip viabilizou financeiramente a execução de parte dos projetos de reestruturação. Na prática, é um financiamento público indireto por meio de renúncia fiscal, algo bem diferente de financiamento privado propagandeado pela entidade.

Conclusão

À guisa de conclusão, analisamos o MBC, uma Oscip que foi ator fundamental da continuidade da contrarreforma do Estado. Sob o rótulo de entidade do "Terceiro Setor" revela-se uma poderosa composição e direção política vinculada à *grande burguesia brasileira e multinacional*. Em curto espaço de tempo, o MBC se constituiu como um poderoso APH a partir de uma dupla articulação junto ao Estado restrito: por um lado, seu estatuto previa a participação de ministros de Estado e executivos do alto escalão no conselho dirigente da entidade, enquanto, por outro, seus dirigentes participavam de importantes agências estatais e arenas de articulação de interesses.

Os dirigentes do MBC difundiam os programas de busca de "eficiência" e "qualidade" como um valor universal e buscado por todos: empresas, órgãos públicos e cidadãos. Nesse sentido, atuavam na disseminação e no reforço de uma *ideologia*. Por isso, por vezes é difícil compreender o produto de cada projeto implementado nos órgãos de Estado.

Portanto, o MBC foi um ator político-ideológico fundamental no aprofundamento da contrarreforma de Estado. Este processo, que no longo prazo foi iniciado ainda nos anos 1990 pela Reforma da Administração de Bresser-Pereira, é caracterizado pela interiorização dos mecanismos privados de gestão no aparelho de Estado.

Os vínculos estreitos com o alto escalão do poder estatal concederam acesso e influência sobre as políticas de Estado, isto é, sobre recursos estatais. Na reconfiguração do funcionamento de agências estatais, o MBC teve acesso a informações fundamentais acerca de sua organização. Este APH articulou a participação de uma rede de empresas de consultoria de gestão responsáveis pela reestruturação em diversos setores produtivos.

A reestruturação capitalista, em termos de procedimentos de gestão e organização do trabalho, aparece como mercadoria precificada e disseminada em um mercado específico, o das firmas de consultoria. A rede de consultorias organizada pelo MBC usufruiu de condição privilegiada, permitida pela legislação das Oscip, no que se refere à dispensa de licitação para contratação de serviços e financiamento via isenção fiscal. Tal condição advinha do entendimento de que se tratava de entidade com destacado conhecimento no assunto, o que poderia ser o caso do MBC e não necessariamente das consultorias indicadas. Estas eram empresas que deveriam competir no mercado para vender ao Estado seus programas de reestruturação gerencial.

A entrada dessas empresas responsáveis pelos conhecimentos gerenciais torna a garantia de direitos por parte do Estado necessariamente mediada por concepções empresariais no que se refere à eficiência e ao controle de resultados. A dificuldade de acesso e controle público sobre as mudanças implementadas é mais uma característica desse processo, no qual a organização de agências estatais fica sob a influência direta de empresas privadas credenciadas pelo mercado como detentoras do conhecimento gerencial.

Dessa forma, concretizou-se mais um capítulo da contrarreforma do Estado, desta vez a partir da estruturação de um poderoso APH, o MBC. Sob a liderança de Jorge Gerdau e de um núcleo dirigente composto pela *grande burguesia brasileira multinacional,* vimos mais uma etapa de inserção dos mecanismos privados de gestão no aparelho de Estado. Nesse sentido, observamos uma articulação original entre órgãos estatais, governos, empresas privadas, consultorias de gestão e APHs burgueses.

Capítulo 4

O fetiche da representação democrática no "Conselhão" dos governos Lula (2003-2010)

André Guiot[1]

Introdução

O artigo tem como proposta analisar as formas pelas quais um conjunto de Aparelhos Privados de Hegemonia Empresariais (APHEs)[2] brasileiros logrou ampliar o escopo de atuação e atendimento de suas demandas no interior do Estado restrito por meio do Conselho de Desenvolvimento Econômico e Social (CDES), entre 2003 e 2010.

---

[1] Doutor em História Social pela UFF, atualmente é professor da Rede Municipal de Educação de Duque de Caxias. Este artigo deriva da tese de doutoramento: Guiot, André Pereira. *Dominação burguesa no Brasil: Estado e sociedade civil no Conselho de Desenvolvimento Econômico e Social (CDES) entre 2003 e 2010.* Tese (Doutorado em História). Programa de Pós-Graduação em História, UFF, Niterói, 2015. Disponível em: https://app.uff.br/riuff/handle/1/15293. Acesso em: 9 abr. 2023. Contato: andre_guiot@yahoo.com.br.

[2] Sobre a categoria "Aparelho Privado de Hegemonia", remeto o leitor à Introdução deste livro. Importante debate foi realizado em Hoeveler, Rejane Carolina. "O conceito de aparelho privado de hegemonia e seus usos para a pesquisa histórica". *Revista Práxis e Hegemonia Popular*, ano 4, n. 5, p. 145-159, ago/dez. 2019. Disponível em: DOI: https://doi.org/10.36311/2526-1843.2019.v4n5.10792.

O CDES foi um aparelho estatal implantado em 1º de janeiro de 2003 e vinculado ao Gabinete da Presidência da República. Submetido à Secretaria de Relações Institucionais (SRI) em 2004, logrou erguer-se como um dos principais palcos institucionais de políticas de "concertação ou pactuação social" no âmbito dos dois primeiros mandatos de Lula da Silva (2003-2010).

O Conselho abrigava grupos sociais de origens e proposições distintas, mas não antagônicas, cujo fio condutor seria engendrar e fomentar agendas de "desenvolvimento econômico sustentável" ou "com equidade social". Para tanto, lideranças da "sociedade civil" "dispostas ao diálogo e/ou à pactuação" eram convocadas periodicamente[3] pelo Presidente da República para (re)compor a plenária e as instâncias internas do CDES.

As competências gerais do Conselho foram definidas no artigo 8º da lei 10.683/03:

> Ao Conselho de Desenvolvimento Econômico e Social compete assessorar o Presidente da República na formulação de políticas e diretrizes específicas, voltadas ao desenvolvimento econômico e social, produzindo indicações normativas, propostas políticas e acordos de procedimento, e apreciar propostas de políticas públicas e de reformas estruturais e de desenvolvimento econômico e social que lhe sejam submetidas pelo Presidente da República, com vistas à articulação das relações de governo com representantes da sociedade civil organizada e a concertação entre os diversos setores da sociedade nele representados.[4]

[3] O mandato de conselheiro do CDES era de 2 anos, facultada a recondução por igual período.

[4] Disponível em: www2.camara.leg.br/legin/fed/lei/2003/lei-10683-28-maio-2003-496772-publicacaooriginal-1-pl.html. Acesso em: 26 mar. 2023.

Tendo em média 88 conselheiros no referido período, *mais da metade* (52%) do CDES era composto por lideranças empresariais oriundas de vários setores da atividade econômica presentes no Brasil. Organizadores das frações de classe às quais pertenciam, tais empresários atuavam, de fato, como intelectuais orgânicos, vocalizando, espraiando e defendendo, na sociedade civil e na política, seus projetos de hegemonia. No CDES, tais intelectuais orgânicos do empresariado – proprietários diretos, sócios e/ou prepostos de firmas e grupos econômicos de distintas grandezas de capital, em especial aqueles que à época apresentavam volumosas concentrações de capital e robustas capilarizações intersetoriais, inclusive transnacionalizadas – vinculavam-se a vigorosas tessituras associativas expressas por suas trajetórias em sindicatos, institutos, fundações e entidades associativas voltadas a vários âmbitos formativos e organizativos da vida social.

Ademais, na composição do Conselho havia a presença de representantes de outros grupos não empresariais da sociedade brasileira. Ali compareciam acadêmicos[5] e personalidades (artistas e desportistas, por exemplo), a alta direção das centrais sindicais (com destaque à Central Única dos Trabalhadores – CUT)[6] e uma miríade bastante heterogê-

5 Este setor representou, em média, 14% do total de conselheiros, sendo a maior parte economistas (37,5%), seguidos de cientistas/sociólogos políticos (20%). Outros ainda atuavam na área do direito (12,5%) e nas áreas de educação e saúde pública (16,5%).

6 Entre 2003 e 2010, corte temporal desta pesquisa, o CDES abrigou sindicalistas entre seus conselheiros, além de representantes da CUT, da Força Sindical (FS), da União Geral dos Trabalhadores (UGT), da Nova Central Sindical de Trabalhadores (NCST) e da Central Geral dos Trabalhadores do Brasil (CGTB). No período, as lideranças sindicais compareciam com

nea de entidades e associações não expressa ou diretamente vinculada aos setores capital/trabalho.[7]

Tal composição indicava, à época – segundo formuladores e/ou organizadores do CDES, alguns deles destacadas lideranças do Partido dos Trabalhadores (PT)[8] lotados na Secretaria do Conselho (Sedes)[9] –, o esforço de representar a heterogeneidade da "sociedade civil" brasileira, noção disputada por vários ideólogos de matiz social-liberal[10] a respeito da necessidade de participação do "Terceiro Setor" na "radicalização democrática", na construção e na implantação de políticas públicas.

Subtraída assim de determinações históricas e políticas classistas, contraditórias e conflitantes, bem ao lastro da

---

16% do total de conselheiros. As lideranças da CUT representaram mais do que a soma das lideranças das outras centrais sindicais.

7 Nomeadas aqui como "demais entidades da sociedade civil", tratava-se da representação de diversos segmentos sociais, os quais exemplifico: estudantes, mulheres, eclesiásticos, aposentados e pensionistas, cegos, indígenas, seringueiros, magistrados, advogados, movimentos negro e sem-terra, pastoral da terra e da criança e de algumas formas de organização coletiva em que prevalecia a defesa e a pregação de interesses difusos ou cosmopolitas de *cunho filantrópico*, como associações de ONGs, fóruns, institutos de estudos e pesquisas, dentre outros.

8 Tarso Genro foi, sem dúvida, o maior entusiasta, tradutor, formulador e divulgador da pauta concertacionista à frente do CDES. Foi Secretário Executivo do Conselho por dois períodos: de 01/01/2003 a 23/01/2004 e de 01/04/2006 a 23/03/2007. Outras lideranças do PT, como Jaques Wagner e Alexandre Padilha, também atuaram como Secretários Executivos do Conselho (de 23/01/04 a 31/03/06 e de 28/09/09 a 01/01/11, respectivamente).

9 A Sedes tinha como atribuição dar suporte administrativo e logístico, coordenando as plenárias e demais atividades do CDES, mas destacava-se, principalmente, como órgão da sociedade política que conduzia e traduzia para o Conselho os projetos e propostas governamentais que a ele chegavam.

10 Para uma síntese crítica e muito bem fundamentada da ideologia social-liberal, de seus ideólogos e aparelhos hegemônicos, inclusive no Brasil recente, ver Castelo, Rodrigo. *O social liberalismo*: auge e crise da supremacia burguesa na era neoliberal. São Paulo: Expressão Popular, 2013.

ideologia social-liberal – revigorada no debate público no início dos anos 1990, mas, sobretudo, sofisticada e tornada política estatal por meio da Reforma do Aparelho de Estado sob a batuta do então ministro Bresser Pereira no primeiro mandato de FHC (1994-1998)[11] –, a noção de "sociedade civil" igualada a Terceiro Setor foi assimilada e propagada por alguns ideólogos da fração majoritária do PT à frente do governo. Acreditavam, ademais, recuperar e levar ao plano federal – portanto, em complexidade, dimensão e momento distinto – o acúmulo das experiências administrativas dos governos petistas no que concerne especificamente às elaborações e às definições dos "orçamentos participativos" das prefeituras que haviam governado, tidas por amplos setores do partido como importante elemento de distinção administrativa.[12]

Há, além disso, importantes determinações no que tange às novas táticas no xadrez da dominação política de classe no Brasil forjadas durante os anos 1980, cuja consolidação e espraiamento toma corpo e atinge *status* de ação política hegemônica no desenrolar da década seguinte. Sucintamente, cabe-nos reter que, naquele contexto, largos setores do empresariado erguem e organizam meteoricamente uma profusão de organismos na sociedade civil voltados à administração ("assessoria") redirecionada por reivindica-

---

[11] Tavares, Anderson. *Transformações no aparelho de Estado e dominação burguesa no Brasil (1990-2010).* Tese (Doutorado em História). Programa de Pós-Graduação em História, Universidade Federal Fluminense, Niterói, 2020. Disponível em: www.historia.uff.br/academico/pt-br/dissertacoes-e-teses/dissertacoes/?page=8. Acesso em: 13 set. 2023.

[12] Aliás, experiências de negociação tripartite foram bem quistas pela fração majoritária da direção petista nos inícios dos anos 1990 frente aos setores empresariais automotivos, espraiando-se como tática política na cúpula da CUT.

ções e lutas caras aos setores populares (como combate à fome e à pobreza, melhorias de serviços públicos nas áreas de educação, saúde, meio ambiente, saneamento etc.). Um sem-número das chamadas ONGs, institutos, fundações e entidades surgem e apresentam-se como tradutoras dos interesses (em roupagem focalizada e despolitizada) dos grupos subalternos, e igualmente disputam com e/ou agenciam muitos movimentos sociais e populares, mercantilizando suas militâncias e reivindicações – transformadas em "demandas" –, agora depuradas de qualquer viés universalizante, classista e emancipatório.[13] O gerenciamento de vultuosos recursos públicos, especialmente das áreas sociais, constituído em ordenamento legal[14] sob revestimento discursivo-ideológico de "técnico" e de maior submissão ao "controle social" (posto que supostamente os executores dos serviços estariam "mais próximos" do "público-alvo"), autorizava não apenas a produção mercadológica do trabalho intelectual e manual da "questão social", mas também o acesso e a

---

[13] Fontes, Virgínia. *O Brasil e o capital-imperialismo.* Teoria e história. Rio de Janeiro, UFRJ, 2010, p. 230 *et sec.* Professora no Programa de Pós-Graduação em História da UFF, Virgínia Fontes é uma das principais intelectuais marxistas em atuação no Brasil e uma das pioneiras em pesquisas e reflexões acerca das ações e programas de mercantil-filantropização empresarial das políticas públicas, com base no arsenal categorial de Antonio Gramsci. Contribuíram significativamente para esse debate as pesquisas coordenadas pela prof. Lúcia Neves, especialmente em Neves, Lúcia Maria Wanderley (org.). *A nova pedagogia da hegemonia.* Estratégias do capital para educar o consenso. São Paulo: Xamã, 2005; de Martins, André Silva. *A direita para o social:* a educação da sociabilidade no Brasil contemporâneo. Juiz de Fora: UFJF, 2009; e, mais recentemente, Casimiro, Flávio Henrique. *A nova direita*: aparelhos de ação política e ideológica no Brasil contemporâneo. São Paulo: Expressão Popular, 2018. Há excelentes pesquisas acadêmicas que procuraram dar conta dessa temática.

[14] Lei n. 9.637/98 que regulamentou as organizações sociais (OSs); a lei n. 9.608/98 ("Lei do Trabalho Voluntário"); a lei n. 9.790/99 que regulamentou as Organizações da Sociedade Civil de Interesse Público (OSCIPs).

apropriação privada de gigantescas massas de mais-valor por meio do assalto ao fundo público, por exemplo.[15]

A redemocratização da cena política brasileira, portanto, ensejou o surgimento de uma constelação de organismos da classe empresarial para além dos seus tradicionais canais de representação de interesses: os corporativos (Centros, Federações e Sindicatos patronais) e associações paralelas setorializadas – inauguradas, respectivamente, nas décadas de 1930 e 1950 –, ainda que ambos permanecessem muito atuantes. Estabelece-se uma situação de *justaposição* entre entidades empresariais de origens, formatos e funções distintas, *sem que as aparições de umas anulem ou descontinuem outras*, muito embora abarquem orientações teórico-políticas conflitantes, mas nunca antagônicas.[16]

Na mesma toada, qual seja, a da ampliação do Estado (no sentido gramsciano) no Brasil recente, mas direcionando para o objeto de estudo em questão, outra reflexão interessante deriva da pesquisa realizada por Martins.[17] O autor processou

15 Behring, Elaine Rossetti. *Fundo público, valor e política social.* São Paulo: Cortez Editora, 2021. Segundo a autora, numa aproximação genérica, o fundo público expressa "o conjunto de recursos que o Estado mobiliza, que extrai da sociedade, na forma de taxas, contribuições, impostos etc., para o desempenho de suas funções" (p. 93). Partindo de uma acepção marxiana e em diálogo com Francisco de Oliveira, a autora assevera que "Essa parte do *butim*, o fundo público, é um *mix* de mais-valia (trabalho excedente) e trabalho necessário apropriado pelo Estado a partir de sua capacidade extrativa de parte dos juros, lucros, renda da terra e salários, a ser repartido majoritariamente em favor dos segmentos hegemônicos" (p. 100).

16 Virgínia Fontes produziu breves reflexões ("notas") acerca das distintas, variadas e imbricadas dimensões e funções precípuas dos APHEs atuantes no Brasil durante os séculos XX e XXI. Fontes: Virgínia. "Capitalismo filantrópico? Múltiplos papéis dos aparelhos privados de hegemonia empresariais". *Marx e Marxismo.* Publicação do Núcleo Interdisciplinar de Estudos sobre Marx e Marxismo – v. 8, n.14, p. 15-35, jan./jun. 2020. Disponível em: https://niepmarx.com.br/index.php/MM/article/view/351.

17 Martins, André Silva. *A direita para o social*, 2009, p. 241 *et seq.*

fontes consistentes que comprovaram que a proposta de criação do CDES havia sido resultado da incorporação de estratégias postas pelo Instituto Ethos de Empresas e Responsabilidade Social, objeto de sua análise. Segundo o autor, o Instituto protagonizou a criação e a difusão da proposta intitulada "Fórum Empresarial de Apoio ao Município". Na cidade de São Paulo, essa experiência havia sido realizada no governo Marta Suplicy (2001-2004), com o nome de "Fórum Empresarial de Apoio à Cidade de São Paulo".

> Em 2002, a Prefeita Marta Suplicy inaugurou, pioneiramente, o Fórum Empresarial de Apoio à Cidade de São Paulo. Inspirado na proposta do Instituto Ethos de Responsabilidade Social Empresarial, o Fórum Empresarial constitui-se como um *espaço de diálogo* capaz de promover a *articulação entre os setores público e privado*. [...] Os trabalhos para implantação do Fórum Empresarial de São Paulo foram desenvolvidos pelo Conselho de Empresários, formado pela Prefeita nos primeiros meses de seu mandato, em 2001.[18]

Martins deixa claro que a criação do Conselho de Empresários e, de forma mais ampla, do Fórum no governo petista serviu para ampliar a influência empresarial na definição de políticas públicas por novos canais.[19] Vale lembrar que o presidente do Instituto Ethos, Oded Grajew, fez parte de um restrito grupo de empresários ligados ao PT há anos, e exerceu, inclusive, o cargo de assessor especial da Presidência da República nos primeiros 11 meses do governo Lula da Silva. É conhecida sua participação e influência em vários fóruns, movimentos e associações como

18 Instituto Ethos. *Fórum Empresarial de Apoio ao Município*. São Paulo: Ethos, 2005, p. 25, grifos meus. Disponível em: www.ethos.org.br/wp-content/uploads/2012/12/13.pdf. Acesso em: 12 abr. 2023.

19 Martins, André Silva. *A direita para o social*, 2009, p. 243.

intelectual orgânico fortemente engajado na organização da classe empresarial,[20]além de atuar no CDES desde 2004.[21]

O Fórum Empresarial implantado no governo Marta Suplicy e idealizado pelo Instituto Ethos possui íntimas conexões com o CDES na esfera municipal:

> A criação de um Fórum de Apoio ao Município abre um amplo leque de *possibilidades de parcerias entre o poder público e o empresariado local*. Uma dessas alternativas é a constituição de uma instância que se caracterize como um *Conselho de Desenvolvimento Econômico e Social*, em que participem não só os empresários, mas outros segmentos sociais importantes para economia do município.[22]

Martins apresenta pistas claras de que a criação do CDES esteve voltada à recente criação de canais de integração de interesses empresariais. Esse movimento surge a partir da demanda e da mobilização de importante associação empresarial da sociedade civil, cujas lideranças passaram a estar coligadas ao CDES pouco tempo depois.

---

[20] Além de fundador do Instituto Ethos, Grajew foi idealizador e/ou membro de vários APHEs, tais como Fiesp, Ciesp, PNBE, Associação Brasileira de Empresários pela Cidadania (Cives), Oxfam Brasil, Rede Nossa São Paulo, Todos Pela Educação (TPE), Instituto Akatu pelo Consumo Consciente, Instituto Cidades Sustentáveis, Comitê Internacional do Conselho Norte-Americano das Fundações (Council of Foundation). Foi idealizador do Fórum Social Mundial. Retirado de http://siteuniethos.org.br/ci2012/?page_id=378. Acesso 07/04/2023.

[21] Entretanto, alguns conselheiros-empresários tornaram-se, podemos dizer, "permanentes". Foram os casos de Amarílio Proença de Macêdo, Ivo Rosset, Jorge Gerdau, José Carlos Bumlai, Joseph Couri, Márcio Lopes de Freitas (OCB), Maurílio Biagi Filho, Paulo Simão, Paulo Skaf, Paulo Vellinho, Rodrigo Loures e Rogelio Golfarb. A partir de 2004, permaneceram Oded Grajew e Paulo Godoy.

[22] Instituto Ethos. *Fórum Empresarial de Apoio ao Município*, 2005, p. 8. Grifos meus.

Sendo assim, os empresários já contavam com a "experiência participacionista" na administração petista em São Paulo, e anunciavam *eles próprios* a importância de atrair outros setores como forma de "democratização das decisões", desde que envolvessem "setores sociais importantes para a economia". Por isso, para estes setores, incorporar parcelas não empresariais visava dar "legitimidade" ao novo arranjo institucional, ainda que não possamos desprezar o peso da trajetória e as conexões do partido junto aos movimentos e organizações sociais do campo popular. No fundo, entretanto, tratou-se de habilitar setores dominantes historicamente arredios ou desconfiantes da *origem social* do novo governo que então se formara.

A administração petista da principal capital econômico-empresarial do país, reduto histórico importantíssimo de robustos e potentes APHEs, construíra a antessala daquilo que em pouco tempo se tornaria um fórum que pretendia ser – e se anunciava como – de expressão e representação "nacional", mas que insistia em garantir no do aparato estatal a inserção de entidades e corporações empresariais portadoras de recursos organizativos e econômicos riquíssimos, algumas com larga trajetória e traquejo no trato junto ao aparato estatal no Brasil.

Assim sendo, as lutas de caráter redistributivo das organizações das classes trabalhadoras presentes na cena política durante a década de 1980 transfiguraram-se durante os anos 1990, a ponto de, no início do governo Lula da Silva (2003), muitas se embriagarem pelo ideário social-liberal, aderindo às readequações e reexames à luz das aspirações dos setores dominantes, e descurando-se do sentido universal e democrático-popular.

As experiências das administrações municipais, as deliberações estatutárias, os planos de governo, as manifestações de lideranças políticas da ala majoritária do PT, todos ancorados num contexto internacional pós derrocada do muro de Berlim, de refluxo das lutas populares e de avanço das políticas neoliberais em todo o mundo mostraram, durante os anos 1990, o abandono e o expurgo definitivo do horizonte disruptivo (leia-se, socialista) como estratégia de alcançar o poder político-governamental. Alijando-se do marxismo revolucionário, do "espírito de cisão", e orientando-se programaticamente na edificação de um "capitalismo humanizado" como uma das táticas de ascensão à política institucional, a fração majoritária do PT tornar-se-ia "palatável" às demandas do grande capital[23] – e de alianças pragmáticas com partidos clientelistas e fisiológicos da ordem –, muitas vezes contribuindo, ao lado dos APHEs, para o redirecionamento das sobreviventes organizações e movimentos sociais de caráter redistributivo e/ou classista.

É nesse contexto que o CDES nasce e prospera. Ou seja, este órgão do aparato estatal é uma das expressões institucionalizadas da culminância de um processo histórico, e bastante célere, de *transformismo* de curto prazo ocorrido durante os anos 1990.[24] Resulta do *aggiornamento* profundo do mais significativo agrupamento do espectro político de

---

[23] Coelho, Eurelino. *Uma esquerda para o capital.* O transformismo dos grupos dirigentes do PT (1978-1998). São Paulo/ Feira de Santana: Xamã/UEFS, 2012.

[24] Na acepção gramsciana, o transformismo promove a "absorção gradual mas contínua, e obtida com métodos de variada eficácia, dos elementos ativos surgidos dos grupos aliados e mesmo dos adversários e que pareciam irreconciliavelmente inimigos". Gramsci, Antonio. *Cadernos do cárcere.* v. 5. O *Risorgimento. Notas sobre a história da Itália.* Rio de Janeiro: Civilização Brasileira, 2011, p. 63.

esquerda do país em sua história recente que, abdicando da organização autônoma dos setores populares e de lutas *contra a ordem*, convoca e conduz parte de suas lideranças à "concertação" junto aos setores dominantes. A análise da dinâmica de intervenções, de propostas e de elaborações programáticas no interior do Conselho traz à tona fricções e embates de setores sociais conflitantes, mas circunscritos numa espécie de solução de equilíbrio entre o *consentimento ativo* e o *dissenso controlado*.

Dessa maneira, em alianças muitas vezes tensas com lideranças não empresariais, os intelectuais orgânicos da burguesia presentes no Conselho moldaram seus projetos de hegemonia a fim de consensualizar com setores sensíveis às pautas socioeconômicas dos grupos subalternos. A publicação da documentação resultante de vários debates e eventos em que o CDES foi protagonista e/ou interlocutor revelou seu credenciamento como uma arena na qual propostas surgidas nos APHEs presentes na sociedade civil lapidaram-se e alçaram o *status* de política pública. Por meio do "Conselhão" – mas não só –, a direção do governo do Partido dos Trabalhadores operou, numa engenharia institucional, uma *inversão do controle social,* isto é, afastou ou eliminou as possibilidades de que aspirações dos subalternos pudessem pressionar, se inscrever e se materializar na ossatura do aparato estatal.

Pela via da legitimação "democrática" e "participacionista" (consentimento ativo), no âmbito do CDES foram aglutinados, adensados e remodelados projetos e políticas públicas azeitadas por intelectuais orgânicos de setores de distintas frações das classes dominantes. Para tanto, sob a miragem ideológica da "pactuação social", o constituir-se do CDES insistiu em desencorajar debates, análises, planos e programas que estimulassem antagonismos, contradições e tensões sociais históricas e ainda latentes no Brasil da primeira década do século XXI. O Conselho serviu como importante palco para a composição de um projeto de sociabilidade que visava ao *distensionamento da luta de classes* no país. Tornou-se evidente que o argumento de defesa do Conselho foi a questão do "aprimoramento da democracia" no Brasil e que tal defesa era um dos fios vermelhos – ao lado de outros como o desenvolvimento do país com combate à desigualdade socioeconômica – que sustentava a razão de ser do CDES, segundo a esmagadora maioria dos conselheiros e, claro, o próprio governo.

O empresariado no CDES: questões teórico-metodológicas

Os intelectuais orgânicos do capital possuem como uma das tarefas fundamentais introjetar e espraiar no interior do aparato estatal as demandas e prerrogativas econômico-corporativas dos setores e das atividades econômicas com as quais estão diretamente envolvidos. Mas além de buscar a ampliação das fatias de lucro dos capitais particulares de que são portadores ou prepostos, os intelectuais orgânicos do capital, como elementos destacados que simultaneamente criam, expressam e dão homogeneidade ao desenvolvimento da consciência de classe burguesa, trabalham em direção à superação dialética do momento meramente corporativo, incorporando-o, mas elevando-o a um momento ético-político, isto é, hegemônico, organizando as frações de classes a qual pertencem ou aderem, com vistas à disseminação da sociabilidade do capital para o conjunto do corpo social.

Distanciamo-nos, pois, de análises cujo corpo teórico reivindica a *indistinção econômico-social*, pressupondo um *nivelamento, uma equanimidade na capacidade de obtenção e exercício do poder* das lideranças presentes nas instâncias deliberativas institucionalizadas. Esta era uma questão que se apresentava como o *cerne* das tentativas interpretativas de validação e legitimação não apenas do CDES, mas também de outros fóruns consultivos, assim como de resultados deliberados na forma de programas e agendas propositivas.[25] Era lugar-comum a naturalização da equalização dos sujeitos sociais como "cidadãos" abstratos (igualdade jurídico-formal) e o apagamento apriorístico de qualquer conteúdo, posição ou conflito de classe. No fundo, trata-se do histórico artifício teórico-político – medular na constituição das democracias liberais modernas – do apagamento da disjunção entre a condição cívica (igualdade de direitos) e as clivagens de classe (advindas das expropriações primárias), cuja distância torna-se exasperada em formações sociais dependentes e periféricas.

25 Com maior ou menor proximidade a tais perspectivas, se destacam as seguintes análises sobre o CDES: Tapia, Jorge R. Biton. "Conselho de Desenvolvimento Econômico e Social: os desafios da construção institucional". *In:* Diniz, Eli (org.) *Globalização, Estado e desenvolvimento*: dilemas do Brasil no novo milênio. Rio de Janeiro: FGV, 2007; Kunrath, Romerio Jair. *Os Conselhos Econômicos e Sociais em perspectiva comparada: os casos da Espanha e do Brasil.* Tese (Doutorado em Ciência Política). Programa de Pós-Graduação em Ciência Política, Universidade Federal do Rio Grande do Sul, Porto Alegre, 2012; Kowarick, Lúcio. *O Conselho de Desenvolvimento Econômico e Social*: um processo em construção, mimeo, 2003; Costa, Vanda Maria Ribeiro. *Democratização de estruturas de governo no Brasil.* Trabalho apresentado no XXII Congresso de la FIELC, 2005; Genro, Tarso. "Democratizar as relações entre governo e sociedade". *In:* Correa, Jaime Montalvo (*et al.*). *Novos espaços democráticos:* diálogo social no Brasil e a experiência da Espanha. São Paulo: Perseu Abramo, 2003.

Não se despojando de suas posições e/ou condições de classe, as "lideranças da sociedade civil", ao ingressarem no CDES, não agiam na fórmula liberal de "*citoyen* abstrato" ou como "parceiros estratégicos" (como a legislação do Conselho denominava), ainda que muitos assim se posicionassem e fossem reconhecidos. Muito ao contrário, essas lideranças posicionam-se como intelectuais orgânicos das classes e frações de classes dominantes sendo a maioria, inclusive, ou "nascidos no mesmo terreno industrial do grupo econômico" ou indivíduos que ascenderam a ela como seus prepostos (empregados especializados) a quem os empresários pudessem "confiar esta atividade organizativa das relações gerais exteriores à empresa".[26]

Gramsci redefine o papel, o conceito e o *modus operandi* do grupo social empresarial nas formações sociais capitalistas contemporâneas, ampliando-o e remetendo-o às esferas organizativas da sociedade civil. O empresário não é apenas um intelectual restrito, isto é, organizador de sua indústria e do setor de sua influência imediata: o empresário também pode e precisa ser um "intelectual orgânico", na medida em que "cria as condições mais favoráveis à expansão da própria classe"[27] por meio da atuação nas trincheiras, casamatas e fortalezas (aparelhos privados de hegemonia) que constituem a sociedade civil.

As reflexões trazidas sobre a função dos intelectuais orgânicos do capital ligam-se estreitamente aos procedimentos teóricos e metodológicos seguidos pela pesquisa que deu origem a este artigo. A historiadora Sonia Regina de Men-

[26] Gramsci, Antonio. *Cadernos do cárcere*, v. 2. Os intelectuais, *op. cit.*, 2004, p. 28-29.

[27] *Ibid.*

donça expõe de forma didática os rumos metodológicos a serem traçados por uma pesquisa calcada nos pressupostos teóricos de Antonio Gramsci:

> Cabe ao pesquisador verificar quem são os atores integrantes desses sujeitos coletivos organizados, bem como a que classe ou fração encontram-se organicamente vinculados e, sobretudo, o que estão disputando junto a cada uma das agências do Estado restrito, sem jamais perder de vista que a Sociedade Civil e Sociedade Política encontram-se em permanente inter-relação. Pensar o Estado significa, portanto, verificar, a cada momento histórico, o eixo central que organiza e articula a Sociedade Civil enquanto matriz produtiva e, ao mesmo tempo, como tais modalidades de organização se articulam no e pelo Estado restrito, o que só pode ser apreendido mediante estudo do conjunto de seus agentes e práticas.[28]

A pesquisa sobre o CDES tomada a partir de uma análise gramsciana implicou: i) identificar os agentes (intelectuais orgânicos) do empresariado (ou de seus prepostos) no interior do Conselho; ii) esquadrinhar as frações dos grupos dominantes que integram, representam e são porta-vozes (como prepostos, sócios ou proprietários de firmas e grupos econômicos); iii) mapear a rede de aparelhos privados de hegemonia empresariais da qual faziam parte; iv) investigar na sociedade civil empresarial alguns programas ou mesmo projetos de hegemonia de que foram portadores; v) perscrutar a inserção dos intelectuais orgânicos em agências do aparato estatal; vi)

[28] Mendonça, Sonia Regina de (org.) "Introdução". *In:* Mendonça, Sonia Regina de. *Estado brasileiro*: agências e agentes. Niterói: EdUFF/Vício de Leitura, 2005, p. 12. Sugiro também, da mesma autora, o artigo "O Estado ampliado como ferramenta metodológica". *Revista Marx e o Marxismo*, Revista do Niep Marx. Niterói, UFF, v2, n2. 2014. Disponível em: www.niepmarx.blog.br/revistadoniep/index.php/MM/issue/view/3. Acesso em: 12 abr. 2023.

acompanhar seu papel de divulgadores e "persuasores permanentes" das pautas de sua fração de classe no CDES, ou seja, a busca pelo consentimento ativo; vii) identificar implantação (parcial, readequada e/ou reformulada) dos projetos *particulares* dos aparelhos hegemônicos empresariais conectados ao CDES em políticas públicas de interesse "geral", "de todos", *universais* (mas não universalizantes, isto é, socializantes).[29]

A utilização de tais encaminhamentos metodológicos nos permitiu evidenciar certos percursos, trânsitos, circuitos e esferas de sociabilidade *dos intelectuais orgânicos do capital* representados no CDES. Constatamos várias facetas de seus vínculos associativos, corporativos e estatais – ou seja, na sociedade política (órgãos e agências do Estado restrito). Em geral, comungavam redes corporativas e de entidades associativas, compartilhando um conjunto de valores e práticas sociais similares, orgânicas à classe social à qual pertenciam. Simultaneamente, estavam presentes em alguns órgãos do aparato estatal, além do CDES, resultando em *táticas de ação conjunta empresarial* que expandiam seus tentáculos no interior do próprio aparelho de Estado, revestidos, claro, de dispositivos "técnicos" e/ou políticos, advindos de "experiências corporativas", de "ilibada reputação" e de "reconhecida representatividade na sociedade civil". Nessa direção, ampliaram os raios de ação e interlocução estatal ao conseguirem *adentrar e inaugurar novos canais/agências/órgãos estatais*, ampliando e aprofundando interlocuções com a burocracia de Estado e com agentes públicos. Tal ascensão deflagrava-se na *confecção direta* de políticas públicas setorializadas, e se dava, portanto, ao sa-

---

[29] Para os fins deste artigo, exporemos sumariamente os resultados mais relevantes dos itens I ao V. A pesquisa, em sua inteireza, encontra-se em Guiot, André Pereira. *Dominação burguesa no Brasil*, *op. cit.*

bor das demandas das lideranças empresariais e dos aparelhos privados dos quais eram organizadores.[30]

A pujante conexão empresarial com órgãos sensíveis à gestão do fundo público se revelaria ainda mais aprofundada por ocasião da crise econômica de 2007-2008, de cuja "administração" participaram intelectuais orgânicos empresariais do CDES e a burocracia do Ministério da Fazenda, sob o comando de Guido Mantega. Daí tomou corpo mais uma agência estatal: o Grupo de Acompanhamento da Crise no âmbito do Ministério da Fazenda (GAC/MF), criado em 2008 e rebatizado de Grupo de Avanço da Competitividade (GAC) em outubro de 2009.

O predomínio de setores empresariais de atividade industrial no CDES

Na pesquisa sobre o segmento empresarial, averiguamos que as Plenárias do CDES, além de preservarem a alta representatividade do empresariado, abrigavam distintos e variados ramos de atividades econômicas como sendo o setor principal declarado ou reconhecido: industrial, agroindustrial, comercial e de serviços, e bancário. Para chegar a esta constatação, foi preciso ampliar a investigação dos conselheiros-empresários para além do que o CDES informava sobre cada um em seu *site*. A busca de dados por meio da internet, do Dicionário Histórico-Biográfico da FGV[31] e

[30] Para o melhor atendimento dos procedimentos metodológicos assumidos na pesquisa e de tratamento (organização, análise e exposição didática) dos dados coletados, adotamos a confecção de quadros. Eles resultaram de sínteses de uma imensa gama de dados coletados, classificados, organizados e processados. Alguns deles nasceram de outros maiores, matrizes "brutas" não divulgadas.

[31] Abreu, Alzira Alves de (*et al.*). *Dicionário Histórico-Biográfico Brasileiro pós-1930*. Ed. rev. e atual. Rio de Janeiro: FGV, CPDOC, 2001.

de jornais e revistas do universo empresarial nos possibilitou estabelecer como hipótese que o CDES *era dominado por conselheiros intimamente ligados a distintos setores de diferentes frações empresariais e, especificamente, da fração produtora de valor.* "Fração produtora de valor" direciona-se aqui aos grupos de proprietários capitalistas cujas atividades destinam-se, prioritariamente, ao *capital industrial* tal qual trabalhado por Marx no capítulo 1, livro II de *O capital.*[32]

Passemos a visualizar e analisar as "peças" representativas do capital presentes no "tabuleiro" do CDES. Para tanto, importa realçar que a classificação utilizada no quadro abaixo partiu da autodefinição das empresas por meio das suas *atividades econômicas principais*, exceto o setor bancário, que é referido usualmente como "financeiro" em cotejo com outras fontes.[33] Reservamos o conceito de "capital financeiro" à formulação leniniana clássica para a qual este é a "união íntima" entre o capital industrial (isto é, produtor de valor) e o capital bancário, sob o predomínio deste último.

---

[32] Vale lembrar que, em Marx, "capital industrial" não se reduz ou se detém meramente à atividade fabril: ele engloba os vários momentos (formas funcionais) constitutivos do circuito de produção e valorização do valor: capital-monetário (D-D'), capital-produtivo (M... P... M'), capital--mercadoria (M'-D'). Nesse sentido, o capital industrial engloba *todos* os momentos, estágios, fases em que a atividade de trabalho se subordina ao comando do capital a fim de assegurar a produção e extração do mais-valor. "O capital industrial é o único modo de existência do capital em que este tem por função não só apropriar-se da mais-valia ou do produto excedente, mas também criá-la. Por isso, determina o caráter capitalista de produção; sua existência implica a oposição entre a classe capitalista e a trabalhadora". Marx, Karl. *O capital*: crítica da economia política. Livro II. O processo de circulação do capital. Rio de Janeiro: Civilização Brasileira, 2005, p. 65.

[33] As atividades principais das empresas e grupos econômicos foram pesquisadas no *site* Econoinfo (www.econoinfo.com.br), nas revistas *Valor Grandes Grupos* e Balanço Anual da *Gazeta Mercantil*, no *site* do CNAE/IBGE (www.cnae.ibge.gov.br) e nos *sites* das próprias empresas e grupos.

Quadro 1. Grupos Econômicos e Firmas representados no CDES por Atividade Econômica Principal (2003-2010)[34]

Atividade principal	Grupos econômicos e firmas	Total de membros
Industrial e Agroindustrial	Cia Vale do Rio Doce (CVRD), Cia Brasileira de Metalurgia e Mineração (CBMM), Cia. Siderúrgica Nacional (CSN), Grupo Gerdau, Usinas Siderúrgicas de Minas Gerais (Usiminas), Grupo Suzano, Grupo Vicunha, Grupo Rosset, Klabin S/A, Grupo Alcoa Inc., Grupo Petróleo Ipiranga, Grupo Dixie Toga S.A., Grupo J. Macedo S/A, Grupo Iochpe-Maxion, Grupo Springer, Grupo Gradiente, Grupo Nestlé, Embraer, Grupo Carfepe, Grupo Enguia Power, Grupo DHB, Grupo Dudalina S/A, Grupo Ford Motors Company Brasil, Aubert Engrenagens, Grupo Fiat, Grupo Odebrecht, Grupo Süd Metal, Grupo Alusa, Grupo WTorre Engenharia, Estacon Engenharia S.A., Machado Correa Engenharia Ltda., Concreta Tecnologia em Engenharia Ltda., Gráfica Sagrada Família, Nutrimental Alimentos, Wady Simão-Construções e Incorporações Ltda., Grow Jogos e Brinquedos, Mercedes-Benz, Grupo Sucocítrico Cutrale, Grupo Itamarati, Grupo Agrovale e Grupo Maubisa.	41
Comercial e de serviços	Grupo Telefônica, Grupo Telemar, Iguatemi Empr. Shoppings, Grupo Jereissati SP, Grupo Verdi, Cia. Brasileira de Distribuição (Grupo Pão de Açúcar), Casas Anglo-Americana S/A (Mappin), Martins Comércio e Serviços de Distribuição S/A (Grupo Martins), Trevisan Escola de Negócios, Grupo Dufry, Magazine Luiza, Grupo Anhanguera Educacional, Grupo Siemens, Grupo IT Partners, Grupo ORTENG Equipamentos e Sistemas, J. Mendo Consultoria, Manig S/A, Teruel Viação Agrícola Ltda, Escola de Idiomas Yazigi Internexus, Arko Advice Pesquisas, Centro Universitário Newton Paiva, Grupo PricewaterhouseCoopers, CPM Braxis Capgemini, LOG – Negócios e Consultoria Ltda.	24

[34] Em função da multiplicidade de organizações e APHES referenciados neste quadro e nos próximos, optamos por não trazer todas as siglas por extenso. Caso haja o interesse do significado completo, o leitor poderá consultar a dissertação e a tese referenciada na nota 1 do capítulo. (N.E.)

Bancário e financeiro não bancário	Banco Fibra, Grupo Santander Brasil, E. Johnston Representação e Participação S.A., Citibank Brasil, Banco Gerdau, Banco Bradesco, ABN Amro Bank, Banco Itaú, Banco Dibens S/A, Banco Triângulo S.A., Banco Fidis, Banco BNP Paribas Brasil, Grupo NSG Capital, BM&FBovespa, MDS Corretora e Administradora de Seguros, Centauro Vida e Previdência S.A., Cooperativa de Crédito Rural.	17

Fonte: Elaboração própria.

Observe-se que a separação entre capital industrial e capital comercial obscurece os setores produtores de valor, incluídos os da segunda classificação (serviços), quando sabemos que empresas educacionais e diversas outras (inclusive comerciais) têm setores voltados à extração direta de valor. A separação dos grupos econômicos e firmas representados no CDES, tal qual exposta no quadro acima, é *insuficiente* para capturar a dinâmica real da interpenetração de capitais entre os setores. Isto é, como neste momento nos dedicamos a apresentar e analisar as *atividades principais, as atividades-fim* de cada grupo econômico e firma representado no CDES, não nos é possível abarcar a multiplicidade de vínculos que dada fração carreia. Entretanto, mesmo remetendo às divisões ordinárias da economia burguesa, o quadro nos serve como modo didático de exposição de uma primeira aproximação da dimensão econômica que o CDES comportava.

A organização dos grupos econômicos e das firmas no CDES segundo sua *atividade principal* nos revelou a forte presença das frações voltadas às atividades industrial, bancária, comercial e de serviços nas plenárias do Conselho. A tendência de ampliação da presença dos empresários vinculados ao capital produtor de valor, em detrimento do esvaziamento do setor bancário, a partir de 2007, *reafirma a hipótese de ascenso do capital produtivo no interior do CDES.*[35]

A tabela abaixo nos oferece, em termos relativos (em razão do total anual de grupos e firmas), a evolução da presença dos grupos e firmas no CDES entre 2003 e 2010. Aqueles de atividade predominantemente industrial se destacam em termos numéricos durante todo o período pesquisado. A partir de 2007, verificamos a ampliação da presença dos conselheiros representantes de grupos e firmas preponderantemente conectados aos setores cuja atividade principal foi a industrial, comportando, até o fim do período analisado (2010), *um predomínio absoluto* de sua representatividade: mais do que a soma do *quantum* de grupos e firmas vinculados às atividades econômicas comercial e de serviço e bancária.

Tabela 1. Evolução relativa dos Grupos Econômicos e Firmas no CDES por atividade principal (2003-2010)

Atividades Principais	**2003**	**2004**	**2005**	**2006**	**2007**	**2008**	**2009**	**2010**
Industriais	50%	50%	50%	48%	57%	57%	58%	59%
Comerciais e de Serviços	25%	25%	24%	24%	23%	24%	28%	25%
Bancárias	25%	25%	26%	28%	20%	19%	14%	16%
Total	**100%**	**100%**	**100%**	**100%**	**100%**	**100%**	**100%**	**100%**

Fonte: *Site* do CDES (www.cdes.gov.br), do Econoinfo, dos grupos e firmas, revistas *Valor Grandes Grupos* e *Balanço Anual da Gazeta Mercantil*.

[35] A pesquisa sobre o CDES não nos autoriza concluir se o capital produtor de valor constituiu ou não uma hegemonia durante os dois primeiros governos Lula da Silva; isto porque, a nosso ver: i) o CDES foi *uma* das muitas arenas de intervenção dos APHEs no âmbito do Estado restrito; ii) na amostra dos grupos econômicos e entidades empresariais pesquisadas, *a especialização das entidades não correspondia ao conjunto das conexões econômicas de que seus representados participavam*. Ou seja, as frações do capital exercitam funções econômicas não abarcadas pelas organizações representativas dos setores empresariais: a "autonomização" das formas assumidas pelo capital no seu circuito de reprodução *não* se expressa de forma *direta* e *imediata* na dinâmica da superestrutura política e ideológica.

A tabela trata do fluxo anual dos grupos e firmas presentes no quadro I. Notem que a variação numérica não é de empresários, mas de grupos econômicos e firmas com os quais estavam vinculados. Isto significa considerar situações particulares como, por exemplo, apenas um conselheiro *representar mais de um grupo ou firma* no Conselho.

Ainda assim, as investigações empíricas a respeito dos agentes econômicos representados no CDES indicavam-nos que qualquer delimitação estreita das frações presentes seria bastante complicada. As fontes levantadas mostravam que não poucas vezes o grupo econômico de um mesmo conselheiro estava vinculado simultaneamente às atividades industrial, comercial, de serviços e bancária, tornando bastante arbitrária a definição deste ou daquele grupo social burguês como portador unívoco dos interesses imediatos de uma dada fração do capital *tout court*. A fim de dirimir ao máximo o grau de arbitrariedade, optamos por classificá-los nas frações do capital *cuja atuação econômica nos pareceu claramente preponderante*, segundo as fontes consultadas. Os demais segmentos e atividades em que atuavam constituiam-se, grosso modo, de *capilarizações internas* (subsidiárias ou acessórias) necessárias à atividade-fim, permitindo-lhes deter a maior influência ou controle da cadeia de produção.

Trata-se, portanto, de classificação necessariamente passível de problematização, mas que, no geral, traz o mérito de revelar não apenas *quais* os principais atores econômicos (e governamentais) estavam edificando o propalado projeto de "desenvolvimento com equidade" sustentado pelo esforço da "pactuação" social, mas também *os conteúdos programáticos* trazidos pelos distintos capitais particulares, organizados em seus APHEs.

Estamos tratando apenas dos empresários que se vinculavam diretamente a alguma atividade empresarial *stricto sensu* já que, além deles, havia outros que se credenciavam "apenas" como lideranças ou organizadores de suas associações; ou seja, a pesquisa não encontrou conexões com o exercício da atividade empresarial propriamente dita *entre os anos 2003 e 2010*, como se apresenta no quadro abaixo:

Quadro 2. Conselheiros-empresários não vinculados a Grupos/Firmas (2003-2010)

Conselheiros--empresários	Vínculos com APHES
Alceu Nieckarz	Associação Universal de Empresários Cristãos
Omilton Visconde Júnior	Presidente da Febrafarma
José Augusto Marques	ABDIB e Abinee
Joseph Couri	Assimpi, Ação Empresarial; Fórum da Cidade de São Paulo; Fórum da Cidadania; Fundador do PNBE; Ciesp; Simefre; Abifa
Paulo Skaf	Fiesp, Ciesp, CNI, Sinditêxtil, Protec
Ricardo dos S. Carvalho	Associação Nacional de Veículos Automotores (Anfavea)
Gisela Gorovitz	Associação Brasileira de Empresários pela Cidadania (Cives)
João Bosco Borba	Associação Nacional de Empresários e Empreendedores Afro-brasileiros
Marcos Jank	União das Indústrias de Cana-de-Açúcar (Unica)
Cláudio Elias Conz	Associação Nacional de Comerciantes de Materiais de Construção (Anamaco)
João Paulo dos Reis Velloso	Instituto Nacional de Altos Estudos/Fórum Nacional
Viviane Senna	Conselhos de Administração: Fiesp, CNI, Febraban, Coca-Cola, Citibank, Itaú, Unibanco, Santander, Todos pela Educação. Presidente do Instituto Ayrton Senna

Fonte: *site* do CDES (www.cdes.gov.br) e pesquisas na internet.

Em contrapartida, a pesquisa não encontrou vínculo aparente ou orgânico de alguns conselheiros-empresários com entidades da sociedade civil empresarial ou mesmo de cunho propriamente mercantil-filantrópico nem no momento de suas passagens no CDES nem no período tratado pela pesquisa.[36] Isso significa que a Sedes não seguia rigorosamente os critérios de convocação explanados nos marcos legais constitutivos do Conselho: eram demandados não apenas os empresários "líderes na sociedade civil" (*i.e.*, intelectuais orgânicos dos APHEs), mas também os que eram considerados peças-chaves tanto pelo destaque econômico (e trânsito político) que seus grupos econômicos carreavam na definição da estratégica do modelo de crescimento adotado quanto pela disposição de buscar o consenso ativo na "concertação" com os demais segmentos sociais representados.

Vínculos dos conselheiros-empresários nos APHEs

Uma visão global das inserções de todos os conselheiros-empresários, das frações do capital (industrial, comercial, de serviços, bancária e financeira não bancária) nas mais diversas associações burguesas da sociedade civil pode ser visualizada no quadro abaixo:

[36] Foram sete os empresários que não eram "representantes da sociedade civil" no CDES, à revelia da própria regulamentação legal do Conselho: Alain Belda (Alcoa), Pedro Jereissati (Grupo Jereissati, Telemar, Iguatemi Shopping), Mauricio Botelho (Embraer), Murilo de Aragão (Arko Advice Pesquisas), Nelson Silveira (Grupo Enguia Power), Renato Conill (Grupo Süd Metal) e Walter Torre Jr. (Grupo WTorre Engenharia).

Quadro 3. A presença dos conselheiros-empresários em suas associações da sociedade civil – APHEs (2003-2010)

APHES	Conselheiros-empresários e/ou suas entidades da sociedade civil	Total de membros
Associações Paralelas Setoriais	Abiquim, Abinfina, Apla, Abbi, ABDIB (5), Abinee (4), Aladda, Abimaq (2), Abras, Eletros, Bracelpa, Abit (2), AARS, Asgav, Anfavea (4), ABF, Anprotec, AEB, Andib (2), Abief, Assobens, Abrad, Anapecc, Acrissul, Assimpi, Abecitrus, Assucal, Acoag, Abrasce, Acrefi, Abad, Aciub, Ancab, ADVB, Anamaco, Anbima (2), Assobrave (2), Anefac, Abigraf	54
Associações Paralelas, Centros e Confederações	ACSP (3), ACRJ (2), ACPA (2), ACRGS, Ciergs (2), CIC, Ciemg, Cici/MG, Ciesc, CNC, CNSeg	16
Federações	Fiec, Firjan, Fiepr, Fiemg (5), Fiergs (3), Fiepr, Fiesc, Fieba (2), Fecomércio/SP, Fenabrave, Fenaseg, Fiepa	19
Fiesp	Abílio Diniz; Alair Nascimento; Amarílio Macêdo; Antoninho Trevisan; Benjamin Steinbruch; Daniel Feffer; Eugênio Staub; Ivo Rosset; Horácio Piva; Fernando Ferreira; Jorge Gerdau; José Marques; José Luis Cutrale; Maurílio Biagi Filho; Paulo Skaf; Rodrigo Loures; Roger Agnelli; Sérgio Haberfeld; Viviane Senna; Waldemar Verdi Jr., Paulo Godoy, Rogelio Golfarb, Ivan Zurita, Jackson Schneider, Luiza Trajano, Marcos Jank, Luiz Aubert Neto, Cledorvino Belini, Marcelo Odebrecht	28
CNI	Eduardo Eugênio Vieira; Horácio Piva; José Carvalho; José Mendo Souza; Paulo Skaf; Robson Andrade; Rodrigo Loures; Sérgio Haberfeld; Viviane Senna, Paulo Godoy, Lincoln Fernandes, Paulo Tigre, Carlos Farias; Luiz Aubert Neto, José Conrado Santos, Olavo Machado Jr.	16
Sindicatos Patronais	Sindtrigo, Sinquirj, Simpi/SP, Sindusfarma, Sinditêxtil (2), Sinduscon/MG, Sinaes/SP, Sindag, Sinfavea (3), Sinduscon/BA, Semesp, Sincomaco, Singepa, Sinaees	17
Febraban	Fabio Barbosa, Márcio Cypriano, Gabriel Ferreira, Miguel João Jorge Fº, Roberto Setubal, Viviane Senna, Paulo Godoy, Luiz Eduardo Abreu	8

IEDI	Amarílio Macêdo, Benjamin Steinbruch, Carlos Jereissati Filho, Daniel Feffer, Eugênio Staub, Ivo Rosset, Jorge Gerdau, Marcelo Odebrecht, Roger Agnelli, Sérgio Haberfeld	10
Fórum de Líderes Empresariais	Jorge Gerdau, José Carlos Bumlai, Luiz Leite, Luiz Otávio Gomes, Márcio Cypriano, Maurílio Biagi Filho, Raymundo Magliano, Alair Nascimento, Sônia Regina Hess de Souza, Marcelo Odebrecht	10
Instituto Ethos	Antoninho Trevisan, Daniel Feffer, Mauro Knijnik, Ricardo Young Silva, Roberto Setubal, Rodrigo Loures, Oded Grajew	7
PNBE	Eduardo Eugênio Vieira, Joseph Couri, Luiz Leite, Ricardo Young e Oded Grajew	5
Protec	Eduardo Eugênio Vieira; Paulo Skaf; Rodrigo Loures; Luiz Leite; Luis Aubert Neto	5
Movimento Brasil Competitivo	Jorge Gerdau, Daniel Feffer, Antoninho Trevisan e Adilson Primo	4
Fórum CEOs Brasil – EUA	Jorge Gerdau, José Luís Cutrale, Roger Agnelli	3
Ceal	Cosette Alves, Eugênio Staub, Ivo Rosset, Maurílio Biagi Filho.	4
Cives	Oded Grajew, Pedro Luiz Teruel, Gisela Gorovitz	3
Fundação Dom Cabral	Sônia Regina Hess de Souza, Cledorvino Belini, Robson Braga de Andrade	3
Instituto Liberal	Jorge Gerdau, Raymundo Magliano, Sérgio Reze, Sérgio Haberfeld	4
Instituto Millenium	Daniel Feffer e Jorge Gerdau	2
Movimento Todos pela Educação	Fabio Barbosa, Daniel Feffer, Horácio Piva, Jorge Gerdau, Milu Vilella, Ricardo Young e Viviane Senna	7
Assoc. Parceria Contra as Drogas	Horácio Piva, Fábio Coletti Barbosa, Fernando Ferreira, Márcio Cypriano, Milu Villela, Roberto Setúbal, Roger Agnelli	7
Ação Fome Zero	Antoninho Trevisan, Gabriel Ferreira e José Carlos Bumlai	3
Fórum Nacional /Inae	João Paulo dos Reis Velloso	1

Fontes: *site* do CDES (www.cdes.gov.br) e pesquisas na internet, principalmente nos *sites* das entidades pesquisadas.

O quadro acima mostra que os governos Lula da Silva continuaram a acionar e a reforçar a estrutura sindical e corporativa patronal varguista, durante décadas criticada pelos dirigentes oriundos do novo sindicalismo. As tradicionais estruturas corporativas oficiais do patronato, ao contrário do que se deveria supor para um Conselho que, em tese, deveria traduzir ou se aproximar às formas organizativas mais recentes de atuação e disseminação dos interesses empresariais, continuavam sendo reconhecidas como canais bastante relevantes não apenas de interlocução, mas de intromissão de demandas do empresariado, desde uma perspectiva consensual intraburguesa e em direção aos "de baixo".[37]

O perfil das entidades representativas empresariais no Conselho (lembremos de que os conselheiros eram nomeados pelo Presidente da República) comprova que se tratava de uma arena de consolidação do projeto de hegemonia do grande capital monopolista. A convocação destas entidades patronais para o interior do aparato estatal, por meio do CDES, mas também em outros fóruns, revelava que o bloco político do período empoderava ainda mais a política do grande capital e, especialmente, do grande capital produtor de valor, sobrerrepresentado em relação aos demais setores empresariais. Esta assertiva não *implica* que

[37] A soma das inserções empresariais nas entidades representativas da estrutura sindical oficial – Federações Estaduais (com 19 empresários), Fiesp (com 28 empresários), Sindicatos Patronais (com 17 empresários), CNI (com 16 empresários) e Febraban (com sete empresários) – chega a 87, isto é, quase 40% num total de 234 inserções. O termo "inserções" procura dar conta das múltiplas presenças de um mesmo conselheiro-empresário em várias entidades e, por isso, corresponde ao número muito maior de empresários presentes no quadro.

tal ou qual fração capitalista teria sido preterida no CDES, já que a interpenetração de capitais de atividades distintas não nos autoriza concluir que os interesses da indústria, do comércio, do setor de serviços, do agronegócio ou dos setores bancários e financeiros não bancários fossem (e sejam) contrapostos, excludentes ou mesmo "adversários". Deve-se alertar, contudo, que as disputas entre as formas relativamente autonomizadas do capital, tensionadas pelo evidente entrelaçamento em que se envolvem, permitiram entrever, no estudo sobre o CDES, a paulatina montagem da consolidação de posições programáticas de setores da fração do capital produtor de valor.

Dos 57 empresários listados no quadro III, 13 deles (apenas 23%) não mantinham vínculos com as entidades corporativas oficiais e/ou paralelas do patronato, o que significa, analisando esta amostra empresarial, que a expressiva maioria dos intelectuais orgânicos dos APHEs historicamente constituídos no Brasil difundiam, ramificavam e consolidavam a sociabilidade do capital a partir da criação de outras entidades de gestão e de aperfeiçoamento da expansão dos interesses empresariais na sociedade civil para muito além de suas tarefas estritamente corporativistas, mas sem abandoná-las. Desnuda-se assim um dado momento do "movimento catártico" (do corporativo ao ético-político) do empresariado brasileiro, realizado por meio de programas e agendas resultantes das imbricações (e justaposições, como já aludido) entre suas diferentes entidades, não como união prévia e planejada de blocos associativos de atribuições autônomas e singulares, mas como causa e resultado da necessária e permanente renovação do projeto de hegemonia do capital por meio da edificação de novos instrumentos (camuflados) de ação política, adaptáveis e exequíveis a diferentes tarefas e públicos, especialmente aos subalternos.

Certamente, a proximidade econômica entre as históricas associações corporativas e paralelas e as voltadas para a organização da ação empresarial em vários âmbitos da vida social, expostas no quadro acima, desvelaram seu conteúdo e composição classista. A base material (o mundo da produção) objetiva sobre a qual as entidades patronais da sociedade civil brotavam manifestava-se por meio dos grupos econômicos e firmas de que eram sócios proprietários e/ou gestores. Segundo Fontes,

> Não há também isolamento da sociedade civil com relação ao mundo da produção. Este constitui o solo da sociabilidade a partir da qual se produzem interesses e antagonismos, se forjam as agregações de interesses e vontades, se produz a subordinação fundamental. A sociedade civil é o momento organizativo a mediar as relações de produção e a organização do Estado, produzindo organização e convencimento.[38]

Com os mesmos personagens, do mesmo solo econômico-empresarial, brotavam também iniciativas associativas de cunho genérico, falando diretamente em nome do país ou de "todos" (Movimento Brasil Competitivo e Movimento Todos pela Educação), presentes no CDES. No âmbito do Conselho, amalgamavam-se empresários e suas entidades corporativas com vocação hegemônica. Ultrapassavam suas exigências corporativas, e, sem descartá-las, produziam projetos de adequação subalterna

[38] Fontes, Virgínia. O Brasil e o capital-imperialismo, *op. cit.*, p. 137.

para os trabalhadores, ao passo que ofereciam atendimento precário para algumas das carências populares.

Este procedimento lhes permitia assegurar seus interesses, capturar reivindicações populares e convertê-las em demandas (atendidas de forma assistencialista ou fragmentada) e, sobretudo, aderir o conjunto das políticas públicas ali formuladas ou endossadas a seu envoltório ideológico "para todos", desvinculando-as aparentemente das formas de produção e de especialização econômica.

Por isso, parece-nos que o CDES contribuiu para a formação de um "capital social" dos agentes pesquisados – mobilizado por uma rede de relações econômicas, políticas, sociais e culturais aos quais participavam – na medida em que foi uma instituição que adensou e/ou aprimorou tal rede de relações cujos agentes eram "dotados não só de propriedades comuns (passíveis de serem percebidas pelo observador, pelos outros e por eles mesmos), mas também que são unidos por ligações permanentes e úteis".[39] Em Bourdieu, portanto, a extensão e a reprodução do "capital social" dependem de "estratégias" constitutivas das redes de ligações (contingentes, necessárias ou eletivas) nas quais os agentes estão envolvidos, "incluindo-se desde sentimentos de reconhecimento ou respeito até a noção de direitos".[40] Neste sentido, o CDES habilitava-se, a nosso ver, como produtor de situações, lugares e práticas da rede de ligações

[39] Bourdieu, Pierre. "O capital social – notas provisórias". *In:* Catani, A. & Nogueira, M. A. (orgs.) *Escritos de educação.* Petrópolis: Vozes, 1998 *apud* Neves, L. M. W.; Pronko, M. & Mendonça, Sonia Regina de. Capital Social. *In:* Pereira, Isabel Brasil. *Dicionário de educação profissional em saúde.* Rio de Janeiro: EPSJV, 2009, p. 78-79.

[40] *Id.*, p. 79.

(de sociabilidades) do empresariado, oferecendo-lhe maior sintonia e homogeneidade de intervenção.

Ainda em relação às entidades da sociedade civil empresarial arroladas no quadro III, salta aos olhos a preponderância das associações das diversas frações do capital cuja sede localiza-se no estado de São Paulo. Supremacia esta que não é por acaso: tomando por base a sede das firmas, grupos econômicos ou associações a que se vinculam os conselheiros-empresários pesquisados, o levantamento realizado nos revelou que, na composição inaugural do CDES em 2003, foi a região Sudeste o lócus principal da atividade associativa e empresarial. Dos 49 pesquisados, 38 (78%) conselheiros-empresários concentravam-se nesta região.

A exposição fria dos dados não pode estar separada do significado político que ela busca retratar ou ocultar. O complexo Fiesp-Ciesp, a CNI e a Firjan são entidades patronais da sociedade civil historicamente imersas na defesa, organização e atuação política do empresariado – aparelhos de hegemonia –, em suas frentes de batalha que, via de regra, extrapolam o muro dos interesses puramente econômico--corporativos. Trata-se de associações do Estado-Maior do grande capital no Brasil. A intensa concentração e conglomeração permite inferir também que tais entidades involucram interesses mesclados e frações do capital, posicionados como porta-vozes do grande capital monopolista.

Vinculações dos conselheiros-empresários com os órgãos da sociedade política

Além de ser um fórum de convergência entre aparelhos privados de hegemonia empresariais e Estado restrito, o CDES também se credenciou como uma importante plataforma de facilitação de abertura de novos canais para a ampliação do ingresso do empresariado. Historicamente, as entidades empresariais comparecem junto a órgãos, aparelhos e agências da sociedade política. Ademais, a pesquisa revelou que o CDES contribuiu para que elas não apenas mantivessem, mas também adentrassem em outros órgãos do Estado para ampliar o seu escopo de intervenção e o atendimento de suas demandas.

Os conselheiros-empresários pesquisados não apenas estavam entrelaçados no mundo dos negócios, nas variadas e distintas entidades da sociedade civil patronais e mercantil-filantrópicas que criaram ou às quais aderiram, como também na sociedade política (órgãos, agências, aparelhos do Estado restrito).

Os empresários do CDES no MDIC e em outras agências estatais

A ampliação empresarial do Estado, por influência do CDES, teve como carro-chefe a maior ocupação do Ministério do Desenvolvimento da Indústria e Comércio (MDIC) e suas agências. Este foi o aparelho estatal onde mais se abrigavam conselheiros-empresários do Conselho. Basta lembrar que, nos dois primeiros governos Lula da Silva, o ministro do MDIC, Luiz Fernando Furlan, então presidente da Sadia, era um dos mais destacados empresários do capital produtor de valor, com conexão em várias entidades patronais da sociedade civil e muito reverenciado quando comparecia às plenárias do CDES. Seu sucessor, Miguel João Jorge Filho, também era destacado empresário que ocupara cargo de direção na Volkswagen (1988-2000) e no então Grupo Santander Banespa (2002-2007) – e nas entidades patronais destes setores – quando alçou ao cargo de ministro do MDIC e foi conselheiro-empresário do CDES entre 2003 e 2007.

Os conselheiros-empresários tiveram grande influência na criação de duas importantes agências de sustentação das demandas empresariais: o Conselho Nacional de Desenvolvimento Industrial (CNDI) e a Agência Brasileira de Desenvolvimento Industrial (ABDI),[41] ambas ligadas ao MDIC.

A ligação mais orgânica do CDES com as demais agências da sociedade política foi com o CNDI. Criado em 2004, também era um órgão de caráter consultivo, com representantes de 13 ministros, 11 lideranças empresariais e três representantes do setor laboral,[42] tinha como presidente o Ministro do Desenvolvimento, Indústria e Comércio. Segundo a lei 11.080/04 (que também criou a ABDI), tinha "a atribuição de propor ao Presidente da República políticas nacionais e medidas específicas destinadas a promover o desenvolvimento industrial do país".[43]

A listagem das pautas discutidas no CNDI era sem dúvida menor e, em certa medida, replicava o que os conselheiros-empresários do CDES debatiam, contribuindo para o dúplice assento de alguns capitalistas nas duas agências. De fato, havia um entrelaçamento de pautas e de empresários. Na do-

---

41 Os empresários no CDES que participavam da ABDI eram Daniel Feffer, Olavo Machado Jr. e Rodrigo Loures.

42 Tiveram assento no CNDI os seguintes empresários do CDES: Ivo Rosset, Amarildo Macedo, Jorge Gerdau, Maurício Botelho, Eugenio Staub, Luiz Carlos Delben, Miguel Jorge, Paulo Godoy. Do setor da burocracia sindical compareciam Antonio Neto (CGTB) e Luiz Marinho (CUT). Os ministros que participavam nos dois órgãos eram: Dilma Rousseff, José Dirceu, Fernando Furlan, Paulo Bernardo, Celso Amorim, Henrique Meirelles e Ricardo Berzoini.

43 Disponível em: www.planalto.gov.br/ccivil_03/_Ato2004-2006/2004/Lei/L11080.htm. Acesso em: 12 abr. 2023.

cumentação do CDES havia menção aos trabalhos do CNDI, bem como nas reuniões plenárias. Ao que parece, o CDES absorveu e ampliou as pautas do empresariado presentes no CNDI, tanto que este último, a partir de 2007, segundo De Toni, "perdeu potência":[44]

> Fato é que os dois conselhos sempre funcionaram com 'pautas sintonizadas'. Podemos inferir também que o 'Conselhão' substituiu o CNDI como espaço de 'concertação', no segundo mandato de Lula, na medida em que as políticas industriais propostas foram incorporadas nos temas da então chamada 'Agenda Nacional de Desenvolvimento – AND' e o próprio CNDI perdeu significado político.[45]

Parece-nos que o peso econômico do conjunto do capital representado no CDES e seu papel propulsor e articulador de um amálgama entre setores burgueses e de acionamento e obtenção tensionada do consentimento ativo dos grupos subalternos não alcançou paralelo no CNDI. Enquanto neste último houve conquistas estritamente corporativas para alguns setores do capital produtivo, especialmente no âmbito da política industrial com a Política Industrial, Tecnológica e

---

[44] De Toni, Jackson. *Novos arranjos institucionais na política industrial do governo Lula: a força das novas ideias e dos empreendedores políticos.* Tese (Doutorado em Ciência Política), Programa de Pós-Graduação em Ciência Política, Universidade de Brasília, Brasília, 2013, p. 185.

[45] *Id.*, p. 256. Em agosto de 2005, foi aprovada na plenária do CDES a Agenda Nacional de Desenvolvimento (AND), documento fruto das discussões internas da plenária mas, principalmente, do acúmulo de debates do Grupo Temático "Fundamentos Estratégicos para o Desenvolvimento", composto por cerca de 50 conselheiros. Nossa pesquisa evidenciou, na AND, a "preponderância das pautas empresariais, conjugadas a um mix de políticas sociais e trabalhistas, que não raras vezes aparece atrelado subalternamente e/ou derivado do êxito das questões econômicas alinhavadas. Apesar das pautas empresariais serem bastante diversificadas, fica bastante evidente a preponderância das demandas do grande capital produtor de valor". Guiot, André Pereira. *Dominação burguesa no Brasil*, *op. cit.*, p. 253.

de Comércio Exterior (PITCE), no primeiro o propósito e o alcance exprimiam um projeto de sociabilidade muito mais amplo, isto é, ético-político.

Além da ABDI e do CNDI, alguns conselheiros-empresários se faziam representar no Conselho Consultivo do Setor Privado da Camex (Câmara de Comércio Exterior) – o Conex. Este órgão também era presidido pelo ministro do MDIC e integrante do Conselho de Governo da Presidência da República. Foi a arena estatal em que encontramos maior número de conselheiros-empresários (total de 10 empresários entre 2005 e 2010),[46] com a presença permanente de Marcelo Odebrecht e Roger Agnelli. De acordo com o *site* da Camex, compete ao Conex "apresentar estudos e propostas de aperfeiçoamento da política de comércio exterior". É composto por até 20 lideranças do setor privado e seus temas versavam acerca da ampliação e aprofundamento de estratégias de inserção das exportações brasileiras no comércio mundial, com foco no Mercosul. Averiguando apenas os conselhos do CDES que participavam do Conex, nota-se que era mais uma agência predominantemente composta por destacados APHEs e por representantes do grande capital monopolista.

No Ministério da Fazenda, principalmente por ocasião da crise econômica de 2008, foi criado o Grupo de Acompanhamento da Crise (Gac), com larga presença de empresários do

[46] Eram eles, em 2005: Armando Monteiro Neto, Marcelo Odebrecht, Maurício Botelho, Roger Agnelli. Em 2008: Antonio Gil, Armando Monteiro Neto, Luiz Aubert Neto, Marcos Jank, Marcelo Odebrecht, Roger Agnelli. Em 2010 (re)assumem: Marcos Jank, Cledorvino Bellini, Marcelo Odebrecht, Robson Braga de Andrade, Paulo Godoy e Roger Agnelli. Disponível em: www.camex.gov.br/legislacao/ interna/id/700 e www.desenvolvimento.gov.br/arquivo/legislacao/rescamex/2005/rescamex035-05.pdf. Acesso em: 04 mar. 2015.

CDES. Também localizamos conselheiros-empresários em agências reguladoras (Aneel e Anac), no Ministério da Agricultura, Pecuária e Abastecimento (Mapa) e no Ministério da Ciência e Tecnologia (MCT). Constatamos ainda que alguns deles detinham assentos nos conselhos de administração da Petrobras e do BNDES. No âmbito estadual, havia empresários que atuavam (ou registravam trajetórias) em órgãos, empresas públicas e bancos estaduais de desenvolvimento.

Quadro 4. Vinculações dos Conselheiros-Empresários com os demais órgãos da Sociedade Política

Sociedade política	Conselheiros	Total de membros
Conselhos e agências do MDIC	Antonio Gil, Armando Monteiro Neto, Cledorvino Bellini, Eugênio Staub, Ivo Rosset, Jorge Gerdau, Joseph Couri, Luiz Aubert Neto, Luiz Leite, Marcelo Odebrecht, Marcos Jank, Maurício Botelho, Miguel Jorge Fº, Paulo Godoy, Robson Braga de Andrade, Roger Agnelli, Rodrigo Loures.	17
Ministérios e órgãos estatais	Antoninho Trevisan, Antonio Silva, Cláudio Conz, Fernando X. Ferreira, Humberto Mota, Luiz Aubert Neto, Joseph Couri, Maria Ferreira, Oded Grajew, Raymundo Magliano Fº, Rinaldo Soares, Rodrigo Loures.	12
Conselhos de Adm. de Empresas Estatais	Benjamin Steinbruch, Fábio Barbosa, Fernando X. Ferreira, Humberto Mota, Jorge Gerdau, Roger Agnelli.	6
BNDES	Benjamin Steinbruch, Eduardo Vieira, Luiz Aubert Neto, Luiz Leite, Paulo Skaf.	5
Secretarias e empresas públicas estaduais	Humberto Mota, José Carvalho, João Campos, Maria Ferreira, Mauro Knijnik, Olavo Machado Jr., Paulo Godoy, Paulo Simão, Pedro Teruel, Robson Andrade.	10
Bancos de Dev. Estaduais	João Elísio Campos, Mauro Knijnik, José Mendo Mizael.	3
Cargos eletivos	José Carvalho (PTB/PR), João Elísio Campos (Arena/PMDB/PR), Maria Ferreira (PMDB/MG), Pedro Teruel (PT/MS).	4

Fontes: *site* do CDES (www.cdes.gov.br) e pesquisas na internet.

Do total de 88 empresários que passaram pelo CDES entre 2003 e 2010, 40 deles, isto é, praticamente 50%, vincularam-se às agências da sociedade política, além do próprio Conselho, é claro. Nota-se que muitos empresários se entrelaçavam também nas agências da sociedade política. No caso do CNDI e do Conex, constituíram um "grupo de ação permanente" empresarial que transitava entre os dois órgãos. Com a crise de 2008, foi criado o Gac, onde muitos desse núcleo empresarial do CDES estariam também presentes, como veremos a seguir.

Os empresários do CDES no Grupo de Acompanhamento da Crise do Ministério da Fazenda (Gac/MF)[47]

Empresariado e Estado não participavam da gestão conjunta da crise econômica apenas por meio do CDES. Outros canais no aparato estatal foram franqueados à participação de grandes empresários, muitos deles conselheiros do CDES. Como já mencionamos, no final de 2008 foi

[47] É muito importante salientar que o CDES mantinha, dentre vários Grupos de Trabalho (GTs), o Grupo de Acompanhamento de Conjuntura Econômica (Gace), formado em 2003 e constituído por 25 conselheiros. Tinha como finalidade acompanhar e avaliar a política econômica do governo federal. Reunia-se com autoridades da área econômica, como o presidente do Banco Central, o Secretário do Tesouro Nacional, o Ministro do MDIC e membros do Ministério da Fazenda. Por ocasião da crise econômica internacional (2008 e 2009), esse grupo passou a se chamar Grupo de Acompanhamento de Conjuntura Econômica (Gace) – Monitoramento da Crise Econômica Internacional e já contava com 66 conselheiros, dos quais 39 (60%) eram empresários. Nesse período, além da presença de autoridades da área econômica do governo, passou a ser constante a presença da cúpula do BNDES e da Petrobras. Entretanto, o Gace do CDES não se confunde com o Gac/MF. Esse último foi outra arena de inserção dos interesses empresariais criada no interior do Ministério da Fazenda que também absorveu conselheiros-empresários do CDES. As sólidas e constantes vitórias empresariais do Gace/CDES não foram contempladas neste artigo.

criado o Gac/MF, renomeado em outubro de 2009 como Grupo de Avanço da Competitividade. Constituído por ministros, integrantes do governo e lideranças empresariais, com reuniões mensais a partir de janeiro de 2009, o GAC/MF estabelecia uma linha direta entre as mais expressivas lideranças empresariais e o núcleo econômico do aparato estatal, principalmente com o ministro da Fazenda Guido Mantega (coordenador do Grupo), com o ministro do Desenvolvimento, Indústria e Comércio (Miguel Jorge), com o presidente do Banco Central (Henrique Meirelles) e do BNDES (Luciano Coutinho).

A motivação alegada para a criação do Grupo foi a "abertura de diálogo" com os setores empresariais, de forma a adequar e encaminhar medidas de contenção da crise em consonância com análises traçadas pelos setores econômicos. Na prática, porém, o Gac servia como uma espécie de "feira livre" para angariar novas e velhas demandas empresariais em que se acolhiam enxurradas de pressões setoriais e consensos intraempresariais, tais como desonerações dos investimentos, incentivos fiscais e tributários, prorrogação de recolhimentos tributários, aceleração de devolução de créditos tributários, ampliação do crédito pelos bancos públicos, inclusive para micro e pequenas empresas, dentre outros, todos exaustivamente exigidos nas reuniões plenárias do CDES. Como alude reportagem do jornal *O Estado de São Paulo*:

> O turbilhão de pedidos tem deixado confusos os secretários do ministro da Fazenda, Guido Mantega, responsáveis pela análise das reivindicações. [...] 'Está faltando bom senso'. O governo fica entre desonerar e garantir mais recursos na mão do contribuinte (empresa ou pessoa física) ou usar o aparato do Estado para garantir investimento e crédito que possam estimular depois a atividade econômica. [...] Dois

> integrantes da equipe econômica já confidenciaram que o Gac foi uma decisão errada, porque trouxe a crise e o *lobby* para a portaria do Ministério da Fazenda, onde ganham 'voz mais amplificada' com a cobertura jornalística permanente.[48]

Com o Gac/MF, os empresários mantinham relações diretas e mais próximas com quem orquestrava as decisões de política econômica do governo, o que certamente facilitava e deixava às claras os entraves e as exigências para a realização de programas dos setores do capital. Desse modo, não era necessário que se preocupassem em acenar com a "concertação", de trabalhosa e paciente construção, exigida por um Conselho de composição híbrida, como o CDES.[49] Em suma, era um canal por onde o empresariado poderia agir com maior fluidez, deslocando os formatos clássicos de sua participação no Estado ampliado por meio de novos acessos mais diretos para a gestão da crise, tendo como mote o combate à crise econômica, permitindo a maior coesão interna da classe e consistência à articulação com a alta burocracia estatal.

Os mais destacados intelectuais orgânicos do capital no CDES pareciam trabalhar simultânea e conflituosamente em diferentes momentos da consciência política coletiva burgue-

48 Fernandes, Adriana. "Ministério da Fazenda virou 'Porta da Esperança'". *O Estado de São Paulo*, 28 fev. 2009. Disponível em: http://economia.estadao.com.br/noticias/geral,ministerio-da-fazenda-virou-porta-da-esperanca,331445. Acesso em: 12 abr. 2023.

49 Não havia representação sindical-laboral nas reuniões do Gac/MF. Por isso, queixou-se o conselheiro Arthur Henrique (CUT) na 32ª reunião plenária no sentido de "cobrar a participação dos trabalhadores no grupo de acompanhamento ou grupo de aumento da competitividade, para que possam participar efetivamente desse grupo discutindo, inclusive, as contrapartidas em relação a tão importantes medidas que foram apresentadas aqui. Temas como o trabalho decente e a garantia do emprego como contrapartidas sociais importantes devem ser mais bem debatidos". (Ata da 32ª Reunião Plenária, 09/12/09, p. 20).

sa. Ao bradarem pela resolução de seus problemas pontuais e setoriais, davam mostras de que não estavam capacitados a transcender o nível econômico-corporativo das relações de forças; ao procurarem (também) no CDES o aperfeiçoamento do programa social-liberal (expresso no projeto "desenvolvimento com inclusão social"), assimilando e promovendo compromissos com os segmentos subalternos da coalizão presentes, buscavam alçá-lo à condição da direção hegemônica. Na verdade, no nosso entender, trata-se de divisões não excludentes e complementares de ações organizativas dos setores dominantes, conformando frentes de ação multidirecionais da luta e da intervenção política dos dominantes, as quais se traduzem por meio da unidade projetiva de sociabilidade (operacionalização da hegemonia), que carreia e responde à diversidade de unidades de acumulação competitivas, isto é, ao plano da produção e do interesse setorial. Parece-nos que, no Brasil recente, a oxigenação contínua da hegemonia precisa operar em nome dos subalternos, por meio da adesão ativa ou passiva, mas sem jamais abarcar o que é essencial. Gramsci assinala o movimento que se pretende captar e entender:

> O fato da hegemonia pressupõe indubitavelmente que sejam levados em conta os interesses e as tendências dos grupos sobre os quais a hegemonia será exercida, que se forma um certo equilíbrio de compromisso, isto é, que o grupo dirigente faça sacrifícios de ordem econômico-corporativa; mas também é indubitável que tais sacrifícios e tal compromisso não podem envolver o essencial, dado que, se a hegemonia é ético-política, não pode deixar de ser também econômica, não pode deixar de ter seu fundamento na função decisiva que o grupo dirigente exerce no núcleo decisivo da atividade econômica.[50]

[50] Gramsci, Antonio. *Cadernos do cárcere*, v. 3. Maquiavel. Notas sobre o Estado e a política. 2ª ed. Rio de Janeiro: Civilização Brasileira, 2002, p. 48.

A capacidade de articulação do empresariado presente no CDES, organizado em frentes de ação na sociedade civil e política, de construir e formatar objetivos gerais de sociedade e de operacionalizar ações requeridas no campo corporativo--imediato, não é tributário apenas das condições advindas de crise. Mas o fato é que, na situação de gestão da crise sob o governo Lula da Silva, o Estado ampliado teve tendência a abrir ainda mais suas comportas para a vazão dos interesses dominantes, ainda que tal ampliação continuasse atravessada por novas modalidades de seletividade. Esse parece ser um caminho analítico sólido para o caso dos empresários que participavam tanto do Gac/MF quanto do CDES.

Quadro 5. Empresários participantes do CDES e do Gac/MF e suas vinculações com as demais agências do Estado restrito (2003-2010)[51]

Conselheiros	APHES	Vinculações com o estado restrito (além do Gac)
Armando Monteiro Neto	CNI	Membro da Câmara dos Deputados e do Senado Federal (PMDB-PTB).
Claudio Elias Conz	Anamaco	Membro do Conselho Curador do FGTS representando a Confederação Nacional do Comércio (CNC); Comitê Nacional de Desenvolvimento Tecnológico da Habitação (CTECH), ligado ao Ministério das Cidades.

[51] Outros empresários participavam do Gac/MF, mas não eram conselheiros apesar de suas entidades ou grupos econômicos dele participarem: um representante do Grupo Pão de Açúcar que não conseguimos identificar o nome; Melvin Fox, presidente da Abramat e Aguinaldo Diniz Filho, presidente da Abit. Ressaltamos a dificuldade em conhecer os empresários membros do Gac, já que nunca foi divulgada uma lista de nomes que o compunha. Os empresários que figuram no quadro V foram identificados por fotos tiradas da mesa de trabalho Gac/MF, recolhidas no Banco de Mídia da CNI. Disponível em: www.portaldaindustria.com.br/bm/albuns/cni/18513/6a-reuniao-do-grupo-de-acompanhamento-da-crise#prettyPhoto. Acesso em: 16 jan. 2015.

Fábio Barbosa	Febraban	Membro do Conselho de Administração da Petrobras (2003-2011).
Jackson Schneider	Anfavea/ Fiesp	Membro do Conselho de Contribuintes do Ministério da Fazenda.
Jorge Gerdau	Fiesp/Iedi/ IBS/MBC/ Instituto Millenium/ Todos pela Educação	Membro do Conselho de Administração e Comitê de Sucessão e Remuneração da Petrobras, Membro do Conselho Nacional de Desenvolvimento Industrial (CNDI). Membro do Conselho de Ciência e Tecnologia (MCT). Coordenador da Câmara de Gestão e Planejamento do Governo Federal. Presidente do Conselho do Prêmio Qualidade do Governo Federal.
Luiz Aubert Neto	Abimaq/ CNI/Fiesp	Membro da Junta Finame do BNDES, Conselheiro do Conex – Conselho Consultivo do Setor Privado da Camex, Membro do Conselho de Agronegócio – Consagro do Mapa.
Joseph Couri	Assimpi/ PNBE/ Ciesp	Faz parte do Fórum Permanente da Micro e Pequena Empresa do MDIC.
Paulo Godoy	ABDIB/ CNI/ Fiesp	Membro do CNDI – Conselho Nacional para o Desenvolvimento Industrial.
Paulo Simão	CBIC/Fiemg	Não encontradas.

Fontes: *site* do CDES (www.cdes.gov.br) e pesquisas na internet.

Dos nove conselheiros-empresários do CDES participantes do Gac/MF, praticamente todos (com exceção do empreiteiro Paulo Simão) estabeleceram laços de vinculação ao Estado restrito. É evidente que muitos outros empresários instalados no Conselho circulavam em várias agências da sociedade política durante os governos Lula, preferencialmente no Conselho Consultivo do Setor Privado (Conex) da Câmara de Comércio Exterior (Camex), órgão do MDIC.

O cotejo entre os quadros IV e V mostra que três empresários se envolviam simultaneamente nas discussões no Gac/MF e marcavam expressiva presença no total de eventos e plenárias do CDES (acima de um terço) sobre a crise econômica: Paulo Simão (CBIC), Paulo Godoy (ABDIB) e Joseph Couri (Assimpi). Deve-se dar a devida atenção às insistentes intervenções desses empresários no Conselho e à sua militância na organização política de frações da burguesia. Especialmente no período de crise, ao lado de outros empresários de destacadas intervenções nas plenárias e participações nas instâncias internas e em eventos (Antoninho Trevisan, Murilo Aragão, João Bosco Borba, Armando Monteiro Neto), contribuíram para que suas demandas fossem acatadas, consoante as apresentações das políticas implementadas (ou em via de sê-lo) por parte de Guido Mantega, de Luciano Coutinho, de Miguel Jorge e de Henrique Meirelles nas plenárias do CDES. Apontavam estas autoridades para medidas que beneficiavam o setor da construção civil, o setor de obras para infraestrutura, as micro e pequenas empresas e o setor de máquinas e equipamentos,[52] principalmente no que tange aos recursos creditícios para financiamento e investimento, fator reconhecido entre eles como sendo o principal canal de propagação da crise no Brasil e, não por acaso, demandado inúmeras vezes pelos conselheiros nas plenárias no período de crise.

Conclusão

Ombreado com as preocupações gerais dos artigos publicados neste livro, o presente estudo procurou evidenciar uma das configurações das relações entre Estado e entidades empresariais da sociedade civil operada durante o primeiro e o segundo governos de Lula da Silva. A ampliação do Estado neste período efetivou-se, também, por meio da ampliação

---

[52] Os incentivos à indústria automobilística também eram anunciados nas plenárias do Conselho por algumas autoridades governamentais, inclusive pelo próprio Lula.

da introjeção de APHEs no âmbito do Estado restrito – mais especificamente, no caso do CDES, no Executivo –, sob o formato de "democratização participativa das decisões", ou seja, instituindo o empresariamento da gestão participativa no interior do aparato estatal.

Como arena que reclamava para si o papel de aglutinadora das mais destacadas lideranças da "sociedade civil" no Brasil, escolhidas pelo próprio Presidente da República e ostentada como instrumento de "democratização civilizada" do Estado e da sociedade, o CDES exprimia flagrante caso de ampliação da inserção de destacados setores do capital no aparato estatal e em nada se identificava com qualquer alargamento das franquias democráticas e populares, a não ser castrando-as e ressignificando-as não apenas como estratégia de adesão ativa ao projeto, mas como aprofundamento da subsunção formal do trabalho ao capital, pois, para sua realização, não havia necessidade do propalado "desenvolvimento sustentável", isto é, a expansão da acumulação capitalista.

A forma "conselho" pareceu bastante adequada para tal intento. O envolvimento de diversas lideranças sociais, postas sob um processo de "diálogo" ou "pactuação" social e sob o auspício de um governo cujo partido abarcou em sua trajetória a mobilização de corações e mentes para um projeto de participação popular efetivo[53] mistifica, burla e inverte – enfim, fetichiza – a ideia de representação e, portanto, de democracia (ainda que nos marcos do liberalismo)

---

53 As clivagens e disputas mais candentes nas plenárias do "Conselhão" – tanto entre os vários segmentos que o compunha quanto entre estes e os representantes dos governos Lula –, bem como o processo de construção da hegemonia do grande capital no interior do CDES, foram analisadas nos capítulos 3 e 4 da tese de doutorado: Guiot, André Pereira. *Dominação burguesa no Brasil*, *op. cit.*, p. 183-343.

na qual os setores menos representados no Conselho são os mais decisivos eleitoralmente e os majoritariamente presentes no CDES representam um eleitorado infinitesimal. Um punhado de empresários, seus intelectuais, entidades e empresas tornaram-se a maioria inconteste, enquanto as grandes massas populares tornavam-se uma gota no plenário do Conselho. O consenso que aparentemente expressava um acordo entre "iguais" não apenas aprofundava a desigualdade entre eles, mas a cristalizava. Um procedimento totalmente antidemocrático não apenas invalidava o princípio majoritário caro aos processos democráticos, como os institucionalizava de maneira tendencialmente permanente.

Nesse sentido, a pesquisa sobre o CDES mostrou que a busca pelo rearranjo institucional de ampliação estatal atravessou um processo de *aggiornamento* cujo resultado mais dramático foi a inversão do controle social. As expectativas não exprimiam ou derivavam da vontade ou do apelo, por meio da participação popular, por garantia e ampliação de direitos sociais e de acesso participativo e democrático às decisões públicas que afetassem o conjunto dos trabalhadores da cidade e do campo. Na experiência do CDES, o econômico se sobrepôs ao político efetivando a referida inversão justamente nos formatos das arenas originárias de lutas populares: os conselhos de participação popular nascidos como instrumentos para contrapor interesses empresariais incrustados nas administrações públicas por meio da intromissão de canais contra hegemônicos ao impor a socialização da política e agendas prioritárias advindas das lutas sociais. Nas palavras de Florestan Fernandes:

> Ora, o conselho envolve, primariamente, a participação popular como uma forma de poder popular. [...] Ele cons-

> titui uma via de injeção do poder popular no seio do Poder Executivo Municipal [...].
>
> Por aí se vê que não se trata apenas de estabelecer critérios e prioridades, com aval popular, mas de organizar a participação popular como poder autônomo – isto é, não incorporado ao aparelho do Estado na esfera do município. Cabe ao conselho popular uma atividade permanente e paralela na elaboração de diretrizes, ações e decisões de legitimidade própria, consagrada pelo direito objetivo da *vox populi*.[54]

O conselho trabalhava visando não o fortalecimento da organização e da autonomia do poder popular, mas educando para o consenso empresarial, expresso pela montagem de uma pedagogia da hegemonia dirigida pelo grande capital, urgida por meio de seus APHEs, com o auxílio político de operadores governamentais, alguns pertencentes à própria direção petista. O exercício permanente de operacionalização da hegemonia, levado a cabo pelos sujeitos coletivos em tela, exigia um (des)aprendizado pedagógico mútuo: fornecia às burguesias os meios intelectuais e discursivos de uma liderança social aparentemente civilizada e democrática, avançando nas suas demandas corporativas, concomitante à (des)educação das lideranças "de baixo". Nesta casamata empresarial *sui generis*, os segmentos ligados aos setores populares assimilavam práticas e ideários dominantes, sua linguagem perdia o mordente das lutas de classes ao aceitarem e comungarem com a inversão efetiva da democracia que o CDES expressava.

---

[54] Fernandes, Florestan. *A transição prolongada: o período pós-constitucional*. São Paulo: Cortez, 1990, p. 133, grifos meus. Este trecho corresponde ao artigo de Florestan na *Folha de S.Paulo* em 16 dez. 1988, sob o título de "Os conselhos populares e o PT".

Tratou-se, sim, de um importante momento na edificação de mais um dos muitos formatos (casamatas, trincheiras e fortificações) inaugurados pela burguesia brasileira, desta vez no aparato estatal em sentido estrito, logrando o consentimento ativo dos grupos subalternos, contribuindo para plasmar a sociabilidade do capital para o conjunto da vida social, auxiliando na captura e adestramento dos espaços e das formas de luta democrática dos subalternos pelos setores do capital.

O EMPRESARIAMENTO BRASILEIRO E CONEXÕES INTERNACIONAIS

Capítulo 5

Revolução passiva e desenvolvimento capitalista no Brasil: o Eximbank e o imperialismo estadunidense na formação do aparelho econômico de Estado brasileiro (1933-1945)[1]

Thiago Ribeiro[2]

Introdução

Os anos 1930 foram dos mais críticos para a história do capitalismo, com a Grande Depressão impactando as mais diversas formações sociais capitalistas muito além das suas dimensões imediatamente econômicas – assim como as próprias relações entre estas formações entre si. Nesse sentido, o caso das relações entre Estados Unidos (epicentro da crise) e Brasil não foram exceção, com inflexões determinantes nessas relações ao longo da década e cujos desdobramentos se fizeram sentir nos anos posteriores.

---

1 O presente texto baseia-se em parte de nossa pesquisa realizada no âmbito do doutorado. Ribeiro, Thiago R. Marques. *O Export-Import Bank of Washington e o desenvolvimento do capitalismo brasileiro: finanças, industrialização, Estado e sociedade.* Tese (Doutorado em História). Programa de Pós-Graduação em História, Universidade Federal Fluminense, Niterói, 2017.

2 Doutor em História pela UFF, atualmente é professor do Instituto Federal do Espírito Santo (Ifes). Contato: th.marquesribeiro@gmail.com.

Os críticos anos 1930 resultaram no adensamento das históricas relações econômicas e políticas entre ambas as formações capitalistas. Se desde o período da chamada segunda escravidão (século XIX) os Estados Unidos já representavam o maior mercado para as exportações brasileiras (no caso, o café), assim como desde aproximadamente a Primeira Guerra Mundial (1914-1918) aquele mercado tornou-se a principal origem das importações brasileiras, na década de 1930 o capitalismo estadunidense somaria a estas duas posições de destaque a de maior credor da economia capitalista brasileira, deslocando, assim, a praça financeira de Londres. Longe de representar uma trajetória linear e incoercível, a conjugação dos papéis de principal parceiro comercial e financeiro se deu atravessada por conflitos entre diferentes setores das classes dominantes de diferentes países, sendo essa temática um dos capítulos das lutas interimperialistas daqueles anos que culminaram na eclosão da segunda rodada de mútua aniquilação representada pela Segunda Guerra Mundial (1939-1945).

É nesse contexto turbulento, mais precisamente em 1934, que é criada a agência estadunidense que nos interessa no presente capítulo: o Export-Import Bank of Washington (Eximbank), realizando suas primeiras operações com a economia brasileira em 1935. Procuramos explorar como esse banco atuou na construção do papel de destaque do capitalismo estadunidense sobre nossa economia e sociedade e de como, além da supremacia comercial e financeira, o Eximbank também atuou para a construção da subordinação política e intelectual do capitalismo brasileiro ao imperialismo dos Estados Unidos.

Além de operar sempre em articulação com outras agências de Estado dos EUA (especialmente o Departamento de

Estado) e da sociedade civil com interesses na economia e sociedade brasileira, o Eximbank por diversas vezes esteve associado a "missões de cooperação técnica" que visavam incidir sobre os rumos do capitalismo brasileiro, assim como nas transformações que vinham sendo operadas no aparelho econômico de Estado naqueles anos. Dessa forma, buscou-se influenciar do ponto de vista político e intelectual a modalidade de planejamento econômico que vinha sendo gestada naqueles anos. Podemos citar as missões William (1935), Taub (1942), Cooke (1943), Abbink (1948) e a Comissão Mista Brasil-Estados Unidos (1951-1953) – esta última com forte influência nos moldes assumidos pelo Plano de Metas de Juscelino Kubitschek nos anos seguintes. Contaram com empréstimos do Eximbank – muitos deles frutos diretos das missões mencionadas – agências econômicas do Estado brasileiro como o Banco do Brasil, a Cia. Vale do Rio Doce (CVRD), a Cia. Siderúrgica Nacional (CSN), o Banco Nacional de Desenvolvimento Econômico (BNDE) e diversos projetos de investimentos elaborados pela Comissão Mista – estes últimos especialmente nas áreas de infraestrutura de transporte e energia, entendidos como "pontos de estrangulamento" ao crescimento econômico capitalista brasileiro.

Aproveitando esta introdução para breves considerações teóricas pertinentes ao objeto em estudo, destacamos que o conceito de aparelho econômico de Estado é desenvolvido por Nicos Poulantzas em sua obra *O Estado, o poder, o socialismo*, sendo o aumento das funções econômicas do Estado um dos fenômenos mais significativos do Estado capitalista no século XX. Destacamos a associação desse conceito ao de "economia programática" desenvolvido por Gramsci nos *Cadernos do cárcere*, sendo este o principal conteúdo da vaga de revoluções passivas aberta após a Primeira Guerra Mundial e, especialmente, após a Revolução Russa de 1917.[3] De forma sumaríssima, entendemos que o desenvolvimento do aparelho econômico do Estado em direção a funções de planejamento econômico no início do século XX procurava cumprir as exigências postas pelas profundas crises que passava o capitalismo naqueles anos e pela dinâmica da luta de classes em âmbito internacional, aguçada ainda mais com os processos revolucionários em que a "economia programática" era um elemento central no caminho de construção do socialismo. Assim, essa era de revoluções passivas em que se insere o período deste trabalho buscava justamente, por meio de reformas moleculares, inserir elementos de planejamento econômico e racionalização econômica no enfrentamento das crises profundas por que passava o sistema capitalista, preservando em seu núcleo a propriedade e a acumulação privada de capitais (assim como a própria relação-capital) e afastando os "perigos" de ruptura revolucionária que abrissem as portas para a superação da própria formação social capitalista.[4]

Feitas estas considerações, seguiremos na segunda seção do capítulo explorando o contexto de implementação do New Deal nos anos da Grande Depressão, como o Eximbank se situava naquele conjunto de forças sociais e políticas,

---

3 Poulantzas, Nicos. *O Estado, o poder, o socialismo.* Rio de Janeiro: Graal, 1980; Gramsci, Antonio. *Cadernos do cárcere.* v. 1: Introdução ao estudo da filosofia. A filosofia de Benedetto Croce. Rio de Janeiro: Civilização Brasileira, 2011. Destaque-se que o termo "economia programática" e temas associados a este são abordados por Gramsci em outras passagens de outros cadernos.

4 Para um maior entendimento do conceito de revolução passiva que usamos nesse processo, ver Ribeiro, Thiago. *O Export-Import Bank*, *op.* cit., p. 19-62.

com quais agências se articulava e, após intensos conflitos, a qual projeto político o Eximbank passou a servir naqueles anos do governo Franklin Delano Roosevelt (1933-1945).

Na seção seguinte, abordaremos os conflitos enfrentados pelos agentes do Estado capitalista dos EUA em suas relações com o Brasil nos anos 1930 (especialmente os travados com os agentes e a política do imperialismo alemão), qual o papel desempenhado pelo Eximbank neste contexto e qual a relevância do caso brasileiro para a política geral a que serviu o Eximbank naqueles anos, isto é, a política elaborada pelo Departamento de Estado e seu Secretário Cordell Hull. Ainda nesta seção trataremos dos projetos financiados pelo Eximbank nesse período, sua relação com a Segunda Guerra Mundial (1939-1945) e o papel pioneiro da Missão Cooke na trajetória das missões de cooperação intelectual e econômica Brasil-Estados Unidos.

Na última seção, a título de conclusão, realizaremos um breve panorama do comportamento da diplomacia estadunidense e o papel do Eximbank em suas relações com o capitalismo brasileiro no contexto da nova arquitetura institucional forjada em Bretton Woods e do mapa geopolítico geral do pós-Segunda Guerra. Abordaremos as conjunturas que suscitaram as experiências da Missão Abbink (1948) e da Comissão Mista Brasil-Estados Unidos (1951-1953) – mencionando a sua turbulenta relação com o Banco Mundial naqueles anos e a importância dessa experiência para a formação de agentes que teriam papel de destaque no Estado brasileiro nos próximos anos, pela profundidade da influência intelectual sobre os rumos da política econômica e sobre o conceito de planejamento econômico nos anos seguintes. Por fim, buscaremos situar o imperialismo estadunidense, o

Eximbank, agentes e agências a ele articuladas e a política e o projeto intelectual a que serviu na trajetória da formação do Estado capitalista brasileiro e seu aparelho econômico no contexto das lutas de classes e frações, e na formação social brasileira no período de "desenvolvimentismo realmente existente", i. e., durante o longo processo histórico em que de fato o crescimento capitalista acelerado e o despotismo político, em vez de se afastarem, seguiram intimamente imbricados em direção ao que Florestan Fernandes certa vez nomeou de "desenvolvimentismo extremista" – e isso a despeito dos planos e intenções daqueles que nutriram e ainda nutrem esperanças taumatúrgicas no poder democratizante do desenvolvimento capitalista.[5]

O New Deal e o surgimento do Eximbank

Não parece haver dúvidas que o chamado New Deal representou uma das marcas mais associadas à política adotada pelo governo Roosevelt nas suas mais diversas áreas. Porém, muitas vezes não se compreende muito bem que as medidas posteriormente conhecidas como New Deal não foram o resultado da aplicação de um minucioso plano previamente elaborado, mas muitas vezes respostas dadas para fazer frente a situações contingentes próprias a momentos de crise como a da Grande Depressão dos anos 1930 – o que não exclui o fato de que alguns elementos já exibiam contornos parciais desde o período eleitoral de 1932.[6]

[5] Fernandes, Florestan. *A revolução burguesa no Brasil.* São Paulo: Globo, 2010, p. 401-402.

[6] Memorando Berle Jr. de 1932 *apud* Levine, Rhonda F. *Class struggle and New Deal:* industrial labor, industrial capital, and the state. Lawrence, Kansas: University Press of Kansas, 1988, p. 65.

O entendimento da realidade econômica e social estadunidense que corria entre parte dos membros de primeira hora do chamado Brain Trust de Roosevelt,[7] e que informava as linhas gerais do que se pretendia implementar em termos de política econômica, era de que o advento dos grandes monopólios e corporações na sociedade capitalista estadunidense marcaram uma inflexão de grande monta na história daquela formação social, fazendo com que as medidas de política econômica aferradas a dogmas de uma sociedade livre-cambista se tornassem antiquadas frente a esta nova realidade. Nesse sentido, em vez de coibir a formação de grandes monopólios era preciso estimular sua criação, desde que, em contrapartida, tais corporações aceitassem o estabelecimento de órgãos de regulação por setores econômicos, assim como a criação de mecanismos de taxação que viabilizassem políticas de bem-estar. Em linhas gerais, este deveria ser o espírito da "barganha" entre as grandes corporações monopolistas e os trabalhadores estadunidenses.[8]

O peso a recair sobre as contrapartes deste "acordo", porém, seria claramente desigual. Como forma de pactuar a elaboração e a implementação das políticas econômicas a serem adotadas pelo governo Roosevelt, Rexford Tugwell e Raymond Moley, também membros da primeira configuração do Brain Trust, encaminharam a proposta elaborada pelo então presidente da U. S. Chamber of Commerce (USCC), Henry I. Harriman, para criar um conselho di-

---

7 Sobre o chamado Brain Trust, ver Shoup, Laurence; Minter, William. *Imperial Brain Trust:* the Council on Foreign Relations and United States Foreign Policy. Nova York; Londres: Monthly Review Press, 1977. Lembrando que este assumiu diferentes desenhos ao longo dos anos da Administração Roosevelt.

8 Levine, Rhonda F. *Class struggle and New Deal*, *op. cit.*, p. 65-66.

retamente ligado ao Executivo com participação de representantes das grandes corporações monopolistas estadunidenses. Cabe lembrar que, na leitura de Tugwell e Moley, a USCC era uma associação de extrema importância na formação da opinião geral do empresariado estadunidense e que, portanto, deveria ser consultada a respeito de matérias de política econômica de grande monta.[9]

Conforme já mencionamos, a aplicação prática do que veio a ser conhecido como o New Deal resultou de contingências da crise, mas também de correlações de forças próprias da conjuntura dos anos 1930. Assim, até mesmo os itens de programa anteriormente planejados adotaram forma concreta bem distinta da prevista – da mesma forma que seus resultados. O chamado National Industrial Recovery Act (Nira) foi uma das implementações nas formas concretas possíveis das medidas planejadas para o governo. Apesar de ser mais lembrada pelo reconhecimento das associações sindicais estadunidenses, pelo estabelecimento de regulações nas relações de trabalho e pelas ações voltadas à recuperação da economia industrial, a lei previa, ainda, a criação de organizações por área econômica para a elaboração de códigos e regulamentos específicos para cada setor. Contudo, em virtude da desigualdade de organização entre capital e trabalho nos Estados Unidos da época – desfavorável aos trabalhadores –, os representantes das grandes corporações monopolistas acabaram tendo mais peso nas decisões, especialmente nas áreas econômicas em que não havia histórico de associações corporativas. De toda maneira, mesmo a aprovação do Nira foi estimulada pela existência na casa

[9] *Id.*, p. 66-67.

legislativa, desde 1932, de um projeto que previa a redução da jornada de trabalho semanal para 30 horas (conhecido como Black Thirty-Hour Bill) – portanto, projeto que os interesses das grandes corporações monopolistas temiam ser aprovado caso algumas cláusulas trabalhistas não fossem contempladas no Nira.[10]

Outro aspecto de extrema relevância do Nira (que resultou mais diretamente na National Recovery Administration, NRA) para os rumos adotados pelo governo Roosevelt e por aquilo que passou a ser conhecido como New Deal foi a grande autonomia concedida ao Executivo em matéria econômica, com destaque para a criação de agências econômicas – o que ficou conhecido como a "sopa de letrinhas" de Roosevelt. É por força deste dispositivo da lei que Roosevelt cria o Eximbank em 1934, assim como inúmeras outras agências que vieram a encorpar o aparato econômico do Estado capitalista estadunidense nesta quadra crítica da história do capital monopolista. É verdade que grande parte destas agências teve vida efêmera, mas este fato também expressa o esforço do governo em inscrever nos quadros das agências de Estado uma ampla gama de interesses (alguns com importantes diferenças entre si e até contraditórios).

Uma das áreas em que a autonomia concedida ao Executivo fica mais explícita, assim como o caráter experimental e contingente de algumas medidas adotadas – e os interesses contraditórios envolvidos –, é o da política econômica exterior. Nesse sentido, o próprio Eximbank foi um dos grandes objetos de disputa. Assim, mesmo agências e me-

10 Para o texto da legislação do Nira aprovada, ver www.archives.gov/milestone-documents/national-industrial-recovery-act Acesso em 03 ago. 2024.

didas cujo foco original era a economia doméstica acabaram por ter efeitos decisivos na política econômica exterior. De forma geral e simplificada, podemos expor as principais linhas em termos de política econômica exterior em dois grandes grupos: por um lado, um grupo que buscava o abandono das praxes comerciais e monetárias associadas ao livre-cambismo liberal em favor de intervenções diretas na política monetária e da adoção de comércio de compensação e acordos bilaterais;[11] por outro, um grupo que defendia que os EUA deveriam liderar uma cruzada internacional pela recuperação do liberalismo econômico em termos de práticas comerciais internacionais (práticas estas em baixa naqueles anos de Depressão) e pela difusão do multilateralismo em acordos comerciais a partir da inclusão de cláusulas de Nação Mais Favorecida[12] nos tratados promovidos pelos EUA. No grupo "bilateralista", a liderança mais célebre nos primeiros anos do governo Roosevelt era o Senador George Peek, primeiro presidente do Eximbank. Já no campo multilateralista, o defensor mais ilustre de tais políticas era aquele que se tornaria o mais longevo Secretário de Estado dos EUA, Cordell Hull.

---

[11] Sobre o comércio de compensação, ver Hilton, Stanley. *O Brasil e as grandes potências – 1930-1939*: os aspectos políticos da rivalidade comercial. Rio de Janeiro: Civilização Brasileira, 1977.

[12] Colocando em termos simples, o princípio da Nação Mais Favorecida (NMF) estabelece que as condições comerciais concedidas a determinado país devem ser os mesmos daqueles garantidos à nação mais favorecida, ou seja, mantendo-se condições pretensamente igualitárias nas relações comerciais internacionais entre os círculos de nações que aderem a tal princípio e não criar fluxos comerciais supostamente "artificiais" por meio de privilégios exclusivos a determinados países – como, na época aqui tratada, seus defensores acusavam os comércios de compensação.

Os EUA foram das últimas grandes economias capitalistas a deixar o que até então era entendido como o principal dogma em termos de política cambial, i. e., o padrão-ouro, abandonado apenas em 1933.[13] Durante o período em tela, em termos gerais, a relação entre o padrão ouro e uma posição ortodoxa e multilateralista em termos de política econômica exterior se sustentava a partir do entendimento de que os pagamentos deveriam ser executados em moeda conversível, i. e., que poderia ser usada com qualquer (ou a grande maioria) dos países capitalistas integrantes do mercado mundial e não apenas entre os países que mantinham relações comerciais entre si – sendo que naquela quadra era justamente o padrão-ouro que cumpria essa função de moeda conversível e de dinheiro mundial. Em contrapartida, moedas inconversíveis e, portanto, passíveis de serem utilizadas como meio de pagamento apenas entre dois países que mantivessem relações comerciais entre si (ou em um grupo restrito de países), tendiam a ser associadas a políticas bilateralistas, pois todos os pagamentos de importações realizados por um determinado país só poderiam ser utilizados pela outra nação no pagamento de exportações do outro país, provocando, assim, uma tendência ao adensamento das relações econômicas entre tais economias.

---

13 Para os debates em torno do rompimento com os "grilhões de ouro" (alusão ao dogma representado pelo padrão-ouro), ver Eichengreen, Barry. *Golden fetters*: the gold standard and the Great Depression, 1919-1939. Nova York: Oxford University Press, 1992. Para uma história da associação entre padrão-ouro e deflação agrícola (argumentos mobilizados na elaboração dos dispositivos para o rompimento com o padrão-ouro no período), ver Kolko, Gabriel. *Railroads and regulation, 1877-1916*. Nova York: The Norton Library, 1970.

A força dos fatos, porém, causava imensa dificuldade em manter alguma política cambial atrelada ao padrão-ouro, por mais ortodoxo que se fosse em suas convicções pessoais – isso se o pragmatismo também tivesse alguma relevância nessas convicções. Portanto, mais do que uma conversão ideológica generalizada, o abandono do padrão-ouro se deu pela impossibilidade prática de recuperar economicamente o capitalismo estadunidense mantendo-se aferrado a este arcabouço cambial – impossibilidade esta que, com a eclosão da Segunda Guerra, ficou absolutamente evidente. Em matéria de política comercial exterior, o pragmatismo também foi moeda corrente na determinação das práticas efetivamente adotadas pelos agentes e agências de Estado. A complexidade das disputas nesta matéria e das forças envolvidas, assim como a tensa conjuntura geopolítica daqueles anos, nos permitem entender de forma menos imediata o significado deste pragmatismo e de como preocupações geopolíticas estavam mais diretamente presentes neste tema e, portanto, que a vitória do multilateralismo de Cordell Hull nas disputas internas ao governo deve ser entendida à luz destas questões geopolíticas mais amplas. Nesse sentido, o Eximbank sofre uma entorse em suas funções inicialmente planejadas, passando a servir à política multilateralista capitaneada por Hull por meio da Secretaria de Estado.

No início dos anos 1930, as exportações representavam uma fração bem reduzida do total da produção econômica estadunidense. No entanto, para Cordell Hull e seus aliados no governo, a política comercial possuía grande importância geopolítica. O entendimento compartilhado por esse setor era de que o adensamento das relações comerciais multilaterais, especialmente se formalizadas em tratados com base no princípio da Nação Mais Favorecida (NMF), contribuiriam para a maior cooperação entre as nações, evitando isolamentos e bilateralismos e afastando assim o risco da eclosão de conflitos. Porém, existia forte oposição dentro do governo à adoção desta linha comercial multilateralista – oposição que se assentava socialmente nos interesses de grandes produtores agrários em busca de uma política comercial mais imediatista a fim de favorecer seus preços e volumes de exportação. Nesse sentido, os primeiros anos do governo Roosevelt foram de sérios reveses para os defensores desta linha mais multilateralista.

Os ventos começaram a virar a partir de junho de 1934, com a aprovação do Reciprocal Trade Agreement Act (RTAA), legislação que concedia ampla autonomia ao Executivo para negociar acordos comerciais com outros países. Como Roosevelt passaria esta incumbência para a Secretaria de Estado na figura de Hull, o RTAA passou a ser usado como ferramenta na promoção de uma política comercial exterior multilateralista. Por um lado, esta medida ia de encontro aos anseios de parte das grandes corporações – setor do capital que concedeu considerável apoio à reeleição de Roosevelt em 1936;[14] por outro, como forma de apaziguar os interesses agrários descontentes com esta política comercial mais livre-cambista, o governo concedeu fartos créditos e subsídios aos grandes produtores agrários, especialmente de trigo e algodão. Além disso, buscou-se refuncionalizar uma agência até então relativamente paralisada por conta

---

[14] Shoup, Laurence; Minter, William. *Imperial Brain Trust*, *op. cit.* Estes mesmos autores enfatizam o papel do Council on Foreign Affairs em pressionar o governo para a adoção de uma política exterior mais internacionalista.

das disputas em torno da política comercial para promover as exportações agrárias, i. e., o próprio Eximbank, outrora presidido por George Peek – que acaba demitido em 1935 e indo para a oposição ao governo. Esta vitória da linha multilateralista marca uma importante inflexão na administração Roosevelt, fazendo com que parte da historiografia fale de um "segundo New Deal", voltado para questões geopolíticas mais amplas e possuindo como linha de atuação o multilateralismo defendido por Hull.

Existe todo um conjunto de mecanismos e dispositivos de controle, coordenação e planejamento econômico estabelecidos durante os anos do New Deal que encontram seus precedentes nos anos da Primeira Guerra Mundial. O caso do Eximbank não seria diferente, já que se trata de uma agência com funções similares à War Finance Corporation, criada em 1925 com o objetivo de fornecer crédito aos exportadores estadunidenses que não mais os obtinham nos canais privados naqueles anos de conflito. Porém, essa agência teve vida curta em comparação a outros órgãos e tendo em vista os efeitos prolongados da guerra sobre a economia e as demandas por estímulo às exportações. Por outro lado, na mesma década em que os EUA encerraram sua agência estatal de suporte a exportações, Japão e alguns países europeus estabeleceram instituições com funções análogas, i. e., fornecer financiamento com vistas à promoção da exportação de seus respectivos países – sendo os exemplos japoneses e europeus recorrentemente recuperados nos debates dos 1930 como formas bem-sucedidas de impulsionar as exportações.

Não é possível entrar na discussão, mesmo que de forma geral, sobre as causas e efeitos da Crise de 1929 e da Grande

Depressão;[15] cabe apenas assinalar que o setor exportador foi dos mais afetados, tanto nos EUA quanto na maior parte das nações capitalistas. Assim, esse era o setor que mais carecia de medidas enérgicas de recuperação e o que mais gerava reivindicações das frações capitalistas a ele conectadas. Além das quedas no volume e nos preços das exportações, uma das formas concretas que a crise assumia de maneira mais aguda no setor exportador era o problema dos atrasados comerciais, ou seja, apesar da transação comercial ser efetuada, ocorriam longos atrasos no efetivo pagamento de tais exportações. Portanto, esse era um dos problemas que mais preocupava os exportadores e que demandava algum mecanismo de solução – sendo esta uma das principais áreas de atuação do Eximbank nos seus primeiros anos de existência, inclusive, em suas primeiras operações com a economia brasileira: realizar empréstimos em dólar aos importadores estrangeiros para efetuar tais pagamentos em atraso aos exportadores estadunidenses.

Outro fato importante que suscitou a criação do Eximbank e que, tendo em vista a trajetória de animosidades nas décadas do pós-Segunda Guerra, pode parecer surpreendente foi justamente a pressão para que as relações diplomáticas entre a União Soviética e os Estados Unidos fossem restabelecidas e viabilizassem dispositivos mais robustos de fomento de comércio entre ambas as nações – que, diga-se, não havia cessado nos anos 1920. Após o fim da Guerra Civil Russa (1918-1921), as exportações e investimentos dos EUA experimentam um considerável aumento para a URSS, especialmente por causa da implementação do Primeiro Plano

15 Ribeiro, Thiago. *O Export-Import Bank, op. cit.*, p. 65.

Quinquenal, inclusive envolvendo empresas e capitalistas de grande prestígio, como Henry Ford, W. Averell Harriman, Percival Farquhar (com conhecidos investimentos na economia brasileira), entre outros.[16] Apesar da manutenção dessas relações econômicas, o não reconhecimento diplomático da URSS pelos EUA criava obstáculos para que houvesse mecanismos institucionais mais eficientes para ampliar estas relações. Além disso, existia o fato de o governo revolucionário ter efetuado uma série de nacionalizações de empresas estrangeiras, inclusive estadunidenses, e de não reconhecer as dívidas externas contraídas pelo regime tsarista – parte substancial destas com os EUA.

A criação do Eximbank, portanto, se dá como resultado destes dois conjuntos de pressões por parte de alas capitalistas estadunidenses: por um lado, a formação de uma agência que financiasse e fomentasse as exportações dos EUA; por outro, que estimulasse o comércio com a URSS (abalado pela Depressão) em um momento em que essa era uma das poucas economias em crescimento no mundo – com especial demanda por bens de produção (setor dos mais impactados).

As pressões das associações civis capitalistas para que a implantação de uma agência de estímulo às exportações via créditos, seguros, garantias e descontos encontraram na National Foreign Trade Council (NFTC) uma das suas principais vocalizadoras ainda nos anos do governo de

[16] United States Department of State. *Foreign Relations of the United States, Diplomatic Papers, The Soviet Union, 1933-1939*. Washington: Government Printing Office, 1952. Sobre as Câmaras de Comércio EUA-URSS, ver Libbey, James K. *Alexander Gumberg & Soviet-American Relations*, 1917-1933. Kentucky: The University Press of Kentucky, 1977.

Herbert Hoover (1929-1933). A reivindicação era que fosse criada uma carteira da Reconstruction Finance Corporation (RFC) – poderosa agência financeira estatal criada para dar conta, entre outras funções, do caos bancário causado pela crise – voltada para a promoção das exportações. A plenitude das funções da RFC foi estabelecida apenas pela administração Roosevelt, o que foi acompanhado pela entrada de novas associações empresariais na campanha para que as exportações estadunidenses contassem com uma agência estatal dedicada às suas demandas – com destaque para a American Manufacturers' Export Association (Amea), o Council on Inter-American Relations, a Russian-American Chamber of Commerce, e a poderosa National Association of Manufacturers (NAM).[17] Tais associações compuseram um comitê que trabalharia na elaboração de uma proposta acerca do desenho e do funcionamento da nova agência a ser apresentada ao governo. Cabe destacar que o comitê foi presidido por uma figura que se tornaria bem conhecida no cenário político e econômico brasileiro nos anos posteriores: trata-se de John Abbink, então diretor-geral da Business Publishers International Corporation.[18]

---

[17] Becker, William H.; McLenahan Jr., William M. *The Market, the State and the Export-import Bank of the United States, 1934-2000.* New York: Cambridge University Press, 2003, p. 19. Sobre a importância da NAM em vocalizar as demandas do grande empresariado industrial naqueles anos, ver Panitch, Leo; Gindin, Sam. *The making of global capitalism: the political economy of American empire.* New York: Verso, 2012.

[18] Abbink vai chefiar em 1948 a conhecida Missão Abbink, que veio ao Brasil para realizar estudos sobre a economia brasileira e sugerir medidas de planejamento que promovessem o crescimento econômico. Em outra oportunidade investigamos mais detidamente a Missão Abbink – assim como a Comissão Mista Brasil-Estados Unidos (1951-1953) – no âmbito de nossa dissertação de mestrado. Ribeiro, Thiago R. Marques. *Das missões à comissão: ideologia e projeto desenvolvimentista nos trabalhos da Missão Abbink*

Como se percebe pela presença da câmara russo-americana, com o reconhecimento diplomático da URSS e pela alta demanda desse país por exportações estadunidenses, a pauta de criação da agência tendeu a se associar com a de apoio do comércio com a economia soviética. Do lado soviético, além dos agentes diplomáticos, as conversas de ampliação das condições creditícias para as compras das exportações estadunidenses se davam por meio da Amtorg Trading Corporation, companhia estatal soviética com sede em Nova York e que centralizava as operações comerciais com os EUA.

Finalmente, a criação do Export-Import Bank se deu em 2 de fevereiro de 1934 a partir da Executive Order 6581, documento elaborado por uma equipe que contava com William Bullit (primeiro futuro embaixador na União Soviética), Stanley F. Reed, Warren Lee Pierson (ambos membros do RFC), R. Walton Moore e Robert Keeley (estes últimos do Departamento de Estado). O documento foi para a assinatura de Roosevelt com um espaço em branco no nome da instituição, sendo batizada de Export-Import Bank of Washington pelo próprio presidente. Note-se que a criação do Eximbank não tramitou pelo Congresso, sendo isso possível pelo fato de o Executivo ter seus poderes ampliados a partir da aprovação do Nira. Em contrapartida, tendo em vista que esta autonomia expiraria em 1935 e necessitaria de renovação, o Eximbank deveria ter seu funcionamento renovado periodicamente pelo Congresso – uma marca do funcionamento do banco até os dias atuais. Outro ponto

(1948) e da Comissão Mista Brasil-Estados Unidos (1951-1953). Dissertação (Mestrado em História Social), UFF, Niterói, 2012.

que merece destaque é o fato de o Eximbank ter sido registrado no distrito de Washington, contornando assim as limitações do Edge Act que impedia créditos comerciais para estrangeiros. Apenas em 1968 o nome do banco seria alterado para Export-Import Bank of the United States. A maior parte dos fundos do Eximbank veio do RFC – o que explica a presença de alguns de seus membros na elaboração da agência e um deles ser futuramente presidente do banco, Warren Lee Pierson.

Inicialmente, o plano era criar um Ex-Im para cada país importador dos EUA – ideia deixada de lado para evitar rusgas com países que não contassem com uma agência do tipo. Porém, por alguns meses esta ideia foi implementada, sendo criado um segundo Ex-Im para operar com Cuba. Nesse caso, questões geopolíticas ficaram ainda mais em evidência nas determinações da criação da agência. A Grande Depressão impactou pesadamente a economia cubana, tendo em vista a dependência das exportações para os EUA – que já haviam caído bastante e despencaram com a aprovação da Smoot-Hawley Act, que majorou as tarifas de importação em 1930. Com os efeitos deletérios da crise econômica nas condições de vida, formou-se o contexto de uma série de tensões políticas que resultou na queda do governo liderado por Gerardo Machado em 1933, sendo estabelecido um governo provisório que, apesar do ecletismo da frente política, tinha um forte viés nacionalista e popular, com Ramón Grau San Martín à sua frente. Com a manutenção das instabilidades políticas, ocorre um golpe de Estado promovido por setores de direita que leva ao poder Fulgêncio Batista – governo este que os EUA buscam apoiar, inclusive economicamente. Assim, a criação do "Ex-Im cubano" tinha esse objetivo, realizando empréstimos para aquisição de prata para cunhagem de moedas e para estabilização monetária da economia de Cuba.

Chegou-se a aventar a possibilidade de criação de um terceiro Ex-Im, desta vez para operar com os demais países importadores dos EUA. Porém, complicações nas negociações com os soviéticos acabaram suscitando um outro destino para as agências estatais de crédito para exportação/importação – assim como os efeitos no Eximbank das disputas entre Hull e Peek e suas respectivas linhas de política comercial. Apesar das expectativas geradas com o reconhecimento diplomático da URSS, a questão dos créditos dos tempos tsaristas não reconhecidos pelos soviéticos se mostrou um impeditivo intransponível naqueles primeiros anos do Eximbank. Algumas importantes autoridades e lideranças empresariais estadunidenses haviam mudado de posição no que tange à questão dos créditos tsaristas, porém a resistência ainda era muito grande – com destaque para o próprio primeiro presidente do Eximbank, George Peek. O embaixador soviético chegou a mencionar a possibilidade de algum pagamento de tais débitos para destravar as negociações, porém, somada à resistência de Peek (que parecia ter caráter muito mais político-ideológico do que de posição diferente em termos de condução da política exterior), divergências sobre prazos e totais de pagamentos, entre outros detalhes, acabaram tornando cada vez mais remota a possibilidade de acordo. Nesse contexto, ainda foi aprovado o Johnson Act que proibia agentes particulares de realizar empréstimos para nações em débito com os EUA. Mesmo não proibindo agências estatais de realizar tais empréstimos, a nova legislação pendia a correlação política nesta matéria em desfavor do acordo com os soviéticos. Assim, em 1935 já não havia mais esperança de que o Eximbank realizasse empréstimos para a URSS.

Esse conjunto de fatos resultou na relativa paralisia do Eximbank, deixando inativos seus fundos operacionais. Mesmo por parte dos empresários favoráveis à entrada em ação do banco, havia certo receio, pela pouca presença empresarial na diretoria da instituição, majoritariamente composta por autoridades governamentais. A paralisia só foi superada a partir da fusão de ambos os Ex-Ims, com a ampliação do escopo de operações para as demais economias do globo, especialmente com a vitória da linha multilateralista de Cordell Hull e a saída de Peek da presidência do banco. Esta mudança de rumos fez com que o banco se tornasse uma agência cada vez mais íntima do Departamento de Estado, o que se mostrou de extrema valia para a linha comercial defendida pelo seu secretário, já que os empréstimos do Eximbank tinham a vantagem de estimular as exportações para determinados países sem a necessidade de exigir reduções tarifárias.

Outro fato que contribuiu para desbloquear as ações do Eximbank foi a ampliação de créditos sem a exigência de garantias (*without recourse*), já que o levantamento de garantias para tais créditos de exportação tornou-se extremamente difícil com os efeitos sobre os exportadores e instituições financeiras estadunidenses no contexto de crise. Assim, a partir de fins de 1935 e, especialmente, inícios de 1936, o Eximbank passaria a operar de forma mais efetiva – sendo os créditos para resgatar atrasados comerciais uma das operações mais comuns realizadas pelo banco nos seus primeiros anos – inclusive, sendo esta a primeira operação do Eximbank com a economia brasileira em 1935.

Como visto acima, da criação do Eximbank até a assunção das suas funções principais ocorreram uma série de vicissitudes. Portanto, como fruto de um "casamento de conveniências", nas palavras do autor da que foi, por algum tempo, uma das poucas obras sobre o banco,[19] referindo-se às negociações EUA-URSS, o Eximbank logo acabou assumindo funções de qualidade e magnitude muito distintas daquelas planejadas anteriormente, especialmente na iminência da Segunda Guerra em diante.

Disputas interimperialistas e primeiras operações do Eximbank na economia brasileira

A Crise de 1929 e a Grande Depressão possuem um efeito periodizante na história da formação capitalista brasileira, determinando um processo histórico em que o setor urbano-industrial passa a experimentar um dinamismo superior ao tradicional setor agroexportador. Tais efeitos vão muito além da dimensão imediatamente econômica, impactando o mundo político brasileiro, as correlações de forças sociais e a esfera intelectual e cultural da sociedade capitalista brasileira dos anos 1930. Apesar de se enfatizar a maior importância adquirida pelo mercado interno e pelo setor industrial ao traçar um panorama econômico geral do capitalismo brasileiro, as relações econômicas exteriores estiveram longe de compor matéria negligenciável para quem busca entender as profundas transformações do capitalismo brasileiro. Apesar de não haver uma causalidade inelutável entre a crise do setor externo provocada pela Depressão –

[19] Trundle Jr., Sidney A. *The Export-Import Bank of Washington: its origins, operations and relationships with other governmental agencies (1934-1950)*. New York: Rutgers University, 1950.

cuja expressão mais aguda foi a queda vertiginosa dos preços internacionais do café – e a virada da economia brasileira para um maior dinamismo industrializante (mesmo com os percalços próprios de uma industrialização restringida via substituição de importações),[20] as diferentes forças sociais em disputa naqueles anos tiveram que dar uma resposta para os problemas enfrentados pelo padrão de acumulação até então calcado no setor agroexportador. A natureza da resposta a esses anos de crise não poderia deixar de ser determinada pela força e pela astúcia das forças sociais em cena.[21] E, nesse sentido, o Estado não poderia deixar de ser um *locus* crucial para absorver e encaminhar tais disputas – inclusive, sendo esse um momento de grande importância para a formação do Estado capitalista brasileiro e seu aparato econômico.[22]

Ao longo do texto nossa ênfase não tem sido no comportamento específico de cada fração da classe dominante e capitalista brasileira em particular – apesar de mencionarmos alguns de seus representantes nas agências estatais criadas durante o período. Na verdade, a maneira própria como se proliferaram as agências estatais neste momento pode também ser entendida justamente como um indício da tentativa de incorporar ao Estado *stricto sensu* as tensões internas aos

[20] Mello, João Manuel Cardoso. *O capitalismo tardio: contribuição à revisão crítica da formação e do desenvolvimento da economia brasileira.* São Paulo: Brasiliense, 1984; Tavares, Maria da Conceição. *Da substituição de importações ao capitalismo financeiro.* Rio de Janeiro: Zahar, 1972; entre outras referências.

[21] Marx, Karl. *O capital: crítica da economia política*. vol. III, tomo 1: o processo global da produção capitalista. São Paulo: Abril Cultural, 1984, p. 191.

[22] Poulantzas, Nicos. *O Estado, o poder, o socialismo*, *op.* cit.; Draibe, Sônia. *Rumos e metamorfoses: um estudo sobre a constituição do Estado e as alternativas de industrialização no Brasil, 1930-1960.* Rio de Janeiro: Paz e Terra, 1985; Mendonça, Sonia Regina de. *Estado e economia no Brasil: opções de desenvolvimento.* Rio de Janeiro: Paz e Terra, 2012.

dominantes e as relações entre suas diversas frações nesta quadra crítica da história do capitalismo brasileiro. Assim, sublinhamos aqui que não entendemos o Estado como apartado em seu comportamento da dinâmica de classes da sociedade brasileira de então, mas sendo justamente sua aparente autonomia uma expressão da tensa relação entre esses grupos dominantes. Por mais que a construção e a expansão do aparelho econômico do Estado capitalista brasileiro naqueles anos tenha sido uma expressão das exigências das transformações capitalistas em curso, isso não aconteceu mecanicamente a reboque da economia; afinal, repetições de funções em diferentes agências, efemeridade na existência de alguma delas, atrasos na implementação de novos órgãos com longo histórico de discussões e/ou recomendações (como atesta, por exemplo, o caso das orientações em favor da criação de um banco central por agentes estadunidenses) etc. são justamente expressões das volatilidades no balanço de forças entre os atores sociais e das dificuldades em apaziguar as tensões intraburguesas em diversas matérias da agenda econômica.

Criado em 1934 e, mesmo assim, com importantes limites em comparação a outros órgãos estabelecidos em anos posteriores, é significativo que o Conselho Federal de Comércio Exterior (CFCE) seja um dos primeiros órgãos do Estado capitalista brasileiro a assumir funções de planejamento econômico de forma mais abrangente. Afinal, era justamente no setor externo que os problemas mais graves se apresentavam de forma mais contundente na dimensão fenomênica de uma economia capitalista dependente em crise. Porém, conforme ia sendo rompida esta película mais imediata da crise, os atores envolvidos no processo tenderiam a incorporar neste órgão funções de planejamento cada vez mais diversas. Ao mesmo tempo, o CFCE acabou sendo uma arena em que interesses diferentes e às vezes conflitantes foram inseridos no aparelho de Estado brasileiro – o que pode ser observado de forma bem nítida nas disputas em torno da política econômica exterior.[23]

As principais disputas que encontravam ressonância no interior do CFCE giravam em torno de questões comerciais e cambiais. Nesse sentido, os eixos mais importantes eram formados por aqueles partidários de uma economia dirigida e pelos defensores da ortodoxia liberal. Mesmo havendo uma diversidade de significados para o que se chamava no debate econômico mais geral de "economia dirigida", nos primeiros anos de funcionamento do CFCE esse termo estava atrelado ao maior controle do Estado nas relações econômicas exteriores. Os defensores da economia dirigida em geral eram adeptos de um maior controle cambial por critérios de essencialidade (tendo em vista a crônica escassez de câmbio enfrentada pela economia brasileira) e também com alguma modalidade de comércio de compensação – que era a essência das propostas comerciais apresentadas diretamente ao CFCE e ao Banco do Brasil pela Alemanha naqueles anos.[24] Já do lado dos apoiadores dos princípios libe-

[23] Ianni. Octavio. *Estado e planejamento econômico no Brasil*. Rio de Janeiro: Civilização Brasileira, 1991. Sobre o debate Simonsen vs. Gudin, ver Diniz, Eli. *Empresário, Estado e capitalismo no Brasil: 1930-1945*. Rio de Janeiro: Paz e Terra, 1978.

[24] De forma bem sintética, o comércio de compensação consiste em uma modalidade bilateral de comércio em que os saldos cambiais oriundos de exportações para um determinado país só poderiam ser utilizados no pagamento de importações deste mesmo país. Assim, havia uma tendência a reforçar o comércio bilateral entre as nações envolvidas (no caso aqui em tela, entre Alemanha e Brasil) e o uso de moedas resultado dos pagamentos

rais de comércio exterior, além da manutenção da fidelidade ao já combalido padrão-ouro, a defesa do multilateralismo firmado em acordos com base em cláusulas de NMF, do livre fluxo de câmbio, de reduções de barreiras tarifárias, entre outros pontos, conformavam os principais contornos de sua agenda.

Esses dois campos em disputa no interior do CFCE – mas que também encontravam expressão na imprensa, nas associações empresariais e no Congresso[25] – tinham como principais representantes Roberto Simonsen,[26] João Maria de Lacerda[27] (esses últimos, partidários da economia dirigida,

---

mútuos apenas entre ambas as nações implicadas nos acordos de compensação.

25 Associação Comercial do Rio De Janeiro (Acrj). Revista Commercial do Brasil orgão official da Associação Commercial do Rio de Janeiro e da Federação das Associações Commerciaes do Brasil. Anno XXXIII, 1935; entre outras.

26 Talvez a mais conhecida liderança industrial do período, passando pela Ciesp/Fiesp, além de ter importante atuação acadêmica, por exemplo, na área de história econômica. Nesse período, além de membro do CFCE, era deputado federal e presidente da Fiesp. Dias, Sônia. Roberto Simonsen. Centro de Pesquisa e Documentação de História Contemporânea do Brasil. Dicionário Histórico Biográfico Brasileiro. Disponível em: www18.fgv.br/CPDOC/acervo/dicionarios/verbete-biografico/roberto-cocharane-simonsen. Acesso em: 3 ago. 2024.

27 João Maria de Lacerda era um dos mais árduos defensores do planejamento econômico – usando a expressão "economia dirigida" – no interior do CFCE. Merece destaque o entusiasmo de Lacerda (pouco compartilhado no CFCE) com a apresentação pela URSS de propostas comerciais por meio da companhia estatal voltada para relações comerciais com a América do Sul, a Yutorg. Apesar dos pontos positivos da proposta em termos de estímulos às exportações brasileiras, a maior parte do CFCE a rejeita muito mais por pretensos "riscos subversivos" concernentes a um maior envolvimento com os soviéticos. Inclusive, não faltaram menções de membros do Conselho reprovando a política de Roosevelt de reconhecimento da URSS. Arquivo Nacional. Fundo Conselho Nacional de Economia (AN-CNE), Proc. 7 (1935); Hilton, Stanley. *O Brasil e as grandes potências, – 1930-1939: os aspectos políticos da rivalidade comercial. Rio de Janeiro: Civilização Brasileira, 1977,* p. 72.

por mais que houvesse diferenças de ênfase e instrumentos para a ação econômica do Estado e membros do CFCE), Eugênio Gudin,[28] Valentim Bouças[29] (esses representantes da ortodoxia liberal e com atuação em outros órgãos, como o Conselho Federal de Economia e Finanças – que, apesar de ter sido criado em 1937, assumiu funções e agentes de órgãos anteriores), entre outros. No caso do próprio CFCE, alguns dos fatos que provocaram o debate foram justamente a proposta apresentada pelos alemães e o Acordo Comercial Recíproco proposto pelos EUA. Portanto, parte importante das disputas interimperialistas que tinham a economia brasileira como arena se deram em torno da modalidade de comércio defendida por cada uma das potências, i. e., o comércio de compensação por parte da Alemanha e o comércio multilateral (via cláusula NMF) pelos Estados Unidos. Poderíamos aqui acrescentar a Inglaterra nesta disputa,

[28] Sendo engenheiro de formação, era um dos mais conhecidos porta-vozes do liberalismo econômico do período. Gudin atuou em diversos órgãos do aparelho econômico de Estado brasileiro sempre defendendo posições ortodoxas, e foi, inclusive, representante do Brasil na Conferência de Bretton Woods. Sobre informações biográficas de Gudin, ver Keller, Vilma. "Eugênio Gudin". *In:* Centro de Pesquisa e Documentação de História Contemporânea do Brasil. Dicionário histórico biográfico brasileiro. Disponível em: https://www18.fgv.br/CPDOC/acervo/dicionarios/verbete-biografico/eugenio-gudin-filho. Acesso em: 3 ago. 2024.

[29] Conhecido por suas posições políticas pró-Estados Unidos em muitos momentos e por posições liberais nessa conjuntura (com exceções importantes em períodos posteriores, seja em relação aos EUA, seja em relação à ortodoxia econômica), foi representante da IBM no Brasil anos antes. Ocupou cargos em diversos órgãos econômicos ao longo de sua trajetória, além de editar o periódico O *Observador Econômico* e *Financeiro*. Sobre informações biográficas de Bouças, ver Dias, Sônia. "Valentim Fernandes Bouças". *In*: Centro de Pesquisa e Documentação de História Contemporânea do Brasil. Dicionário histórico biográfico brasileiro. Disponível em: www18.fgv.br/CPDOC/acervo/dicionarios/verbete-biografico/valentim-fernandes-boucas. Acesso em: 3 ago. 2024.

porém as armas econômicas inglesas eram muito mais fracas naquela quadra histórica para resultarem em alguma retaliação mais grave para o Brasil – além do fato de os ingleses privilegiarem seus interesses financeiros (historicamente enraizados no país desde a formação do Estado brasileiro e fortemente atingidos pela suspensão do pagamento de parte significativa dos serviços da dívida em libras com a Depressão) em detrimento dos comerciais em suas tratativas com os agentes de Estado do país.[30]

A chamada "cruzada liberal" capitaneada por Hull nos EUA naquele momento tinha no Brasil uma importante etapa; i. e., a vitória de um acordo comercial em moldes multilaterais com os agentes políticos e econômicos brasileiros teria o efeito de fortalecer esta linha na disputa política doméstica estadunidense, assim como ampliar o prestígio desses princípios em futuras tentativas de acordos com outros países. No caso brasileiro, a forma que primeiro assumiu esta jornada foi a da luta pelo firmamento do Acordo Comercial Recíproco de 1935 – apreciado pelo CFCE, mas que necessitava, além da assinatura dos representantes do Executivo, de sua aprovação pelo Congresso, de volta ao funcionamento desde a Carta Constitucional de 1934. Destaque-se a situação oposta nesta matéria daquela vivida nos Estados Unidos: enquanto lá o Executivo não precisava de aprovação do Congresso para firmar acordos comerciais até certo nível de redução tarifária desde a aprovação do Reciprocal Trade Agreement Act, aqui, acordos comerciais desse tipo necessitavam de aprovação legislativa – aprova-

[30] Abreu, Marcelo de Paiva. *O Brasil e a economia mundial, 1930-1945.* Rio de Janeiro: Civilização Brasileira, 1999.

ção que foi precedida por tortuosa tramitação e acalorados debates, no Congresso e na imprensa.[31] Em contrapartida, o comércio de compensação com a Alemanha era encarado como passível de apenas ajustes técnicos *ad hoc*, e não uma proposta formal de acordo. Portanto, as compensações dos saldos em mil-réis e em marcos de compensação (uma moeda específica para este tipo transação) não passavam pelo escrutínio do Congresso, sendo apreciado pelo CFCE e ficando a cargo dos departamentos competentes do Banco do Brasil.

Cabe mencionar um componente político relevante especificamente ligado ao estado das relações dos EUA com o governo Vargas desde 1930. A diplomacia estadunidense hesitara em reconhecer o movimento de 1930 que depôs o governo Washington Luís, havendo informações desencontradas sobre o caráter do movimento, suas chances de ser bem-sucedido, o embargo à exportação de armas para Brasil etc., resultando em relativa demora em reconhecê-lo – sendo o comunicado ao Ministro de Relações Exteriores do Governo Provisório sobre reconhecimento diplomático entregue apenas em 8 de novembro de 1930.[32] Além disso, parte dos membros da Insurreição Paulista de 1932 conseguiu negociar a aquisição de armamento nos EUA, apesar de não ter conseguido desembarcar esta carga em solo bra-

[31] Diferentemente do que afirma D'Araújo e Moura (D'Araújo, Maria Celina; Moura, Gerson. "O tratado comercial Brasil-EUA e os interesses industriais brasileiros". *Revista de Ciência Política*. Rio de Janeiro, v. 21, n. 1, jan./mar., 1978, p. 55-73), a documentação que investigamos parece indicar que a matéria foi recorrentemente coberta pela imprensa da época. Arquivo Sousa Costa, FGV CPDoc, 1935; entre outras referências.

[32] Bandeira, Luiz Alberto Moniz. *Presença dos Estados Unidos no Brasil (dois séculos de história)*. Rio de Janeiro: Civilização Brasileira, 1978.

sileiro. Tais eventos contribuíram para deteriorar as relações EUA-Brasil no primeiro lustro dos anos 1930, sendo um dos objetivos do Acordo Comercial Recíproco melhorar o *status* das relações políticas entre ambos os países. Porém, na prática, o tema específico do Acordo Comercial não ajudou na melhora de tais relações.

É importante sublinhar que a Constituição de 1934 instituíra o cargo de deputado classista, ou seja, representante no Congresso de segmentos corporativos. Um desses deputados classistas era exatamente um dos representantes mais vocais do empresariado industrial contra a assinatura do referido Acordo, o deputado Euvaldo Lodi[33] – sendo acompanhado nesta posição pelos então parlamentares Roberto Simonsen, Vicente Galliez,[34] entre outros.[35] A principal preocupação destes representantes dos interesses industriais era que os termos do acordo que implicavam reduções tarifárias sobre importações dos Estados Unidos poderiam ter efeitos

[33] Inicia sua trajetória como industrial e liderança desse setor em Minas Gerais, mas transfere-se para o Rio de Janeiro posteriormente, onde se torna diretor da FIRJ (posterior Firjan). Sobre informações biográficas de Lodi, ver Dias, Sônia. Euvaldo Lodi. Centro de Pesquisa e Documentação de História Contemporânea do Brasil. *Dicionário histórico biográfico brasileiro.* Disponível em: www18.fgv.br/CPDOC/acervo/dicionarios/verbete-biografico/lodi-euvaldo. Acesso em: 3 ago. 2024.

[34] Além de deputado classista, Galliez também ocupava nesse momento a diretoria da Firj, além de ter sido um dos fundadores da Confederação Industrial Brasileira (CIB), posteriormente CNI. Sobre informações biográficas de Galliez, ver Centro de Pesquisa e Documentação de História Contemporânea do Brasil. Vicente Galliez. *Dicionário histórico biográfico brasileiro.* Disponível em: www18.fgv.br/CPDOC/acervo/dicionarios/verbete-biografico/vicente-de-paulo-galliez. Acesso em: 3 ago. 2024.

[35] Inclusive, o instituto do deputado classista foi mal compreendido pela diplomacia estadunidense até as discussões parlamentares em torno do Acordo Comercial. United States Department of State. *Foreign relations of the United States diplomatic papers, 1935. The American Republics (Volume IV).* Washington: U.S. Government Printing Office, 1953.

devastadores sobre a produção doméstica e, assim, anular a política tarifária favorável à indústria aprovada em 1934.[36]

De parte dos favoráveis ao acordo com vocalizações no Congresso, na imprensa e nas associações civis,[37] merecem destaque os tradicionais interesses cafeeiros – tendo em vista a histórica posição estadunidense de principal mercado para as exportações do café. O temor era de que, com a rejeição do acordo, houvesse retaliações ao café, taxando essas exportações. Porém, como revela o próprio Hull em correspondência diplomática interna, tendo em vista a inelasticidade da demanda do café em função do preço, uma taxação resultaria apenas em maiores preços para o consumidor estadunidense – o que não era desejável naquele momento pois, dado ser um item básico da cesta de consumo, poderia resultar em aumento das insatisfações sociais.[38] Claro, esse fato não excluía o uso da ameaça da taxação enquanto blefe em favor da aprovação do acordo. Representantes de empresas estadunidenses no Brasil, como Valentim Bouças (outrora representante da IBM no país), e autoridades interessadas

36 Sobre as reivindicações industriais em questões tarifárias, ver Leopoldi, Maria Antonieta P. *Política e interesses na industrialização brasileira: as associações industriais, política econômica e Estado*. São Paulo: Paz e Terra, 2000.

37 Destaque-se que a Associação Comercial do Rio de Janeiro (ACRJ) buscava dar voz a ambos os lados. Interessante notar que existiam representantes de empresas estrangeiras não estadunidenses que manifestaram sua contrariedade na ACRJ, como o caso da Nestlé e seu temor de ter o mercado de leite em pó deslocado com a aprovação do Acordo. Os representantes dessa empresa também apresentaram esta questão do mercado de leite em pó e o acordo em negociação ao CFCE. AN-CNE, lata 164, Processo 210, 843.11 (42)(22).

38 United States Department of State. *Foreign relations of the United States diplomatic papers, 1935. The American Republics, The American Republics (Volume IV)*. Washington: U.S. Government Printing Office, 1953; Abreu, Marcelo. *O Brasil e a economia mundial, 1930-1945*. Rio de Janeiro: Civilização Brasileira, 1999.

na aproximação com os EUA formavam outros segmentos do arco de favoráveis à aprovação do Acordo.

O documento do Acordo Comercial Recíproco Brasil--EUA foi assinado em Washington ainda em fevereiro de 1935 pelo então (e o mais longevo) ministro da Fazenda Sousa Costa. Porém, como destacamos, o acordo necessitava de aprovação pelo Congresso brasileiro e por isso suscitou intenso debate e prolongada tramitação.[39] As resistências mais ferrenhas à aprovação do acordo só foram quebradas após intervenção direta de Vargas, que ameaçou rompimento público com aqueles que continuassem contrários à sua aprovação. O próprio Lodi, em carta enviada ao presidente, fez questão de desmentir que fosse partidário de "ideologias extremistas" e que era apenas um defensor da produção in-

---

[39] Ainda na viagem de navio para os EUA, Sousa Costa recebia intensa correspondência informando sobre os ânimos em torno das questões ligadas ao acordo, de interessados em negócios no Brasil, entre outros pontos. Uma dessas correspondências inclusive propunha a migração para o Brasil de trabalhadores negros que estavam desempregados por conta das políticas de contenção da produção de algodão nos EUA como forma de valorização desse produto – que implicaria custos menores do que medidas de assistência no próprio EUA. É impossível não perceber a intenção segregacionista da proposta, cuja correspondência deixa explícita ao afirmar que entenderiam se não fosse de interesse das autoridades brasileiras trazer mais negros para o Brasil. Arquivo Sousa Costa, FGV CPDOC, 1935. A questão do algodão de forma geral era objeto de preocupação das autoridades estadunidenses pois a política de valorização dos EUA aumentava os preços internacionais do produto e tornava lucrativa sua produção no Brasil – que se ampliou bastante durante os anos 1930. Havia, assim, o interesse de criar alguma medida conjunta entre ambos os países para que os custos da política de sustentação do algodão não recaíssem apenas sobre os EUA. Sobre este tema do algodão, ver Villela, Annibal; Suzigan, Wilson. *Política do governo e crescimento da economia brasileira: 1989-1945.* Rio de Janeiro: Ipea/Inpes, 1975; Love, Joseph. *A locomotiva: São Paulo na Federação Brasileira, 1889-1937.* Rio de Janeiro: Paz e Terra, 1982. Sobre as pesquisas desde a Primeira República sobre melhoramentos de espécies de algodão, ver Mendonça, Sonia Regina de. *O ruralismo brasileiro (1888-1931).* São Paulo: Hucitec, 1997.

dustrial doméstica. Nesta mesma mensagem, lembrou seu compromisso em apoiar a Lei de Segurança Nacional, que viria a ser aprovada no mesmo ano de 1935. Tendo em vista o recrudescimento da repressão política após a aprovação da referida lei, da ilegalidade em que foi colocada a Aliança Nacional Libertadora (ANL) e do Levante de 1935, a publicização do rompimento com o chefe máximo do Executivo poderia oferecer riscos aos eventuais opositores. Portanto, esta ameaça de rompimento público de Vargas parece ter sido de grande relevância para dobrar aqueles que se opunham ao acordo.[40] Dessa feita, o acordo tramita rapidamente pela Câmara, pelo Senado e vai para a assinatura presidencial no final de 1935.

As cláusulas tarifárias do acordo comercial que favoreceriam os produtos estadunidenses teriam efeitos nulos se nada fosse definido quanto ao problema dos saldos congelados, ou seja, os pagamentos dos atrasados comerciais. Afinal, de nada valeriam tarifas mais baixas se não houvesse câmbio para efetuar o pagamento em dólares das importações. Foram incorporadas cláusulas cambiais que concediam preferências de cobertura aos itens relacionados no acordo.[41] Com sua aprovação e como forma de viabilizar o resgate dos atrasados comerciais estadunidenses, foram realizados arranjos entre o Banco do Brasil (BB) e o Eximbank, implicando emissão de cupons pelo BB a juros sobre esses saldos congelados até então – cupons que seriam posteriormente descontados pelos seus portadores estadunidenses junto

[40] Arquivo Getúlio Vargas (GV). Arquivos Pessoais (1935).

[41] Esse, inclusive, foi objeto de grita das autoridades britânicas, pois, segundo seus entendimentos, esta cobertura cambial se daria em detrimento do pagamento dos serviços da dívida externa com os britânicos.

ao Eximbank, totalizando o montante de 27 milhões de dólares.[42] Portanto, essas foram as primeiras operações do Eximbank com a economia brasileira, agindo como importante dispositivo para o firmamento de tratativas comerciais de tipo NMF sem que este resultasse nulo em seus efeitos promotores de intercâmbio comercial por falta de câmbio.

Não deixaria de ser notado por analistas atentos à realidade econômica brasileira (assim como dos países latino-americanos em geral) a natureza estrutural do problema cambial brasileiro, como atestam os estudos de Williams realizados em 1934 sobre o tema – afirmando uma tendência que se repetiria anos depois de associar empréstimos vultosos dos EUA com missões de análise e proposições econômicas. A aprovação do Acordo Comercial Recíproco, justamente por causa destas questões cambiais, não representou uma vitória definitiva dos EUA, pois em paralelo a essa aprovação o Brasil inicia uma série de operações de compensação com a Alemanha, que tinha exatamente a possibilidade de não usar moeda conversível como um de seus principais trunfos (além de não precisar de aprovação do Congresso, pois era tratado como uma operação técnica que caberia ao Banco do Brasil). Portanto, os anos que vão da aprovação do acordo, dos primeiros empréstimos do Eximbank até a definitiva declaração de guerra ao Eixo pelo

[42] Para o montante total autorizado e os descontos efetivados até 1936, Export--Import Bank Of Washington (Eximbank). *Annual Report of the President of Export-Import Bank of Washington.* Washington, 1936, p. 6-7. Desde a viagem de Sousa Costa a Washington foram discutidas formas de tratar do problema dos saldos congelados, sendo, inclusive, aventada a possibilidade de empréstimos do RFC para tratar deste problema e das questões cambiais de forma mais abrangente a partir da fundação de um banco central no Brasil – que, como sabemos, só veio a efeito quase duas décadas depois, em dezembro de 1964. Arquivo Sousa Costa, FGV CPDOC, 1935.

Brasil serão de intensa disputa interimperialista entre EUA e Alemanha (lembrando que desde 1933 os nazistas já estavam no poder), consolidando como um dos temas mais sensíveis exatamente o espaço econômico de cada potência no Brasil. Assim, a chamada "depressão de Roosevelt" (1937) e o início dos chamados *development loans* vão marcar uma virada na estratégia estadunidense para o Brasil – virada esta que teria nos empréstimos do Eximbank para a construção da CSN e da CVRD algumas das suas maiores expressões.

Development loans e transformações nas ações do Eximbank no capitalismo brasileiro

O ano de 1937 marca uma inflexão importante na conjuntura econômica e política das formações capitalistas estadunidenses e brasileiras. Do lado dos EUA, ocorre uma reversão na recuperação econômica que se verificava desde 1933, especialmente em função da redução dos gastos governamentais em busca de superávits fiscais, o que atesta a força que ainda gozavam alguns princípios ortodoxos de condução econômica. Por terem sido esses cortes um dos elementos principais na queda econômica de 1937 é que esta ficou conhecida como a "depressão de Roosevelt". Já do lado do Brasil, ocorreria uma nova e forte queda nos saldos de exportação, o que já anunciava mais uma rodada das crônicas crises cambiais. Essa expectativa motivou a primeira suspensão total do pagamento da dívida externa da história econômica brasileira. Tal suspensão não pode ser desvinculada das alterações no regime político, cujas características autoritárias vinham se acumulando desde a Lei de Segurança Nacional de 1935, culminando no estabelecimento da ditadura aberta com o Estado Novo em novembro de 1937. Afinal, associado ao problema da redução dos saldos de exportação estava colocada, como argumento do novo regime para a decretação da suspensão do pagamento, a necessidade de manter importações essenciais como o reequipamento do sistema ferroviário e o reaparelhamento das Forças Armadas – necessidades que adquiriram uma importância crucial com o progressivo aumento da temperatura da conjuntura geopolítica.

Havia a expectativa do governo brasileiro de que a adoção de medida inédita como a suspensão do pagamento da dívida abalaria as relações entre Brasil e EUA. Assim, antes mesmo do estabelecimento do Estado Novo e da suspensão do pagamento da dívida externa, foi enviada uma nova missão de negociação de questões cambiais e comerciais no início de 1937 – missão essa que contava novamente com a presença do ministro Souza Costa. Existe ainda a possibilidade de que um dos objetivos ocultos dessa missão fosse avaliar as intenções estadunidenses em retaliar o Brasil com a suspensão dos pagamentos.[43] Já mencionamos acima que as autoridades brasileiras privilegiavam os interesses comerciais em comparação com os financeiros – diferentemente dos ingleses. De toda maneira, o impacto na imprensa estadunidense da suspensão dos pagamentos das dívidas em dólares foi bem pronunciado, argumentando-se que uma parte significativa dos *bonds* estavam de posse de pessoas que dependiam deles como fonte básica de renda – como pensionistas e afins.[44]

---

43 Abreu, Marcelo de Paiva. "A dívida externa pública do Brasil, 1931-1943". *In: Pesquisa e Planejamento Econômico*, Rio de Janeiro, v. 5 (1), jun. 1975; *Id. O Brasil e a economia mundial, 1930-1945. Rio de Janeiro: Civilização Brasileira, 1999.*

44 Aranha para Vargas, Arquivo Getúlio Vargas, FGV CPDOC, 1937.

Esses fatos exerciam pressão para que o trato com o Brasil fosse bem duro e exemplar; porém, as autoridades estadunidenses temiam que uma atitude mais enérgica pudesse resultar na aproximação ainda maior com a Alemanha. Além do comércio de compensação que vinha ocorrendo desde 1936, uma maior aproximação política e ideológica com os alemães era algo que despertava atenção de autoridades dos EUA – o que tinha pleno fundamento, pois eram sabidas as simpatias pró-germânicas de membros importantes do governo e das Forças Armadas. Portanto, interesses estratégicos de mais longo prazo passaram a ser privilegiados nas tratativas com o Brasil – e os chamados *development loans* do Eximbank e sua ênfase no financiamento de projetos de crescimento econômico (especialmente na área de infraestrutura) funcionariam como uma valiosa ferramenta econômica para atender estes objetivos geopolíticos estratégicos.[45]

Poucos dias após o estabelecimento do Estado Novo e em consonância com as iniciativas para enfrentar os problemas fiscais, financeiros e cambiais que condicionavam as recorrentes crises da economia brasileira, foi criada uma importante agência que, assim como o CFCE, foi progressivamente assumindo funções de planejamento para além

45 Destaque-se que 1937 também foi o ano da primeira viagem de Nelson Rockefeller ao Brasil e que ele seria figura determinante na criação do Office of the Coordinator of Inter-American Affairs (OCIAA) – órgão que dava especial importância às questões culturais no conjunto das relações Brasil-EUA. Tota, Antonio Pedro. *O imperialismo sedutor: a americanização do Brasil na época da Segunda Guerra*. 2ª reimpressão. São Paulo: Companhia das Letras, 2005; Poggi, Tatiana. "Revisitando o imperialismo: o papel do Office of the Coordinator of Inter-American Affairs na construção de novas estratégias de dominação." *R. Mest. Hist.,* Vassouras, v. 12, n. 1, p. 41-54, jan./jun., 2010. Office of the Coordinator of Inter-American Affairs. *History of the Office of the Coordinator of Inter-American Affairs: Historical Reports on War Administration*. Washington: Government Printing Office, 1947.

de seu escopo original. Tratava-se do Conselho Federal de Economia e Finanças (CTEF), que contava com membros como Valentim Bouças e Guilherme Guinle – este último, futuro primeiro diretor da CSN. Um dos exemplos desta expansão das funções do CTEF foi a elaboração de planos siderúrgicos que posteriormente serviriam de base para a criação da própria Companhia. Interessantemente, tais planos traziam inovações financeiras para levantar os investimentos em moeda doméstica para um empreendimento de tamanha monta, como o lançamento de papéis na Bolsa de Valores do Rio de Janeiro[46] e o uso de fundos previdenciários para a aquisição de papéis da siderúrgica a ser criada – destacando--se que a Carteira de Crédito Agrícola e Industrial do Banco do Brasil (Creai-BB, criada em 1937) também fez uso de fundos previdenciários para financiamentos de longo prazo. Esses estudos foram importantes, pois, quando de fato foram liberados pelo Eximbank os recursos em dólares para a construção da CSN, uma das contrapartidas era o levantamento de recursos em moeda doméstica sem novas emissões monetárias.

A partir de 1938, nas conversações sobre os problemas das relações econômicas entre Brasil e Estados Unidos, ficava cada vez mais clara a possibilidade do apoio estadunidense a um programa mais amplo de crescimento econômico. Em contrapartida, as questões cambiais de curto prazo ainda eram enfatizadas pelos interesses privados representados pela AmCham[47] e pela NFTC – o que atesta a posição de

---

46 Levy, Maria Bárbara. *A indústria do Rio de Janeiro por meio de suas sociedades anônimas: esboços de história empresarial.* Rio de Janeiro: Editora UFRJ, 1994.

47 A American Chamber of Commerce for Brazil (AmCham) é fundada pioneiramente no Rio de Janeiro em 1916, representando os interesses de

seus membros em reuniões com representantes do governo brasileiro naquele mesmo ano, quando da vinda ao Brasil do presidente do Eximbank, Lee Pierson. Porém, a partir desse ano as autoridades estadunidenses buscaram redefinir as agências designadas para tratar das questões cambiais, por um lado, e para os investimentos de longo prazo, por outro – assim como se observa que importantes mudanças no aparelho econômico do Estado brasileiro deveriam ser adotadas para que as respostas aos recorrentes problemas cambiais fossem menos imediatistas. Dessa forma, surgia a ideia de que tais problemas seriam mais bem encaminhados com a criação de um banco central de reserva no país.

Souza Costa e o Secretário de Tesouro Henry Morgenthau efetuam troca de correspondência sobre aquisições de fundos em ouro visando a criação desta agência específica para tratar de questões cambiais – que, como sabemos, só seria efetuada de forma parcial em 1945 com a Superintendência da Moeda e do Crédito (Sumoc) e de forma mais definitiva em 1964 com o Banco Central. Souza Costa, porém, buscou incorporar nessas correspondências o tema de um vasto programa de crescimento econômico que, com as devidas linhas de financiamento em dólares, representaria aquisições massivas de equipamentos nos EUA. Esse programa de "reconstrução econômica" ou "reaparelhamento

capitais estadunidenses com operações na economia brasileira. Já em 1919 é criada a Câmara Americana de Comércio de São Paulo, associação que suplanta em importância a Câmara do Rio e atualmente expressa tais interesses em nível nacional. A AmCham busca se associar com outras agências privadas de setores dominantes brasileiros, como é o caso da já mencionada ACRJ, onde a AmCham possuía alguns representantes. A partir de 1921, lança o primeiro número de sua revista, *Brazilian Business. American Chamber of Commerce for Brazil*. Brazilian Business, ano 1, n. 1. Rio de Janeiro, 1921.

econômico" (termos mais usuais naqueles anos para se referir a projetos de desenvolvimento econômico) foi encarado com simpatia por Henry Morgenthau, o que abriu a possibilidade para o financiamento de projetos mais ousados de investimentos na economia brasileira – sendo o Eximbank responsável por essa função.[48] Afinal, era de ciência de membros do governo, como Osvaldo Aranha, que o banco vinha sendo usado para esses *development loans* desde 1937, como atestam os empréstimos realizados para a China com essas características.[49]

Com esse novo estado das negociações econômicas entre os dois países, em 1939 foi organizada nova missão econômica do Brasil nos EUA, dessa vez encabeçada por Osvaldo Aranha (sabido defensor da aproximação com os estadunidenses) – destacando-se que o convite partiu do próprio Roosevelt. A partir da chamada "Missão Aranha" avançam detalhes nas negociações em prol do programa de desenvolvimento econômico brasileiro e os empréstimos do Eximbank que, concretamente, resultariam na construção da CSN e da CVRD – sendo a missão também marcante para a aliança do Brasil com os EUA quando da entrada deste último na Segunda Guerra.

O Eximbank, as negociações e as disputas na construção do projeto siderúrgico brasileiro

O tema dos empréstimos do Eximbank para um amplo programa de crescimento econômico era apenas um

[48] United States Department of State. *Foreign relations of the United States diplomatic papers, 1938. The American Republics (Volume V)*. Washington: U.S. Government Printing Office, 1956.

[49] Aranha para Vargas, Arquivo Getúlio Vargas, FGV CPDOC, 1937.

entre mais seis itens apresentados por Aranha a Hull – que iam desde a questão dos pagamentos da dívida externa,[50] passando pela ideia de formação de um banco central para lidar com questões cambiais de forma mais adequada até a busca por uma relação mais complementar entre a produção agrícola de ambos os países. A existência desses temas no mesmo rol de negociação que o programa de desenvolvimento econômico buscava quebrar animosidades internas estadunidenses a esse projeto, especialmente do Foreign Bondholders Protective Council (FBPC), que representava os interesses de detentores de títulos da dívida pública brasileira. Havia a promessa do retorno dos pagamentos da dívida em julho de 1939 como forma de tentar quebrar tais interesses antipáticos a novos empréstimos até ser solucionada a questão da dívida.[51]

A resposta de Hull à Aranha no que tange aos empréstimos do Eximbank para o referido programa abrangente de desenvolvimento econômico foi francamente positiva. Esse fato é de grande relevância, pois seria exatamente a manifestação positiva de Hull que seria lembrada um ano depois (em 1940) como um compromisso dos EUA em apoiar financeiramente o desenvolvimento brasileiro. A

50 Corsi, Francisco Luiz. "O projeto de desenvolvimento de Vargas, a Missão Oswaldo Aranha e os rumos da economia brasileira". *In:* Bastos, Pedro Paulo Z.; Fonseca, Pedro Cezar Dutra (orgs.) *A era Vargas: desenvolvimentismo, economia e sociedade.* São Paulo: Editora da Unesp, 2012.

51 Corsi levanta a questão de que, quanto a essa retomada dos pagamentos da dívida, Aranha teria passado do ponto daquilo que estava autorizado pelo governo de forma geral a negociar; porém, assim o fez pois o sucesso de sua missão era importante para fortalecer sua própria posição, já que não eram poucos no governo que eram favoráveis a uma relação estratégica com a Alemanha em detrimento dos EUA. *Ibid.*

construção da CSN seria justamente a primeira etapa desse programa – etapa que os EUA protelavam em concretizar.

A gigante siderúrgica estadunidense US Steel vinha realizando investigações para a construção de uma siderúrgica no Brasil desde pelo menos 1939; portanto, a expectativa inicial era de que o parque industrial brasileiro entrasse na era da siderurgia pesada a partir de uma empresa estrangeira aqui instalada. Porém, essa expectativa foi frustrada no ano de 1940 com a repentina comunicação da empresa abortando suas intenções de construir uma siderúrgica em território brasileiro. O próprio Vargas enviou comunicação à Embaixada dos EUA questionando se a desistência da US Steel teria algo a ver com o problema dos pagamentos da dívida externa – o que foi veementemente negado pelos estadunidenses, apesar de existirem pressões nesse sentido caso o tema envolvesse empréstimos do Eximbank, como é o caso do FBPC.

Esse impasse forçou o Departamento de Estado a se envolver mais diretamente na questão siderúrgica brasileira – até então tratada por agentes privados da US Steel e pelo governo brasileiro. Outras companhias foram aventadas para a empreitada, como a Ford, a Bacon e Davis, a Bethlehem Steel, Inland Steel, entre outras. Até mesmo Morgenthau foi envolvido na discussão, sempre deixando claro que este era um assunto da alçada do Eximbank e do Departamento de Estado. Todavia, o Secretário de Tesouro aproveitou a oportunidade para sugerir que talvez o empreendimento devesse ser tocado adiante por uma empresa brasileira – portanto, na linha da sua disposição demonstrada desde 1937/1938 (após a "depressão" de 1937) em apoiar o financiamento de grandes empreendimentos no país como forma de aprimorar o estado das relações econômicas exteriores em uma mirada de longo prazo.

Com as idas e vindas nas conversas, Vargas acaba definindo posição em favor de um projeto siderúrgico brasileiro a ser concretizado por uma empresa nacional, reivindicando o acordo firmado no contexto da Missão Aranha de 1939 e o financiamento pelo Eximbank de projetos de desenvolvimento econômico no país. Assim, em março de 1940, o banco finalmente decide financiar a construção da siderúrgica brasileira, desde que fossem apresentados projetos concretos para este fim. Cabe aqui destacar que a decisão do Eximbank é anterior às ambíguas e polêmicas declarações de Vargas a bordo do Minas Gerais, ocorridas em 11 de junho, e que foram entendidas como um elogio aos regimes ditatoriais e uma possível declaração de alinhamento ao Eixo. Aliás, no dia primeiro de junho, Vargas já comunicara o envio aos EUA de uma comitiva para fechar os pormenores do financiamento.

Paralelamente, o governo alemão oferecia propostas cada vez mais interessantes para a construção da siderúrgica no Brasil por meio da Krupp. Buscando dobrar as autoridades brasileiras, a diplomacia alemã tentava por diversos meios incidir sobre as Forças Armadas – onde sabidamente existiam figuras com simpatias germânicas. Por mais que retrospectivamente possamos duvidar das reais possibilidades alemãs de fornecer maquinários e insumos para a construção da siderúrgica brasileira em 1940, dado o envolvimento de sua indústria com o esforço econômico de guerra, existia o temor por parte de alguns agentes do Departamento de Estado, como Sumner Welles,[52] de que qualquer deslize

[52] United States Department of State. *Foreign relations of the United States diplomatic papers, 1940*. The American Republics (Volume V). Washington: U.S. Government Printing Office, 1961.

nos acertos finais do financiamento pelo Eximbank fizesse o Brasil aceitar imediatamente a proposta alemã e, assim, abandonar a sua equidistância programática,[53] em favor do alinhamento com os alemães naquele momento.

Portanto, mesmo que se possa concordar com a tese de que o financiamento da siderúrgica pelo Eximbank tenha se concretizado muito mais pela estratégia de longo prazo dos EUA de trazer o Brasil para seu arco de influências do que pela sagacidade em termos de barganha manifestada por Vargas no episódio do discurso a bordo do Minas Gerais,[54] o próprio interesse dos EUA de trazer o Brasil para mais perto de si em termos geopolíticos ampliava a margem de manobra dos agentes brasileiros em questão. Além disso, a ala pró-germânica nas Forças Armadas era conhecida dos EUA e, por isso, naquela conjuntura delicada, não seria prudente pôr em risco a concretização do desiderato de trazer o Brasil para o lado dos Aliados.

A assinatura/conclusão do financiamento se deu por meio da troca de cartas entre Guilherme Guinle (como já mencionamos, o primeiro diretor da CSN) e Jesse Jones (agora na Federal Loan Administration, agência responsável por definir a política de empréstimos do conjunto das agências estadunidenses). O projeto de construção da usina ficaria a cargo da McKee & Co., e ficou acordado que técnicos estadunidenses seriam enviados ao Brasil para coordenar a engenharia e a logística da construção. O empréstimo do Eximbank foi definido no montante de US$ 20 milhões,

---

53 Moura, Gerson. *Autonomia na dependência: a política externa brasileira de 1935 a 1942.* Rio de Janeiro: Nova Fronteira, 1980.

54 Abreu, Marcelo. *O Brasil e a economia mundial*, l, 1930-1945. Rio de Janeiro: Civilização Brasileira, 1999.

que deveria ser usado exclusivamente em importações de maquinário dos EUA. Também ficou acertado que o governo brasileiro deveria levantar em moeda doméstica o equivalente a US$ 25 milhões para os custos internos na construção – montante este levantado majoritariamente por meio da subscrição de ações da Companhia pelos Institutos de Aposentadorias e Pensões, recentemente criados e, portanto, em uma fase com muito mais entradas de recursos do que saídas em seus balanços.

Conforme destacado por Aranha em seus agradecimentos, o apoio estadunidense ao projeto siderúrgico brasileiro foi dúplice: consistiu em assistência financeira e assistência técnica, tendo em vista o envio de engenheiros e demais profissionais para a construção da usina – experiência assistencial que se repetiria anos depois nas ações de agentes estadunidenses com a economia e a sociedade brasileiras. Vargas, por sua vez, agradeceu diretamente a Roosevelt, sublinhando a importância deste feito para o fortalecimento das amistosas relações entre as repúblicas americanas.[55]

O Eximbank e o capitalismo brasileiro no contexto da Segunda Guerra Mundial

Conforme mencionamos anteriormente, a operação financeira do Eximbank para a construção da CSN associava-se à assistência técnica, portanto, deixando a cargo dos técnicos estadunidenses a elaboração intelectual do projeto da usina. Durante os anos de guerra e com o alinhamento do Brasil ao lado dos Aliados, a associação entre ação financeira

[55] United States Department of State. *Foreign relations of the United States diplomatic papers,* 1940. *The American Republics (Volume V). Washington: U.S. Government Printing Office, 1961.*

e ação intelectual se intensificaria com o estabelecimento da Missão Cooke. Nessa época, o sentido da ação intelectual se ampliou: passou da concepção mais restrita de trabalho intelectual (planejamento, elaboração de projetos etc.) para abranger também uma direção política e intelectual sobre os agentes de Estado e civis da sociedade brasileira Porém, pouco antes da experiência da Missão Cooke, o Eximbank realizou novas operações associadas à assistência técnica, nesse caso, operações ligadas ao fornecimento de equipamentos militares. Esses financiamentos se deram sob o programa do Lend-Lease, abrangente ação estratégica estadunidense para apoiar os países Aliados antes mesmo de sua entrada formal na guerra. Portanto, o fornecimento de créditos e assistência pelo Lend-Lease já apontava para a forte gestão dos EUA visando a romper a equidistância pragmática brasileira em favor dos Aliados em geral e dos EUA em particular.

As operações do Eximbank por meio do Lend-Lease não apareciam de forma explícita e desagregada nos balanços do banco por conta de sua natureza secreta, mas na documentação diplomática é possível obter alguns dados a partir das correspondências envolvendo as negociações sobre esse tema. De forma geral, a ideia era disponibilizar algo em torno de 100 milhões de dólares ao longo de três anos. Havia um grande leque de itens nas listas de importação brasileiras ao longo desses anos, incluindo equipamentos para todas as Forças Armadas, para a construção de uma fábrica de motores, petróleo, entre outros. Havia a intenção de obter dividendos políticos com o envio destas encomendas para o Brasil, pois se tratava de equipamentos bem mais modernos dos que os anteriormente importados pelo país. Era de grande importância impressionar os meios militares brasileiros, pois, além da existência dos já mencionados segmentos pró-Eixo, existia a expectativa que a carga de armamentos comprados da Krupp, e que foram primeiramente embargados pelos ingleses, chegassem a qualquer momento após as gestões dos EUA para a sua liberação.[56]

Mesmo com a magnitude dos montantes liberados para o programa do Lend-Lease com o Brasil (sendo o maior montante negociado até então), houve uma série de percalços e demoras no uso desses recursos. Embora os agentes diplomáticos estadunidenses responsabilizassem possíveis sobreposições de competências entre órgãos, há também a possibilidade da parte pró-germânica das Forças Armadas ter evitado se comprometer demasiadamente com equipamentos de fabricação nos EUA – com toda a dependência referente a suprimentos, manutenções etc., envolvida em encomendas militares desse tipo.[57] De toda maneira, houve

[56] United States Department of State. *Foreign relations of the United States diplomatic papers, 1941. The American Republics (Volume VI).* Washington: U.S. Government Printing Office, 1963; Bandeira, Luiz Alberto Moniz. Presença dos Estados Unidos no Brasil (dois séculos de história). Rio de Janeiro: Civilização Brasileira, 1978; Moura, Gerson. *Autonomia na dependência: a política externa brasileira de 1935 a 1942. Rio de Janeiro: Nova Fronteira, 1980.* Por mais estranho que possa parecer, foram os EUA que agiram no sentido de convencer os britânicos a liberarem essa carga embargada de armamentos adquirida pelo Brasil da Alemanha. Como o Brasil já havia realizado os pagamentos e os EUA queriam demonstrar "boa vontade" com os agentes brasileiros, especialmente nos meios militares, como parte de sua estratégia de trazer o país para círculos crescentemente mais íntimos dos Aliados, foram os EUA que agiram em favor da liberação dessa carga de armamento – o que não se repetiria após a declaração de guerra ao Eixo por motivos óbvios.

[57] Cabe o destaque que mesmo após a declaração de guerra do Brasil ao Eixo ainda existiam fortes simpatias pró-Eixo, o que se expressa no fechamento da Sociedade de Amigos da América fundada por Osvaldo Aranha (que constantemente se queixava de grampos e espionagens de figuras pró-germânicas do governo, como Filinto Muller) e na proibição de manifestações de rua em favor da decisão do governo em declarar guerra ao Eixo – caso

insistência para que o Brasil criasse uma agência voltada para coordenar as encomendas sob o Lend-Lease, funções assumidas em 1943 pela Coordenação de Mobilização Econômica – que também dirigiria o esforço econômico de guerra brasileiro.

Cabe ainda mencionar que parte do pagamento desses empréstimos do Eximbank sob o Lend-Lease se daria por meio do fornecimento de recursos considerados estratégicos, como borracha e, especialmente, minerais – como manganês, mica, diamantes industriais, cristais de quartzo, entre outros. Nesse sentido, mesmo antes do programa do Lend-Lease já havia conversas para que os EUA e o Eximbank pudessem apoiar a construção de infraestrutura para explorar os recursos minerais brasileiros – o que envolvia também modernização e integração de ligações ferroviárias para seu escoamento, em especial a ferrovia ligando Vitória (ES) e seu porto e as jazidas existentes em Minas Gerais. É nesse âmbito que ocorrem os estudos e gestões para que o Brasil pudesse fornecer de forma eficiente recursos minerais aos EUA e aos Aliados (esses últimos após a declaração de guerra), estudos esses que se concretizariam na criação da CVRD em 1942. Tal projeto encontrou fortes obstáculos, tendo em vista que algumas minas a serem encampadas na formação da Companhia envolviam interesses ingleses e estadunidenses;[58] porém, tendo em vista a urgência das

peculiar de repressão a ato público em favor de medidas do próprio governo. Sobre tais casos, Bandeira, Luiz Alberto Moniz. *Op. cit.*

58 Becker, William; McLenahan Jr., William. *The Market, the State and the Export-import Bank of the United States, 1934-2000. New York: Cambridge University Press, 2003*; Export-Import Bank of Washington (Eximbank). *Second Semiannual Report to the Congress for the period January-June 1946.* Washington, 1946.

demandas relacionadas à mobilização econômica de guerra, tais interesses foram dobrados – o que não deixaria de render problemas futuramente.[59] Além disso, haveria outras ocasiões em que temas relacionados ao fornecimento de minerais estratégicos e ao envolvimento bélico estariam associados, como atesta o caso da Guerra da Coreia na década de 1950.

Missão Cooke, planejamento e formação do aparelho econômico de Estado brasileiro

Quando o Brasil declarou guerra definitivamente ao Eixo, as chamadas missões técnicas que vinham sendo realizadas desde a experiência liderada por John Williams em 1934 ganharam um salto qualitativo pela, entre outras coisas, abrangência dos estudos realizados e por envolver manifestamente um programa de desenvolvimento econômico e racionalizar a produção. A Missão Cooke (enviada ao Brasil em 1942)[60] representava esse salto. Suas análises e estudos buscavam estabelecer práticas e instituições que promovessem o planejamento econômico – portanto, por uma via passiva de desenvolvimento, acentuando o elemento "plano de produção" da economia e ampliando o aparelho

[59] Por exemplo, o caso do saldo em libras bloqueadas envolvido nesses negócios que teriam importância na crise cambial de 1947. Vianna, Sérgio Besserman. *A política econômica do segundo governo Vargas (1951-1954)*. Dissertação (Mestrado em Economia). Programa de Pós-Graduação em Economia, Rio de Janeiro, PUC, 1987.

[60] A Missão Cooke foi precedida pela Missão Taub (1941), que também executou análises e previa um programa de empréstimos ao longo de dez anos, porém existem pouquíssimos registros dos trabalhos dessa experiência. Malan, Pedro; Bonelli, Regis; Abreu, Marcelo de Paiva; Pereira, José Eduardo. *Política externa e industrialização no Brasil (1939/52)*. Rio de Janeiro: Ipea/Inpes, 1977.

econômico do Estado capitalista brasileiro. Dessa maneira, suas abrangentes análises e interpretações da realidade econômica brasileira – com um nível de aprofundamento e riqueza de dados até então bem raros, se não inéditos –, buscavam resultar em proposições concretas em termos de política econômica e de formação de agências de Estado voltadas à implementação de tais políticas.

Morris L. Cooke é um dos pioneiros no uso dos métodos de administração científica elaborados por Frederick Taylor, sendo o responsável pela aplicação dos seus experimentos na administração pública. Além disso, trabalhou com a implementação da administração científica estadunidense na educação e na eletrificação rural, atuando em diversas agências estatais com esses fins. Ao chegar para chefiar a Missão no Brasil já possuía, portanto, vasta experiência em termos de planejamento econômico, racionalização da produção e administração científica. Como explica a própria publicação oriunda dos trabalhos da missão,[61] Cooke atuou com a Coordenação de Mobilização Econômica, que, inclusive, foi importante no fornecimento de dados para as atividades da missão.[62]

---

61 Editada em inglês em 1944 e em português no Brasil em 1949 pela FGV. Cooke, Morris. *Brazil on the March: a study in International Cooperation: reflections on the Report of the American Technical Mission to Brazil, by Morris Llewellyn Cooke*. Londres: Whittlesey House; McGraw-Hill Book Company, 1944. *Id. A Missão Cooke no Brasil*. Rio de Janeiro: Fundação Getulio Vargas, 1949.

62 A noção de que um grave óbice ao crescimento econômico brasileiro residia na ineficiência dos métodos de gestão e racionalização da produção apareceriam na Missão Cooke e em futuras missões técnicas estadunidenses. Assim, eram recorrentes as recomendações de promoção da racionalização da gestão e da produção na economia brasileira. Destaque-se que, além das recomendações de criação de futuras instituições de formação de técnicos e gestores no espírito da racionalização de métodos e da administração científica, o texto dos trabalhos da Missão Cooke citava elogiosamente al-

Como mencionado, o envio da Missão Cooke ao Brasil está em consonância com as anteriores exigências estadunidenses de apresentar projetos concretos e fornecer assistência de técnicos para o recebimento dos financiamentos do Eximbank, com o argumento de garantir a solidez dos empreendimentos. Porém, o conjunto de estudos promovidos pela missão ia bem além das questões relacionadas aos problemas da produção siderúrgica, da exploração mineral e da mobilização econômica de guerra. Transportes, combustíveis, energia, têxteis, alimentos, educação, planificação industrial, entre muitos outros temas, também foram objeto de estudos da missão. O que há em comum entre esses levantamentos é o intento de racionalizar a produção econômica brasileira no sentido da industrialização e difundir técnicas de planejamento econômico, tanto do ponto de vista micro da empresa (entendido mais nos moldes de administração científica) quanto do ponto de vista mais macro (no sentido de formação de agências estatais voltadas para tais funções).

Uma das monografias constantes nos estudos da Missão Cooke buscava apresentar um panorama abrangente sobre a situação da economia brasileira, realizando, porém, um resgate da trajetória histórica, atentando para as características do meio geográfico, as dificuldades e possibilidades que apresentava, os períodos da ocupação demográfica e econômica do território – com destaque para o *hinterland* brasileiro – e a breve história, até então, da experiência in-

---

gumas iniciativas já em curso no país, por exemplo, o Instituto de Pesquisas Tecnológicas (IPT) de São Paulo, o Serviço Nacional de Aprendizagem Industrial (Senai), a Associação Brasileira de Normas Técnicas (ABNT), entre outras. Cooke, Morris. *A Missão Cooke no Brasil, Rio de Janeiro: Fundação Getulio Vargas, 1949*, p. 306-308.

dustrial no país.[63] É interessante notar que essa característica de resgatar a história econômica seria repetida em futuras experiências, como as da Missão Abbink e da Comissão Mista Brasil-Estados Unidos. Outro elemento da análise que reaparecerá em estudos posteriores é o conjunto de fatores culturais na história do comportamento dos agentes econômicos, especialmente em termos de tendência a empreender, a poupar e a investir.

De forma geral, a análise da economia brasileira baseava-se no par conceitual de oportunidades de crescimento e obstáculos para tanto. Conceitos que também reapareceriam nas próximas experiências de cooperação técnica e analítica, com destaque para a Comissão Mista, onde tal par seria nomeado "pontos de germinação" e "pontos de estrangulamento" em seu Relatório Geral. Portanto, o planejamento econômico se daria balizado por esses conceitos. Nesse sentido, alguns dos obstáculos a um crescimento econômico sustentável brasileiro (no sentido de se sustentar no tempo, sem estar sujeito a surtos e ciclos de expansão/retração) eram justamente a exiguidade dos capitais acumulados domesticamente e a precariedade dos canais que ligavam as poupanças existentes às necessidades de investimentos produtivos capazes de alavancar um processo de crescimento econômico industrial.

A importância atribuída a esse problema dos canais de financiamento era tal que uma monografia foi especificamen-

[63] Edwards, Corwin. "O quadro econômico". *In:* Cooke, Morris. *Op. cit.* Corwin Edwards atuara em diferentes agências econômicas que compuseram a chamada "sopa de letrinhas" do New Deal, como a NRA e o NRC – esse último especialmente atuante no contexto próximo da eclosão da guerra. Destaque-se que também atuou nessa agência o pesquisador marxista Paul Sweezy.

te dedicada ao tema.[64] É interessante notar que a percepção do problema da inadequação dos canais de financiamento e de captação de poupança para grandes investimentos surgiu justamente a partir dos próprios créditos externos massivos concedidos pelo Eximbank para investimentos de longo prazo. Desde as negociações até a elaboração dos projetos, havia a preocupação de levantar o equivalente em moeda doméstica, com o mínimo possível de emissões. Esse contexto levou, inclusive, a uma reforma monetária em 1942, que substituiu o mil-réis pelo cruzeiro. O problema dos canais inadequados de financiamento que vinculassem as poupanças aos investimentos produtivos era agravado pelo histórico poder de atração exercido pelos imóveis urbanos e rurais sobre as poupanças acumuladas na economia brasileira – questão novamente mencionada pelos relatórios da Missão Abbink e da Comissão Mista. Portanto, um dos objetivos institucionais seria promover um mercado de capitais dinâmico na economia brasileira, que passava desde a criação de agências reguladoras dos mercados de ações e bolsa de valores – como viria a ser décadas depois com a Comissão de Valores Mobiliários – até a promoção de mudanças comportamentais e culturais que impulsionassem o investimento em ações como um hábito mais difundido nos agentes econômicos dotados de alguma poupança.

Também é destacado o papel que os fundos de pensão poderiam cumprir em um amplo e duradouro programa de crescimento econômico – e que vinham cumprindo, de certa forma, dado que parte importante das ações da

[64] Edwards, Corwin, "Fontes de crédito para novos empreendimentos", *In:* Cooke, Morris. *A Missão Cooke no Brasil. Rio de Janeiro: Fundação Getulio Vargas, 1949.*

CSN foram subscritas pelos Institutos de Aposentadorias e Pensões (Iaps). Tendo em vista a magnitude dos recursos acumulados por esses fundos, se houvesse formas de canalizar esses recursos para os investimentos produtivos, eles poderiam cumprir um importante papel de alavanca para o desenvolvimento econômico. Trata-se de uma recomendação que se repetirá nos documentos da Missão Abbink e da Comissão Mista. Ou seja, as poupanças acumuladas pelos trabalhadores formavam montantes comparáveis aos dos patrimônios privados dos capitalistas brasileiros – que ainda padeciam do problema de manter hábitos antiquados de investimentos, como os já citados em imóveis. Dessa forma, com mecanismos e agências adequadas de comando sobre esses fundos, a economia capitalista brasileira poderia contar com valiosos recursos para os investimentos produtivos de grande magnitude, composição orgânica e longos prazos de maturação.

Outro mecanismo institucional recomendado pela Missão Cooke era a formação de um banco especificamente voltado para o financiamento de longo prazo de projetos de desenvolvimento, tendo em vista as carências existentes no sistema financeiro brasileiro de então, apesar de estar em funcionamento desde 1937 a já citada Creai-BB, que cumpria parte dessas funções e ainda utilizava os recursos de fundos de pensões para as suas operações.

As questões referentes ao papel do capital estrangeiro tendiam a esbarrar nos problemas cambiais crônicos pelos quais passava a economia brasileira. Para este "ponto de estrangulamento" ser removido, era necessário um aperfeiçoamento do aparelho econômico de Estado, no sentido de criar um banco central que pudesse disciplinar adequadamente a política cambial e, assim, garantir as remessas em fluxos adequados e previsíveis. Porém, presumia-se que esse seria um problema de difícil solução antes de o Brasil racionalizar a sua economia em direção à industrialização pesada. De toda maneira, sempre se deveria buscar, quando possível, empreendimentos que pudessem contar com a cooperação entre os capitais privados domésticos, os capitais estrangeiros e as empresas estatais.

O papel pioneiro da Missão Cooke pode ser observado no fato de que muitos elementos de suas análises e de suas recomendações vão aparecer novamente na Missão Abbink e na Comissão Mista, destacando a proposta de criação de um banco central, de criação de um ambiente institucional propício ao funcionamento de mercado de capitais, a prescrição de uso de fundos de pensões para investimentos de longo prazo, a formação de um banco de investimentos, entre outros pontos. Parte substancial dessas propostas implicavam importantes transformações e ampliações do aparelho econômico de Estado, e algumas delas foram estabelecidas em diferentes momentos da história, como é o caso do BNDE (1952), do Banco Central (1964), da Comissão de Valores Mobiliários (1976), entre outras agências.

É importante notar que os interesses dos diferentes grupos capitalistas brasileiros organizados não foram negligenciados, existindo uma monografia específica sobre as associações comerciais. O texto referia-se às associações civis do empresariado organizadas até então e às associações oficiais criadas pela legislação corporativa varguista estabelecida nos anos 1930. Portanto, tendo em vista a via "passiva" e de "etiqueta americana" que se buscava implementar no planejamento econômico do Brasil, isto é, sem romper, mas antes aprofundando as relações sociais capitalistas, não poderia deixar de ser abordado o problema de como integrar esses grupos capitalistas em uma estratégia de planejamento geral da economia brasileira rumo à era dos grandes monopólios e corporações. Diante dos problemas e crises oriundos do próprio padrão de acumulação, recomendava-se uma espécie de "fuga para frente", ou seja, uma forma de resolver os problemas do capitalismo brasileiro com "mais capitalismo", com níveis cada vez maiores de concentração e centralização de capitais – mesmo que naquele período histórico, crítico do ponto de vista geopolítico e social, isso significasse lançar mão de mecanismos de planejamento econômico.

Conclusão

O período que se segue imediatamente à Segunda Guerra Mundial foi de um considerável arrefecimento dos interesses estadunidenses em apoiar um programa de desenvolvimento econômico de longo prazo no Brasil. Os determinantes para tanto são múltiplos e vão desde a maior preocupação de sua política exterior com a construção do mapa geopolítico europeu, sua implicação na formação da arquitetura institucional internacional (que do ponto de vista econômico teve em Bretton Woods a sua maior expressão), até o alinhamento automático adotado pelo governo Dutra logo após a deposição de Vargas e a sua linha liberalizante em termos de política econômica exterior. Por mais que ocorressem episódios de retorno a algum interesse maior em apoiar programas de desenvolvimento econômico mais robustos, o empenho nunca mais foi comparado ao daqueles anos da Missão Cooke e da participação do Brasil na guerra[65] – o que também se daria por conta de mudanças no balanço de forças políticas internas à sociedade estadunidense do pós-Guerra.

Porém, algumas novas experiências de cooperação intelectual e econômica ocorreram nos anos após o conflito mundial, sempre em consonância a conjunturas críticas tanto do ponto de vista econômico quanto do ponto de vista geopolítico. A primeira foi suscitada pela crise cambial de 1947 (causada por variados fatores, especialmente pela própria política liberalizante de Dutra e os saldos de exportação bloqueados em libras que o Brasil tinha acumulado com a Inglaterra desde os anos do conflito). Depois, pela reversão da política cambial liberalizante, o "mal-estar" gerado pelo anúncio do Plano Marshall e sua previsão de vastos financiamentos para antigos adversários – enquanto aliados como o Brasil careciam de financiamentos mais vultosos –, entre outros episódios. Nesse contexto, foi enviada a chamada Missão Abbink em 1948, que, como já mencionado, realizou uma série de análises e prescrições sobre a realidade econômica brasileira. Porém, tendo em vista que ela não veio acompanhada de linhas de financiamento para projetos de desenvolvimento, a recepção de seus resultados foi, no melhor dos casos, decepcionante.

Logo após o malogro da experiência Abbink, debateu-se sobre uma nova missão de cooperação intelectual e, dessa vez, também financeira; porém, a conjuntura que dobrou em definitivo a diplomacia estadunidense para

[65] Sobre uma memória irônica das esperanças de alguns intelectuais estadunidenses nessa cooperação de longo prazo dos EUA com o desenvolvimento econômico brasileiro, ver McCann Jr., Frank. *A aliança Brasil-Estados Unidos (1935/1945)*. Rio de Janeiro: Biblioteca do Exército, 1995.

associar financiamentos de longo prazo a essa nova experiência se abre com o advento da Revolução Chinesa (1949) e, especialmente, a Guerra da Coreia (1950-1953) – mais uma vez, tensos arranjos geopolíticos condicionando a disposição dos EUA em apoiar projetos de desenvolvimento mais robustos "em troca" de algum nível de alinhamento de parte do Brasil. Nesse caso, a expectativa era de que o Brasil enviasse tropas para combater na Coreia, mas após longos percalços e a antipatia popular que, segundo se avaliava, seria gerada na concretização dessa hipótese, o apoio brasileiro se deu por meio da já conhecida forma de fornecer minerais estratégicos – especialmente as chamadas areias monazíticas, importante insumo na produção de combustível nuclear.

Apesar das primeiras negociações terem começado antes do resultado das eleições de 1950, a definição da nova missão já se deu de posse do resultado do pleito que definiu o segundo governo Vargas. A estratégia de desenvolvimento econômico desse segundo governo contava com o apoio estadunidense para a concretização de alguns de seus eixos principais, que implicava nova rodada de ampliação do aparato econômico estatal. Esta nova experiência foi a Comissão Mista Brasil-Estados Unidos (1951-1953), que, além dos minuciosos estudos, análises e proposições em termos de política econômica, contou com o financiamento para seu programa do Eximbank e da nova instituição econômica multilateral criada em Bretton Woods: o Banco Mundial. A coexistência de ambas as instituições financeiras foi um foco de tensões enquanto durou a Comissão Mista. Além de certa diferença geracional e social dos intelectuais oriundos de ambas as agências (os do Eximbank remetendo à tradição dos *new dealers* e os do Banco Mundial com raízes em Wall Street), da parte da instituição multilateral havia uma exigência muito maior em termos de adoção de determinadas políticas econômicas como condicionante para a liberação dos empréstimos. Da parte dos representantes do Eximbank, a preocupação em garantir o Brasil como aliado geopolítico era bem mais acentuada e o programa econômico era uma ferramenta para se atingir esses fins políticos.[66]

Apesar da crise instaurada com o fim da Comissão Mista – não necessariamente por causa do seu fim, tendo em vista que ela tinha um caráter provisório –, marcada pelo relativo rompimento do Banco Mundial com o governo brasileiro até 1964[67] e pela crise política que culminou no suicídio de Vargas, a experiência da Comissão deixou um importante legado que ecoou por alguns anos. Seus 42 projetos concretos de investimentos – especialmente nas áreas de infraestrutura de energia e transporte, tendo em vista que foram construídos sob a perspectiva do chamado planejamento setorial e de formação de efeitos em cadeia a partir dos chamados "pontos de germinação" – serviram de acúmulo e inspiração fundamental para a construção do Plano de Metas do governo Kubitschek. Além disso, formaram toda uma geração de intelectuais que viria a ocupar cargos importantes em agências estatais implementando esta visão própria de planejamento econômico

---

66 Sobre esta questão, ver as preocupações de Merwin Bohan, agente do Departamento de Estado. United States Department of State. *Foreign relations of the United States diplomatic papers, 1952-54. The American Republics (Volume IV).* Washington: United States Government Printing Office, 1983.

67 Campos, Roberto. *A lanterna na popa: memórias.* Rio de Janeiro: Topbooks, 1994.

setorial capitalista, sendo o caso mais destacado o então jovem Roberto Campos – primeiro presidente do BNDE e o primeiro ministro do Planejamento após o estabelecimento da ditadura empresarial-militar de 1964.

Em suma, de acordo com aquilo que entendemos ser uma interpretação válida sobre o conteúdo do conceito de revolução passiva de Gramsci, especificamente no que se refere ao seu conteúdo no século XX, ou seja, a acentuação do elemento "plano de produção", mas preservando a apropriação privada como resposta à longa crise capitalista e social aberta com o início do "breve século XX",[68] entendemos que o papel da expansão do aparelho econômico do Estado capitalista no caso do capitalismo brasileiro a partir dos anos 1930, nos termos propostos por Poulantzas, contou com fundamental (mas, claro, não exclusiva e unilateral) determinação do modo "americanizado" de planejamento e gestão econômica capitalista gestado a partir das experiências do New Deal; experiências que resultaram na formação de gerações de intelectuais que assumiram papel de proa nas agências econômicas de Estado no Brasil. Nesse sentido, as raízes dessa longa trajetória que se inicia na década de 1930 devem ser buscadas nos episódios da Missão Cooke, tendo com os financiamentos do Eximbank importante elemento catalisador, não só econômico, mas também intelectual e político. Estando válidas as interpretações aqui apresentadas, entendemos que importantes problemas a se explorar nessa mesma chave da longa revolução passiva brasileira *pari passu* a história do período do capitalismo desenvolvimentista –

[68] Hobsbawm, Eric. *A era dos extremos: o breve século XX*. São Paulo: Cia. das Letras, 1995.

inclusive sua fase de desenvolvimentismo extremista da ditadura empresarial-militar, para usar o já mencionado termo proposto por Florestan Fernandes – são aqueles relacionados exatamente à crise e ao colapso dessa periodização, ou seja, o fim do "desenvolvimentismo realmente existente" e a emergência do assim chamado neoliberalismo nos estertores do "breve século passado", e qual o papel da maior potência capital-imperialista nessa mudança de era.

Capítulo 6

Acordos bilaterais Brasil e Estados Unidos na agricultura: o caso da extensão rural (1948-1973)

Pedro Cassiano[1]

Introdução

Na década de 1950, as discussões sobre o desenvolvimento econômico brasileiro envolviam diversos projetos em pauta na sociedade. Contudo, era hegemônica a visão do campo brasileiro como "atrasado", "improdutivo" e, em alguns casos, "feudal". Este capítulo pretende discutir a trajetória de um dos projetos de modernização agrícola, a política nacional de extensão rural. Traremos à baila os interesses e as intervenções dos intelectuais orgânicos (agentes) das burguesias agrárias estabelecidos no Brasil entre 1948 e 1973 por meio do extensionismo rural. Ao longo desses anos, esses interesses foram enredados a partir de entidades patronais agrárias (agências) de origem nacional e estadunidenses que atuavam no campo brasileiro.

[1] Doutor em História Social pela UFF, atualmente é professor do Colégio Pedro II e membro do Núcleo Interdisciplinar de Estudos e Pesquisas sobre o Marx e o Marxismo (Niep-Marx). Este capítulo deriva da dissertação e tese de doutoramento no Programa de Pós-Graduação em História da UFF. Contato: pcfo@hotmail.com.

Para iniciarmos o debate, devemos entender o que é extensão rural. "Assistência técnica e extensão rural" é um termo comprido para falar de uma mesma coisa. Portanto, seguiremos usando somente a segunda expressão. Em poucas palavras, extensão rural pode ser definida como uma política de difusão de técnicas e tecnologias junto a produtores rurais por diversos meios de comunicação. Ela é caracterizada por ser uma forma de "educação complementar", por conter um viés pedagógico em suas estratégias de comunicação e pelo seu distanciamento do ensino regular oferecido nas escolas e instituições formais de educação.

Em segundo lugar, ressaltamos que, ao longo do capítulo, quando afirmamos que o extensionismo "fez", "implantou", "criou", nos referimos, na verdade, aos atores sociais que estão dirigindo essa política movidos por interesses específicos. Tal como Marx reconhecia que era uma "sandice" dizer que o casaco ou a bota se relacionavam com o linho, pois na verdade a troca de mercadoria nada mais é do que uma relação de trabalho humano abstrato,[2] compreendemos que a extensão rural não fazia nada; antes, eram seus agentes, extensionistas dirigentes e/ou dirigidos, que realizavam essas ações. Para poupá-los, porém, de uma nomenclatura extensa e pretensiosa, fazemos uso abreviado, expressando a vontade do extensionismo rural.

O extensionismo foi importado para o Brasil no final da década de 1940, pelas mãos do magnata estadunidense Nelson Rockefeller, passando por uma adaptação ao clima e ao solo político tropical. O fomento para a implantação deste

2 Marx, Karl. *O capital: crítica da economia política*. V. 1. São Paulo: Boitempo, 2013, p. 150-151.

projeto contou também com o financiamento e o apoio logístico dos diversos acordos de cooperação técnica bilateral Brasil-Estados Unidos firmados entre 1950 e 1960. Nas décadas seguintes, houve algumas mudanças de paradigma na condução do extensionismo, em particular, e da política agrícola, no geral, em alinhamento com o processo de industrialização e de financeirização da agricultura, com o Banco Mundial como novo parceiro estrangeiro. Tal entidade, mesmo possuindo particularidades em sua composição como uma agência multilateral, foi uma importante caixa de ressonância dos projetos imperialistas estadunidenses nesta quadra histórica, principalmente nos países considerados subdesenvolvidos. Durante todo o período do recorte temporal deste texto, os interesses convergentes das entidades estadunidenses receberam apoio das burguesias agrárias brasileiras, que viram no projeto extensionista uma solução para o dito "atraso do campo" sem, contudo, alterar sua estrutura fundiária.

É importante destacar que não daremos conta de abranger a diversidade das relações de produção e de trabalho na agricultura existentes no Brasil. As recepções, conflitos e tensões regionais do extensionismo e de outras políticas agrícolas são debatidas em diversos campos do conhecimento na área do que chamamos estudos agrários e valem a pena serem consultados e debatidos em paralelo a este capítulo.[3] Todavia, não

[3] A título de ilustração, seguem algumas referências de teses e dissertações sobre a temática: Wolfart, Cíntia. *"O novo já nasce velho": os clubes 4-s e a modernização da agricultura no Oeste do Paraná (1950-1980)*, 2017, dissertação (mestrado em História), Programa de Pós-Graduação em História, Universidade Estadual do Oeste do Paraná (Unioeste), Foz do Iguaçu, 2017; Batista, Andreia Jayme. *Políticas de extensão rural no estado do Amapá: História, discurso e prática extensionista*. 2018. Dissertação (mestrado em Desenvolvimento Regional), Programa de Pós-Graduação em Desenvolvimento Regional, Universidade Federal do Amapá (Unifap), Macapá, 2018; Gon-

podemos desconsiderar que o projeto das frações da classe dominante agrária e suas bandeiras nessa quadra histórica tinham como horizonte político universalizar um modelo de desenvolvimento nacional e de produção para o campo brasileiro que alimentava a perspectiva "vocacional" agrária do Brasil. Isso se verifica no esforço de coordenação nacional das ações estaduais e regionais de extensão rural analisadas ao longo do texto.

É longa a tradição de violência – pública e privada – contra populações rurais e contra suas tentativas de organização. Simultaneamente, as burguesias agrárias costuraram diversos "esboços de convencimento", ou iniciativas de consenso, com o objetivo de distensionar os conflitos entre as frações da classe dominante agrária, trabalhadores rurais e pequenos proprietários. O extensionismo como projeto de dominação de classes surgiu da necessidade de construção e renovação do consenso em torno do projeto de modernização agrícola por parte dos pequenos produtores para que eles incorporassem, de forma subalterna, o processo de industrialização da agricultura, ao mesmo tempo que tentava-se desmobilizar as formas de resistência e organização política que ameaçassem os interesses dos dominantes.

Em alinhamento teórico-metodológico com os demais trabalhos que compõem este livro, a pesquisa sobre a tessitura

---

çalves, Rodrigo Carvalho. *Imagens rurais: uma análise da extensão rural em Minas Gerais através das fotografias da revista Emater-MG*. 2012. Dissertação (mestrado em Extensão Rural), Programa de Pós-Graduação em Instituições Sociais e Desenvolvimento, Universidade Federal de Viçosa (UFV), Viçosa, 2012; Lohn, Reinaldo Lindolfo. *Campos do atraso, campos modernos: discursos da extensão rural em Santa Catarina (1956-1975)*. 1997, Dissertação (mestrado em História), Programa de Pós-Graduação em História, Universidade Federal de Santa Catarina (UFSC), Florianópolis, 1997.

dos interesses dominantes no campo não se verifica somente na análise do Estado restrito (órgãos, agências e aparelhos estatais), em fontes e discursos oficiais das instituições públicas, mas também na sua relação orgânica com a sociedade civil agrária brasileira e estadunidense, isto é, suas entidades de classes, seus aparelhos privados de hegemonia. No entanto, consideramos que ainda é insuficiente o levantamento e a sistematização dessas entidades, tanto pela dificuldade de acesso à documentação quanto pelos obstáculos encontrados para desvendar os caminhos traçados pelos projetos específicos de cada fração do patronato rural.

O esforço aqui se concentrará em situar a correlação de forças das principais agremiações das burguesias agrárias e relacionar os reflexos diretos ou indiretos na arena da sociedade política, tendo como eixo a política de extensão rural no período recortado. Entre os principais aparelhos privados de hegemonia do patronato rural em análise estão a Sociedade Rural Brasileira (SRB), a Sociedade Nacional de Agricultura (SNA) e a Confederação Rural Brasileira (CRB), que a partir de 1964 se tornará a Confederação Nacional da Agricultura (CNA). Outras entidades são de suma importância e serão igualmente cotejadas ao longo das seções.

As bases do extensionismo e a questão agrária nos Estados Unidos e no Brasil

A implantação de técnicas agrícolas foi estimulada por um movimento denominado Country Life Movement,[4] ainda no início do século XX. Composto por empresários dos mais

[4] Esse movimento gerou um importante aparelho privado de hegemonia de agricultores norte-americanos, a Farm Bureau, que se transformou em American Farm Bureau Federation (AFBF).

diferentes setores ligados à agricultura, pesquisadores da comunidade científica e agentes do Estado restrito vinculados ao setor, o movimento expandiu-se rapidamente. O objetivo era vencer a resistência dos *farmers* [fazendeiros][5] estadunidenses em modernizar suas técnicas agrícolas e aumentar a produção para superar a carestia de alimentos no país: "Um dos seus principais tribunos, Charles McCarthy, insistia que se tratava de 'Henry Fordizar' a agricultura. Não no sentido de transformá-la em linha de montagem, mas de fazer com que alcançasse um grau semelhante de eficiência".[6] Depois de uma série de iniciativas privadas e outras capitaneadas pelo Country Life Movement, o sistema de extensão rural nos Estados Unidos condensou as diversas formas de difusão de técnicas e tecnologias e tornou-se uma política com apoio do Estado restrito estadunidense no ano de 1914. Nesse sentido, a natureza da extensão rural estava intimamente ligada à racionalização da produtividade, à assistência técnica, à pesquisa agropecuária, ao crédito subsidiado e à difusão de conhecimento nas áreas agrícola e de bem-estar.

Como já dissemos anteriormente, a extensão rural pode ser definida como uma ação educativa complementar, ou seja, fora do âmbito da escola, de treinamento de técnicas e tecnologias junto a produtores rurais, utilizando-se de diversos meios de comunicação. As estratégias passam desde a formação de campos de demonstração em fazendas modelo, produção de panfletos e materiais educativos sobre técnicas

---

5 O termo *farmer* está sendo utilizado aqui para designar pequenos e médios proprietários de terras e pode ser traduzido pelo termo genérico fazendeiros. Essa nomenclatura é utilizada largamente pela bibliografia especializada e pela documentação primária sobre a temática.

6 Veiga, José Eli da. *Metamorfoses da política agrícola dos Estados Unidos*. São Paulo: Annablume, 1994, p. 29.

agrícolas, passando por cursos de formação em economia doméstica e ainda pela organização de atividades culturais para jovens com o objetivo de atrair e fixar a juventude no campo.

Desde os primórdios da colonização inglesa do século XVII, a agricultura nos Estados Unidos era marcada pelo predomínio de pequenas propriedades rurais. A Lei de terras de 1796 estabeleceu a compra mínima de 640 acres[7] a dois dólares, e o comprador teria um ano para saldar essa dívida. Quando o indivíduo não tinha como arcar com esse valor, havia a possibilidade de fixar-se em terras devolutas e, posteriormente, entrar com processo para regularizar a sua propriedade junto às autoridades locais. Em 1862, foi promulgado o Homestead Act estabelecendo que qualquer colono branco poderia requerer 160 acres de terras públicas não apropriadas. Mesmo assim, a principal forma de adquirir terras nos Estados Unidos era por meio da compra por especuladores ou diretamente do governo estadunidense. Seja como for, após a Guerra de Secessão (1861-1865), o modelo predominante que balizou a estrutura fundiária dos EUA tinha como composição pequenas e médias propriedades com o predomínio do trabalho familiar, não havendo diferenciação dos fazendeiros que abasteciam o mercado externo e o interno.[8]

No caso do Brasil, a configuração da estrutura fundiária possui uma trajetória distinta. O predomínio de grandes produtores de terra, e não fazendeiros com pequenas pro-

---

7 Um acre, atualmente, corresponde a 4.047 metros quadrados, ou 0,4047 hectare.

8 Moraes, Reginaldo; Silva, Maitá de Paula. "A trajetória do mundo agrário norte-americano". *Cadernos do Centro de Estudo de Cultura Contemporânea (Cedec)*. São Paulo: Cedec, agosto de 2009.

priedades, é historicamente determinado ainda no período colonial e intimamente ligado à mão de obra escravizada. Aqui, a grande propriedade rural foi hegemônica e não existiu nenhum outro projeto em contraposição. José de Souza Martins, em *O cativeiro da terra,* afirma que

> o país inventou a fórmula simples de coerção laboral do homem livre: se a terra fosse livre, o trabalho tinha que ser escravo; se o trabalho fosse livre, a terra tinha que ser escrava. O cativeiro da terra é a matriz estrutural e histórica da sociedade que somos hoje.[9]

O autor enfatiza o caráter das relações sociais da terra, sempre marcado pela sua concentração nas mãos de grandes proprietários como modo de garantir a sujeição do trabalho. Após a proibição do trabalho escravizado, a terra precisou ser aprisionada e a concentração tornou-se a forma de acumulação prioritária em substituição ao controle da mão de obra escravizada. A desigualdade se torna o padrão da estrutura fundiária brasileira – alicerçada em dispositivos legais como a Lei de Terras de 1850 –, afastando a possibilidade de ocupação e de regularização de terras devolutas por brancos livres e, sobretudo, por ex-escravizados. Isso significou uma brutal expropriação da população, a ocupação do território sem o reconhecimento legal e a formação de múltiplas relações desiguais entre o patronato rural e as populações rurais, como parcerias, meeiros, arrendatários etc.

> O processo de dominação política e territorial está presente nas relações capitalistas de produção, bem como na estrutura fundiária brasileira. Essa estrutura fundiária permite reproduzir a dominação política e a exclusão social, estruturando

9 Martins, José de Souza. *O cativeiro da terra*. São Paulo, Contexto, 2010.

> relações de poder. O latifúndio – associado ao modelo agropecuário adotado – tem sido a base histórica do poder político no Brasil, como instrumento de poder e dominação que perpetua relações de exploração e expropriação. O domínio do espaço, portanto, da propriedade da terra ou do território, é uma fonte importante e persuasiva de poder social sobre a vida cotidiana.[10]

Com efeito, o conflito e a resistência das populações rurais atravessavam – e ainda atravessam – as relações entre estas e os grandes proprietários de terras, diante de uma estrutura fundiária cuja tendência é sempre a ampliação exponencial da concentração de terras, tornando a maior camada da população rural sujeita à expulsão de seus territórios e ao apagamento de seus saberes.

Os primeiros movimentos sociais no campo datam de 1945, ou seja, entre o fim do Estado ditatorial varguista (1937-1945) e o início do processo de redemocratização. As primeiras entidades modernas das camadas subalternas do campo datam do ano de 1948, com a criação da Associação dos Lavradores Fluminenses, formada para defender um grupo de posseiros no Estado do Rio de Janeiro.[11] Em todo o interior do país, outras organizações isoladas foram estabelecidas com reivindicações e objetivos muito locais, mas sempre em conflito com a questão da propriedade da terra. As mais emblemáticas foram, sem dúvida, as Ligas Camponesas, localizadas em várias regiões do Nordeste do país. Forjadas no conflito direto e violento com latifundiá-

---

10 Sauer, Sérgio. "Conflitos agrários no Brasil: a construção da identidade social contra a violência". *In*: Buainain, Antônio Marcio (coord.) *et al. Luta pela terra, reforma agrária e gestão de conflitos no Brasil*. Campinas, Editora Unicamp, 2008, p. 239.

11 Medeiros, Leonilde Servolo de. *História dos movimentos sociais no campo*. Rio de Janeiro: Fase, 1989.

rios, grileiros e grandes proprietários de terra,[12] as Ligas constituíram-se em importantes organizações contra-hegemônicas de enfrentamento.[13] A principal diferença delas em relação às demais organizações anteriores foi sua ressonância na luta de classes no campo, bem como sua articulação mais ampla em discutir as especificidades da questão agrária no Brasil, espalhando-se por outras regiões.

Destacamos que, no contexto das décadas de 1950 e 1960, havia intensa luta de classes e tensões que permeavam a questão da propriedade da terra e sua produção. Os movimentos sociais da época tinham como principal bandeira a reforma agrária, visando desarticular a concentração fundiária e promover o desenvolvimento agrícola.

O governo de Juscelino Kubitschek (1956-1961), no entanto, não se comprometeu com a reforma agrária em seu Plano de Metas: apenas incluiu o assunto "questão agrária"

---

[12] A guerrilha de Porecatu foi um conflito que marcou o surgimento das Ligas Camponesas na década de 1950. A área de conflito ficava no Paraná, no município de Porecatu. Levantes armados de posseiros surgiram em defesa e resposta à violência provocada por latifundiários da região que disputavam as áreas de fronteira. "A guerrilha de Porecatu, depois de dois meses de impetuosa atuação, dissolveu-se por ingerência do Comitê Regional do Partido Comunista, que constatou não haver condições históricas para a sobrevivência do movimento armado". Morais, Clodomir Santos. "História das Ligas Camponesas no Brasil: 1969". *In:* Stédile, João Pedro. *História e natureza das Ligas Camponesas: 1954-1964.* São Paulo: Expressão Popular, 2006, p. 25. Houve ainda diversos conflitos marcantes, como a revolta de Dona Noca, dos posseiros do sudoeste do Paraná, entre outros. Pegoraro, E. "Revolta dos posseiros de 1957: consensos e desacordos de algumas interpretações". *Revista Ideas: Interfaces em Desenvolvimento, Agricultura e Sociedade*, Rio de Janeiro, v. 2, n. 1, p. 109-133, jan.-jun. 2008.

[13] Não é nossa intenção fazer aqui uma análise das Ligas Camponesas nem de outros movimentos sociais rurais que eclodiram nos anos 1950-1960. Proponho, modestamente, apontar para a existência de lutas de classe no campo para ressaltar os conflitos de terra patentes nesse período, conscientemente alijados das discussões e diretrizes da política nacional de extensão rural.

no item "alimentação", restringindo o tema ao problema do abastecimento de gêneros alimentícios para a população. Não havia interesse em comprometer suas alianças com a classe dominante rural, que rechaçava qualquer tipo de reforma agrária.[14] Nesse cenário, uma das saídas encontradas pelo governo para cumprir sua meta e não abalar a aliança política com esses setores foi impulsionar o projeto de extensão rural tocado com relativo sucesso em Minas Gerais pela Associação de Crédito e Assistência Rural (Acar-MG).

Dessa forma, pode-se afirmar que a política de extensão rural no Brasil tem como princípio e pressuposto ser um contraprojeto da reforma agrária ao adotar o discurso do desenvolvimento produtivo sem que isso implique alteração estrutural, deslocando o debate fundiário para uma mera questão de produtividade. A documentação do período reproduz o desejo de repetir o sucesso da extensão dos EUA no Brasil, desconsiderando os distintos processos de tessitura das relações capitalistas de produção em ambos os países.

A implantação da extensão rural no Brasil e a influência estadunidense

As relações diplomáticas entre os governos do Brasil e dos Estados Unidos se consolidaram durante a Segunda Guerra Mundial (1939-1945). O financiamento e a construção da Companhia Siderúrgica Nacional (CSN), a utilização da base militar de Alcântara no Rio Grande do Norte pelos estadunidenses e a entrada do Brasil na guerra ao lado dos

[14] Camargo, Aspásia Brasileiro de Alcântara de. "A questão agrária: crise do poder e reforma agrária (1930-1964)". *In:* Holanda, Sérgio Buarque de. *O Brasil republicano,* v. 10: Sociedade e política (1930-1964), Rio de Janeiro: Bertrand Brasil, 1986.

Aliados são alguns dos fatores que afastaram o temor de um país central na geopolítica da América Latina se alinhar com a Alemanha nazista. Contudo, no imediato pós-guerra, o governo dos EUA elaborou o Plano Marshall, o primeiro grande projeto de ajuda externa, injetando bilhões de dólares para a reconstrução do "velho continente". Nesse cenário, a política externa estadunidense concentraria seus esforços na Europa, enquanto os países da América Latina ficariam sujeitos à disposição de investimento do capital privado.

Nelson Aldrich Rockefeller[15] coordenou, na década de 1940, um escritório dentro do Departamento de Estado dos EUA responsável pelo intercâmbio cultural e diplomático com a América Latina chamado de Office of Coordinator of Inter-American Affairs, ou apenas Office. Em 1944, assumiu como subsecretário de Estado para assuntos latino-americanos ainda no governo Roosevelt (1933-1945), permanecendo um ano no cargo.[16] Nesse período já havia visitado por iniciativa própria, e como representante do governo dos

[15] Tota, Antonio Pedro. *O amigo americano*. São Paulo: Cia. das Letras, 2014, p. 172-174. Esse livro é um dos mais recentes e densos sobre a relação de Nelson Rockefeller com o Brasil, tornando-se uma referência consagrada sobre o assunto. Contudo, cabe ressaltar que a abordagem teórico metodológica de Tota é totalmente distinta das propostas neste capítulo e as referências que se seguem são pontuais para referendar passagens e episódios históricos e não uma convergência em sua interpretação. A supremacia da narrativa dos eventos e das fontes primárias consultadas sobrepõe a análise crítica, tornando-o refém de Nelson Rockefeller e da imagem que ele criou para si próprio. Assim, o historiador insiste em reproduzir a "ilusão biográfica" de Rockefeller de um asceta protestante weberiano, predestinado ao sucesso, agente individual de sua história, relegando em segundo plano os fatores estruturais externos e internos da história do Brasil e dos Estados Unidos no período.

[16] A trajetória política de Nelson Rockefeller é imensa. Além da direção de algumas empresas e instituições da Standard Oil, os cargos políticos, fora os já citados, são: subsecretário de Saúde, Educação e Bem-estar no governo Eisenhower (1953-1954); governador eleito do estado de Nova

EUA, o Brasil e alguns países vizinhos.[17] O filho da família mais tradicional e bilionária do petróleo estadunidense fez da América Latina seu projeto de carreira pessoal, compartilhando a visão de alguns empresários de seu país a respeito do potencial econômico das nações da América Latina.[18] Suas ambições também eram permeadas por um anticomunismo radical que Rockefeller não fazia questão de esconder, e que se fortaleceu nas décadas seguintes com a Revolução Cubana em 1959 e o alinhamento da ilha com a União Soviética (URSS) em 1961.[19] Nesse sentido, veremos que a política externa dos EUA para a América Latina sofreria uma inflexão em relação ao imediato pós-guerra. Por ora, diante do que já foi exposto, compreendemos Nelson Rockefeller como um verdadeiro intelectual orgânico, com fortes vínculos com a classe dominante empresarial estadunidense, além de vasta experiência e trânsito no Estado restrito dos EUA, cujo objetivo principal era expandir e diversificar seu capital, principalmente na América Latina. Em diversos momentos, Rockefeller conseguiu tornar seu projeto de classe realidade nas principais diretrizes da política externa estadunidense para a região.

A implantação das primeiras experiências de extensão rural no Brasil partiu de iniciativas privadas de Nelson

York (1959-1973) e, finalmente, vice-presidente dos EUA no mandato de Gerald Ford (1974-1977).

17 Tota, Pedro. *O amigo americano*. São Paulo: Cia. das Letras, 2014, p. 101.

18 Segundo Rejane Hoeveler, o Council for Foreign Relations (CFR) foi um importante aparelho privado de hegemonia transnacional que organizou empresários estadunidenses em diversos projetos, entre eles a internacionalização de seus capitais para diversos países. Hoeveler, Rejane. *As elites orgânicas transnacionais diante da crise: uma história dos primórdios da Comissão Trilateral (1973-1979)*. 2015. Dissertação (mestrado em História), Programa de Pós-Graduação em História, Universidade Federal Fluminense (UFF), Niterói, 2015.

19 Tota, Pedro. *Op. cit.*, p. 183.

Rockefeller em fazendas no interior de São Paulo, no ano de 1946. Contudo, naquele mesmo ano, o magnata deslocou sua experiência para fazendas de amigos e empresários brasileiros no Estado de Minas Gerais. A explicação para tal mudança não é clara.

Realizando uma rápida digressão, sabemos que a empresa suíça de produtos derivados de laticínios Nestlé foi uma das primeiras grandes empresas multinacionais ligadas à agroindústria a se instalar no país. Em 1921, a Nestlé comprou a Companhia Ararense de Leiteria, uma fábrica de leite condensado na cidade de Araras, no interior paulista. Essa fábrica, por sua vez, foi criada em 1909 pelo agrônomo e químico francês, Louiz Nouguês, que havia chegado à região no ano anterior para trabalhar na Escola de Trabalhadores Rurais Senador Lacerda Franco, dirigida por um importante representante político regional do Partido Republicano Paulista (PRP), o coronel Justiniano Whitaker de Oliveira.[20] Gustavo da Silva e Armando Costa afirmam que a fábrica de leite condensado foi financiada pelos cafeicultores convencidos por Nouguês. Nesse período, o processo de industrialização em São Paulo ocorria pela atuação dos produtores paulistas de café, desejosos de diversificar e investir seus capitais em outros empreendimentos, principalmente em indústrias de bens de consumo que não necessitavam de uma infraestrutura robusta e garantiam maior liquidez ao capital investido. Em 1917, a fábrica de leite condensado era muito lucrativa e tinha uma gama de acionistas em que figuravam os cafei-

[20] Silva, Gustavo Pereira da. "Crise agrária brasileira e imigração: a chegada de Louiz Nougués ao município de Araras (1904)", Revista *Territórios e fronteiras*, v. 2, n. 1, jan/jun. 2009, nota 27, p. 248.

cultores mais poderosos de São Paulo.[21] Esse fato exemplifica os vestígios das relações entre o capital europeu no setor da agroindústria e os cafeicultores paulistas no final da década de 1940. Também pode nos dar uma pista da possível rejeição dos projetos estadunidenses representados por Nelson Rockefeller no Estado de São Paulo, uma vez que a relação do capital suíço na região era antiga e o empreendimento do magnata estadunidense poderia levar a algum tipo de concorrência. Essa hipótese ainda não pode ser confirmada e carece de pesquisa mais aprofundada sobre o tema.

Em contrapartida, é sabido que o intercâmbio e os acordos de cooperação entre frações da burguesia no Estado mineiro e parceiros estadunidenses são antigos e profícuos. Essa relação havia sido construída ainda no período da guerra, com a exportação de minério para o esforço da indústria bélica estadunidense.[22] João Napoleão de Andrade, primeiro presidente da Associação Brasileira de Crédito e Assistência Rural (Abcar), que coordenaria nacionalmente a política de extensão rural, era oriundo de uma família tradicional mineira que exportava cristal de rocha para os EUA, onde também terminou seus estudos e intermediou o contato de Nelson Rockefeller com o então governador de Minas Gerais, Juscelino Kubitschek.[23]

---

21 Silva, Gustavo Pereira da; Costa, Armando Dallas. "Companhia araraense de Leiteria (1909-1920): Louiz Nougués e a realização de um sonho. *História Econômica & História de Empresas*: São Paulo: ABPHE, v. X, n. 1, p. 117-141, p. 129.

22 Colby, Gerard; Dennett, Charlotte. *Seja feita a vossa vontade*. Rio de Janeiro: Record, 1998.

23 Oliveira, Pedro Cassiano Farias de. *Extensão Rural e interesses patronais no Brasil: uma análise da Associação Brasileira de Crédito e Assistência Rural – Abcar (1948-1973)*. 2013. Dissertação (mestrado em História). Programa de Pós-Graduação em História, UFF, Niterói, 2013, p. 152.

Além disso, Minas Gerais detinha a infraestrutura necessária para a formação de quadros para o extensionismo rural. A trajetória da Universidade Federal de Viçosa é ilustrativa dessa relação. Ainda na década de 1920, a universidade foi inaugurada por Arthur Bernardes, à época no comando do Executivo mineiro, com o nome de Escola Superior de Agronomia e Veterinária (Esav), e seu corpo docente era composto exclusivamente por estadunidenses. Contudo, na década de 1930, por conta de alguns reveses, a Esav foi fechada. Sua retomada ocorreu somente no ano de 1948, no mesmo acordo que estabeleceu a criação da Acar-MG, transformando-se em Universidade Rural do Estado de Minas Gerais (UREMG).[24] A instituição foi (re)criada com o objetivo de formar quadros para a extensão rural e o intercâmbio, sobretudo com a Purdue University, era constante. Alguns relatórios do Conselho de Administração apresentam os acordos selados entre a Purdue e a Universidade de Viçosa, como era chamada, além dos nomes de professores que viajaram para o Brasil em intercâmbio. Essas referências são encontradas durante toda a década de 1950-60.[25]

Longe de ser um consenso na historiografia sobre o assunto,[26] tomamos o ano de 1948 como o marco da implan-

---

[24] Atual Universidade Federal de Viçosa (UFV).

[25] Purdue University. "Minutes of Board of Trustees of Purdue University". *Archives and special collections*. Indiana: Purdue University Press, 1952, p. 57. Purdue University. "Minutes of Board of Trustees of Purdue University". *Archives and special collections*. Indiana: Purdue University Press, 1965, p. 39.

[26] Ângelo Callou afirma que a "verdadeira" extensão rural educativa teve início no Brasil na década de 1930 por meio da Esav, baseada nas "Escolas Superiores de Agricultura" (Lands Grand College) dos Estados Unidos (Callou, Ângelo Brás Fernandes. *Extensão Rural: polissemia e resistência*. Anais do IV Congresso da Sober: Fortaleza, 2006). Já Claiton Marcio da Silva

tação da extensão rural no Brasil, pois nesse ano foi assinado o acordo entre a Associação Americana Internacional para o Desenvolvimento Econômico e Social (AIA), coordenada por Nelson Rockefeller, e o governo de Minas Gerais para a criação da Acar. A AIA administraria a agência, tendo à frente da direção o agrônomo estadunidense Walter Crawford.[27] Tal associação seria responsável por difundir técnicas e tecnologias agrícolas no interior do estado mineiro e direcionar os produtores assistidos a contraírem crédito rural no Banco do Estado de Minas Gerais para consumir as inovações tecnológicas apresentadas pelos extensionistas.

O ano de 1948 se insere no contexto de edificação da Guerra Fria, com o aprofundamento da subordinação do Brasil ao bloco dos países imperialistas, em especial aos EUA. Como vimos, o acirramento das lutas camponesas pululava em várias regiões do país, com suas organizações sendo combatidas pelo terror latifundiário. Dessa forma, o extensionismo expressava a contenção de tais lutas por meio

---

coloca que o início dos programas da AIA datam de 1946, com o Serviço de Alimentação e Previdência Social (Saps) em São Paulo, para, posteriormente, em 1948, ocorrerem as primeiras experiências do extensionismo rural já no Estado de Minas Gerais (Silva, Claiton Marcio da. *De agricultor a farmer: Nelson Rockefeller e a modernização da agricultura no Brasil.* Guarapuava, 2015). Seja como for, o extensionismo como política de Estado só ocorreu a partir de 1948.

27 Formado em Arkansas (EUA), em 1933, trabalhou na Farm Security Administration. No período compreendido entre 1943 e 1947, esteve no Instituto Interamericano de Cooperação para a Agricultura (IICA), quando foi enviado em missões para o Paraguai e para o Haiti. Em 1948, foi para a Venezuela, já a serviço da AIA. No final desse ano, veio para o Brasil, onde, no dia 6 de dezembro, começou a atuar na Acar-MG, da qual foi diretor até março de 1953. De 1953 a 1960, foi membro da Junta Administrativa da entidade. Em sua gestão, foram implantadas as estruturas de Escritório Local, Escritório Regional e Escritório Central. Colby, Gerard; Dennett, Charlotte. *Seja feita a vossa vontade.* Rio de Janeiro: Record, 1998, p. 478, 840.

do "refinamento" da dominação, ou seja, pela via do consenso, na medida em que apresentava como "progresso técnico" a promoção de práticas agrícolas balizadas na produtividade capitalista e no abandono da busca pela universalização do acesso à propriedade.

A AIA era um aparelho privado de hegemonia internacional, considerado o braço "filantrópico" da Corporação Internacional de Economia Básica (Ibec), empresa de Nelson Rockefeller que estabelecia projetos lucrativos em diversas áreas no continente, conforme nos afirmam Colby e Dennett:

> Para onde ia parte desse dinheiro era previsível: o agro-empresário Rockefeller. A Ibec montou uma empresa de suinocultura para criar e vender animais de uma raça importada resistente à peste suína. Enquanto as equipes da AIA promoviam a criação de frangos, Nelson montava, através da Ibec, uma empresa de ração para aves. As equipes promoviam as virtudes dos fertilizantes químicos e a Ibec os vendia. A AIA encontrava o uso de sementes mais produtivas, a Ibec vendia sementes híbridas.[28]

As iniciativas mais exitosas da AIA/Ibec foram na Venezuela e no Brasil. O interesse de Nelson Rockefeller nesses dois países não provinha de seu altruísmo ou espírito missionário protestante, mas estava ligado à origem do capital da família – a exploração de petróleo. A Venezuela detinha grande reserva em seu território e havia no Brasil a promessa de que a Amazônia possuísse um vasto potencial a ser descoberto. Desde os anos 1930 o magnata demonstrava interesse em investir no país. Contudo, no período do governo de Getúlio Vargas (1930-1945), diante do nacionalismo

[28] *Ibid.*, p. 251.

crescente e do esforço dos EUA na guerra na Europa, não lhe foi possível aprofundar suas raízes em solo brasileiro.[29] Assim, Rockefeller não conseguiu repetir o sucesso que teve na Amazônia peruana, por exemplo, onde financiou missões protestantes de catequização de indígenas que, na verdade, possibilitaram o reconhecimento do território.[30]

Já no governo do presidente Eurico Gaspar Dutra (1946-1951), houve total abertura aos investimentos estadunidenses em diversas áreas.[31] O Plano Salte (sigla de Saúde, Alimentação, Transporte e Energia) foi lançado nesse período com financiamentos internos e externos. O estímulo a parcerias com empresas dos EUA também seria intensificado. Rockefeller, por exemplo, por meio da AIA, fez acordos de cooperação com grandes produtores rurais brasileiros, simpatizantes dos projetos de exploração da Amazônia,[32] mas o aproveitamento agrícola da região não foi adiante. O projeto de sucesso na área da agricultura estava mesmo em Minas Gerais e se expandiu para as regiões Sul e Nordeste no período.

Em 1954 foi fundada a Associação Nordestina de Crédito e Assistência Rural (Ancar), com escritório central no Ceará e atuação nos estados de Pernambuco e Bahia. No ano seguinte, a Ancar ampliou suas atividades para a Paraíba e o Rio Grande do Norte. Além disso, foi criada a

---

29 *Ibid.*, p. 294.

30 *Ibid.*, p. 140.

31 Visentini, Paulo Gilberto Fagundes. "Do nacional-desenvolvimentismo à política externa independente". *In:* Ferreira, Jorge; Delgado, Lucília Neves de Almeida (orgs.). *O Brasil republicano*. Rio de Janeiro: Civ. Brasileira, 2008, p. 195-216, p. 200.

32 Colby, Gerard; Dennett, Charlotte. *Seja feita a vossa vontade*. Rio de Janeiro: Record, 1998, p. 248.

Associação Sulina de Crédito e Assistência Rural (Ascar), com sede no Rio Grande do Sul.[33] Todas as associações possuíam como modelo a Acar-MG, muito embora ainda não houvesse nenhum tipo de centralização ou relação de matriz e filial entre as agências.

A expansão das associações de extensão rural teve o apoio de recursos do governo dos EUA por meio do Escritório Técnico de Agricultura Brasil-Estados Unidos (ETA). Criado em 1953, o escritório aglutinou as diversas iniciativas de cooperação tecnológica e os financiamentos de acordos entre os governos no setor da agropecuária. A formação do ETA era uma forma de driblar o Congresso Nacional, que via esses acordos com bastante desconfiança.[34] O escritório proporcionou uma continuidade das ações de cooperação bilaterais, principalmente no fornecimento de materiais audiovisuais e didáticos, equipamentos agrícolas, intercâmbio de professores e cursos técnicos. Mendonça considera a criação do ETA como o ápice do modelo de intervenção estadunidense na América Latina, especialmente ligado à suposta cruzada de combate à pobreza e à "invenção" do desenvolvimento econômico.[35]

Os recursos do escritório eram provenientes do Programa Ponto IV e do governo brasileiro, depositados em fundo específico e designados como despesas da agência, contor-

---

[33] Oliveira, Pedro Cassiano Farias de. *Extensão Rural e interesses patronais no Brasil*: uma análise da Associação Brasileira de Crédito e Assistência Rural – Abcar (1948-1973). 2013. Dissertação (mestrado em História). Programa de Pós-Graduação em História, UFF, Niterói, 2013, p. 97.

[34] Mendonça, Sonia Regina de. *Estado, educação rural e influência norte-americana no Brasil (1930-1961)*. Niterói: UFF, 2010.

[35] Mendonça, S. R. de. "Ensino agrícola e influência norte-americana no Brasil (1945-1961)". Revista *Tempo*. Niterói, v. 15, n. 29, 2010.

nando, assim, a resistência do Congresso. O Programa Ponto IV foi idealizado no governo Truman (1945-1953) com o objetivo de reformular a política externa de cooperação técnica em geral – e agrícola em particular –, instituindo diversos acordos e fundações, como a Foreign Operations Administration (FOA)[36] e a International Cooperation Administration (IICA),[37] ambas agências do Estado restrito dos EUA que operavam os acordos internacionais do Programa.

Mesmo sem constar no quadro de direção da Abcar, a parceria estadunidense nas atividades da entidade nacional foi mantida, sobretudo em termos de financiamento, por meio do ETA e da AIA. A documentação financeira da Abcar sugere que não seria possível sua subsistência sem os recursos oriundos dos EUA.[38] No governo Kennedy

---

36 "Criada pelo Plano de Reorganização n. 7 de 1953, efetivo em 1º de agosto de 1953, para centralizar operações, controle e direção de todos os programas de assistência econômica e técnica no exterior e coordenar atividades de segurança mútua. Herdou as funções da Agência de Segurança Mútua (MSA), Administração de Cooperação Técnica, Instituto de Assuntos Interamericanos e outras operações de assistência estrangeira. Fornecia assistência militar, econômica e técnica a nações amigas." Abolida pelo Decreto Executivo 10.610, de 9 de maio de 1955, com funções transferidas para a Administração de Cooperação Internacional". Disponível em: www.archives.gov/research/guide-fed-records/groups/469.html469.6, acesso em: 9 jan. 2013 (tradução nossa).

37 "Estabelecida pela Delegação de Autoridade do Departamento de Estado 85, em 30 de junho de 1955, de acordo com o Decreto Executivo 10610, de 9 de maio de 1955. Coordenou operações de assistência externa e conduziu todos os programas de segurança não militar. Abolida por ato de 4 de setembro de 1961 (75 Stat. 446). Funções transferidas para a Agência para o Desenvolvimento Internacional". Disponível em: www.archives.gov/research/guide-fed-records/groups/469.html#469.6. Acesso em: 9 jan. 2013 (tradução nossa).

38 Consultar o quadro de membros mantenedores da Abcar no período de 1966-1974 em Oliveira, Pedro Cassiano Farias de. *Extensão Rural e interesses patronais no Brasil: uma análise da Associação Brasileira de Crédito e Assistência Rural – Abcar (1948-1973)*. 2013. Dissertação (mestrado em História). Programa de Pós-Graduação em História, UFF, Niterói, 2013.

(1960-1963), diante do anúncio da "década do desenvolvimento", foi criada a Aliança para o Progresso. A historiadora Martina Spohr, lastreada na tese de Florestan Fernandes, intitula a Aliança como um mecanismo importante para a *contrarrevolução preventiva*,[39] baseada na suposta ameaça comunista no continente latino-americano no contexto da Guerra Fria, em especial após a Revolução Cubana.[40] Esse projeto consistia numa espécie de continuidade dos programas de acordos bilaterais do governo Truman, aumentando o seu escopo tanto em volume de recursos quanto em ações bilaterais e envolvendo os setores da sociedade civil e política do Brasil e dos Estados Unidos.[41]

Nesse cenário, a United State Agency for International Development (Usaid) foi criada como uma agência estatal para dar continuidade aos acordos de cooperação técnica e aos projetos em curso nos países do Cone Sul, além de operacionalizar os programas da Aliança. Os acordos Abcar-Usaid forneceram grandes somas de empréstimos diretamente à agência e indiretamente ao Ministério da

---

39 Spohr utiliza o conceito de Florestan Fernandes de contrarrevolução preventiva para designar os projetos e ações que miravam o impedimento de processos revolucionários na América Latina. Fernandes, F. *A revolução burguesa no Brasil*: *ensaios de interpretação sociológica*. São Paulo: Globo, 2006. Tanto na tese quanto na dissertação não utilizamos o conceito de contrarrevolução preventiva, mas após debate com os autores do livro ficou claro que a interpretação de Florestan é pertinente para essa quadra histórica no esforço de interpretação do comportamento das burguesias brasileiras.

40 Spohr, Martina. *American way of business*. Curitiba: Appris, 2020.

41 Ribeiro, Ricardo Alaggio. *A Aliança para o Progresso e as relações Brasil-EUA*. Campinas: Tese de doutorado do Instituto de Filosofia e Ciências Humanas (IFCH) da Universidade Estadual de Campinas (Unicamp), 2006. Natividade, Melissa de Miranda. *A Aliança para o Progresso no Brasil: influência estadunidense na educação e na pesquisa para o campo (1961-1970)*. Niterói: Tese de doutorado do Programa de Pós-Graduação em História da Universidade Federal Fluminense, 2018.

Agricultura que, por sua vez, os repassava para os bancos estaduais incumbidos do crédito rural.[42] Essa agência funcionou em concomitância com o ETA, que teve suas operações encerradas no Brasil em 1964, enquanto os acordos da Usaid seguiram na década seguinte. No caso da AIA de Rockefeller, as operações diminuíram, mantendo-se apenas no quesito de treinamento e cooperação técnica, com apoio pontual a projetos extensionistas como, por exemplo, os clubes de juventude.

Como vimos até o momento, as ações de extensão rural se espalharam rapidamente a partir da década de 1950, com o apoio dos acordos de cooperação Brasil-Estados Unidos, sob a coordenação estadunidense. Contudo, no governo de Juscelino Kubitschek, os intelectuais orgânicos brasileiros assumiram os postos de comando por meio da criação da Abcar ainda em seu primeiro ano de mandato. A entidade, apesar de ter sido fundada a partir de uma reunião entre Rockefeller e Kubitschek, com participação direta da AIA,[43]

---

[42] De acordo com Ribeiro: "Convênio MA-Usaid – O Ministro Ney Braga firmou, no dia 5 de abril, três convênios com a Agência para o Desenvolvimento Internacional (Usaid), pelos quais a Aliança para o Progresso coloca à disposição do Ministério da Agricultura CR$ 5,6 bilhões [..]. Um desses acordos – que foram assinados também pelo Ministro Stuart H. Van Dyke, Chefe da Missão da Usaid no Brasil, como representante do Governo dos Estados Unidos – inclui recursos para o prosseguimento e ampliação dos trabalhos da Extensão Rural desenvolvidos pelo Sistema Abcar. Ao firmar os convênios, o Ministro Ney Braga salientou que a cerimônia assumia significação especial, com motivos de orgulho para ele, por ter como objetivo fundamental dar continuidade à cooperação brasileira-americana, no setor agropecuário, agora sob os auspícios do Conselho de Cooperação Técnica da Aliança para o Progresso (Contap). (*Extensão Rural*, abril, 1966, p. 10)". Ribeiro, Ricardo Alaggio. *A Aliança para o Progresso e as relações Brasil-EUA*. Campinas: Tese de doutorado do Instituto de Filosofia e Ciências Humanas (IFCH) da Universidade Estadual de Campinas (Unicamp), 2006, p. 116.

[43] No dia seguinte, o sr. Rockefeller almoçou com o presidente Kubitschek no Palácio do Catete, sede do governo federal no Rio de Janeiro, onde foi

foi predominantemente dirigida por brasileiros. Kubitschek conhecia a extensão rural e seus empreendimentos em Minas Gerais, pois havia sido governador de Minas Gerais antes de assumir a presidência.

Assim, diferentemente do que ocorria em Minas Gerais, que chegou a ter um diretor dos EUA à frente da Acar-MG, a condução da política extensionista no âmbito nacional era de responsabilidade dos intelectuais orgânicos das frações da classe dominante agrária brasileira. Estes intelectuais ocuparam a direção da Abcar durante toda a sua existência, até meados da década de 1970. A análise da trajetória de vida do quadro dirigente da Abcar no período entre 1956-1973 revela porta-vozes dos aparelhos privados de hegemonia da classe patronal, especialmente ligados à SNA e à CNA, com excelentes relações comerciais e culturais com os Estados Unidos.[44] O presidente da Abcar, João Napoleão de Andrade, personifica a união entre as distintas facções do patronato rural e sua estreita ligação com os estadunidenses. Como já mencionado, Andrade, originário de Minas Gerais, provém de uma família tradicional que, durante a Segunda Guerra Mundial, exportava cristal de rocha para os Estados Unidos. Grande parte de sua vida foi vivida em solo estadunidense, desenvolvendo relações sólidas tanto no âmbito privado quanto no públi-

---

selado o acordo para a criação da Abcar, com a AIA participando de sua constituição. *Ibid.*, p. 60.

44 Oliveira, Pedro Cassiano Farias de. *Extensão Rural e interesses patronais no Brasil:* : uma análise da Associação Brasileira de Crédito e Assistência Rural – Abcar (1948-1973). 2013. Dissertação (mestrado em História). Programa de Pós-Graduação em História, UFF, Niterói, 2013, Anexo I, p. 152-153.

co.[45] Simultaneamente à sua presidência na Abcar, Andrade desempenhou o papel de diretor técnico da CNA em 1963, com forte influência na Confederação e representando os interesses patronais dentro da Abcar.

Sociedade civil e agricultura: a sopa de letrinhas e a ciranda das agremiações do patronato rural brasileiro

A proposta teórico-metodológica que apresentamos demanda uma exploração mais aprofundada das características e dinâmicas das burguesias agrárias e seus aparelhos privados de hegemonia. À luz das reflexões anteriores, identificamos algumas entidades que incentivaram e gerenciaram o extensionismo rural no Brasil. No entanto, é imperativo contextualizá-las e inseri-las em um panorama histórico mais abrangente. Esta seção, portanto, assume um papel crucial e destaca-se por ser concebida de maneira contrária à narrativa historiográfica convencional sobre o tema.

A correlação de forças entre as frações da classe dominante agrária no Brasil e suas agências data do final do século XIX e foi amplamente estudada pela historiadora fluminense Sonia Regina de Mendonça,[46] que demonstra a existência de uma polarização no patronato rural brasileiro. De um lado estavam alguns segmentos, especialmente o fluminense e o nordestino, sobretudo os produtores para

[45] Ribeiro, Ricardo Alaggio. *A Aliança para o Progresso e as relações Brasil-EUA*. Campinas: Tese de doutorado do Instituto de Filosofia e Ciências Humanas (IFCH) da Universidade Estadual de Campinas (Unicamp), 2006, p. 101.

[46] Mendonça, Sonia Regina de. *O ruralismo brasileiro*. São Paulo: Hucitec, 1997; *Id. O patronato rural no Brasil recente (1964-1993)*. Rio de Janeiro: UFRJ, 2010.

o mercado interno, que detinham uma postura política de espírito conciliador da luta de classes, favorável ao distensionamento dos conflitos sociais, aglutinando interesses das camadas populares, como, por exemplo, a criação de uma justiça agrária para arbitrar os conflitos fundiários. Do outro lado havia os cafeicultores paulistas, exportadores por excelência que, em sua maioria, mantinham uma postura mais conservadora, refratária a qualquer conciliação com as classes subordinadas ou a qualquer política que ameaçasse a produção e a exportação de café.

Ao longo do período republicano, essas frações organizaram-se em dois principais aparelhos privados de hegemonia para elaborar e fundamentar seus projetos: a SNA, criada ainda em 1896, representando as frações rurais de classe para além do Estado de São Paulo, e a Sociedade Paulista de Agricultura (SPA), fundada em 1919, e posteriormente renomeada como Sociedade Rural Brasileira (SRB). No entanto, apesar da substituição do "paulista" por "brasileira", a agremiação manteve seu caráter regional.

Durante a Primeira República (1889-1930), a criação do Ministério da Agricultura, Indústria e Comércio (Maic), em 1909, coroou a vitória dos proprietários rurais aglutinados na SNA e que, desde a fundação da entidade, defendiam a criação da pasta no Estado restrito. O domínio da SNA sobre o Maic – renomeado como Ministério da Agricultura na década de 1930 – perdurou até 1964, e pode ser constatada tanto pela presença de intelectuais orgânicos da entidade na direção da pasta como pelas políticas públicas alinhadas às bandeiras e pautas da agremiação.

Já a SRB estabeleceu outros canais de comunicação com o Estado restrito que não passavam pelo Ministério da Agricultura. Um exemplo é o Departamento Nacional do Café (DNC), criado em 1933, que estava diretamente vinculado ao Ministério da Fazenda e tinha representantes da entidade paulista na direção do órgão. Além disso, a bancada do patronato rural paulista exercia forte pressão sobre os projetos em tramitação defendidos pelo Ministério da Agricultura e seus opositores.

Em 1945, a SNA criou uma espécie de braço sindical conhecido como Confederação Rural Brasileira (CRB). No momento de sua criação, a Confederação não detinha o *status* de entidade sindical, ficando, portanto, subordinada ao Ministério da Agricultura e não ao Ministério do Trabalho, como ocorria com os sindicatos urbanos.[47] A CRB se mostrou uma ardente defensora da promoção da produtividade como solução para os desafios enfrentados no campo brasileiro, mantendo uma postura conciliadora.

Na V Conferência Rural Brasileira, patrocinada e promovida pela CRB em 1957, o principal tema era a ação social no campo: "É nosso objetivo evidenciar quanto pode realizar a classe em setores de grande sentido social, tais como o cooperativismo, a alfabetização, o crédito supervisionado, a extensão agrícola, os serviços assistenciais, etc.".[48] O segundo grupo de discussão da Conferência referendou ainda a extensão rural e o crédito rural no capítulo dois do regimento final do evento. Vale destacar que, na relação dos participantes do encontro, constam nomes como os de Ewaldo Saramago Pinheiro

[47] Ramos, Carolina. *Capital e trabalho no sindicalismo rural brasileiro: uma análise sobre a CNA e sobre a Contag (1964-1985)*. 2011. Tese (Doutorado em História), Programa de Pós-Graduação em História. Universidade Federal Fluminense (UFF), Niterói, 2011, p. 33.

[48] Confederação Rural Brasileira (CRB). Revista *Gleba*. Rio de Janeiro: CRB, set. 1957, p. 1.

(vice-presidente da Abcar e chefe da Federação de Agricultura do Rio de Janeiro – Farerj) e do agrônomo Luiz Góes Vieira (representante da Abcar e da Ancar). Notadamente não encontramos nenhuma delegação da SRB, ao contrário do verificado com relação à SNA, que compareceu com uma grande comissão, com direito a voz e voto.[49]

Já em São Paulo, após a tentativa frustrada por parte de Rockefeller de implantar diretamente esse modelo no Estado, foi criada a Comissão de Melhoria da Vida Rural em junho de 1956, coincidentemente no mesmo mês e ano da fundação da Abcar.[50]

Contudo, ao contrário do projeto original de atendimento de pequenos e médios produtores, os esforços de assistência técnica promovidos pelos paulistas destinaram-se, prioritariamente, aos grandes produtores que tinham o mercado externo como meta, em especial aos cafeicultores. Assim, o mote da "melhoria da vida rural" dos pequenos produtores limitava-se, no caso do extensionismo paulista, somente ao discurso, e jamais efetivou-se na prática.[51]

Apesar de um aparente consenso em relação ao projeto de extensão rural e sua inspiração estadunidense, vemos que as disputas no interior da classe dominante mobilizadas por suas respectivas agremiações impossibilitaram a concretização de um projeto extensionista de âmbito plenamente nacional, incluindo o estado de São Paulo, reduto da SRB,

[49] *Ibid.*, p. 17-21.

[50] Sociedade Rural Brasileira (SRB). Revista *A Rural*. São Paulo: SRB, junho de 1956, p. 62-63.

[51] Oliveira, Pedro Cassiano Farias de. *Extensão Rural e interesses patronais no Brasil: uma análise da Associação Brasileira de Crédito e Assistência Rural – Abcar (1948-1973)*. 2013. Dissertação (mestrado em História). Programa de Pós-Graduação em História, UFF, Niterói, 2013, p. 37.

forte opositora das reivindicações e das propostas que partissem da SNA/CRB e do Ministério da Agricultura.[52] Em contrapartida, o consenso em torno da extensão como política agrícola de desenvolvimento e modernização do campo é notório, visto que o modelo extensionista também entrou em vigor no mesmo período em solo paulista, sob a direção da secretaria de agricultura do estado.

Em 1964, a CRB passou por uma transformação significativa ao ser renomeada como Confederação Nacional da Agricultura (CNA),[53] recebendo o reconhecimento oficial como sindicato patronal. Essa mudança estava em conformidade com o Estatuto do Trabalhador Rural (ETR) promulgado no ano anterior, o qual previa a adoção de uma estrutura semelhante à do sindicalismo urbano varguista. O resultado foi uma representação dual, com um sindicato oficial para os trabalhadores e um sindicato oficial patronal.

Ao adquirir o *status* de sindicato patronal oficial, a CNA obteve uma relativa autonomia em relação à sua progenitora, a SNA. Além disso, passou a absorver uma maior quantidade de recursos e a ocupar assentos em conselhos

---

52 A recusa constante do Ministério da Agricultura por parte das frações de classe do patronato rural paulista tem um longo histórico. O então Maic sofreria intensa oposição desde sua criação. A aprovação da lei que criava a pasta ocorreu no ano de 1906, mas sua efetiva constituição só foi concluída em 1909 devido a esses embates no interior da classe dominante agrária. Mendonça, *op. cit.*, p. 124.

53 Cabe lembrar que a própria cerimônia de criação da CRB ocorreu na sede da SNA e que muitos de seus dirigentes ocuparam cargos de destaque na primeira diretoria da organização oficial da agricultura. Ademais, a CRB funcionou inicialmente em espaço concedido pela SNA, tendo suas notícias veiculadas, até 1955, pelo periódico da agremiação fluminense – a revista *A Lavoura*. Ramos, Carolina. *Capital e trabalho no sindicalismo rural brasileiro: uma análise sobre a CNA e sobre a Contag (1964-1985).* 2011. Tese (Doutorado em História), Programa de Pós-Graduação em História. Universidade Federal Fluminense (UFF), Niterói, 2011, p. 35.

e instituições que não estavam disponíveis para os órgãos mencionados anteriormente. Assim, a Confederação se tornou uma das principais representantes do patronato rural durante esse período.

Seja como for, o desenvolvimento rural realizado por meio de projetos de mecanização e aumento da produtividade era um consenso entre as entidades, e o extensionismo e sua ideologia de modernização sem alteração da estrutura fundiária, uma política agrícola vitoriosa, embora o estado de São Paulo dirigisse as ações de extensão à sua maneira, sem interferência da Abcar.

"Um homem, uma mulher e um jipe": como funcionava a extensão rural no Brasil

Nesta seção, concentraremos nossa análise nas ações da extensão rural no Brasil, principalmente baseadas na documentação oficial produzida pela Abcar, pela sua sucessora, a Empresa Brasileira de Assistência Técnica e Extensão Rural (Embrater) e por outros escritórios regionais. Acreditamos que, embora em São Paulo e em outras regiões houvesse algumas mudanças de orientação e conduta, os princípios organizativos da assistência técnica e da extensão rural permaneciam muito semelhantes.

A documentação oficial constantemente utilizava a premissa "um homem, uma mulher e um jipe" para designar a mobilidade e a ação da extensão rural no interior do Brasil. A interpretação é simples: "um homem" seria o extensionista técnico, formado em agronomia (de nível médio e/ou superior), responsável pela execução direta das atividades técnicas; "uma mulher" era a economista doméstica, responsável pelas ações assistencialistas de "melhoramentos" do lar com ensinamentos de práticas sanitárias e de corte e costura, além da organização de festividades; o "jipe" era o símbolo estadunidense máximo (lembrando que todos os jipes eram importados dos Estados Unidos) e representava a mobilidade e a capacidade de interiorização da extensão rural no país.

Outra questão importante a ser observada é a íntima relação entre crédito e extensão rural, compondo o nome da Abcar que trazia a expressão "crédito" antes mesmo da palavra "assistência rural". Isso pode representar o imperativo de aquisição de crédito para possibilitar a implantação da modernização tecnológica proposta pelo extensionismo, integrando novos indivíduos ao circuito do capital bancário e tornando-os consumidores de insumos e maquinaria. O vínculo estabelecido entre a concessão de crédito e a prática assistencialista foi uma marca do extensionismo rural brasileiro no início de suas atividades. A modalidade de empréstimos denominada Crédito Rural Supervisionado (CRS) consistia em estabelecer uma divisão entre o empréstimo destinado à produção e aquele direcionado para benfeitorias na propriedade, como reformas nas casas ou instalação de fossas sanitárias, com o objetivo de melhorar o "bem-estar" dos produtores beneficiários. Nota-se que esse tipo de crédito rural abrangia tanto a questão da produção – propriedade – quanto as melhorias na área social, representadas pelo "lar". Os extensionistas tornaram-se desde cedo, além de difusores de tecnologia, agentes de crédito, pois toda a seleção dos beneficiários, bem como a mediação entre o produtor e o banco, era feita por eles.[54] Temos aqui

[54] Oliveira, Pedro Cassiano Farias de. *Extensão Rural e interesses patronais no Brasil: uma análise da Associação Brasileira de Crédito e Assistência Rural – Abcar*

um propósito bem definido: a incorporação de camadas de produtores rurais ao consumo de insumos agrícolas que, aliada à entrada no circuito do capital bancário, formaria uma protoclasse média rural incorporada à produção capitalista da qual estava alijada.

Nos anos 1960, as operações de crédito rural começaram a ser repensadas dentro das associações estaduais, e a Acar-MG inaugurou uma nova modalidade de crédito, exclusiva para a questão da produção: o Crédito Rural Orientado (CRO). A justificativa para a mudança evidencia uma alteração na envergadura da política extensionista:

> o CRO se aplica no caso de 'melhoramento de determinada cultura ou explorações pecuárias, levando (o agricultor) a adotar técnicas mais aperfeiçoadas'. É a modalidade que, com maior propriedade, se identifica com o processo de modernização da agricultura.[55]

Nota-se que essa modalidade de crédito é exclusivamente produtivista, sem nenhuma preocupação com a questão social, ou assistencialista, como havia no CRS. Além disso, o CRO é o primeiro indício do alargamento do público-alvo do extensionismo, uma vez que a modalidade "orientado" não distingue pequenos, médios ou grandes produtores, pois o que importava era a produção específica do produto em questão. Em outras palavras, o critério para o recebimento do crédito seria o tipo de produção e não o tamanho

---

(1948-1973). 2013. Dissertação (mestrado em História). Programa de Pós-Graduação em História, UFF, Niterói, 2013, p. 57.

55 Oliveira, Mauro Márcio. "A conjugação do crédito rural à assistência técnica no Brasil: análise do sistema brasileiro de assistência técnica e extensão rural". *Cadernos de Difusão Tecnológica*, Brasília, 1(1): p. 71-121, jan./abr. 1984, p. 13.

ou as condições do produtor. Na década de 1970, não havia mais nenhum relatório das agências com menção ao CRS.

Uma segunda observação, que não deixa de ser um desdobramento da questão anterior, decorre do fato de o extensionismo ter como público-alvo, em sua origem, pequenos produtores, sobretudo proprietários do interior do país. O discurso extensionista, em suas primeiras décadas, propunha uma difusão de tecnologia e técnicas agrícolas para "elevar" a produtividade agrícola daqueles que se encontravam à margem do acesso às modernas técnicas de produção agropecuária e do próprio processo capitalista de produção.

As atividades da Abcar atravessaram toda a década de 1960 sem muitas alterações em sua estrutura e ações. O golpe empresarial-militar de 1964 consagraria o projeto de desenvolvimento rural produtivista, do qual a política de extensão rural era parte fundamental, e aprofundaria o projeto extensionista já em marcha.

A bibliografia sobre o tema é clara ao afirmar que a promulgação do Estatuto da Terra, em novembro de 1964, consagrou a produtividade como a principal função social da terra, excluindo de vez a questão do debate sobre a estrutura fundiária desigual e consolidando os caminhos pavimentados na década anterior para efetivar o processo de *modernização dolorosa da agricultura*.[56] Cabe ainda lembrar que as entidades patronais apoiadoras do golpe foram contra a elaboração do Estatuto que, em seu projeto inicial, continha muitos avanços propostos pelas reformas

[56] Esse termo é título do profícuo livro *A modernização dolorosa,* de José Graziano da Silva (Rio de Janeiro: Zahar, 1981).

de base do governo deposto de João Goulart (1961-1964). Assim, Regina Bruno afirma que o Estatuto da Terra foi revisado diversas vezes e, nesse processo, por meio dos representantes dessas entidades patronais, foi retirado seu caráter reformador.[57] José Graziano da Silva assegura que a modernização conservadora preservou a estrutura do latifúndio, inserindo as relações industriais de produção na agricultura, em todo o seu percurso produtivo.[58] Para tal, havia a necessidade de um alto volume de crédito para o financiamento e a implantação de tecnologias em toda a cadeia produtiva, formando verdadeiros Complexos Agroindustriais (CAIs).[59] Nesse sentido, com a terra arrasada e a desmobilização pela coerção dos movimentos sociais, o projeto de uma modernização capitalista agressiva demandou reajustes na política agrícola, possibilitando o deslocamento do epicentro de todas as instituições e iniciativas públicas para os médios e grandes produtores rurais, principalmente a pesquisa agropecuária,[60] o crédito rural subsidiado e a extensão rural.

---

57 Bruno, Regina. *Senhores da terra, Senhores da guerra*. A nova face política das elites agroindustriais no Brasil. Rio de Janeiro: Forense Universitária/Edur 1997; Mendonça, Sonia Regina de. *Estado, educação rural e influência norte--americana no Brasil (1930-1961)*. Niterói: UFF, 2010.

58 Silva, José Graziano da. *A modernização dolorosa*. Rio de Janeiro: Zahar, 1981, p. 40.

59 Consideramos os complexos agroindustriais como uma rede de produção industrial integrada na agropecuária agregando diversos produtores de insumos, maquinaria, passando pelo escoamento, transporte e armazenamento. Sorj, Bernardo. *Estado e classes sociais na agricultura brasileira*. Rio de Janeiro: Zahar, 1980, p. 29, nota.

60 Mendonça, Sonia. R. de. Entidades Patronais Agroindustriais e a Política de Pesquisa Agropecuária no Brasil (1963-2003). *Raízes* (UFPB), v. 32, p. 72-86, 2012.

É nesse contexto que vemos a Abcar elaborar seu Plano Diretor[61] para o período de cinco anos (1961-1965). Contudo, devido à falta de recursos, a implementação do Plano só começou em 1962, estendendo-se até 1967. O relatório de avaliação do Plano de 1965, publicado no ano de 1968, apresentava o vislumbre das mudanças que ocorreriam nos rumos do extensionismo em decorrência das novas diretrizes para a política agrícola na ditadura empresarial-militar. A principal conclusão deste relatório foi que a eficácia do extensionismo sobre o aumento da produtividade no campo não era satisfatória. Com base nessa constatação, foram elencadas algumas "sugestões" para melhorar o extensionismo rural no Brasil e aumentar sua eficiência:

> 1. ampliar a clientela da Extensão no setor agropecuário, mediante o envolvimento de crescentes parcelas de grandes estabelecimentos produtores, visando à obtenção de maior impacto no aumento da produção agrícola e na melhoria geral dos índices de produtividade;
> 2. dar preferência à orientação de produtores que sejam proprietários dos estabelecimentos, tendo em vista que a propriedade constitui uma importante condição prévia para o desenvolvimento subsequente.[62]

As críticas à estrutura administrativa da Abcar, sobretudo em relação ao seu caráter assistencialista que restringia sua ação no meio rural, tornaram-se constantes. O trecho

---

61 O *Plano Diretor do Quinquênio 1961-1965* alterou consideravelmente esse perfil. Ele foi produzido com o objetivo de reestruturar a Abcar no sentido de atribuir-lhe efetiva abrangência nacional, estruturando o que denominavam de "Sistema Abcar" ou Sistema Brasileiro de Extensão Rural (Sibrater); Olinger, Glauco, *Ascensão e decadência da extensão rural no Brasil.* Florianópolis: Epagri, 1996, p. 54.

62 Associação Brasileira de Crédito e Assistência Rural – Abcar. *Avaliação do Plano Diretor, 1961-1965.* Rio de Janeiro, Abcar, 1968, p. 248.

acima destacado aponta a proposta de ampliar o público--alvo das associações de assistência técnica para aumentar a eficácia da implantação de técnicas e tecnologias modernas. Em outras palavras, o extensionismo deveria se preocupar em incorporar médios produtores rurais, abandonando a assistência aos segmentos despossuídos de propriedade de terra, algo muito próximo aos princípios do extensionismo paulista. Vemos que o item dois do documento citado acima sugeria priorizar os proprietários capazes de contrair crédito rural, uma vez que a garantia da operação de crédito poderia ser a sua propriedade.

O redirecionamento do extensionismo começou a ser realizado ainda na Abcar. A revista *Extensão Rural*,[63] periódico mensal publicado pela entidade desde 1965, tinha como mais importante objetivo a publicação das principais diretrizes nacionais de extensão rural e as ações realizadas pelas associações estaduais de todo o Brasil. As iniciativas veiculadas eram qualificadas como "ações de sucesso", pois traziam resultados positivos à luz dos setores agrários dominantes, fosse no aumento da produtividade pela técnica ou tecnologia incentivada, fosse pelo efetivo enraizamento da ideologia extensionista. Já na década de 1970, a revista publicaria uma série de reportagens sobre projetos realizados pelas associações estaduais junto a médios e grandes produtores, destacando especialmente o aspecto da exportação de produtos agropecuários.

A extinção da Abcar e a criação da Embrater, em 1974, marcaria a cristalização da modernização da agricultura nos

63 A revista *Extensão Rural* teria dois momentos de publicação. O primeiro foi de 1966 a 1974, pela Abcar, e o segundo de 1979 a 1988, pela Embrater.

moldes produtivistas, colocando a instituição como tradutora dos interesses indistintos da população rural. Nota-se que o redirecionamento se afastava da proposta original do extensionismo dos EUA, vinculando-se ao novo contexto histórico do campo brasileiro inaugurado na década de 1970 que reconfigurou o modo de produção pela integração das cadeias produtivas e da intensificação da indústria na agricultura. Nessa nova fase veremos outro aparelho privado de hegemonia internacional vinculado aos EUA como protagonista, o Banco Mundial.

Banco Mundial, diretrizes para a agricultura e acordos com a extensão rural no Brasil

Segundo João Márcio Mendes Pereira, o Banco Mundial[64] foi criado em 1944 a partir do Acordo de Bretton Woods, que estabeleceu também a criação do Fundo Monetário Internacional (FMI) e a indexação das moedas pelo lastro dólar. A função do Banco deveria ser a concessão de empréstimos para os países membros e a promoção de serviços não financeiros como análise e assistência técnica.[65]

A correlação de forças internas ao Banco Mundial é singular em relação a outras organizações internacionais, como

[64] O Grupo Banco Mundial (GBM) é composto, atualmente, de sete instituições: o Banco Internacional para a Reconstrução e Desenvolvimento (Bird), a Associação Internacional de Desenvolvimento (AID), a Corporação Financeira Internacional (CFI), o Centro Internacional para Conciliação de Divergências em Investimentos (CICDI), a Agência Multilateral de Garantias de Investimentos (AMGI), o Instituto do Banco Mundial (IBM) e, por fim, o Painel de Inspeção. Utilizaremos neste capítulo a expressão Banco Mundial como sinônimo do Bird para facilitar a identificação da entidade.

[65] Pereira, João Márcio Mendes. *O Banco Mundial como ator político, intelectual e financeiro, 1944-2008*. Rio de Janeiro: Civilização Brasileira, 2010, p. 40.

as Nações Unidas (ONU). O equilíbrio de forças na entidade é proporcional à cota dos países membros. Isso quer dizer que, quanto maior é a contribuição da "taxa" do clube, maior será sua bancada de diretores. Até a década de 1990, os Estados Unidos contribuíam com a maior contrapartida de todos os países. Assim, a palavra final nas decisões do banco ficava a cargo dos estadunidenses. Pereira afirma que isso é uma indicação de como o Banco Mundial se tornou um importante instrumento do imperialismo estadunidense no pós-Segunda Guerra Mundial, consolidando a força dos EUA no cenário internacional. Em contrapartida, o autor é cuidadoso em demonstrar que a entidade não era apenas um "comitê" de execução da política externa estadunidense. Pereira defende que o Banco Mundial detinha certa autonomia relativa em relação aos interesses dos EUA, por se colocar como uma agência multilateral e receber recursos de outros países membros, firmando compromissos para além dos interesses estadunidenses. Isso fica claro em alguns episódios onde ocorreram conflitos declarados entre a direção da entidade e o Legislativo do país, que era responsável por aprovar a cota paga pelos EUA ao Banco. Assim, em concordância com Pereira, podemos identificar o Banco Mundial[66] como um "*ator*

[66] O capital do Banco Mundial foi formado pelas subscrições dos países membros, isto é, o Estado restrito de cada país paga uma quantia para participar do Banco Mundial, essa é sua reserva. Todavia, esse montante constitui apenas 20% do capital que o Banco opera. A maior parte, cerca de 80%, vem da venda de ações do próprio Banco no mercado financeiro, pois: "como o capital do Bird é, na prática, garantido politicamente pelos Estados-membros, os bônus que emite gozam de solidez notável, expressa pela qualificação de risco AAA, a máxima outorgada por agências especializadas do mercado financeiro". Pereira, João Márcio Mendes. *O Banco Mundial como ator político, intelectual e financeiro, 1944-2008*. Rio de Janeiro: Civilização Brasileira, 2010, p. 44. Logo, sua base financeira e organizativa

político, intelectual e financeiro", tendo os Estados Unidos como o Estado mais influente em suas diretrizes,[67] isto é, como "*parte da rede de poder 'infraestrutural' externo*" do país.[68]

Dessa forma, não é coincidência que projetos, consultorias, ou empréstimos realizados pelo Banco Mundial não tenham entrado em rota de colisão ou sequer atrapalhado a política externa dos EUA, sendo, portanto, impossível considerar o banco sem a perspectiva de ser um instrumento importante para o imperialismo estadunidense no mundo, sobretudo quando a política externa tornou-se uma prática mais limitada na nova correlação internacional de forças e as ações de instituições multilaterais se ampliaram.

Na década de 1960, o Banco Mundial estreitou sua atuação com a política externa dos EUA, intensificando os empréstimos para o sul da Ásia e para a América Latina que, neste caso, alinhou-se ao programa Aliança para o Progresso, já em ascensão.[69] O então presidente do Banco, George Woods (1963-1968), defendia as ações da entidade com o seguinte argumento: o endividamento dos países subdesenvolvidos não seria um problema, mas uma solução possível.[70]Assim, o Banco Mundial expandiu e diversificou seus empréstimos, ampliando seu raio de influência. Se-

---

provém de dinheiro público, mas seu capital para realização de projetos e os empréstimos são captados com papéis no mercado financeiro privado.

67 *Ibid.*, p. 29.

68 Wade, 1997, p. 386 *apud*. Pereira, João Márcio Mendes. "Neoliberalismo, política de terras e reforma agrária de mercado na América Latina". *In*: Pereira, João Márcio Mendes; Sauer, Sérgio (orgs.). *Capturando a terra: Banco Mundial, políticas fundiárias neoliberais e reforma agrária de mercado*. São Paulo: Expressão Popular, 2006, p. 14.

69 Pereira, João Márcio Mendes. *O Banco Mundial como ator político, intelectual e financeiro, 1944-2008*. Rio de Janeiro: Civilização Brasileira, 2010, p. 151.

70 *Ibid.*, p. 158.

gundo Pereira, foi nesse período que a agricultura passou a ser contemplada pelo Banco Mundial, transformando-se no terreno operacional preferencial da entidade em países considerados subdesenvolvidos, uma vez que, supostamente, a redução da pobreza seria eficaz sobretudo pelo aumento da produtividade bruta, sem levar em consideração a universalização de acesso a serviços e bens públicos.[71]

Desde 1944 o Brasil integrava o Banco Mundial como um dos países membros e beneficiados com empréstimos. Contudo, esses empréstimos concentravam-se na área de infraestrutura, como a construção de estradas, ferrovias, redes de eletricidade, entre outros. O aumento dos investimentos em projetos ligados ao desenvolvimento rural ocorreria apenas no fim da década de 1960, seguindo a chamada "revolução verde".[72]

A gestão de Robert McNamara, iniciada em 1968, intensificou ainda mais a concessão de empréstimos em relação ao seu antecessor. Curioso constatar que McNamara foi o primeiro presidente do Banco Mundial que não possuía uma trajetória de vida ligada às frações da classe dominante financeira de Wall Street e, antes de assumir a presidência do

---

71 *Ibid.*, p. 171.

72 O termo "revolução verde" foi utilizado pela primeira vez em 1966 por William Gown para indicar uma revolução em contraposição à "revolução vermelha" (socialista), por meio do desenvolvimento tecnológico na agricultura, aumentando a produtividade agrícola dos países e superando as barreiras do "subdesenvolvimento". A base desta suposta revolução consistia na intensiva utilização de sementes híbridas, na forte mecanização da agricultura e no uso de insumos industriais, como fertilizantes químicos para o plantio. Como afirma Susan George, o mote da revolução verde era fazer crescer "duas espigas onde apenas uma crescia". George, Susan. *O mercado da fome: as verdadeiras razões da fome no mundo.* Rio de Janeiro: Paz e Terra, 1978, p. 105.

banco, fora presidente da Ford Motors e secretário de Estado dos governos Kennedy e Johnson (1963-1969).[73]

Ao longo de seu primeiro mandato, McNamara cunhou a expressão "pobreza absoluta" e defendeu que essa modalidade poderia ser uma ameaça à segurança nacional estadunidense, uma vez que países subdesenvolvidos teriam a tendência a revoltas e a regimes comunistas.[74] O banco, portanto, deveria ser responsável por "assaltar a pobreza" mediante a oferta de empréstimos aos países considerados subdesenvolvidos.[75] Dessa forma, em conformidade com o programa da revolução verde, o setor da agricultura seria o mais beneficiado entre os projetos de combate à pobreza. Nas palavras de Pereira:

> A novidade dava suporte operacional à identificação de "focos de pobreza" (absoluta) no meio rural, que deveriam, então, ser atacados mediante projetos de "desenvolvimento rural" voltados para o aumento da produtividade da terra – e não do trabalho – de "pequenos agricultores", mediante a aplicação de técnicas de ponta e insumos industriais.[76]

De 1967 a 1980 foram aprovados diversos projetos voltados para o desenvolvimento rural no Brasil. Acreditamos que o primeiro, destinado à Embrater, no ano de 1978, foi uma prioridade na área de agricultura, alinhando-se tanto aos objetivos e interesses do Banco Mundial no "combate à

---

73 *Ibid.*, p. 91.

74 *Ibid.*, p. 198.

75 A rigor, não se tratava de uma novidade, mas sim da retomada de iniciativas postas em prática pelo governo estadunidense desde os anos 1950 e 1960, como o Desenvolvimento de Comunidade e a Aliança para o Progresso, sob nova roupagem, Pereira, João Márcio Mendes. *O Banco Mundial como ator político, intelectual e financeiro, 1944-2008. Rio de Janeiro: Civilização Brasileira, 2010,* p. 202.

76 *Ibid.*, p. 203.

pobreza" quanto à política de modernização conservadora da agricultura nacional.

Segundo a documentação consultada, as negociações para a realização do projeto Embrater/Bird iniciaram-se ainda em 1976, a pedido do Ministério da Agricultura. No ano seguinte, o Banco Mundial enviou ao Brasil duas missões – uma em março e outra em novembro – para avaliar a política extensionista coordenada pela Embrater. Segundo o relatório, a missão contou com uma delegação formada pelo presidente da entidade brasileira, Renato Simplício Lopes,[77] e por representantes da Secretaria de Planejamento da Presidência da República e do Ministério da Fazenda.[78] As missões tinham como objetivo avaliar o potencial da empresa de receber empréstimos do banco para viabilizar o projeto. O resultado foi positivo e o acordo começou a ser negociado com o Ministério da Agricultura e a Embrater. A documentação consultada não nos permite saber de quem partiu o pedido do empréstimo, se do Ministério da Agricultura ou não, pois não existem outros registros em

---

77 Mineiro, agrônomo formado pela Universidade Federal de Viçosa. Tornou-se extensionista ainda na década de 1960, em Minas Gerais. Doutorou-se na Universidade de Wisconsin (EUA) em 1966, pesquisando a ação dos agentes de extensão rural naquele Estado. Foi presidente da Embrater de 1974 a 1979. Membro da Federação de Agricultura do Distrito Federal desde a década de 1970 e seu presidente entre 2008 e 2009. Oliveira, Pedro Cassiano Farias de. *Semeando consenso com adubo e dedal. dominação e luta de classe na Extensão Rural no Brasil (1974-1990)*. 2017. Tese (Doutorado em História). Programa de Pós-Graduação em História UFF. Niterói, 2017, p. 286.

78 Não há a menção dos nomes dos representantes dessas agências estatais, portanto, não foi possível localizar suas trajetórias. Banco Interamericano de Reconstrução e Desenvolvimento (Bird). *Report and recommendation of the president of International Bank for Reconstruction and Development to the executives directors on a proposal loan to the Federative Republic of Brazil for an agricultural extension project*. Washington: World Bank, May 3, 1978, p. 14.

fontes de jornais, tampouco nas documentações oficiais, que apresentem alguma conclusão diferente.[79]

O prazo de execução do projeto era de cinco anos, com um período de carência de três, e entre 10 e 20 anos para a amortização da dívida. No caso do Embrater/Bird, o cronograma de execução previsto era de 1978 a 1982, e a amortização da dívida era de 15 anos, com carência de três anos a contar do primeiro ano de depósito e cinco anos de execução.[80] Assim, o valor final do empréstimo pago pelo governo ao banco possuía uma elevação exponencial absurda.

---

79 É difícil medir o grau de imposição que o Banco Mundial exercia na condução e execução desses projetos. No relatório de avaliação dos projetos de pesquisa agropecuária e extensão rural no mundo, publicado pelo próprio banco, evidencia-se a queixa de alguns funcionários dos países tomadores de empréstimos em virtude da imposição dos técnicos do banco: "Vários dos funcionários do país entrevistados sobre a preparação e avaliação dos componentes ou projetos de Pesquisa e Extensão (P&E) sentiram que o banco tendia a impor uma certa forma de organização para a pesquisa ou extensão no país. Esses funcionários argumentaram que os consultores que preparavam os componentes e projetos de P&E em nome dos governos tendiam a concentrar-se mais em descobrir quais ideias estavam 'em voga' no banco do que em estudar a situação local e discutir com as pessoas locais como abordar melhor as restrições que enfrentavam. Na visão desses funcionários, os consultores frequentemente iniciavam seu trabalho com certas estruturas organizacionais e metodologias de R&E já fixadas em suas mentes". Bird. *Agricultural research and extension: an evaluation the World Bank experience.* Washington D.C., 1985, p. 32 (tradução nossa). Porém, uma afirmação direta do grau de imposição do banco é delicada de ser confirmada. Havia alguns mecanismos de controle da gestão do princípio, mas no caso específico do projeto Embrater/Bird não havia a menção de técnicos do banco atuando no país diretamente. O projeto somente afirma que a cada ano deveria ser enviado ao Banco Mundial, em Washington D.C., um relatório detalhado com as atividades e os gastos realizados. A aprovação pelo banco desse relatório anual era uma das precondições do depósito da remessa do ano seguinte.

80 Banco Internacional de Reconstrução e Desenvolvimento (Bird). *Report and recommendation* of the president of International Bank for Reconstruction and Development to the executives directors on a proposal loan to the Federative Republic of Brazil for an agricultural extension project. Washington: World Bank, May 3, 1978, p. 18.

O Banco Mundial delegava inteiramente à Embrater a responsabilidade de realizar a distribuição dos recursos às filiadas estaduais, bem como a contratação de pessoal, a compra de equipamentos e a elaboração dos cursos de treinamento etc. previstos no projeto. Esse quesito destoa dos acordos de cooperação bilateral, nos quais havia troca de tecnologia e intercâmbio de especialistas.

Havia uma coordenação específica em cada empresa estadual com o objetivo de monitorar o andamento dos recursos do Embrater/Bird e conferir se o destino final desses recursos estava sendo executado corretamente. Cabia à Embrater a produção de um relatório anual sobre a execução do projeto como pré-condição para a autorização do envio da parcela do ano seguinte.

O projeto determinava ainda a concentração dos recursos nas chamadas "áreas menos desenvolvidas" que, segundo o relatório, compreendia as regiões Nordeste, Norte e Centro-Oeste do país. Não por coincidência, essa área era prioridade do II Plano Nacional de Desenvolvimento (II PND), elaborado no governo do general Ernesto Geisel (1974-1979).

Para realizar esse objetivo, era prevista a expansão da estrutura da Embrater nos estados por meio da construção de novos prédios para abrigar escritórios locais e a modernização de alguns escritórios já existentes. A estimativa inicial era atingir mais de 700 mil "famílias rurais" ou, mais especificamente, 1,3 milhão de produtores.[81] O relatório do Banco Mundial não é, em momento nenhum, muito claro em relação à nomenclatura "família rural", "produtores" ou "agricultores", utilizando esses termos como sinônimos. Per-

[81] *Ibid.*, p. 22.

cebemos que essa imprecisão conceitual pode ser uma forma de dissimular o público atendido pelo projeto. Na sessão "beneficiários" do relatório já se admite uma porcentagem menor de pequenos produtores atingidos: "O público-alvo do projeto será de 1.300.000 agricultores composto por 55% (715.000) agricultores de baixa renda e 45% (585.000) outros agricultores [*sic*]".[82] No entanto, a informação continua imprecisa, pois os critérios de classificação dos produtores não são explicitados em toda a documentação.

Além disso, estavam incluídos nos objetivos gerais elencados neste projeto todos os setores de produção agropecuária, fosse para exportação, fosse para o mercado interno. A previsão da taxa de crescimento do setor agropecuário era realizada considerando o total de produtores e da produtividade agrícola do país, nivelando os pequenos e grandes produtores; a prática se mostrava totalmente incompatível com uma radiografia de produtividade, pois unir a produção para o mercado externo e a produção para mercado interno, desconsiderando o vínculo de propriedade e sua dimensão, gerava imprecisões nos dados. O quanto havia de intencional nessa ação nos escapa, mas a evidência sugere o mascaramento dos dados para uma possível continuidade da remessa de recursos.

A representação das frações da classe dominante agroindustriais no Brasil nesse período foi atingida em cheio em decorrência da modernização da agricultura tal como foi implantada. A especialização da produção trouxe uma espécie de fragmentação das entidades e uma diminuição

82 "O público-alvo do projeto de 1.300.000 agricultores será composto por 55% 1/ (715.000) agricultores de baixa renda e 45% (585.000) outros agricultores" (tradução livre); *Ibid.*, p. 51.

da influência das tradicionais agências do patronato rural brasileiro, sobretudo no caso da SNA e da SRB, como já debatemos nas seções anteriores. Vejamos essa questão mais de perto agora.

Segundo José Graziano da Silva, ocorreu nas décadas de 1960-1970 uma ascensão do que podemos chamar de "especialização da produção"; ou seja, os produtores começaram a apenas produzir um tipo específico de produto agropecuário, fossem grãos, como soja, arroz, milho, feijão, fossem criações de um tipo de gado, de suíno, de caprino. Isso alterou, em médio prazo, a própria estrutura de representação do patronato rural, pois este não se via mais devidamente representado pelas tradicionais entidades de classe, como SNA, CNA e SRB.[83]

Além da não identificação, é possível verificar uma espécie de fracionamento da representatividade dentro da classe patronal. Dessa forma, as entidades tradicionais encontravam-se menos dinâmicas diante da multiplicidade de produtores e de interesses econômicos corporativos. José Graziano da Silva identifica, portanto, a emergência de entidades de representação especializadas por produtos, que ele chamou de representação "real" ou efetiva. As agremiações tradicionais, que permaneceram no cenário político não mais no primeiro plano, constituiriam uma espécie de representação formal.[84]

A leitura de Graziano da Silva nos ajuda a entender esse período histórico e a própria correlação de forças no âmbi-

---

[83] Silva, José Graziano. Les associations patronales de l'agriculture brésilienne moderne: les controverses au cours de la transition vers la démocratie, 1985-1989. *Cahiers du Brésil Contemporain*, Paris, v. 18, p. 11-34, 1992, p. 62.
[84] *Ibid.*, p. 15.

to da sociedade civil rural, considerando a multiplicidade de aparelhos privados de hegemonia que eclodiram nesse momento. Diferentemente do período anterior ao golpe de 1964, a nova conjuntura política da década de 1970 não apresentava um inimigo comum à vista, sobretudo a discussão sobre a reforma agrária, que teve no Estatuto da Terra sua "pá de cal". Dessa forma, os interesses "secundários", ou melhor, os interesses mais ligados às questões econômicas e corporativas, permitiam um fracionamento da representatividade desses segmentos em uma miríade de agências de produtores nas décadas seguintes sem que fosse abalada a dominação da classe dominante agroindustrial. Foi nesse momento que as federações de agricultura estaduais ganharam maior representação política, tais como a Federação de Agricultura do Rio Grande do Sul (Farsul) e a Federação de Agricultura do Estado de São Paulo (Faresp), ou ainda a Federação de Cooperativas de Triticultura do Rio Grande do Sul (Fecotrigo).[85] Sobre essa questão, Sonia Mendonça afirma que:

> A crise derivada da 'modernização' da agricultura brasileira acarretara profunda segmentação de interesses no interior da classe dominante agrária, levando a um duplo processo de diferenciação: econômica e política. Com isso, estava aberto espaço para uma disputa que envolveu todos os setores da classe dominante agrária com vistas a assegurar a

[85] Houve também a criação de associações de produção específicas já no final dos anos 1960. O caso mais visível desse processo é o dos produtores de gado. Em 1928, foi criada a Associação Brasileira de Criadores de Gado (ABC), que aglutinava todos os criadores de gado bovinos; contudo, no final da década de 1960, foram criadas a Associação Brasileira de Criadores de Zebu (ABCZ), a Associação Brasileira de Criadores de Bovinos da Raça Holandesa (ABCBRH) e a Associação Brasileira de Criadores de Angus, fragmentando e enfraquecendo a representatividade da ABC.

> permanência de seus porta-vozes em agências da sociedade política – ou a exclusão destas –, o que, num cenário marcado pela especialização não só da agricultura, mas também de suas entidades, tornava cada vez mais difícil a construção do consenso.[86]

É importante destacar que o rearranjo institucional dos aparelhos privados de hegemonia não configurou uma ausência de representatividade, mas uma pulverização de entidades. Embora tenha ocorrido uma multiplicação de organizações e uma especialização por áreas e subáreas de produção agropecuária, percebemos uma certa "latência da luta intraclasse dominante" e o distensionamento interno das burguesias agrárias só possível graças à ditadura, que garantiu a neutralização das organizações subalternas por meio da extrema coerção contra as entidades existentes dos trabalhadores rurais.[87] Houve, na verdade, o sufocamento das mobilizações e das denúncias de assassinatos no campo, de extermínio de produtores, posseiros e trabalhadores rurais e a pavimentação, fosse pela via institucional, fosse pelo acesso a recursos estadunidenses, do avanço da modernização da agricultura, aumentando as desigualdades de acesso à terra e aos recursos financeiros e técnicos de produção.

Considerações finais

Ao encerrarmos este capítulo, torna-se pertinente apresentar algumas considerações finais para reforçar determi-

---

86 Mendonça, Sonia Regina de. *O patronato rural no Brasil recente (1964-1993).* Rio de Janeiro: UFRJ, 2010, p. 178.

87 O caso mais emblemático foi a eliminação das Ligas Camponesas após 1964. Ver Stédile, *João Pedro. História e natureza das Ligas Camponesas: 1954-1964.* São Paulo: Expressão Popular, 2006.

nados pontos vistos ao longo do texto. Em um primeiro momento, cabe destacar que a implementação da extensão rural por parte dos Estados Unidos não se limitou ao Brasil. Durante esse período, todo o continente americano testemunhou a importação de projetos semelhantes, envolvendo inúmeros interesses das burguesias locais.

Na mesma quadra histórica, a Costa Rica, por exemplo, desenvolveu um programa de clubes de jovens chamado 4-S (saber, sentir, servir, saúde), inspirado nos clubes 4-H (*Head* [cabeça], *Heart* [coração], *Health* [saúde], *Hands* [mão]) do extensionismo estadunidense. O dramaturgo mexicano Felipe Santander escreveu, na década de 1980, uma peça de teatro intitulada "O extensionista", que narra a história de um extensionista em uma cidade no interior do México.[88] Além disso, existem casos de programas de extensão rural na Argentina, alguns dos quais fracassaram, e outros bem-sucedidos na Venezuela. Ou seja, o extensionismo estadunidense logrou expandir as relações capitalistas no campo em vastas regiões dos países latino-americanos, requerendo o consenso ativo dos subalternos, ao lado do acionamento de duríssimas formas de repressão aos renitentes e às suas organizações combativas.

Em um segundo momento, vale destacar que o imperialismo estadunidense trabalhou ao lado das burguesias agrárias brasileiras. Mesmo permeado por disputas e embates internos, protagonizados principalmente pela SRB e SNA/CNA, o extensionismo foi implantado como resposta ao projeto de reforma agrária, pois unia ações assistencialistas ao mesmo tempo que ajudava na incul-

---

[88] Santander, Felipe. *O extensionista*. São Paulo: Hucitec, 1987.

cação do produtivismo como alternativa para a questão agrária. Tudo isso foi associado a uma forte repressão aos movimentos sociais diante de uma ditadura empresarial-militar que cumpria sua parte na coerção, enquanto o extensionista semeava o consenso.

Por fim, na trajetória da extensão rural, o projeto produtivista sobrepujou o projeto original de caráter mais assistencialista, deslocando a difusão técnica e tecnológica para os grandes produtores, o que provavelmente tornava tais políticas mais lucrativas. Contudo, as informações obtidas ainda são insuficientes para provar essa hipótese. O que podemos assegurar é que a política de extensão rural foi um importante instrumento da modernização da agricultura, obteve apoio e foi gerenciada por frações da classe dominante agrária, vinculadas a entidades das burguesias agrárias.

Capítulo 7

Semeando *think tanks*: a missão da The Brookings Institution no Brasil durante a ditadura empresarial-militar (1970-1973)

Diego Martins[1]

> *"Bob, is Gordon being taken in a bit or does this jibe with what others say?"*[2]
> McGeorge Bundy,
> Conselheiro de Segurança Nacional
> dos Estados Unidos,
> junho de 1964.

Efetivado o golpe de 1964, a ditadura começou a ser construída no Brasil. Essa ênfase no processo sugere compreender o regime autoritário em seu curso de desenvolvimento, durante o qual diversas contradições afloraram e demandaram atenção dos dirigentes das frações de classes que se equilibravam nas posições de poder no país. Falo de uma dinâmica animada por conflitos e acordos, repressão e concessão, projetos de dominação e práticas de subordinação. De um constante rearranjo da correlação de poder entre as classes e frações de classes – e mesmo no interior destas.

---

1 Doutor em História pela UFF, formado em Comunicação Social, atualmente é professor adjunto no Departamento de Política Social da Faculdade de Serviço Social da Universidade do Estado do Rio de Janeiro (Uerj). E-mail de contato: dmdpaulo@gmail.com.

2 Em português, "Bob, Gordon está sendo enganado ou isso está de acordo com o que outros dizem?". (N.E.)

Convém lembrar que o acontecimento do 31 de março/1° de abril se insere em uma conjuntura de golpes e revoluções, cujo marco inicial é dado pelo fim da Segunda Guerra Mundial, graças à reorganização dos padrões de desenvolvimento geopolítico que vieram em seu bojo. Assim, não é de estranhar a atenção das agências de Estado estadunidenses ao evento e seus desdobramentos. São conhecidas as participações do embaixador Lincoln Gordon e do adido militar Vernon Walters no desfecho da crise de março de 1964, o primeiro de tal modo comprometido com o movimento que tomou parte até do planejamento de suprimentos para os efetivos militares que marchavam para derrubar o governo eleito.[3] Contudo, inclusive em razão do contexto histórico dos eventos, mesmo tendo sido vitorioso o golpe por eles apoiado, não era possível garantir que o governo "revolucionário" de Castelo Branco significasse segurança para os interesses que representavam na América do Sul.

Foi nesse ambiente de acirramento das tensões sociais que Lincoln Gordon se encontrou com Castelo Branco no dia 10 de junho de 1964. Tudo o que temos dessa reunião é o relato do embaixador, enviado na tarde do mesmo dia ao Departamento de Estado dos Estados Unidos. Na missiva, Gordon reportou acerca do general uma "impressão geral extremamente favorável", vinda de quem poderia dar conta das tarefas de "limpeza" e "reconstrução do

[3] Com efeito, Lincoln Gordon atua objetivamente durante os primeiros movimentos do golpe de 1964 garantindo apoio a governadores golpistas e demonstrando preocupação com suprimento de combustível das "forças amigas". Gordon, Lincoln. "Gordon's report on Brazil situation" (1964). *Opening the Archives: Documenting U.S.-Brazil Relations, 1960s-80s*. Brown Digital Repository. Brown University Library. Disponível em: https://repository.library.brown.edu/studio/item/bdr:959742/. Acesso em: 2 set. 2024.

Estado"; além de um "sentimento de confiança" de quem está apto a enfrentar os desafios da economia, agindo "em linha com as recomendações de (Roberto) Campos".[4] O tom do texto transmite o alívio de quem considerava João Goulart, o presidente deposto, um homem com intenções de construir uma ditadura no Brasil com apoio do Partido Comunista.[5]

A recepção do relato, contudo, encontrou ânimos distintos. No dia seguinte, Robert Sayre, integrante do United States Security Council, remeteu a correspondência de Gordon à Casa Branca. Quem a recebeu foi o Conselheiro de Segurança Nacional dos Estados Unidos, McGeorge Bundy, que na resposta duvidou do otimismo do embaixador acerca do caso brasileiro: "Bob, Gordon está sendo enganado ou isso está de acordo com o que outros dizem?".[6] A desconfiança, afinal, estava também no United States Security Council, e a embaixada no Rio de Janeiro foi instada a dar mais detalhes da reunião, destacando em especial o que Castelo Branco tinha a dizer sobre o artigo 10 do Ato Institucional, então recentemente baixado, em 9 de abril daquele ano. Pelo texto imposto, os comandantes-em-chefe da "Revolução" se arrogavam

---

[4] *Id.*, "Meeting with Castelo Branco". *Opening the Archives: Documenting U.S.--Brazil Relations, 1960s-80s.* Brown Digital Repository. Brown University Library, 1964. Disponível em: https://repository.library.brown.edu/studio/item/bdr:677476/. Acesso em: 2 set. 2024.

[5] *Id.*, "Lincoln Gordon's assessment of Brazil situation", *Opening the Archives: Documenting U.S.-Brazil Relations, 1960s-80s.* Brown Digital Repository. Brown University Library, 1964. Disponível em: https://repository.library.brown.edu/studio/item/bdr:959703/. Acesso em: 2 set. de 2024.

[6] *Id.*, "Chase Gordon's Meeting with Castelo Branco" . *Opening the Archives: Documenting U.S.-Brazil Relations, 1960s-80s.* Brown Digital Repository. Brown University Library, 1964. Disponível em: https://repository.library.brown.edu/studio/item/bdr:677347/. Acesso em: 2 set. 2024.

direitos de exceção – isto é, não previstos na Constituição vigente – para cassar mandatos legislativos federais, estaduais e municipais e suspender direitos políticos por dez anos, excluída apreciação judicial desses atos. Tudo em nome "da paz e da honra nacional".[7]

O pedido de Washington chega à embaixada no Rio de Janeiro no momento em que Lincoln Gordon já havia deixado a cidade rumo aos Estados Unidos, onde teria um encontro pessoal com Lyndon Johnson para falar dos acontecimentos no Brasil. Por isso, quem devolve as explicações solicitadas é outro funcionário da repartição, John Gordon Mein, futuro embaixador na Guatemala, onde seria morto alguns anos depois, em 1968. À preocupação do Departamento de Estado com a ausência de um parecer sobre o Ato Institucional, ele garante que o embaixador já havia, em outra ocasião, pedido maiores detalhes a Castelo Branco a respeito da medida – que, em importante indício para a pesquisa que pretende investigar motivações para o mal-estar estadunidense acerca do golpe e suas consequências, considerou versar estritamente sobre direitos políticos, *e não direitos civis ou de propriedade*. Declarou ainda entender a gravidade do texto, mas assegurou que a "Revolução" contava com "apoio geral" dos brasileiros ao cancelar direitos políticos de pessoas com afiliação comunista ou envolvidas em suspeitas de corrupção. Para reforçar a confiança do embaixador, Mein parece ter tentado ainda descrever um quadro mais estável e pacífico do país, ao relatar que "relativamente poucas prisões" haviam sido feitas desde a noite

---

[7] Brasil. *Ato Institucional n. 1 (AI-1)*. Brasília, DF: Presidente da República, 1964.

do golpe – apesar de reconhecer não dispor de informações confiáveis sobre o número exato de pessoas detidas.[8]

Mais que o otimismo inicial de Lincoln Gordon, o que se tentou demonstrar aqui foi a preocupação estadunidense com os rumos do Brasil pós-golpe – um país em que, desde os anos 1950, a participação do capital estadunidense era crescente e predominava em alguns setores, destacando-se a indústria de base.[9] Emerge da cena, por conseguinte, a consciência das dificuldades de um governo que, apesar de contar com apoio do "irmão do norte", também inspirava cuidados reveladores de tensões sociais que atravessavam a base do regime. E elas eram diversas. Com efeito, ao ocupar o Estado, o aparelho militar brasileiro internalizou conflitos concernentes à direção política no país.[10] Esse processo fortalecia ora grupos que apoiavam o aprofundamento do arbítrio na forma de torturas e expurgos, ora os que tencionavam institucionalizar o regime, na forma do que chegou a ser chamado de *democracia forte* – na verdade, uma ditadura dinamizada com procedimentos tidos como democráticos em uma concepção procedimental (e estreita) de democracia. As expressões mais evidentes das tensões na caserna se davam durante as crises sucessórias, quando a ilegalidade do regime ficava patente, abrindo caminho para o aumento da violência que acompanhava situações de precariedade da norma estabelecida – e que frequentemente ameaçava a unidade das Forças Armadas,

---

8 "Possibility of US Influence on Article 10 Proceedings". *Opening the Archives: Documenting U.S.-Brazil Relations, 1960s-80s*. Brown Digital Repository. Brown University Library, 1964. Disponível em: https://repository.library.brown.edu/studio/item/bdr:378842/. Acesso em: 2 set. 2024.

9 Dreifuss, René. *1964. A conquista do Estado*. Petrópolis: Vozes, 1981, p. 56-57.

10 Martins Filho, João Roberto. *O palácio e a caserna. A dinâmica militar das crises políticas (1964-1969)*. São Paulo: Alameda, 2020.

um risco a ser evitado por aqueles que queriam "estabilizar o país", como os agentes e os aparelhos estadunidenses aqui apresentados. Em contrapartida, na esfera dos "civis", na qual os interesses do capital forâneo efetivamente se enraizavam, existia clara tensão entre setores "modernizantes" e "técnicos", apoiados por frações da burguesia imperialista, e os "políticos tradicionais", com agentes vinculados aos primeiros tentando implementar um modo "científico" de exercício do poder que garantisse a estabilidade política necessária ao desenvolvimento do capitalismo no país em um ritmo considerado adequado às demandas de um país *atrasado*.[11]

O desconforto posto por uma situação de acirramento de contradições deu lugar a estreito monitoramento. Este, inclusive, habilitou o país a ser teatro de uma missão de *fortalecimento das instituições democráticas* – projeto em desenvolvimento pelo Departamento de Estado ao longo dos anos 1960 e que chega ao Brasil em 1970, capitaneado por dirigentes de um importante aparelho privado de hegemonia estadunidense: a The Brookings Institution, um dos principais *think tanks* dos Estados Unidos. Temos, assim, uma sugestiva relação entre determinações do dito mundo produtivo com a ação política de aparelhos de Estado – nexo lógico que estrutura a interpretação do programa de "fortalecimento institucional" promovido em associação por dirigentes políticos estadunidenses e brasileiros oferecida nas páginas seguintes.

Nesse sentido, o presente capítulo analisará a passagem da missão da The Brookings Institution pelo Brasil, bem como alguns desdobramentos dessa excursão – notadamente, o estí-

[11] Ianni, Octávio. *A ditadura do grande capital*. São Paulo: Expressão Popular, 2019.

mulo à formação de entidades homólogas no país, o que parece ter surtido efeito positivo. Antes, contudo, convém recuperar brevemente algumas orientações do Estado estadunidense para a ação política na periferia do capital-imperialismo durante essa conjuntura turbulenta dos anos 1960 e 1970. Assim, o texto se divide em três seções. Na primeira, tento relacionar o programa de estímulo às "instituições democráticas" com as condições sociais do capital-imperialismo em sua periferia – encerro apresentando a interação da The Brookings Institution com aparelhos do Estado estadunidense; na segunda, debruço-me sobre a missão da entidade pelas terras brasileiras durante a vigência da ditadura empresarial-militar; o capítulo é fechado com uma análise de caso: a fundação do Instituto Max Weber de Estudos e Pesquisas e suas possíveis relações com a The Brookings Institution. Nas considerações finais, procuro refletir sobre o processo de estabelecimento de *think tanks* no Brasil desde os anos 1970.

"Instituições democráticas" na periferia do capital-imperialismo e a influência da The Brookings Institution nas chamadas reformas de Estado

Em *Brasil e o capital-imperialismo, teoria e História,* Virginia Fontes aborda a expansão das multinacionais nas décadas de 1950 e seguintes, destacando que sua influência não se restringiu apenas ao âmbito dito econômico. Além de serem fontes de extração de valor, essas empresas alteraram a divisão internacional do trabalho, impactaram a inserção mundial dos países imperialistas e transformaram a relação entre campo e cidade globalmente. A internacionalização dessas corporações envolveu a implantação de subsidiárias em diversos países, gerando inovações comportamentais e culturais. A concentração e centralização dessas grandes "sociedades anônimas" atingiram níveis significativos, ultrapassando a união entre capitães da indústria e banqueiros, analisada por Lenin no início do século XX, e incorporando diferentes formas de capital. No âmbito do trabalho, as multinacionais intensificaram a cooperação, mas, sob jugo do capital, criaram desigualdades entre trabalhadoras e trabalhadores de diferentes países, com regimes laborais distintos. Essa dinâmica gerou segregações internas nas estruturas empresariais, privilegiando setores da classe trabalhadora dos países-sede, favorecendo inclusive fluxos de migração rumo ao centro do "sistema". A competição assim estimulada no seio da classe trabalhadora adquiriu novas nuances enquanto as desigualdades entre diferentes origens nacionais foram expostas, levando a reivindicações por direitos também na periferia. A multinacionalização também consolidou processos industrializantes em alguns países, integrando-os à socialização internacional do trabalho, mesmo sob dependência dos países centrais. Por conseguinte, a expansão dessas empresas teve implicações políticas, sociais e ambientais, sendo percebida em diversos cenários, como na América Latina, onde ditaduras foram utilizadas para conter movimentos populares – como é o caso do regime autoritário brasileiro, instaurado por um pacto entre empresários e militares. A incorporação de empresas sob o controle de grupos multinacionais ampliou significativamente o escopo de atividades dessas corporações, que passaram a atuar em diversas áreas econômicas e desempenhar papéis cruciais na formulação de estratégias de produção, comercialização e gestão, além de influenciar a esfera política.[12]

---

[12] Fontes, Virgínia. *Brasil e o capital-imperialismo*. Teoria e História. Rio de Janeiro: Ed. UFRJ, 2010, p. 164-170.

No cenário assim descrito, o poder empresarial assumiu a forma de entidades de ação transnacional, que desempenharam um papel crucial na promoção de interesses do capital-imperialismo em diversos países – como é o caso do Grupo Banco Mundial, dentre outros. Essas organizações atuaram e ainda atuam como centros de formação política e técnica, contribuindo para consolidar processos de expansão da sociabilidade burguesa em várias nações, respeitada a hierarquia posta pela distribuição desigual de poder imanente à lógica de desenvolvimento do capitalismo. Assim, a criação de entidades de arbitragem e conciliação para resolver litígios entre investidores estrangeiros e Estados acompanhou essa forma de mundialização do capital, envolvendo o chamado *mundo livre* em uma teia associativa que punha diversas frações da burguesia em relação. No processo descrito, esses *aparelhos privados de hegemonia* desempenharam um papel significativo na expansão do capital-imperialismo, influenciando a política, economia e cultura em escala potencialmente global.[13]

Nesse contexto, o Estado estadunidense aparece como um aríete e um escudo para a ação de classe na defesa dos interesses radicados no solo da expansão capitalista – além de bastião da ordem burguesa ante a alternativa societária representada pela União Soviética. Em certo sentido, a missão da The Brookings Institution ao Brasil da ditadura empresarial-militar, objeto de interesse deste capítulo, começa a ser gestada ainda no início dos anos 1960, quando o Foreign Assistance Act (1961) é aprovado no Congresso dos Estados Unidos. Ao declarar crer que "profundas trans-

[13] *Id.,* p. 170-175.

formações políticas, econômicas e tecnológicas resultaram na interdependência das nações", o referido documento defende que

> as liberdades individuais, a prosperidade econômica e a segurança do povo dos Estados Unidos são mais bem sustentadas e melhoradas em uma comunidade de nações que respeitam direitos e liberdades civis e econômicos, e que trabalha unida para usar sabiamente os limitados recursos naturais em um sistema econômico aberto e equitativo. [...] Portanto, o Congresso declara que um dos principais objetivos da política externa dos Estados Unidos é o encorajamento e suporte sustentado ao povo dos países em desenvolvimento em seus esforços para adquirir conhecimento e recursos essenciais ao desenvolvimento e a construção das instituições econômicas, políticas e sociais necessárias à melhoria de sua qualidade de vida.[14]

No conjunto de fontes que tratam desse processo de *assistência internacional,* é notável a preocupação dos autores com uma ideia de *autogoverno.* A ênfase dada a esse elemento fica evidente nas emendas que o texto-base de 1961 recebe em 1966 e 1968, as quais reforçavam a imperiosa necessidade de "máxima participação do povo", do envolvimento de "instituições privadas" e dos "governos locais" no processo. Vejamos a primeira:

> Título Nono: Utilização das instituições democráticas para o desenvolvimento
>
> *Seção 281: Utilização das instituições democráticas para o desenvolvimento*
>
> Quando da execução de programas autorizados por este capítulo e pelo capítulo I, enfatiza-se que se deve assegurar máxima participação do povo de países em desenvolvimento na tarefa

[14] Foreign Assistance Act, Congresso dos Estados Unidos, 1961, p. 19.

> de desenvolvimento econômico, através do encorajamento de instituições democráticas privadas ou dos governos locais.[15]

E a segunda, assinada diretamente por William S. Gaud, chefe da Agency for International Development (Usaid), em 15 de julho de 1968:

> Quando promulgou o Título Nono do Foreign Assistance Act, o Congresso enfatizou a importância de ampla participação popular no trabalho e na tomada de decisões do processo de desenvolvimento. O título nono instrui a United States Agency for International Development (Usaid) para encorajar o crescimento da participação de instituições democráticas privadas e de governos locais na execução de programas de assistência. Essa é uma instrução importante. Sem ampla participação popular e sem as instituições que tornam isso possível, o impacto da ajuda será significativamente limitado. Este *primer* é agora publicado para explicar as implicações do Título Nono para nosso trabalho. Ele deve nos ajudar a implementar uma das mais importantes instruções do Foreign Assistance Act.

Não se tratava, assim, de envolver as agências de Estado estadunidense diretamente na "gestão política" dos "países em desenvolvimento", mas de alguma forma oferecer uma matriz para a sua atuação – matriz essa que seria dada pelas formas de associação e de governo testadas com sucesso nos Estados Unidos, sendo que a The Brookings Institution era ilustre exemplo.

Fundada em 1916 como Institute for Government Research por Robert Brookings, a entidade seria rebatizada como The Brookings Institution em 1927, quando de sua fusão com o Institute of Economics e a Robert Brookings Graduate School of Economics and Government. Desde o princípio, pretendia

[15] Foreign Assistance Act, Congresso dos Estados Unidos, 1966, p. 202.

ser a primeira entidade privada de estudo de políticas públicas nos Estados Unidos, declarando serem seus objetivos principais o fortalecimento da democracia estadunidense, da economia e do que chama de "bem-estar" social, além da contribuição com a construção de um próspero *mundo livre*. De escopo inicialmente nacional, a entidade ampliou seu raio de atuação e sua importância sobretudo após a Segunda Guerra Mundial, quando missões e parcerias com centros de estudo homólogos se tornaram frequentes, especialmente na América Latina.

Do ponto de vista das ditas *reformas administrativas,* a entidade passou então a ter papel de destaque na tentativa de adequar Estados às novas condições gerais de produção engendradas pelo desenvolvimento capital-imperialista. Nos Estados Unidos, em 1957, o presidente da organização, Robert Calkins, lança o Executive Education, programa para a formação de servidores públicos do alto escalão. A iniciativa alcançou patamares significativos a partir do ano seguinte, quando foi sancionado o Federal Training Act, que permitiu o treinamento desses funcionários por organizações privadas – o que era vetado pela legislação anterior. *Think tanks* como a própria Brookings foram, assim, autorizados a *educar* o funcionalismo público de acordo com os cânones da iniciativa privada – e dos interesses políticos das classes sociais que se organizavam politicamente dessa forma. A agenda deveria assegurar uma administração "distanciada das paixões políticas", "gerida" por critérios de *eficiência* que garantiriam a aplicação "racional" dos recursos estatais.[16] Além dos efeitos que, na prática, consagraram a The

[16] Davis, Paul; Pollock, Ross. *Executives for Government*. Central Issues of Federal.

Brookings Institution como um espaço de influência sobre o poder político no país, convém sublinhar que o programa de treinamento foi sobretudo um grande negócio para os envolvidos. Um relatório da Civil Service Commission, publicado em 1977 com balanço da iniciativa, registrou espetacular salto do montante investido em cursos de treinamento do pessoal de Estado: de US$ 1 milhão em 1958 para US$ 883 milhões, menos de 20 anos depois – e uma fatia deste montante coube à referida entidade, ainda que não seja possível, com os documentos de que dispomos, precisar sua exata medida.[17]

Alguns anos depois, em 1961, uma notícia no *The New York Times* daria novos indícios da íntima relação entre o Estado estadunidense e a The Brookings Institution. Em 15 de abril daquele ano, o jornal anunciava a concessão, pela entidade, de nove bolsas de estudo e pesquisa concedidas a "homens de negócio". O programa, intitulado Pub Affairs Fellows, financiaria um estágio de seis meses em Washington, durante o qual os selecionados desenvolveriam habilidades e trocariam experiências sobre produção de políticas públicas em agências federais.[18]

Essa influência se exprimia também na participação da entidade em projetos de política externa. Isso fica evidente pelo menos desde o início dos anos 1960, quando a The Brookings Institution lançou o The Foreign Policy Program, um programa de pesquisa dedicado à área.[19] Nesta

---

17 The Government Employees Training Act Of 1958. A Progress Report. United States General Accounting Office, 1977.

18 The New York Times. *Fellowships Given to 9 Business Men*. Edição de 16 de abril de 1961, p. 77.

19 Informações sobre a história institucional da entidade podem ser conferidas no *site* www.brookings.edu/a-century-of-ideas/. Acesso em 02 set. 2024.

altura, convém destacar que a organização, como típico de um *think tank,* já então se apresentava como uma *instituição de pesquisa em políticas públicas* – condição que tentava legitimar parte de suas atividades de influência, coordenação e negociação. Assim, a assinatura de determinados programas de investigação oferece algumas pistas de sua atuação que são valiosas para nós, a respeito de suas áreas de interesses e de relações assumidas pela entidade com aparelhos do Estado restrito ou entidades similares. Nesse sentido, quando, em 1963, a The Brookings Institution declarou o acordo com diversas entidades latino-americanas para cooperação em pesquisas sobre comércio e investimento estrangeiro, celebrado na sequência do estabelecimento do programa acima mencionado, temos indícios de aproximações, acordos e relações estabelecidas entre os *intelectuais* dessas entidades.

Eleita a *forma privada* de organização para o governo como um dos pilares de uma pretendida "modernização política" a ser incentivada nos chamados *países em desenvolvimento,* a associação de dirigentes da The Brookings Institution no projeto que interessa a esse capítulo parecia, por conseguinte, natural.

A missão da The Brookings Institution e o suporte que se esperava encontrar no Brasil

Em 1970, a AID, por meio de John Hannah, seu administrador, e o Departamento de Estado dos Estados Unidos, na figura do subsecretário William Rogers, saem das prescrições contidas nos Foreign Assistances Acts e passam ao ato. Em abril, um projeto intitulado Programs in Democratic Institution Building foi lançado. Tratava-se de uma iniciativa de "assistência" a "países em desenvolvimento" a ser efetivada por missões que buscariam estimular o desenvolvimento de três pilares da “construção de instituições democráticas”, nomeados “desenvolvimento legislativo”, “institutos de pesquisa e ensino em políticas públicas” e “desenvolvimento judiciário”.

Eram objetivos declarados do programa:

> 1. Melhoria das capacidades técnicas dos órgãos legislativos (por exemplo, fornecer treinamento aos funcionários dos órgãos legislativos para capacitá-los a conduzir seus negócios de maneira mais profissional e eficaz, para auxiliar no desenvolvimento de pesquisas legislativas e serviços de referência etc.)
> 2. Fortalecimento da pesquisa indígena e instituições educacionais preocupadas com o estudo de questões e políticas públicas (ou seja, instituições civis que realizariam funções um tanto comparáveis às que a The Brookings Institution desempenha nos EUA, ajudando os líderes de diferentes grupos a se reunirem para identificar os principais problemas socioeconômicos que enfrentam seu país e utilizando suas instalações para contribuir mais ativamente para a sua solução das questões públicas)
> 3. Legislação e desenvolvimento de instituições jurídicas, especialmente formas de ajudar os países a promover uma distribuição mais equitativa da justiça e um acesso mais amplo ao processo judicial por parte do povo.[20]

Ainda de acordo com o documento, as missões deveriam ser financiadas pela AID e operadas por entidades dedicadas ao treinamento e à assessoria acerca dos temas relacionados ao objetivo estratégico do programa. Não se tratava, portanto, de uma iniciativa bilateral entre gover-

---

20 Rogers, William. “Programs in Democratic Institution Building”. *Opening the Archives: Documenting U.S.-Brazil Relations, 1960s-80s*. Brown Digital Repository. Brown University Library, 1970. Disponível em: https://repository.library.brown.edu/studio/item/bdr:1161422/. Acesso em: 2 set. 2024.

nos, mas um projeto a ser implementado por "organizações não-governamentais" estadunidenses, como universidades, fundações e similares, com as quais contratos de patrocínio e fomento deveriam ser assinados em parceria com agências de Estado nos Estados Unidos.

Eram intenções assumidas com esta abordagem:

> Fortalecer e aumentar o envolvimento privado e profissional nessas áreas e o caráter internacional do programa de treinamento
>
> a) Minimizar o envolvimento direto do governo dos Estados Unidos;
>
> b) Aliviar as missões do fardo das negociações, do monitoramento etc., do projeto;
>
> c) Encorajar o desenvolvimento de instituições não-governamentais dos EUA, capazes de obter apoio financeiro não relacionado à AID para continuar e, se apropriado, expandir esses programas.[21]

O programa ainda incluiria passagens por países onde, segundo a documentação analisada, iniciativas similares estavam em curso. No caso das entidades de "pesquisa e ensino em políticas públicas", eram projetadas visitas ao Center for Constitutional and Parliamentary Studies e ao Center for Applied Politics, ambos na Índia; e ao Economic and Social Studies Conference Board, na Turquia. No intercâmbio com essas atividades, a ideia era que a missão se instruísse sobre as dificuldades práticas do estabelecimento de entidades análogas nos ditos países em desenvolvimento.[22]

Seriam escolhidos como alvos das missões dois países em cada uma das seguintes regiões: África, Ásia e América

[21] *Id.*, p. 2.
[22] *Ibid.*

Latina. Uma série de candidatos foi proposta pelo projeto (o documento fala em Colômbia, Brasil, Chile, Tunísia, Quênia, Uganda, Coreia do Sul e Filipinas), mas estudos de viabilidade deveriam ser conduzidos em cada um deles, com o fito de identificar o "clima social" para o sucesso da iniciativa – e, por "clima social", o projeto se refere ao interesse local tanto na recepção da missão quanto na capacidade de a iniciativa receber suporte endógeno na forma de dinheiro e pessoal.[23] Dessa forma, buscava-se ampliar a chance de sucesso da empreitada.

No caso brasileiro, em conjunto com embaixadas estadunidenses no país, a AID conduziu os estudos prévios, levantando contatos que poderiam ajudar no desenvolvimento da missão, com suporte operacional, fornecimento de *experts* e/ou ajuda para angariar patrocínio. Aparecem na lista de possíveis parceiros a Fundação Getulio Vargas (FGV), a Universidade de São Paulo (USP), o Instituto Brasileiro de Administração Municipal (Ibam), a Universidade Federal do Rio Grande do Sul (UFRGS) e a Pontifícia Universidade Católica (PUC). No caso da FGV, a AID já havia entrado em contato com seu presidente, que demonstrara interesse em uma reunião com dirigentes da The Brookings Institution para se integrar ao projeto, mas, cauteloso, demandara que o encontro fosse classificado como exclusivamente para fins "econômicos e sociais". As outras instituições não haviam sido contatadas ainda. Havia, porém, a esperança de que pelo menos o Ibam demonstrasse interesse no intercâmbio pretendido – o que nos ajuda a ter uma ideia do potencial alcance da missão.[24]

---

23 *Ibid.*

24 Ellis. "Programs in Democratic Institution Building – Brookings Visit". *Opening the Archives: Documenting U.S.-Brazil Relations, 1960s-80s.* Brown

Em breve observação da trajetória do Ibam, constata-se que a entidade foi fundada em 1952 com a finalidade de organizar o movimento municipalista deflagrado no Brasil em 1946. Inicialmente, ela se destacou na luta por maior participação das municipalidades na distribuição da renda destinada à administração pública – em 1945, essa instância de governo recebia 6% daquele total, o que era considerado pouco. Convém sublinhar que a iniciativa surgia em um contexto de tendencial expansão de recursos disponíveis às municipalidades, como sinalizado pelo projeto de formação do Banco dos Municípios, em São Paulo, e pela proposta de criação da Carteira de Crédito Municipal, produto do Banco de Desenvolvimento Econômico que ajudaria a viabilizar obras públicas nas cidades. Faz sentido, assim, que o Ibam tenha se declarado um "ator técnico", justamente quando se abre um horizonte de "eficiência" na aplicação dos recursos que deveriam ser disponibilizados por aquelas operações de crédito – ênfase "técnica" que certamente atraía atenção da AID e da missão que se planejava enviar ao país.[25]

Do ponto de vista de sua estrutura material, consta que o Ibam foi desenhado como uma entidade da sociedade civil que deveria funcionar como instância sindical de prefeituras, mas também como instrumento de formatação da chamada *gestão pública* das municipalidades. Integrar a rede de conexões do Ibam, por conseguinte, era fortalecer a luta pelo acesso a maiores fatias do fundo público, mas também

---

Digital Repository. Brown University Library, 1970. Disponível em: https://repository.library.brown.edu/studio/item/bdr:1161417/. Acesso em: 2 set. 2024.

[25] Pereira, Joaquim Neves. "Algumas considerações sobre o movimento municipalista". *Revista do Serviço Público*, setembro de 1952, p. 56-57.

declarar como forma de governo desejável os padrões preconizados pela entidade. Ao lembrarmos que aqueles *técnicos* agem politicamente para favorecer uma forma de gestão municipal em detrimento de outras (afinal, a técnica não é *neutra,* mas uma forma de politização), constatamos ser esta uma posição estratégica no conjunto dos aparelhos do Estado. Os associados do Ibam receberiam da entidade, por exemplo, consultoria nas diversas áreas de atuação, como saúde e educação públicas, além de previdência social, favorecendo, assim, uma solução *empresarial* para o que, do ponto de vista dessa posição social, aparecia como problemático nesses setores.

Está em acordo com os interesses deste capítulo verificar a capilaridade dessa organização na sociedade civil e na sociedade política, o que é sempre complicado, forçando-nos a assumir frequentemente um caráter aproximativo. No caso em tela, dispomos de dados acurados, graças à vigilância dos órgãos de espionagem da ditadura. Localizei no Arquivo Nacional alguns prontuários da investigação com dezenas de páginas preenchidas com informações detalhadas sobre os membros da entidade, disponibilizadas pela administração pública e/ou pela imprensa.[26] Do Serviço Nacional de Informações (SNI), selecionamos duas fontes importantes. A primeira é da década seguinte ao período recortado para esta pesquisa, datada de 28 de setembro de 1982, e foi selecionada como documento auxiliar de análise por sua relativa proximidade com o período investigado, considerando o

[26] Convém destacar que, após atestar uma investigação sobre o caráter *ideológico* da iniciativa, o aparelho de espionagem declarou não haver nada que contraindicasse a assinatura dos acordos entre a organização e as municipalidades.

tempo de maturação de uma missão cujo objetivo central era a semeadura de organizações sociais para a ação política. Trata-se de uma entrevista do superintendente adjunto do Ibam, concedida ao jornal *Monitor Mercantil*, precisamente sobre seu suposto caráter "apolítico" – uma expressão da *modernização* em curso, objeto de desejo dos chamados "técnicos", críticos da dinâmica política em um país que, de seu ponto de vista, seria marcado pelo *tradicionalismo* dessas práticas. Após apontar que a organização, segundo seu dirigente, agia para dar "dimensão técnica ao movimento municipalista", o documento indica um dado interessante, que, aliás, explica em parte a preocupação da ditadura com o alcance da entidade: o Ibam então se associava a 2.532 prefeituras brasileiras, além de 382 Câmaras Municipais e de outras 90 organizações governamentais.[27]

Uma segunda fonte do mesmo órgão foi selecionada – esta, sim, dos anos 1970, e, portanto, capaz de delinear o quadro que a missão da The Brookings Institution encontrou ao chegar ao Brasil. Infelizmente, ela é menos precisa do que a anteriormente citada, mas aponta números parecidos: seriam "quase três mil" municípios associados ao Ibam em 9 de junho de 1971, data do documento consultado.[28] Assim, a comparação dos documentos dá uma ideia da amplitude dos contatos do Ibam com prefeituras espalhadas pelo país – bem como indica como ela pode ter atraído a

---

[27] Disponível em: http://imagem.sian.an.gov.br/acervo/derivadas/BR_DFANBSB_V8/MIC/GNC/CCC/82006974/BR_DFANBSB_V8_MIC_GNC_CCC_82006974_d0001de0001.pdf.

[28] Disponível em: http://imagem.sian.an.gov.br/acervo/derivadas/BR_DFANBSB_V8/MIC/GNC/AAA/71042836/BR_DFANBSB_V8_MIC_GNC_AAA_71042836_d0001de0001.pdf.

atenção dos responsáveis por conduzir a missão da entidade estadunidense pelas terras brasileiras.

Para além do alcance dado pela carteira de municípios associados, a entidade atraía a atenção da Usaid também por se sustentar há mais de década com recursos próprios – isto é, por conseguir captar por conta própria recursos para suas atividades, o que reduziria os custos da missão e o desgaste político advindo do financiamento direto de atividades em um país governado por uma ditadura que já então era denunciada por crimes contra a humanidade. Com efeito, o Ibam se nutria de convênios assinados com municípios associados, além de receber verbas de aparelhos privados de hegemonia empresariais, como a Fundação Ford, e do Governo Federal, graças a contratos assinados com diversos ministérios – do Planejamento, da Educação e Cultura e, finalmente, com o Ministério do Interior, que, entre 1966 e 1969, celebrara outras quatro parcerias com o Ibam.[29]

Seja pela importância geopolítica, seja pela qualidade e potencialidade dos contatos no país, o Brasil foi enfim eleito como um dos alvos do programa. A missão passou pelo país em duas etapas – a primeira, liderada pelo Suny Team (o time da State University of New York) na primeira quinzena de julho de 1970. Segundo a documentação disponível, essa equipe foi selecionada pelo desempenho considerado satisfatório em treinamento de quatro semanas oferecido pela AID ao Con-

[29] O Ministério, inclusive, repassara ao Instituto 250 mil cruzeiros em 1968 e 350 mil no início dos anos 1970 – para dar alguma dimensão do valor, convém considerar que um salário-mínimo, no início de 1968, estava definido em 105 cruzeiros. As fontes com esses dados estão disponíveis em acervo do Ibam no Arquivo Nacional, disponível no fundo intitulado BR DFANBSB V8.

gresso brasileiro havia então pouco tempo.[30] O grupo era liderado por um professor de administração pública, Walter Louis Balk, e contava ainda com Donald Axelrod, deputado responsável pelo orçamento do Estado de Nova York; Alan Kornberg, professor da Universidade de Duque e especialista em "processo legislativo"; Carlos Astiz, cientista político e professor da State University of New York, especialista em política de desenvolvimento latino-americana; Al Abrams, secretário do Senado do Estado de Nova Iorque; e Lloyd Musolf, professor da Universidade da Califórnia e diretor de um departamento de pesquisa de governo estadunidense.[31]

O objetivo dessa primeira parte da missão era identificar eventuais interessados no intercâmbio de tecnologias políticas (notadamente acerca da forma de operação dos poderes legislativo e judiciário), além de mapear possíveis fontes de recursos (de dinheiro e pessoal) para o estabelecimento no país de *institutos de pesquisa e ensino em políticas públicas* – ou *think tanks*, como atualmente são conhecidos. Daí o interesse, correspondido, registre-se, no encontro com a FGV, já no período uma das principais organizações do ramo no Brasil. Explica-se também a escolha do Ibam como fonte potencial de intercâmbio, graças à sua capilaridade e seus contatos com espaços de execução de "políticas públicas" por todo o país.

---

30 Rogers, William. "Programs in Democratic Institution Building". *Opening the Archives: Documenting U.S.-Brazil Relations, 1960s-80s.* Brown Digital Repository. Brown University Library, 1970. Disponível em: https://repository.library.brown.edu/studio/item/bdr:1161422/, p. 3. Acesso em: 2 set. 2024.

31 Rogers, William. "Programs in Democratic Institution Building: Assistance to Legislatures". *Opening the Archives: Documenting U.S.-Brazil Relations, 1960s-80s.* Brown Digital Repository. Brown University Library, 1970. Disponível em: https://repository.library.brown.edu/studio/item/bdr:1161409/. Acesso em: 2 set. 2024.

Não dispomos de documentos que detalhem a visita do Suny Team ao Brasil. Consta que o plano era passar por três cidades entre os dias 4 e 13 de julho de 1970: Brasília (do dia 4 ao 8), Rio de Janeiro (9 e 10) e São Paulo (do 11 ao 13).[32] Contudo, há um importante indício de que a excursão e os contatos preliminares foram considerados positivos: um telegrama enviado no dia 15 de julho daquele ano pelo Departamento de Estado estadunidense às suas embaixadas no país. O documento informava a assinatura de um acordo com a The Brookings Institution para atuação no Brasil. De acordo com a fonte, seriam conduzidos pela entidade "estudos de viabilidade e assistência" ao "estabelecimento e/ou fortalecimento de instituições locais dedicadas ao estudo e pesquisa de políticas públicas" – isto é, outros *think tanks* homólogos à The Brookings Institution. Caberia ao *staff* da entidade, em comitiva pelo Brasil provavelmente no dia 27 de julho de 1970, verificar a aceitação no país do apoio estrangeiro ao estabelecimento dessas atividades, investigar a possibilidade de suporte local às novas organizações, bem como auxiliar no recrutamento de "talentos" brasileiros que poderiam ajudar no sucesso do empreendimento. Não se esperava, o documento insistia, que a The Brookings Institution estabelecesse espécies de filiais suas pelo país – ao contrário, o objetivo era conduzir apoio técnico para o surgimento de *think tanks* brasileiros inspirados na congênere estadunidense. Essa parte da missão seria liderada por um

[32] Boonstra, "Programs in Democratic Institution Building – SUNY Visit". *Opening the Archives: Documenting U.S.-Brazil Relations, 1960s-80s*. Brown Digital Repository. Brown University Library, 1970. Disponível em: https://repository.library.brown.edu/studio/item/bdr:1161413/. Acesso em: 2 set. 2024.

tal Ford Lukkart, sobre o qual não encontrei nenhuma informação durante minha pesquisa – o que levanta a suspeita de se tratar de um codinome.[33]

O caso do Instituto Max Weber de Estudos e Pesquisas

A visita da The Brookings Institution e seu objetivo de semear outros *think tanks* na sociedade civil brasileira parece ter dado frutos – como é possível saber graças a uma investigação conduzida pelo SNI em 16 de agosto de 1973. Trata-se de inquérito realizado por órgão de espionagem da ditadura em parceria com o Ministério da Justiça, motivado pela apreensão de documentos pela polícia no Rio de Janeiro. Uma das folhas anexadas ao processo convida para uma reunião, convocada por "homens de empresa e da vida universitária", a ser realizada em 14 de junho de 1973 no salão vermelho do Copacabana Palace. Na ocasião, planejava-se lançar as bases do Instituto Max Weber de Estudos e Pesquisas, segundo a missiva, "um instrumento" capaz de enfrentar "os problemas cruciais de nosso país e nosso tempo". Assinam o convite Fernando Bastos de Ávila (representando a Pontifícia Universidade Católica), Hélio Jaguaribe de Mattos (ex-professor da Universidade de Harvard, de 1966 a 1967, e da Universidade de Stanford, de 1968 a 1969), Thomaz Magalhães (representante da empresa de engenharia Promon, que se envolveria em

[33] Rogers, William, "Programs in Democratic Institution Building: Assistance to Public Policy Institutions". *Opening the Archives: Documenting U.S.-Brazil Relations, 1960s-80s*. Brown Digital Repository. Brown University Library, 1970. Disponível em: https://repository.library.brown.edu/studio/item/bdr:1161390/. Acesso em: 2 set. 2024.

grandes projetos de infraestrutura, como as usinas hidrelétricas de Itaipu e Marimbondo, além das usinas nucleares de Angra dos Reis-RJ), Luiz Gonzaga Nascimento Silva (advogado e ex-Ministro do Trabalho e Previdência Social de Castelo Branco), Antônio Gallotti (presidente da Light e um dos fundadores do Instituto de Pesquisas e Estudos Sociais – Ipes), Israel Klabin (presidente da Klabin Irmãos & Cia), José Ermírio de Moraes Filho (diretor-presidente do grupo Votorantim e presidente da Federação de Indústrias do Estado de São Paulo – Fiesp) e Justo Pinheiro da Fonseca (presidente da Federação Brasileira de Bancos – Febraban).

A nota que vai junto ao convite expõe maiores detalhes do projeto. De acordo com o documento,

> O projeto de constituição do Instituto Max Weber de Estudos e Pesquisas, no quadro universitário da PUC, visa a dotar o país de uma instituição que possa exercer, ao mesmo tempo, as funções de um foro para a discussão crítica de problemas nacionais e contemporâneos e de um centro superior de estudo de tais problemas. Nas modestas proporções em que é possível iniciar-se, no Brasil, um projeto desse tipo, tem-se em vista criar uma entidade que apresente algumas características semelhantes [às d]a Brookings Institution, de Washington. Através dela se busca proporcionar condições apropriadas para que homens de ação, empenhados na direção ou no assessoramento de empresas, mas seriamente interessados nos problemas de nosso tempo e de nosso país, possam discutir tais problemas, tanto com homens públicos envolvidos no trato desses problemas como com cientistas e '*scholars*' aplicados ao seu estudo.[34]

[34] A documentação do Instituto Max Weber de Estudos e Pesquisas está disponível em acervo do SNI no Arquivo Nacional, por meio do link: http://imagem.sian.an.gov.br/acervo/derivadas/br_rjanrio_tt/0/mcp/pro/0309/br_rjanrio_tt_0_mcp_pro_0309_d0001de0001.pdf. Acesso em: 02 set. 2024.

A ideia era criar uma entidade com vinculação universitária voltada para o desenvolvimento e a difusão de conhecimentos sobre identificação de problemas sociais e seu solucionamento. Para tanto, contava-se com o intercâmbio entre empresários, "técnicos", estadistas e "*scholars*", que deveria ser sustentado pelos seus membros – e, imagina-se, pelas empresas que representam –, mas, ainda assim, estar supostamente livre de "ingerências políticas ou econômicas e sem qualquer intenção partidária".[35] A nota termina definindo qual seria a configuração que uma instituição do tipo deveria ter.

> As características enumeradas podem ser apropriadamente atendidas por uma sociedade civil, sem finalidade lucrativa, situada no quadro institucional da PUC – mas com autonomia financeira, administrativa e acadêmica – congregando limitado número inicial de pessoas que reciprocamente se cooptem e mantenham entre si fáceis relações de convívio. Importa, ademais, assegurar ao Instituto, no ato mesmo de sua constituição, as condições necessárias para: a) ocorrer as despesas previstas para seu funcionamento; b) administrar-se e funcionar eficientemente; c) dispor de uma pequena equipe inicial de "*scholars*", apta a lhe assegurar, em suas áreas prioritárias de interesse, um alto nível de qualidade acadêmica.[36]

Na formatação da estrutura do Instituto, chamam atenção alguns ecos do projeto estabelecido pela Usaid e conduzido pela missão da The Brookings Institution ao Brasil em 1970, três anos antes. Claro, além da entidade estadunidense ser citada textualmente no documento, aparecem ainda preocupações similares às expressas naquele programa, como o estímulo ao surgimento de organizações

[35] *Ibid.*
[36] *Ibid.*

com capacidade de autofinanciamento; a pesquisa e a difusão de saberes concernentes aos problemas sociais; a interação entre *scholars,* estadistas e empresários; e, finalmente, a preocupação com a defesa de um ponto de vista de suposta *neutralidade axiológica,* em teoria livre das determinações econômicas e políticas postas pela influência de seus integrantes. O Instituto Max Weber de Estudos e Pesquisas deveria ser um *think tank,* afinal.

Por sorte de pesquisa, o prontuário da investigação no SNI permite acesso também à ata daquela reunião, anexada ao processo que tramitou no aparelho. Por ela, sabemos que o encontro foi presidido pelo reitor da PUC-Rio, Pedro Belisário Velloso – intelectual que, segundo a memória institucional da universidade, investido no cargo de assistente da Federação dos Círculos Operários, fora responsável por criar na universidade a Escola de Líderes Operários, que objetivava a formação de lideranças capazes de disputar com os comunistas postos de direção no movimento sindical no Rio de Janeiro.[37] Tomamos conhecimento, ainda, de outros nomes que aceitaram o convite e estiveram presentes na reunião, como são os casos de Cândido Mendes (jurista com influência na Confederação Nacional dos Bispos do Brasil – CNBB); Alfredo Lamy (professor de Direito na PUC-Rio e criador do Centro de Estudos e Pesquisas no Ensino do Direito – Ceped); Isaac Kerstenetzky (economista e presidente do Instituto Brasileiro de Geografia e Estatística – IBGE); Mário Miranda; Marcílio Moreira (economista, diplomata e ex-diretor do Fundo Monetário Internacional

[37] Ver http://nucleodememoria.vrac.puc-rio.br/70anos/perfis/galeria-dos-reitores/padre-pedro-belisario-velloso-rebello-sj-1951-1956-1972-1976.html. Acesso em 02 set. 2024.

– FMI – e do Banco Interamericano de Desenvolvimento – BID); José Luiz Bulhões Pedreira (advogado com atuação legiferante destacada durante o governo de Castelo Branco, sendo responsável, inclusive, pela Lei de Greves de 1964 e pelo Estatuto da Terra do mesmo ano); José Vieira Coelho; Cândido Paula Machado (dirigente do Banco Boavista e da Companhia Docas de Santos) e Harold Cecil Poland (ex-membro do Ipes, dirigente do Sindicato Nacional da Construção Pesada – Sinicon – e fonte do SNI durante a ditadura).[38]

A ata destaca, ainda, que Antônio Gallotti deu início à discussão, apresentando a conveniência da inserção do Instituto Max Weber de Estudos e Pesquisas nos quadros universitários da PUC-Rio – ao que o reitor Belisário Velloso teria respondido com uma declaração de interesse da universidade no projeto, assegurando aos presentes que a autonomia do Instituto seria preservada. Três seriam suas áreas básicas de atuação, a saber: "(1) estudos sobre tecnologia e o meio ambiente, (2) estudos comparativos do desenvolvimento brasileiro e (3) estudos sobre a crise de valores do nosso tempo".[39]

Na sequência, Hélio Jaguaribe teria discorrido sobre a forma de funcionamento do Instituto. Para isso, consta ter apresentado brevemente o *modus operandi* de organizações que deveriam servir de inspiração para a iniciativa, dentre elas, a Chatham House, na Inglaterra, e, claro, a The

---

[38] O documento do SNI está disponível em: https://arquivosdaditadura.com.br/documento/galeria/os-contatos-servico-secreto. Acesso em: 2 set. 2024.

[39] A ata pode ser acessada por meio de link do já citado acervo disponível no Arquivo Nacional: http://imagem.sian.an.gov.br/acervo/derivadas/br_rjanrio_tt/0/mcp/pro/0309/br_rjanrio_tt_0_mcp_pro_0309_d0001de0001.pdf. Acesso em 02 set. 2024.

Brookings Institution, nos Estados Unidos. De acordo com o documento, Jaguaribe argumentara que

> uma das regras básicas para o bom funcionamento de tais instituições reside em não assumirem elas doutrinas ou posições oficiais, pondo em relevo um dos aspectos centrais da metodologia de Weber no sentido de que os valores do cientista social determinam a seleção dos temas de estudo, mas a sua realização só atinge nível científico com seu tratamento de forma objetiva e neutra.[40]

A ata dá indícios de um curioso dissenso entre os participantes do encontro a respeito da denominação do Instituto. Segundo a fonte, Cândido Paula Machado e José Luiz Bulhões Pereira defenderam que a organização adotasse um nome "puramente brasileiro, para melhor inseri-la no contexto nacional". Divergiram Antônio Gallotti e José Vieira Coelho, para quem

> o nome de Max Weber na denominação do Instituto tinha um duplo mérito. Internamente, no Brasil, acentuaria a vocação de objetividade de análise e neutralidade valorativa por parte de uma instituição concebida para permanecer completamente alheia às controvérsias de tipo político-partidário. No exterior, identificaria, imediatamente, o alto sentido científico-cultural da instituição e facilitaria sua inserção no quadro internacional da cultura.[41]

A reunião foi encerrada com um encaminhamento: a formação de uma Comissão de Organização do Instituto, que contaria com os signatários da carta-convite, acrescidos de Harold Cecil Poland42 – que constituiria, uma vez

---

40 *Ibid.*

41 *Ibid.*

42 Personagem que atuava inclusive na grande imprensa, produzindo artigos inspirados por estudos de grandes *think tanks,* dentre eles a The Brookings

dentro da comissão, um Grupo de Trabalho, composto ainda por Thomaz Magalhães e Fernando Bastos de Ávila. Este grupo deveria elaborar um plano de atividades para a efetiva implementação do Instituto até o dia 15 de julho de 1973, coincidentemente exatos três anos após a assinatura do contrato entre o Departamento de Estado estadunidense e a The Brookings Institution ser informada às embaixadas daquele país no Brasil, conforme demonstrado acima.

Em dezembro do mesmo ano, o Instituto ainda era considerado em "formação" por Antônio Gallotti. O empresário assim se referiu ao embrião de entidade em banquete oferecido no Hotel Glória, no Rio de Janeiro, durante o qual foi condecorado com um Troféu Bandeirante pelo título de "Homem de visão de 1973". Temos acesso à fala de Gallotti graças ao presidente da Associação Brasileira de Concessionárias de Energia Elétrica (ABCE), Octaviano Machado Filho, que, no dia 15, tratou de publicar na página de grandes jornais empresariais, como *Jornal do Brasil* e *O Globo*, a íntegra do discurso do presidente da Light. Para nós, trata-se de fonte de como um dos idealizadores do Instituto Max Weber de Pesquisas e Estudos justificava, nas tribunas da classe dominante, a fundação de um *think tank* naquela conjuntura da história do Brasil.[43]

Na ocasião, Gallotti teria se declarado

> convocado para integrar um grupo de homens no qual a maioria representou – e continua representando – papel

---

Institution. Ver: Poland, Harold Cecil. "Presépio de político". *Correio da Manhã*. Edição de 25 de janeiro de 1962, p. 2.

43 Filho, Octaviano Machado. "O pronunciamento de Antônio Gallotti, presidente da Light, ao receber o título de Homem de Visão de 1973". *O Globo*. Edição de 15 de dezembro de 1973, p. 2 e *Jornal do Brasil*. Edição de 15 de dezembro de 1973, p. 18.

> eminente na formulação de diretrizes e na estruturação das bases sobre as quais o país está realizando uma experiência consciente de desenvolvimento, para que o povo brasileiro atinja plano superior de vida material e de justiça social.[44]

Além dele mesmo, estariam ainda neste grupo

> políticos, técnicos e administradores da envergadura de Lucas Lopes, Glycon de Paiva, Daniel Faraco e Nestor Jost; empresário com o amor do risco e as dimensões do êxito de Augusto Trajano de Azevedo Antunes; publicista e professor de Ciências Sociais com a sabedoria de Mário Henrique Simonsen; estadistas da grandeza de San Tiago Dantas, Roberto Campos, Octávio Gouvêa de Bulhões, Delfim Neto.[45]

Ex-colegas ipesianos, empresários e dirigentes da ditadura empresarial-militar em curso, portanto. Regime, aliás, elogiado por múltiplos fatores, dentre eles, ter ajudado a "desmistificar" a tese segundo a qual o capital estrangeiro seria uma "ameaça à soberania brasileira e instrumento explorador de nossas riquezas"; ter priorizado a "restauração da disciplina social, com reforço da autoridade central"; e, por fim, ter alcançado "nível expressivo" de resultados, o que teria justificado todas as medidas arbitrárias. Com efeito, segundo ele, teríamos assistido, desde o golpe de 1964,

> à maior e mais excitante transformação do cenário brasileiro, com o renascer da confiança em nós mesmos; não com base na toada lírica do ufanismo mas nas marteladas duras do trabalho. A consecução, por prolongado período, de uma elevada taxa de crescimento com inflação declinante, a performance agressiva do comércio exterior, a mudança na escala das unidades industriais e dos projetos, a concentração de esforços nos problemas da educação em todos os níveis, e

---

[44] *Ibid.*

[45] *Ibid.*

> o clima de estabilidade social e política bem testemunham o enorme progresso alcançado.[46]

Por um lado, o suposto sucesso logrado teria atualizado a "confiança na viabilidade do projeto 'Grande Potência do ano 2.000'", um projeto urdido por intelectuais do regime, como Golbery; por outro, teria acarretado "custos sociais". O principal deles, que afligiria todas as sociedades ocidentais, estaria na emergência de uma contradição entre o "arcaísmo do poder político face ao modernismo do poder tecnológico" – razão da crise que atingiria, naquela conjuntura, diversos sistemas políticos ocidentais, "do parlamentarismo britânico ao presidencialismo americano".

Em virtude disso, *think tanks* estavam surgindo no país, com o fito de "aperfeiçoar as instituições políticas" – dentre eles o Instituto Max Weber de Estudos e Pesquisas, em estágio de "formação".

> A responsabilidade dos empresários reveste-se hoje de importância superior. Não apenas com as iniciativas para intensificar eficiência e multiplicar fatores de produção, cabe-lhes, ainda, lado a lado com os projetos e desígnios dos representantes do governo e da cultura, ampliar o entendimento das questões relevantes da realidade brasileira e avaliar soluções para os problemas nacionais no panorama do continente e do mundo. Os grandes temas contemporâneos pedem reflexão em comum dos responsáveis no poder nacional e dos homens de ação e de pensamento. É o que aspira, numa linha pioneira, de estilo universitário e sentido geral, o Instituto Max Weber, em formação, juntamente com outros centros de pesquisa e estudos, para útil intercâmbio das experiências adquiridas nos diferentes campos de trabalho a que todos nós devotamos.[47]

---

46 *Id.*

47 *Id.*

Os elogios à ditadura foram retribuídos. Em uma demonstração evidente de como o regime autoritário foi responsável por ampliar seletivamente o Estado brasileiro, no mesmo período em que organizações da classe trabalhadora eram desbaratadas violentamente, o Instituto Max Weber de Estudos e Pesquisas foi autorizado a operar pelo Ministério da Justiça, ao cabo da investigação conduzida pelo SNI e acima referida. Como é possível perceber no arquivo, a investigação do aparelho foi concluída em 1975, com um despacho pelo arquivamento da investigação assinado diretamente pelo ministro Armando Falcão. Segundo ele, a fundação daquela entidade seria uma iniciativa só merecedora de "encômios, não devendo, por conseguinte, sofrer quaisquer restrições ou suspeitas".[48]

Considerações finais

"Quem tava no volante do Planeta
Que o meu continente capotou?"
Chico Buarque, Almanaque, 1981

Para o historiador que escreve este texto, o produto do trabalho de poetas serve como pista de crenças, valores e hábitos reiterados o suficiente para produzir um sentido socialmente partilhado que torna sua obra possível. Assim, ainda que a opinião sobre a qualidade da poesia de Chico Buarque certamente varie, seu valor como documento de pesquisa é inconteste se a considerarmos como uma impressão do senso comum de uma época. No caso do excerto

[48] A referência é outro documento do acervo do SNI no Arquivo Nacional, este disponível em: http://imagem.sian.an.gov.br/acervo/derivadas/br_rjanrio_tt/0/mcp/pro/0309/br_rjanrio_tt_0_mcp_pro_0309_d0001de0001.pdf. Acesso em: 2 set. 2024.

transcrito, ele interessa especialmente a este capítulo por conter duas ideias centrais: a de que há alguém ou algum grupo que dirige o mundo e a de que o continente do Eu lírico (América do Sul? América Latina?) capotou, isto é, sofreu um acidente que mudou seu curso esperado – o que parece explicar, por sua vez, seu aparente fracasso.

Neste capítulo, *não* se tentou responder àquela pergunta de maneira mais direta: "quem tava no volante do planeta?", *os americanos.* Embora tenha tratado frequentemente as frações burguesas estadunidenses e seus dirigentes como protagonistas da história, tentei destacar a participação ativa e altiva de brasileiros que, em posições locais de poder, impõem-se dominantes em meio às determinações postas pelo desenvolvimento do capital-imperialismo. O golpe não começou em Washington, ainda que Washington o tenha apoiado decisivamente. A transformação da sociedade civil brasileira nos anos 1970 também não começou lá, mas negar que tenha se dado em relação com as agências das frações de classe dominantes no mundo dito *livre* é negar a distribuição desigual de poder entre as classes e as formações sociais desse mesmo mundo.

Nesse sentido, creio ter deixado claro que aqueles homens de "empresa e ciência" que se reuniram para fundar o Instituto Max Weber de Estudos e Pesquisas tinham a The Brookings Institution em mente, como modelo. Fizeram-no, contudo, à sua própria maneira, recorrendo inclusive ao nome da entidade para reforçar seu "ponto de vista da neutralidade axiológica", coisa que talvez não se pudesse defender de outra forma. O mais provável é que o mesmo tenha ocorrido nas diversas municipalidades onde os *técnicos* do Ibam operaram para tornar a *administração pública* mais *moderna,* eventualmente em acordo com as orientações exaradas pelos cânones do *think tank* estadunidense. Ali, a tensa interação com os potentados locais certamente deu feições próprias à dita *modernização* da esfera política.

Em contrapartida, esse processo não se inicia com a missão que foi objeto de análise neste capítulo. Prova disso é a criação de um dos principais *think tanks* brasileiros até hoje: a FGV, ainda em 1944, que na documentação aqui trabalhada aparece interessada no intercâmbio com o *staff* da The Brookings Institution em excursão pelo Brasil. Em vez de identificar a origem de um processo de formação de entidades do tipo na sociedade brasileira, por conseguinte, o que se objetivou foi relacionar a expansão dos interesses capital-imperialistas estadunidenses no país, combinados com o estímulo à formação desse tipo associativo – tudo sob a escolta da ditadura empresarial-militar, que, ciente do que ocorria, considerou a iniciativa "merecedora de encômios".

Tratava-se, do ponto de vista dos agentes da Usaid e dos dirigentes estadunidenses que bolaram a arquitetura do programa de "construção de instituições democráticas", de fomentar o desenvolvimento de associações na sociedade civil brasileira que evitassem o fechamento do regime ao capital forâneo – uma possibilidade que parece ter assustado o Departamento de Estado daquele país, sobretudo após a edição do primeiro dos Atos Institucionais, ainda em abril de 1964 – cujo artigo 10 gerou desconforto, conforme visto na primeira parte do presente texto. Era necessário, pois, garantir expressão política para o capital domiciliado no Brasil mesmo em um regime autoritário, no qual a representação dos interesses imperialistas não se deu espontânea e automaticamente, mas teve de ser construída e constantemente atualizada pelo esforço de dirigentes políticos escudados por instrumentos de Estado.

Digo constantemente porque o esforço aqui demonstrado foi reiterado nos anos seguintes, incluindo outras organizações e diferentes iniciativas. Em outro texto, escrevi sobre o The Think Tanks and Civil Societies Program (TTCSP), da Universidade da Pensilvânia e capitaneado por James McGann.[49] Em tese um projeto de pesquisa sobre *think tanks,* o TTCSP serviu ele próprio como instrumento de orientação e troca de tecnologias políticas entre frações de classes dominantes em diversos pontos do planeta – destacando-se entre eles o Brasil, onde mais uma vez parcerias com a FGV foram frequentes. Em 2011, por exemplo, James McGann passou em curso pela entidade, e do encontro temos acesso ao arquivo digital de sua apresentação – contendo pistas importantes não apenas por ser o TTCSP um banco de dados sobre *think tanks,* mas também pelo caráter educativo e disciplinador de suas atividades.[50]

Como esta não é uma pesquisa sobre o TTCSP, destacaremos sua dimensão de acervo de pesquisa. Neste caso, chamam a atenção os dados apresentados por McGann no supracitado encontro. De acordo com ele, o valor de um *think tank* estaria na sua capacidade de reduzir o *gap* entre "conhecimento" e "políticas públicas" – esse campo que se tornou ele mesmo objeto de dito conhecimento científico. Dessa forma, reforçar-se-iam as "instituições democráticas"

---

[49] Paulo, Diego Martins Dória. "O problema da política como técnica". *Le Monde Diplomatique Brasil.* Edição de 13 de dezembro de 2021. Disponível em: https://diplomatique.org.br/o-problema-da-politica-como-tecnica--think-tanks/. Acesso em: 3 set. 2024.

[50] Disponível em: https://cpdoc.fgv.br/sites/default/files/Brazilian_Think_Tanks_and_Policy_Advice.pdf. Acesso em: 3 set. 2024.

e restariam melhoradas as condições para o desenvolvimento de políticas públicas mais *eficientes* – isto é, que alcançassem um dado objetivo com o menor custo em recursos possível. Embora haja ênfase no adjetivo *democrático,* não há preocupação em pôr em debate quais são aqueles objetivos sociais, ou ainda o que se quer alcançar, principalmente no âmbito da forma com que a sociedade se organiza para pensar seus problemas e as possíveis soluções para eles.

Nesse sentido, faz sentido histórico o apoio da ditadura empresarial-militar à iniciativa da The Brookings Institution. Considerando que o golpe de 1964 e a construção do regime autoritário que o seguiu se deram também em razão de uma forma de politização que se queria combater no país – o dito *populismo* –, os objetivos daquela missão parecem ter sido mesmo merecedores de "encômios". Com efeito, a proliferação de *think tanks* e da "produção" de *políticas públicas cientificamente embasadas* implicam, na prática, a formação de entidades com influência política sobre as decisões de Estado – espaços nos quais a participação ampla é vedada diretamente, embora mesmo o mais autoritário dos Estados não consiga impedir totalmente essa participação, que permanece na forma de pressão popular.[51]

Pelo encontro de 2011 na FGV, também temos, por fim, indícios de que a missão da The Brookings Institution pode ter dado outros frutos além do Instituto Max Weber de Estudos e Pesquisas. A apresentação de James McGann estabelece a década de 1950 como início de uma aceleração no aparecimento de *think tanks* no Brasil, e seu ritmo se

[51] Poulantzas, Nicos. *O Estado, o poder, o socialismo.* Rio de Janeiro: Graal, 1980.

intensifica precisamente nos anos 1970.[52] Em outro texto, discuti como a conjuntura favoreceu iniciativas do tipo. Considero, portanto, precipitado inferir que a missão estadunidense é responsável direta por essa aceleração – há de se considerar também as transformações sociais advindas da chamada contrarrevolução neoliberal, dentro da qual inclusive a missão da The Brookings Institution deve ser compreendida, talvez como um dos vetores das transformações que ela compreende na cena política.[53]

52 Disponível em: https://cpdoc.fgv.br/sites/default/files/Brazilian_Think_Tanks_and_Policy_Advice.pdf. Acesso em: 3 set. 2024.

53 Paulo, Diego Martins Dória. "Os turbulentos anos 1970 e a contraofensiva empresarial". *Le Monde Diplomatique Brasil*. Edição de 13 de dezembro de 2021. Disponível em: https://diplomatique.org.br/os-turbulentos--anos-1970-e-a-contraofensiva-empresarial-think-tanks. Acesso em: 3 set. 2024.

Capítulo 8

Capitalismo, democracia e aparelhos privados de hegemonia transnacionais: o Conselho das Américas e a Comissão Trilateral

Rejane Hoeveler[1]

O Conselho das Américas, órgão privado fundado em 1965 e existente até os dias atuais, é o mais importante *locus* daquilo que se convencionou chamar de "diplomacia empresarial" no continente. Composto por cerca de 200 empresas que, em conjunto, representavam (e representam) um grande percentual dos investimentos dos EUA na América Latina, esta entidade realiza muito mais que mero *lobby*, tratando de educar politicamente setores relevantes do empresariado latino-americano num período de domínio, entre nós, do capital multinacional-associado – sempre para a defesa de uma ideologia fortemente anti-

[1] Pós-doutoranda na Universidade Federal de Alagoas (Ufal), bolsista do Conselho Nacional de Desenvolvimento Científico e Tecnológico (CNPq) e da Fundação de Amparo à Pesquisa de Alagoas (Fapeal), professora colaboradora do Programa de Pós-graduação em Serviço Social na mesma instituição. Contato: rejanecarol@gmail.com.

comunista. O Conselho realiza campanhas de promoção da chamada "livre empresa", premiando uma filantropia privada tipicamente rockefelleriana, bem azeitada no ideário (neo)liberal individualista e meritocrático, com o objetivo de prevenir, tratar e delimitar o terreno do conflito social inerente a uma ordem internacional capitalista, com ainda mais contradições e truculência em sua periferia.

Por sua vez, a Comissão Trilateral, fundada em 1973 por frações das classes dominantes de Estados Unidos, Alemanha Ocidental e Japão, também possuía matriz rockefelleriana, demonstrava pronunciado cosmopolitismo e uma determinada leitura acerca daquilo que seus autores (como Samuel Huntington) chamaram, em 1975, de "crise da democracia". A Comissão era (e é) composta por empresários, políticos/burocratas de Estado e intelectuais, compondo aquilo que René Dreifuss[2] chamou de elite orgânica transnacional.

O capítulo proposto para este livro visa refletir sobre o peso destes dois aparelhos privados de hegemonia empresariais e transnacionais, de orientação cosmopolita, em suas relações com o empresariado latino-americano em um cenário de ascensão de regimes ditatoriais na região, no caso do Conselho das Américas; e com as burguesias europeias ocidentais e japonesas no contexto de uma crise interimperialista, no caso da Comissão Trilateral.

2 René Dreifuss é autor de referência em nossas investigações historiográficas desde a graduação, e aqui neste capítulo estaremos nos referenciando basicamente na obra *A Internacional Capitalista*: *Estratégias e táticas do empresariado transnacional (1918-1986)*. Rio de Janeiro: Espaço e Tempo, 1987.

A matriz rockefelleriana de ação política empresarial

Se buscarmos uma raiz comum de ambos os aparelhos privados de hegemonia objetos deste capítulo, esta certamente será a matriz política e ideológica rockefelleriana, ao menos do ponto de vista político e intelectual. E se há algum intelectual orgânico que foi figura-chave tanto na criação do Conselho das Américas quanto na fundação da Comissão Trilateral este é, sem dúvidas, David Rockefeller (1915-2017).

Como se sabe, a fortuna dos Rockefeller vem da criação da Standard Oil, empresa que levou este nome por uma de suas inovações no transporte de petróleo nos Estados Unidos de meados do século XIX: a criação de um sistema de padronização nesta atividade (*standard*). Tal riqueza seria investida nos mais variados ramos econômicos, incluindo indústria têxtil, mineração e, finalmente, mas não menos importante, bancos (o principal deles seria o Chase Manhattan Bank, um dos maiores credores da dívida externa latino-americana nos anos 1980).

Lendo as *Memórias* de David Rockefeller, vemos como o empresário incorporou em sua práxis até o fim da vida um conjunto ideológico estruturado em dois aspectos centrais: a *filantropia como um investimento* e a propensão para uma *política de prevenção* dos conflitos sociais fundamentais – ou pelo menos de redução de danos causados aos "homens de negócios". Na época da chamada Guerra Fria, que foi bastante quente na periferia, isso significou a aliança de um anticomunismo ferrenho com a subvenção/formulação ideológica da propaganda da livre empresa, amparados pela defesa de um eufemístico "setor privado" nas igualmente eufemísticas "obras sociais" (isto é, para atenuar as expressões mais agudas da questão social). Podemos entender melhor essa segunda faceta a partir da ideia de contrarrevolução preventiva, tal como concebida pelo sociólogo brasileiro Florestan Fernandes.[3]

É possível tecer variadas relações entre os homens que compuseram as diretorias do Conselho das Américas e o tipo de atuação política que este aparelho desempenhava no contexto do final dos anos 1960. Analisando a composição de nomes do então Council for Latin America em 1968 e 1969, percebemos que predominam representantes de empresas multinacionais com sede nos Estados Unidos que não tinham a América Latina apenas como mercado consumidor, mas também, fundamentalmente, como receptora de investimentos e mesmo de determinadas plantas industriais (isto é, espaço de produção e extração de valor em um cenário historicamente marcado pela superexploração do trabalho, conforme apontou Ruy Mauro Marini e a Teoria Marxista da Dependência na década de 1970).[4] No período do pós-Segunda Guerra e até pelo menos os anos 1970, estamos falando principalmente de corporações internacionais do setor de bens de consumo duráveis.

Os empresários e intelectuais da Americas Society/Council of the Americas (AS-COA, sigla atual do Conselho das Américas) eram verdadeiros apologetas da própria operação internacional das empresas, considerada um bem para

3 Fernandes, Florestan. *A revolução burguesa no Brasil*. Rio de Janeiro: Zahar, 1975.

4 Marini, Ruy Mauro. "Dialética da dependência". *In:* Sader, Éder (org.) *Dialética da dependência: uma antologia da obra de Ruy Mauro Marini*. Petrópolis: Vozes, 2000; Marini, Ruy Mauro. *Subdesenvolvimento e revolução*. Florianópolis: Insular, 2012.

a humanidade. Em contrapartida, nesse mesmo discurso mistificador que naturaliza as relações capital-imperialistas, essa internacionalização do capital seria um "fato da modernidade" que deveria ser, cedo ou tarde, aceito pela América Latina e pelo Terceiro Mundo, na visão tanto do Conselho das Américas quanto do sovietólogo conservador Zbigniew Brzezinski, da Comissão Trilateral.

Tais empresários-militantes, ou simplesmente intelectuais orgânicos no sentido gramsciano, pois são organizadores de classe – representantes de determinadas frações dominantes nos países capitalistas centrais, em especial das corporações estadunidenses, no Conselho das Américas e na Trilateral –, nunca falaram propriamente em "fim do Estado", muito menos em fim das nações, mas de uma readequação das funções e da estrutura do Estado para atender às necessidades crescentes de um capital mundializado (que eles chamavam de "empresa mundial").

O supranacionalismo do capital monopolista voltava-se para a formatação de burocracias estatais dos Estados capitalistas em moldes qualitativamente diferentes daqueles construídos no pós-Segunda Guerra nos Estados Unidos e na Europa, buscando sempre alijar de maneira preventiva e permanente determinados interesses – principalmente, esvaziando de potencialidade a capacidade de influência dos movimentos organizados dos trabalhadores. Tratava-se de delimitar o escopo dos regimes democráticos em linhas mais justas, constritas e apertadas, para as lutas dos de baixo, reduzir os processos democráticos à sua dimensão eleitoral e schumpeteriana de "seleção de líderes" – isso, reiteramos, no que dizia respeito aos Estados Unidos, Europa Ocidental e Japão. Para a periferia do capitalismo, como a

América Latina, onde nunca houve nada parecido a um dito Estado de bem-estar social na época correspondente, não havia nenhum constrangimento em apoiar explicitamente ditaduras militares desde que não fossem "nacionalistas" e "protecionistas", isto é, desde que fossem capitalistas.

Rockefellers e América Latina

A primeira vez que David Rockefeller veio ao Brasil, com 33 anos, foi em 1948, ao lado de seu irmão mais velho, Nelson Rockefeller.[5] Como descreve em suas *Memórias*, ao longo de diversas visitas, o empresário fez várias amizades no Brasil. Uma delas foi com o banqueiro Walther Moreira Salles, com quem comprou uma fazenda no Mato Grosso, onde passaram algumas temporadas caçando onças.[6]

Muito além de um bilionário em férias desfrutando de *hobbies* exóticos, David Rockefeller tornou-se não apenas o principal representante dos interesses empresariais estadunidenses no continente, mas também um organizador e coordenador de uma ação de classe que pôs em movimento um significativo espectro de empresários latino-americanos, em um contexto em que o anticomunismo estadunidense vinha agudizando-se sobremaneira após a vitória da Revolução Cubana (1959).

---

5 Tota, Antonio Pedro. *O meu amigo americano. Nelson Rockefeller e o Brasil.* São Paulo: Companhia das Letras, 2014. Nelson foi o coordenador de Relações Interamericanas do presidente Franklin Roosevelt durante a Segunda Guerra e, em 1944, tornou-se subsecretário de Estado para a América Latina.

6 Outros de seus amigos eram o então presidente do conselho de administração do grupo Brascan, Roberto Paulo Cezar de Andrade, e o industrial Israel Klabin, que chegou a arranjar por aqui a vinda de uma filha de Rockefeller, que criou uma ONG de "combate à pobreza" no Rio de Janeiro.

Por seu irmão Nelson, ele já acompanhava uma série de projetos no continente e desenvolveu proximidade com diversos empresários estadunidenses com negócios na América Latina. David era diretor da Punta Allegre Sugar Corporation, a segunda maior companhia dos Estados Unidos na produção e comercialização deste que foi historicamente o principal produto de exportação de Cuba, o açúcar. Logo, é de se imaginar o impacto da Revolução de 1959 no círculo próximo dos Rockefeller, pois em primeiro lugar ela ameaçou seus interesses corporativos diretos.[7]

Em maio de 1958, o então vice-presidente dos EUA, Richard Nixon, promoveu uma série de "visitas de cortesia" à América Latina. Na pauta, anticomunismo e *business as usual*. Em cada uma das capitais visitadas, foi recebido com demonstrações massivas contrárias ao intervencionismo estadunidense, com protestos radicalizados, sendo hostilizado seguidamente na Argentina, no Uruguai, no Equador, na Colômbia, no Peru – onde foi atingido por uma pedra por estudantes – e na Venezuela, onde trabalhadores ocuparam o aeroporto e o Panteón Nacional, hasteando uma bandeira negra em sinal de luto e impedindo que ele prestasse uma programada (e cínica) homenagem a Bolívar.

Em solo venezuelano, o futuro presidente Nixon foi ainda obrigado a se refugiar na embaixada dos EUA em Caracas até que quatro tropas aerotransportadas do seu país fossem enviadas para, literalmente, resgatá-lo. Era o prelúdio da vertiginosa década de 1960 na América Latina, que só seria aberta, de fato, com a Revolução Cubana, em 1959, a

7 Collier, Peter & Horowitz, David. *The Rockefellers. An American dynasty.* Bantham, 1977, p. 412.

partir da qual o povo da ilha do açúcar conseguiria a proeza de erguer um regime socialista naquilo que era o quintal do Tio Sam. Uma década depois, Nelson produzia no âmbito do Senado dos EUA o Relatório Rockefeller, o qual analisamos detalhadamente em nossa tese de Doutorado.[8]

Mas a relação mais forte de David com a América Latina, entretanto, começa num dos departamentos do Chase Manhattan Bank: o escritório voltado para operações no continente. Em 1961, David veio ao Brasil tentar abrir uma filial do banco. Conforme ele próprio confirmou para a revista *Isto É,* em 2003, o Chase pagou US$ 3 milhões por 51% do capital do banco Lar, de Antonio Larragoiti, dono da seguradora Sul América. Segundo a reportagem, o investimento foi ampliado 20 anos depois, em 1980, como resultado de uma conversa informal num coquetel na casa de David em Nova York com Carlos Langoni, então presidente do Banco Central brasileiro (BC) – ocasião na qual David teria recebido "ok" do BC para comprar as ações restantes do banco Lar, que virou finalmente a filial do Chase.[9]

A operação no Brasil foi simultânea e semelhante a outras realizadas na América Latina, como uma *joint venture* com o Banco Mercantil y Agricola de Caracas. Em pouco tempo, o Chase Manhattan tornar-se-ia um dos maiores credores individuais da dívida externa brasileira e latino-

[8] Hoeveler, Rejane Carolina. *(Neo)liberalismo, democracia e "diplomacia empresarial": a história do Council of the Americas (1965-2019).* Tese (Doutorado em História). Programa de Pós-graduação em História, Universidade Federal Fluminense (UFF), Niterói, 2020.

[9] "Como se constrói uma lenda". *Isto É – Dinheiro,* 19 de março de 2003. Disponível em: www.istoedinheiro.com.br/noticias/financas/20030319/como-constroi-uma-lenda/19653. Acesso em: 20 fev. 2020.

-americana, que se multiplicou várias vezes no período das ditaduras militares.

No mesmo ano em que o magnata veio ao Brasil para tentar expandir a atuação do Chase, a partir de um encontro em Punta del Este foi criada a Aliança para o Progresso, em agosto de 1961. Seu objetivo precípuo era lançar um pacote de programas sociais com vistas a prevenir que movimentos como o cubano ocorressem em países maiores como o Brasil. De acordo com a pesquisa de Martina Spohr, David Rockefeller teve um papel fundamental em pressionar para que o caráter da Aliança estivesse mais intimamente ligado à expansão dos investimentos privados no continente. Ele entrou pessoalmente no Commerce Committee for the Alliance (Comap), e posteriormente ficou incumbido de fundar o Business Group for Latin America (BGLA) – grupo que em pouco tempo reuniu algumas dúzias de chefes de corporações com operações na América Latina.[10]

O BGLA veio a ocupar o espaço deixado pelo fim do Comap, o que não era nada irrelevante, já que, enquanto o Comap era um braço oficial do Departamento de Comércio, o BGLA era uma organização de caráter privado, desligada do Estado estadunidense. Nasce "oficialmente" uma diplomacia privada empresarial, que se sobrepõe às relações estatais bilaterais entre os países. A influência de David Rockefeller na relação dos Estados Unidos com o continente passa a ser igual ou superior à influência dos ho-

10 Spohr, Martina. *American way of business*. Tese (Doutorado em História). Programa de História Social, Universidade Federal do Rio de Janeiro (UFRJ), Rio de Janeiro, 2016. Ver também Silva, Vicente Gil. *Planejamento e organização da contrarrevolução preventiva no Brasil: atores e articulações transnacionais (1936-1964)*. Tese (Doutorado em História). Programa de Pós-graduação em História Social (UFRJ), Rio de Janeiro, 2020, p. 535.

mens que ocupavam os mais altos postos diplomáticos nos Estados Unidos, embora ele nunca tenha ocupado nenhum cargo público.

Uma questão central para David Rockefeller era que a instabilidade política dos países influenciava diretamente a entrada de capitais estrangeiros. Ainda segundo Spohr, Rockefeller entendia que o maior problema para a entrada de capitais estadunidenses nos países da América Latina seria, como ele disse em um seminário no Brasil em 1962, "a barreira existente nas mentes e emoções de quem precisa de investimento forçando mais. Porque eles erroneamente tendem a compará-lo com o colonialismo".[11]

Como podemos ver em um artigo de David Rockefeller na revista *Foreign Affairs* em 1966, esse intelectual orgânico considerava que a propaganda comunista fermentava na América Latina um injusto "preconceito" em relação aos investidores dos EUA. Tal fato aumentava a responsabilidade política e ideológica das empresas estadunidenses – o que se tornou seu grande objetivo político.[12]

Segundo o pesquisador Vicente Gil da Silva,

> É importante observar que o governo dos Estados Unidos teve uma grande participação, mesmo que indireta, no movimento de unificação da comunidade empresarial que ocorreu em 1964. A Aliança para o Progresso, apesar de todos os seus problemas e imperfeições, tinha criado o mecanismo intergovernamental e o espírito internacional que deixou os líderes, públicos e privados, dos norte-americanos,

[11] Spohr, Martina. American way of business..., *op. cit.*, p. 147. Participaram do seminário, realizado na Universidade da Bahia, intitulado "Conferência sobre as Tensões do Desenvolvimento do Hemisfério Ocidental", figuras como Roberto Campos e Lincoln Gordon.

[12] Rockefeller, David. *Foreign Affairs*, 1966, p. 404.

> mais próximos do que já tinham estado em qualquer outro momento. [...] O interesse e a ação do governo dos Estados Unidos foi o que, mais do que qualquer outra coisa, deu à América Latina um senso de unidade. E isso serviu para a comunidade empresarial também. [...] a unidade do setor privado era dependente das preocupações e liderança norte-americanas. Assim, não surpreendeu que a unificação da comunidade empresarial fosse liderada por dois norte-americanos, George S. Moore, presidente do First National City Bank of New York, e David Rockefeller, presidente do Chase Manhattan Bank. Em 1964, Moore assumiu a presidência do CICYP (Conselho Interamericano de Comércio e Produção), a organização que acolhia os empresários de todo o hemisfério, com seções em quase todos os países da região.[13]

Desse modo, no início dos anos 1970, conforme a maioria dos países da América Latina se encontrava sob ditaduras, o Council of the Americas (assim rebatizado em meados de 1970) mantinha relações próximas (que eles chamavam de "*Single Windows*") com ditadores como Pinochet, Banzer, Videla e com os militares brasileiros. Desde que fossem regimes a favor do capitalismo, os ativistas empresariais do Conselho eram favoráveis, seguindo estritamente as linhas da política externa dos EUA do período Kissinger, cuja formulação eles próprios contribuíram.

É neste período que, no plano internacional, emerge uma crise de múltiplas facetas, econômica, política e, principalmente, uma crise interimperialista entre os Estados Unidos, a Alemanha Ocidental e o Japão, países que se recuperavam da crise do pós-Segunda Guerra e nos quais os próprios estadunidenses, por meio do Plano Marshall,

13 Silva, Vicente Gil. *Planejamento e organização..., op. cit.* p. 535-539.

haviam injetado finanças para uma reconstrução sem os comunistas.

A crise capitalista começou a dar sinais ainda em finais dos anos 1960, com sucessivos déficits na balança comercial dos EUA. Simultaneamente, os questionamentos sociais provocados pela onda mundial de protestos em 1968 e 1969 colocaram em questão a ordem política construída nos países centrais no pós-guerra.

Como se não fosse suficiente uma crise dessas proporções no centro capitalista, iniciativas de coalizões terceiro-mundistas de produtores de matérias-primas como petróleo, bauxita, cobre e diversos outros minérios, começaram a ter maior peso político no plano internacional, questionando a hegemonia dos EUA. Era necessária uma coalizão dos países centrais que recolocasse em ordem este turbulento estado de coisas. Essa iniciativa foi a Comissão Trilateral, criada em 1973 por David Rockefeller e Zbigniew Brzezinski, e que tem como embrião um projeto interno do prestigiado Council on Foreign Relations (CFR), do qual David Rockefeller também participava.[14]

Comissão Trilateral: a luta contra unidades terceiro-mundistas e a restrição da democracia

A Comissão Trilateral foi a primeira entidade do gênero a envolver nomes de peso do mundo político, empresarial e acadêmico estadunidense, europeu (ocidental) e japonês

[14] Analisamos detalhadamente o chamado "Projeto para os anos 1980" do CFR em nossa dissertação de mestrado. Ver Hoeveler, Rejane Carolina. *As elites orgânicas transnacionais diante da crise: os primórdios da Comissão Trilateral (1973-1979)*. Dissertação (mestrado em História). Programa de Pós-graduação em História, Universidade Federal Fluminense (UFF), Niterói, 2015.

(daí os três lados em seu nome). Tratava-se de prover uma alternativa estratégica para um mundo que era por eles visto como convulsionado por crises de diversas ordens e pelo fim da hegemonia internacional estadunidense imposta após o conflito mundial.

Nos EUA, o fim do alistamento obrigatório e o início da retirada das tropas do Vietnã em 1973 significaram o fim do maior movimento antibelicista e de solidariedade a um país de Terceiro Mundo que já havia existido no país; ao mesmo tempo, a chamada Nova Esquerda (demonizada por autores de referência dos trilateralistas, com Daniel Bell) já dava sinais de crise desde a dissolução da Students for a Democratic Society, em 1969. Na Europa, a expansão do chamado "eurocomunismo" parecia vir para enterrar de vez as formas de atividade política radicais associadas ao Maio de 1968, cujo significado ficaria em disputa por muito tempo.[15]

Concomitantemente, assinala o crítico literário Fredric Jameson, os intelectuais do *establishment*, particularmente nos EUA, começam a sair de uma postura um tanto atemorizada e passam a erguer suas vozes contra o "barbarismo" político e cultural dos anos 1960 – que, mesmo com a entrada da nova década, parecia não ter terminado. Entretanto, continua Jameson, em julho de 1973,

> certos 'intelectuais' de um tipo bem diverso, representando várias formas concretas de poder político e econômico, começarão a repensar o fracasso do Vietnã em termos de uma nova estratégia global para a afirmação dos interesses dos Estados Unidos e do Primeiro Mundo. O estabelecimento

[15] Jameson, Fredric. "Periodizando os anos 60". *In*: Hollanda, Heloísa Buarque de (org.). *Pós-modernismo e política*. Rio de Janeiro: Rocco, 1992, p. 120.

> da Comissão Trilateral, por eles promovido, será pelo menos um marco significativo na recuperação de um impulso pelo que deve ser chamado de 'a classe dirigente'.[16]

É bastante recorrente entre os analistas apontar o curto espaço entre fins da década de 1960 e início de 1970 como um período central para a compreensão de uma série de características do capitalismo contemporâneo nas mais diversas searas: economia, política, cultura e ideologia, comparando as perturbações econômicas que se manifestam com força em 1973 às crises de 1873 e 1929, ainda que com características muito diferentes.[17]

Os movimentos organizados e os grupos de resistência armada cresceriam? A crise econômica passaria ou se aprofundaria? Haveria petróleo suficiente para a produção industrial nos níveis que os países avançados demandavam? As relações com o chamado bloco comunista esfriariam mais ou recrudesceriam? E as relações entre os principais países capitalistas poderiam evoluir para uma situação de conflito aberto? O mundo sobreviveria à ameaça nuclear? Estas eram apenas algumas das questões que perturbavam qualquer noção de estabilidade. Acima de tudo, ainda havia a própria ideia de que o mundo poderia ser *outro*, coisa que aparentemente ficaria soterrada com a avalanche neoliberal a partir dos anos 1980 – quando, como bem ilustraram o mesmo Jameson e Slavoj Žižek no início dos anos 1990, passou a ser mais

---

16 *Id.*, p. 120.

17 Eric Hobsbawm, por exemplo, em sua história do século XX, localizou justamente aí o fim da "Era de Ouro" e o início do "Desmoronamento". Hobsbawm, Eric. *Era dos extremos*. O breve século XX (1914-1991). São Paulo: Companhia das Letras, 1996.

fácil imaginar um mundo pós-humano do que um mundo não regido pela mercadoria.[18]

A reorganização do capitalismo em uma situação de crise como aquela dos anos 1960/1970 – que não se constituía apenas como uma crise econômica, mas política e ideológica, envolvendo a totalidade social –, não poderia se basear simplesmente na adoção de uma "nova" política econômica. Exigia também, e sobretudo, modificações nas estruturas do Estado, tal como havia ocorrido na última grande depressão em diversas latitudes do planeta durante a década de 1930.

Nesse cenário, as formas de organização das elites orgânicas desenvolveram-se, aprofundaram-se, internacionalizaram-se e procuraram estar à altura dos desafios colocados à hegemonia do grande capital. Como nos alerta René Dreifuss em *A Internacional Capitalista*,[19] ainda que a história das entidades privadas das elites orgânicas tivesse começado no início do século XX, antes da Primeira Guerra, sua trajetória conhece um momento particularmente frutífero justamente entre meados e fins dos anos 1960 e o início dos anos 1970.

Naquele contexto, era necessária uma resposta, por parte das elites orgânicas transnacionais que agrupavam os interesses das frações dominantes do capital, a uma suposta "crise da democracia" que passa a ser debatida à época, culminando no famigerado relatório *Crisis of Democracy* da

---

18 "Parece-nos mais fácil hoje imaginar a completa deterioração da terra e da natureza do que a quebra do capitalismo tardio, mesmo que isso se deva a alguma debilidade de nossas imaginações." Jameson, Fredric. "Antinomias da pós-modernidade". *In: A virada cultural. Reflexões sobre o pós-modernismo.* Rio de Janeiro: Civilização Brasileira, 2006 [1991], p. 91. Žižek, Slavoj. "O espectro da ideologia (Introdução)". *In:* Žižek, Slavoj (org.). *O mapa da ideologia.* Rio de Janeiro: Contraponto, 1996, p. 7.

19 Dreifuss, René. *A internacional capitalista..., op. cit.*

Comissão Trilateral, encabeçado em 1975 pelo intelectual orgânico conservador Samuel Huntington.[20]

A preocupação da Trilateral com a evolução do regime democrático tanto nos países centrais como nos países periféricos é especialmente reveladora de sua consciência totalizante a este respeito. No que se refere aos países do centro capitalista, não era possível superar a crise sem alterar as estruturas daqueles regimes consolidados no pós-Segunda Guerra. O neoliberalismo, quando da implantação de suas "terapias de choque", sempre exigiu, aliás, tal modificação profunda na estrutura do Estado. No entanto, assinale-se que a Trilateral não se caracterizou especial ou unicamente por ser uma entidade neoliberal, como outras que surgiram nos anos 1970; ao contrário, em seus primórdios defendia propostas historicamente keynesianas, como a criação de um Banco Central Mundial.

De acordo com o estudioso argentino Luis Maira, o primeiro impulso do interesse de cientistas sociais acerca da Comissão Trilateral refluiu com o desgaste do governo Carter, administração que representou a chegada ao poder da plataforma trilateralista. A derrota dos democratas nas eleições de 1980 parecia enterrar de vez as pretensões da entidade, o que gerou "uma desvalorização quase completa da importância da Comissão Trilateral, dando-se quase por certo que suas iniciativas haviam experimentado uma perda de significado definitiva".[21]

---

[20] Crozier, Michel; Huntington, Samuel P.; Watanuki, Joji. *The crisis of democracy: report on the governability of democracies to the Trilateral Commision*. New York: New York University Press, 1975.

[21] Maira, Luis. "La vigencia estrategica del proyecto trilateral y las tendencias a la internacionalización politica de America Latina". *In:* Maira, Luis. *America Latina y la crisis de hegemonía norte-americana*. Lima, Peru: Desco/Centro de Estudios y promoción del desarrollo, 1982, p. 195.

Raciocinar desta maneira, porém, afirma Maira, seria cometer um grave erro. Segundo ele,

> O verdadeiro significado da estratégia trilateral é sua convocatória aos setores mais eficientes das burguesias nacionais dos países do centro para somar esforços na definição e aplicação de políticas comuns que sirvam a seus interesses fundamentais.[22]

Daí que o seguimento de seu estudo, alerta o autor, "deve prosseguir com uma alta prioridade". Outro motivo, acrescentaríamos, é que tal importante tema de pesquisa não ficasse nas mãos da prolífera literatura conspiracionista, que propaga uma visão de mundo extremamente conservadora que apaga o conflito e as resistências, além de reduzir a História à ação de um punhado de sujeitos políticos e sociais, isto é, a homens muito poderosos com objetivos escusos. Aqui as pretensões não são escondidas, pois ambas as entidades em tela publicizavam suas intenções e explicavam suas ações, as quais encontravam os mais diversos tipos de resistência porque, por mais poderosos que sejam estes setores, a História é feita de lutas e conflitos cujo desenlace é imprevisível.

Em 1979, a primeira obra sobre a Comissão Trilateral é publicada no Brasil. Voltando-se para entender criticamente o fenômeno do governo Carter em um continente então regido por ditaduras militares de Segurança Nacional apoiadas pelos EUA, o livro, fruto de uma iniciativa de intelectuais latino-americanos e colaboradores estadunidenses, trazia uma perspectiva a partir do Terceiro Mundo, focando nas

---

22 *Id.*, p. 195.

modificações que uma plataforma trilateralista traria para o continente.[23]

Um ano depois, nos EUA, o segundo livro a condensar diversas contribuições sobre o tema do trilateralismo veio da cientista política americana Holly Sklar.[24] O livro de Sklar era bastante heterogêneo do ponto de vista teórico, reunindo numerosos e renomados autores, a maioria estadunidenses, de diversas especialidades, além de jornalistas investigativos, tratando de inúmeras temáticas relacionadas ao trilateralismo.

O terceiro e último estudo relevante sobre a Comissão foi feito por Stephen Gill, autor canadense do campo das Relações Internacionais que, juntamente com outros autores, seguindo as proposições do também canadense Robert Cox, buscou incorporar as ideias de Antonio Gramsci em suas análises sobre a Trilateral. Publicada exatamente uma década depois do livro de Sklar, a obra de Gill focava na discussão sobre a hegemonia dos EUA e suas transformações.[25]

Ainda nos estudos realizados no campo das Relações Internacionais, vem sendo dada cada vez mais importância aos chamados "atores não-estatais" – denominação que para nós não faz sentido algum, pois estamos compreendendo o Estado em seu sentido ampliado, gramsciano, abarcando a sociedade civil. Muitas vezes, esses "atores não estatais" são as corporações, ou as empresas transnacionais em quaisquer

---

23 O livro é uma compilação de obras de dois tomos e 18 autores: Assman, Hugo (org.) *Carter y la logica del imperialismo*. Costa Rica: Editorial Universitaria Centro-americana (Educa), 1978. Dois tomos.

24 Sklar, Holly (org.). *Trilateralism: managing dependence and democracy*. Boston: South and Press, 1980.

25 Gill, Stephen. *American Hegemony and the Trilateral Commission*. Cambridge: Cambridge University Press, 1990.

formatos que impliquem exportação de capital, e cuja riqueza e poder muitas vezes ultrapassam a de um Estado de pequeno ou mesmo de médio porte. Os anos 1960 e 1970 foram de extrema politização dentro das grandes empresas transnacionais, as quais passaram a ter departamentos e setores específicos para promover aquilo que eles mesmos (no caso, alguns representantes do Conselho das Américas) chamaram de "diplomacia empresarial"

No entanto, chamar de "diplomacia empresarial" as ações destes empresários nos anos 1970 em países como Chile ou Brasil é pouco rigoroso do ponto de vista teórico-crítico, já que muitas dessas ações, como a campanha de desestabilização do governo Allende no Chile ou a propaganda pelo golpe contra João Goulart no Brasil, realizadas por esses "diplomatas empresários", eram clandestinas e violentas. A campanha pelo fechamento do jornal *Correio da Manhã*, coordenada pelo Conselho das Américas, em 1972, foi um ataque à liberdade de imprensa. A sabotagem à produção e os *lockouts* da classe patronal no país andino obviamente extrapolam em muito qualquer conceito de diplomacia, que (em teoria) supõe um papel de mediação e de polidez.

Em suma, estas empresas estão fazendo política por todos os meios, inclusive pela guerra – uma guerra de classes por vezes explícita, por vezes escamoteada e sutil. E é este o motivo de utilizarmos aspas neste termo, "diplomacia empresarial", por se tratar de uma expressão que tomamos diretamente da fonte, das palavras do vice-presidente do Conselho das Américas justamente nos anos 1970, Henry Geyelin.

Se pudéssemos apontar quatro fatos impulsionadores da elaboração do trilateralismo e da criação da Comissão, estes seriam, em ordem cronológica, mas não hierárquica:

1. Os movimentos estudantis e populares, as greves e agitações urbanas que varreram o mundo capitalista avançado e tiveram seu ápice em 1968-1969, rompendo com a relativa calmaria política que se seguiu à estabilização econômica e à implantação das variantes de "estados sociais" após a Segunda Guerra Mundial;
2. A ruptura unilateral, pelo governo Nixon, do padrão ouro-dólar, em agosto de 1971, aliada a outras medidas que visavam corrigir o déficit da balança de pagamentos estadunidenses. Os chamados "choques de Nixon" foram instituídos sem consultas internacionais e enfureceram os parceiros comerciais dos EUA, que se aproveitavam da posição internacional do dólar. Embora este fosse um processo cumulativo, que já vinha ocorrendo, as atitudes do governo foram consideradas pouco favoráveis para a manutenção da estabilidade do sistema monetário internacional. Nos EUA, o escândalo de Watergate geraria ainda mais dissenso intracapitalista naquilo que ficou conhecido como grande "crise de confiança" que prossegue até o fim da década;
3. A derrota dos EUA no Vietnã aprofundou a tal crise e fez mudar a correlação de forças internacionais, demandando do *establishment* de segurança do país uma nova abordagem estratégica;
4. O embargo da Organização dos Países Exportadores de Petróleo (Opep) em 1973, com a consequente elevação dos preços do petróleo, o que sinalizava uma mudança de peso em um dos mais importantes regimes internacionais de *commodities*, afetando,

> a partir de uma posição política unificada de países produtores do Terceiro Mundo, toda a indústria do centro capitalista, em especial do Japão, da Europa Ocidental e dos EUA.

Segundo Richard Falk, um pensador liberal reformista, a formação pública da Comissão Trilateral foi virtualmente um "partido para fora" (*coming out party*) para as classes dominantes. Sua criação teria refletido a convicção desses líderes que seu estilo encoberto e indireto de dominar era insuficiente para atender a nova agenda de desafios nos principais países capitalistas do mundo. Assim, tornou-se necessário para a classe dominante estadunidense exercer uma influência direta sobre o processo administrativo e fazê-lo no espírito de uma classe dominante transnacional preocupada em manter o capitalismo mundial saudável.[26]

A principal ameaça imediata que levou à formação da Trilateral foi o medo das crescentes tensões entre os Estados capitalistas da América do Norte, da Europa Ocidental e do Japão acerca da divisão dos mercados e do acesso a matérias-primas. A estrutura de comércio e investimento poderia conduzir a uma era de "competição destrutiva", ao "nacionalismo econômico" e possivelmente até a uma nova guerra. Havia também uma preocupação crescente com o Terceiro Mundo, centrada na vulnerabilidade diante das pressões da Opep e que se estendia ao objetivo de criar

---

[26] Falk, Richard. "Preface". *In:* Shoup, Laurence H. *The Carter presidency and beyond. Power and Politics in the 1980's*. California: Ramparts Press, 1980, p. 7. Um dos principais méritos deste trabalho de Shoup, segundo Falk, era o de mostrar como esse setor preponderante das classes dominantes nos EUA não pode ser confundido com a imagem reacionária da direita tradicional, que aliás, os acusava de "comunismo" e coisas afins (hoje em dia, seriam chamados de "globalistas"). *Id.*, p. 10.

uma fenda nos reclamos periféricos por uma "Nova Ordem Econômica Internacional".[27]

Em pouco tempo, os trilateralistas deslocaram suas preocupações "administrativas" acerca da economia mundial para proclamar também a "crise da democracia" em casa – que, na visão de Falk, consistia em uma variedade de demandas por reformas de ativistas "indisciplinados" que estaria minando a coerência ideológica requerida para reconciliar o capitalismo "maduro-senil" (*mature-to-senile*) com a existência de procedimento democrático.

Os *policy-makers,* ou intelectuais orgânicos estadunidenses, impactados pela derrota no Vietnã, reconheceram que os EUA não eram capazes de sustentar as redes econômicas, políticas e militares necessárias para manter aquele sistema imperial herdado da Guerra Fria no Terceiro Mundo. Mais do que isso, os estadunidenses se encarregaram da maior parte dos custos militares da manutenção dessa dominação repressiva, enquanto os europeus ocidentais e os japoneses estavam investindo muito mais em atividades produtivas.[28] Os EUA estavam arcando com os custos da dominação do Terceiro Mundo, enquanto a Europa e o Japão apenas colhiam os frutos.

---

27 A "Nova Ordem Econômica Internacional" foi um conjunto de propostas elaboradas no âmbito na Assembleia Geral das Nações Unidas ao longo de 1974, impulsionada por países do Terceiro Mundo com vistas a garantir melhores condições de negociação com os países centrais em diversas áreas como estabilidade no preço de matérias-primas, acesso aos mercados dos países desenvolvidos, transferência tecnológica, regulação de corporações transnacionais, entre outros temas econômicos.

28 Em 1970, os EUA estavam gastando 8% de seu Produto Nacional Bruto com gastos em defesa, enquanto o Japão gastava apenas 0,8%. Petras, James. "The Trilateral Commission and Latin American Economic Development". *In:* Petras, James. *Class, State and Power in the Third World. With case studies on class conflict in Latin America*. Londres: Zed Press, 1981, p. 87.

O antigo sistema de poder inquestionável dos EUA dentro do bloco capitalista ("livre") erodia, mesmo que o país continuasse a ser o mais poderoso. Nesse sentido, como resumiu James Petras:

> A Comissão Trilateral foi um esforço de criar uma liderança coletiva para coordenar e sincronizar as políticas entre as potências capitalistas como um modo de minimizar a fricção interna e maximizar os ganhos no Terceiro Mundo. [29]

A preocupação da Trilateral era dupla: uma espécie de exercício voluntário de "ultraimperialismo" no centro, que supriria o declínio do domínio dos EUA, e uma cooptação ou transformismo das elites dos Estados semiperiféricos e periféricos (incluindo os Estados em que imperavam os regimes ditos comunistas). Mas, sobretudo, de acordo com René Armand Dreifuss,

> a Comissão Trilateral pretendia inaugurar uma nova fase de transnacionalização, que prescindiria num grau ainda maior de certos aspectos da intermediação político-ideológica e econômica dos Estados nacionais, alicerçando esse enfoque e sua prática na coordenação e controle político através da ação privada do empresariado transnacional.[30]

Mais do que apenas recomendar políticas específicas, "essas elites transnacionais seriam responsáveis pelo *rule-making* (a criação de regras do jogo), isto é, o 'estabelecimento de parâmetros, regras, padrões e procedimentos'",[31] de forma bastante coerente, aliás, com o viés institucionalista de muitos dos intelectuais participantes da Comissão. A história da Trilateral, por todos os motivos listados, parece

29 *Id.*, p. 88.
30 Dreifuss, René. *A internacional capitalista..., op. cit.*, p. 87.
31 *Id.*

singular na trama das contradições e das lutas intraclasses e interimperialistas do capitalismo contemporâneo.

O Conselho das Américas seria símbolo de um movimento simultâneo e interligado à ação da Trilateral nos anos 1970: a exportação para a América Latina da matriz rockefelleriana de tratamento do conflito social, incluindo a construção de alianças de classe por meio de uma ação política empresarial comum dirigida pelos estadunidenses, mas com ativa participação dos empresários latino-americanos, os quais foram (e são) convencidos das linhas mestras do Conselho – o anticomunismo e a propaganda do "livre mercado". Por esse motivo, a história do Conselho das Américas foi objeto de nossa tese de doutorado, defendida em julho de 2020.

Conselho das Américas: anticomunismo e propaganda do empreendedorismo na América Latina

Nossos objetivos na pesquisa de doutorado eram: analisar a posição da AS-Coa no posto de importante *think-tank* de política externa dos EUA para a América Latina, tanto no que se refere à irradiação de opinião quanto à sua inter-relação com o Estado estrito nos Estados Unidos, atuando nos interstícios do Departamento de Estado e do Departamento de Comércio (praticando "diplomacia privada"); relacionar os debates sobre a política externa dos EUA e seu papel no sistema internacional, com a atuação política da AS-Coa, o que incluía identificar seus principais atores e sua orientação política e ideológica, assim como suas possíveis posições dentro da sociedade política estadunidense; e ainda pesquisar as relações entre as posições defendidas dentro da

AS-Coa com interesses econômico-corporativos e interesses políticos da classe dominante e do capital-imperialismo de maneira mais abrangente, levando em consideração a autonomia relativa do debate político-intelectual e de suas formas ideológicas.

As hipóteses que buscamos comprovar na tese eram de que os serviços prestados pelo Conselho não se limitam à obtenção de produtos específicos, como relatórios ou *lobbying* pela aprovação de determinadas legislações ou "favores", mas constituem um conjunto de modalidades de pressão, cooptação, propaganda e produção de informação que ultrapassa os interesses imediatos das companhias a ele associadas, o que possibilita compreendê-lo como um aparelho privado de hegemonia.

Como hipóteses derivadas, tínhamos que o Conselho representa a unidade orgânica entre sociedade civil e sociedade política nos Estados Unidos, atuando com especial força no que diz respeito à política externa deste país para a América Latina, promovendo os interesses empresariais estadunidenses relativos ao continente no Congresso, no Departamento de Estado e de Comércio, além de possuir conexões íntimas com a comunidade de inteligência.

Assim, afirmamos que o Council se constitui como um fórum de articulação entre interesses do grande capital operante na América Latina, de diversas origens nacionais, mas todos de larga escala – capital-imperialismo. Também busca fomentar, entre intelectuais orgânicos ligados a esses grupos empresariais, consensos com relação a políticas públicas neoliberais e a projetos filantrópicos no continente.

Em outras palavras, o Conselho das Américas organizou (e organiza) uma ação política de classe de caráter hemisférico calcada nos interesses de frações dominantes do empresariado estadunidense em associação com frações do empresariado latino-americano. Tal ação foi orientada por determinada visão política formulada/incorporada pelos dirigentes do Conselho, pela visão de David Rockefeller e de intelectuais orgânicos próximos a ele.

Como aparelho privado de hegemonia, o Conselho das Américas atuou/atua tanto na sociedade civil quanto na sociedade política (Estado *strictu sensu*, na teoria de Gramsci), e o faz de maneira transnacional: dentro dos Estados Unidos e dentro dos Estados Nacionais latino-americanos (sempre aqui entendidos a partir do conceito de Estado ampliado ou integral). O Conselho é o intelectual coletivo de uma fração de classe, porém, devido ao fato de que a orientação política que o conduz provém de David Rockefeller. Este órgão pretende e vai além da defesa de interesses econômico-corporativos, embora não deixe de defendê-los.

O ano de 1970 é particularmente importante para as transformações internas ao Conselho, que mudou de nome de "Conselho *para a* América Latina" para "Conselho *das* Américas". A entidade logrou, em primeiro lugar, organizar os interesses das companhias estadunidenses que possuíam capital na América Latina, isso no contexto do capitalismo monopolista do pós-Segunda Guerra e da expansão das atividades das filiais latino-americanas dos anos 1950 e 1960 – contexto igualmente marcado, como já afirmamos, pela chamada Guerra Fria e pelo anticomunismo.[32]

[32] Este será um traço permanente na história do Conselho, bem como a opção preferencial por estratégias de contrarrevolução preventiva, fossem estas "a quente" ou "a frio", para usar a expressão de Florestan Fernandes. Importante pontuar que não desenvolveremos aqui uma análise pormenorizada

Em segundo lugar, o Conselho foi estabelecendo alianças sólidas com importantes setores do empresariado latino-americano a partir de determinados "objetivos em comum": a propaganda da empresa privada, dos valores do individualismo, da meritocracia e do capitalismo; a luta contra a "subversão comunista" em todas as suas formas; e a criação de um "ambiente de negócios" apropriado. Neste último item, inclua-se aí desde a filantropia politicamente orientada do Accion peruano dos anos 1970 ou da "Ação Comunitária" do Brasil dos anos 1960[33] até as mais modernas formas de disciplinarização da força de trabalho via Organizações Não-Governamentais (ONGs) e igrejas evangélicas, embaladas no *marketing* da "responsabilidade social empresarial".

O Conselho atuou fortemente na chamada "crise da dívida" dos anos 1980, sempre atentando para as transformações do capitalismo contemporâneo e, por sua localização estratégica no *establishment* estadunidense, a partir do qual podia negociar sem representar oficialmente um órgão de Estado ou uma instituição multilateral oficial, esteve no centro das negociações das dívidas externas latino-americanas aliado ao Banco Mundial e ao Fundo Monetário Internacional.

Como já afirmamos, o Conselho apoiou ditaduras contanto que estas fossem pró-capital/investimentos/empréstimos externos, particularmente dos Estados Unidos. Ao mesmo tempo, ao longo dos anos 1980, período em que se

do conceito de anticomunismo. Uma boa e atual síntese desse debate pode ser encontrada em Silva, Vicente Gil. *Planejamento e organização...*, *op. cit.*

33 Tema que vem sendo investigado pela pesquisadora Elaine Bortone em seu pós-doutorado na UFF.

desencadearam algumas das principais redemocratizações na América Latina, atuou no sentido de pautar uma democracia restrita, "forte" o suficiente para implementar as contrarreformas neoliberais.[34] Assim, é possível associar as ondas de neoliberalização com os distintos processos históricos de redemocratização na região, muito variados entre os países, porém todos pautados, em alguma medida, pelo signo da contrarrevolução preventiva.

Em 1976, era inaugurado o Brazil-US Business Council, o Conselho Empresarial Brasil-Estados Unidos, cuja cerimônia de lançamento ocorreu em Brasília entre 16 e 18 de agosto de 1976. "Os homens de negócios americanos", como declarou certa vez o Council of the Americas, "organizam os empresários nacionais" por meio da US-Brazil Business Council, "que se tornou o principal porta-voz de todo o setor privado, tanto interno quanto externo no Brasil".[35]

O atual AS-Coa desenvolve um amplo conjunto de programas em todos os países da América Latina, constituindo uma das mais importantes entidades das elites orgânicas em atuação no continente. Edita e publica uma revista trimestral intitulada *Americas Quarterly*. O Conselho Empresarial Brasil-Estados Unidos também existe até hoje sob a sigla Cebeu e funciona nas instâncias da Confederação Nacional da Indústria (CNI).[36]

A linguagem ascética e vaga que a AS-Coa usa para se apresentar nos permite apenas entrever seu *hall* de ações,

[34] Tema a ser aprofundado em estudos futuros.

[35] Documentos de seminários do Cebeu podem ser encontrados nos apêndices de Dreifuss, *op. cit.*

[36] Ver www.portaldaindustria.com.br/cni/canais/assuntos-internacionais/como-participar/conselho-empresarial-brasil-estados-unidos/. Acesso em 19 jan. 2024.

que se concentram, desde sua fundação em 1965 até o presente, em três funções básicas: 1. defender os interesses dos investidores privados estadunidenses na América Latina, fazendo *marketing* de seus benefícios; 2. promover iniciativas educacionais voltadas para a formação de uma força de trabalho altamente capacitada, porém barata e dócil; e 3. prestar consultoria para os seus membros sobre o ambiente para os negócios nos diversos países latino-americanos, informando-os regularmente sobre seu cenário social, político e militar.

O próprio Conselho se define como

> a primeira organização empresarial internacional cujos membros compartilham um comprometimento comum com o desenvolvimento econômico e social, mercados abertos, império da lei, e democracia no hemisfério ocidental.

Ainda segundo sua própria autodescrição,

> a participação no Conselho consiste de companhias internacionais líderes representando um amplo espectro de setores incluindo bancos e finanças, serviços de consulta, bens de consumo, energia e mineração, manufatura, mídia, tecnologia e transporte.[37]

A AS-Coa é isenta de impostos, de acordo com a norma 501 c 6 do Código de Imposto de Renda de 1986, e como tal

[37] "Council of the Americas (COA) is the premier international business organization whose members share a common commitment to economic and social development, open markets, the rule of law, and democracy throughout the Western Hemisphere. The Council's membership consists of leading international companies representing a broad spectrum of sectors including banking and finance, consulting services, consumer products, energy and mining, manufacturing, media, technology, and transportation." Disponível em: www.as-coa.org/about/about-ascoa. Acesso em: 19 jan. 2024. Não sabemos quando tal autodescrição foi adotada pela entidade.

exerce atividades de *lobbying* no interesse de seus membros. Conforme podemos verificar na declaração do imposto de renda nos Estados Unidos, por meio do *Form 990*, a informação pública disponibilizada pelo sistema estadunidense de imposto de renda, a *Americas Society* movimentou entre 2012 e 2014 montantes em torno de 43 milhões de dólares, sendo ela própria uma investidora em mercados de capitais, principalmente *private equity*. A fonte dos recursos é bastante multifacetada, destacando-se as contribuições individuais e de agências estatais, além da arrecadação com eventos e assinatura de periódicos.

Considerações finais: Estado, democracia e aparelhos privados de hegemonia transnacionais

Os modos de dominação, hegemonia, relações de força, coerção e consenso na análise do capitalismo contemporâneo são alguns dos pontos fulcrais em nossa agenda de pesquisa. O estudo desses dois relevantes aparelhos privados de hegemonia, a Comissão Trilateral e o Conselho das Américas, no caso do primeiro, temporalmente delimitado entre 1973 e 1979, e, no segundo caso, abarcando uma temporalidade mais larga (de 1965 a 2018), nos traz algumas provocativas reflexões sobre conflitos, lutas e, em especial, modos de dominação de classe.

Tentando uma breve comparação entre a Trilateral e o Conselho das Américas, poderíamos colocar em primeiro lugar o fato de que, enquanto a primeira se destinava a coadunar uma ação política comum entre os países centrais, isto é, imperialistas, no seio de uma crise interimperialista grave, a segunda tinha como objeto central a relação centro-periferia, especificamente, a periferia latino-americana. O próprio modo de funcionamento das duas entidades reflete bastante isso, com os relatórios da Trilateral sendo sempre assinados por três intelectuais, um de cada região representada na entidade (Europa ocidental, Japão e EUA), sendo publicizados e seus encontros relativamente divulgados.

Na Trilateral, vemos uma fração dominante das classes dominantes dos EUA tratando com as burguesias europeias e japonesas "de igual para igual", sempre buscando "soluções comuns para os problemas comuns". Entre esses problemas, estavam, por um lado, a famosa "crise da democracia", conforme o relatório de 1975 elaborado por Samuel Huntington, Joji Watanuki e Michel Crozier, e por outro, a subversão terceiro-mundista em fóruns internacionais e negociações comerciais sobre matérias-primas, buscando melhores posições na Divisão Internacional do Trabalho.

No caso do Conselho das Américas, que nasce como um Conselho dos Estados Unidos *para* a América Latina (Council for Latin America), e apenas posteriormente vai começar, de forma gradual, a incorporar empresas e outras representações de capitais de origem latino-americana, a relação hierárquica era indisfarçável, embora envolta em crescente cinismo: os Estados Unidos demonstravam o caminho a ser seguido e imitado, moral, cultural e politicamente. A América Latina deveria abandonar velhos nacionalismos e abraçar a inevitabilidade da modernidade capitalista, da produção internacionalizada, das regras do "livre comércio", ainda que ao custo de perder importantes propriedades e patrimônios (ou mesmo a desnacionalização de setores econômicos inteiros). O problema central da América Latina não estaria, no discurso do Conselho, relacionado à democracia, e sim ao "populismo" e ao "paternalismo estatal", que seriam as marcas de sua história.

Nos anos 1960 e 1970, tratava-se de uma ofensiva imperialista moldada pela Guerra Fria e pela contrarrevolução "a quente" na América Latina, adornada pelo discurso do liberalismo e da responsabilidade social corporativa. Nos anos 1980 e 1990, o Conselho volta-se para a recomendação de transições democráticas moderadas e controladas pelo alto. Neste ponto, as estratégias da entidade se conectam com as da Trilateral, pois, embora o Conselho tenha se oposto à política de direitos humanos do governo Carter (um trilateralista), uma vez que estes processos de redemocratização se mostraram inevitáveis, a grande preocupação do Conselho passou a ser a de estabelecer a maior conexão possível com os setores políticos e empresariais futuramente dominantes nos novos regimes democráticos.

A Trilateral era composta por empresários, políticos e intelectuais dos países centrais (imperialistas) e se dedicava ao trato/acordos interimperialistas em um cenário de crise de hegemonia internacional, por um lado, e ao enfrentamento com o Terceiro Mundo, por outro (lembremos que eles colocavam a "culpa" da crise na Opep e nos "árabes"). Para os trilateralistas, escrevendo e formulando ainda sob o impacto de 1968-1969, a "crise da democracia" nos países centrais acontecia porque os sindicatos, as mulheres, os negros, os estudantes teriam "muito poder" e a preocupação primordial aqui era acabar com tal questionamento às instituições. Ao mesmo tempo, era o ápice das ditaduras na América Latina, as quais eles apoiavam, explícita ou implicitamente.

Retomando o que afirmamos no início do capítulo, a característica comum entre esses dois aparelhos é o próprio grupo de David Rockefeller, intelectual orgânico e dirigente político de uma fração dominante das classes dominantes nos Estados Unidos por décadas. Carregam, portanto, configurações políticas e ideológicas comuns: o anticomunismo, o neoliberalismo como defesa intransigente do capitalismo e o cosmopolitismo. Organizando uma ação transnacional de classe, esse grupo construiu sólidos laços políticos com o empresariado praticamente do mundo todo, estabelecendo relações pedagógicas com as burguesias subalternas, ensinando às últimas como lidar com o conflito social – seja na colaboração íntima com regimes ditatoriais, seja na construção de democracias restritas, impermeáveis à pressão popular.

Por fim, é importante destacar que tanto no caso da Trilateral como no caso do Conselho das Américas, estamos falando de uma modalidade de ação política que ultrapassa o âmbito econômico-corporativo, alcançando o nível político-militar da consciência, isto é, de uma espécie de vanguarda capitalista com consciência de classe preocupada não apenas com seus próprios negócios, mas também com moldar o ambiente ao redor, política, social e culturalmente.

***

Para finalizar este capítulo, vale realizar uma breve digressão sobre nossa própria trajetória de pesquisa, dentro e junto do GTO. Iniciamos nosso mestrado na Universidade Federal Fluminense (UFF) no ano de 2013, sob orientação da professora Virgínia Fontes – um ano politicamente marcante no Brasil e sobre o qual desenvolvíamos reflexões. Exatamente nesse período elaboramos nossas primeiras reflexões mais densas sobre o Estado e o capital, tendo cursado disciplina sobre o tema com a própria professora Virgínia Fontes, além de cursos com o professor Marcelo Badaró Mattos, Sônia Regina de Mendonça, Marcelo Dias Carcanholo, Ciro Flammarion Cardoso e José Paulo Netto (no caso destes dois últimos, como ouvinte). Também o Niep-Marx e o Coletivo Mais Verdade constituíram lugares de diálogo com diferentes tradições dentro do marxismo, totalmente interdisciplinares.

Anteriormente, em nosso bacharelado em História, na Universidade Federal do Rio de Janeiro (UFRJ), entre 2007-2012, e sob orientação do professor Renato Lemos, estudamos a questão dos condicionantes externos/internacionais da transição democrática no Brasil. Esse estudo, em grande parte ainda inédito, contempla os debates ocorridos no Senado entre os anos de 1972 e 1973, considera as posições oficiais dos partidos políticos Arena e MDB, de parte da imprensa, especialmente da revista *Veja*, as quais tinham em comum a recomendação de uma abertura planejada pelo próprio regime ditatorial. Daí resultou a encomenda do então secretário de Médici, Leitão de Abreu, para que o intelectual estadunidense Samuel Huntington elaborasse uma espécie de receituário para uma descompressão controlada. Essa evidência daquilo que Florestan Fernandes concebia como parte da contrarrevolução preventiva permanente nos chamou atenção para as formas contemporâneas de redefinição (neo)liberal da democracia a partir dos anos 1970.

***

Entramos no Programa de Pós-Graduação em História Social da UFF no ano de 2016, porém com outro projeto, o de estudar o Council on Foreign Relations e sua revista *Foreign Affairs*. Tratava-se do desdobramento de nossa pesquisa de mestrado, que versou sobre os primórdios da Comissão Trilateral (1973-1979), defendida no mesmo Programa, em 2015, também sob orientação da professora Virgínia Fontes.

A pesquisa para a tese doutoral, porém, começou mesmo em setembro de 2016, pouco depois que assumiu no Brasil o presidente Michel Temer, após um golpe parlamentar e jurídico. Naquela ocasião, pouco após ser empossado, ao lado de Henrique Meirelles e mais sete ministros, buscando a legitimidade do capital estadunidense, o presidente brasileiro comparece a um almoço promovido às pressas pelo Conselho das Américas em Nova York. Na ocasião, Meirelles, um ex-executivo do Citi e conhecido dos membros do Conselho, garante a aprovação da emenda constitucional que imporia um "teto de gastos" e promete uma desvinculação total dos gastos orçamentários em áreas como saúde e educação, um dos principais pilares da Constituição de 1988, unanimemente execrada entre os participantes do evento.

Único ambiente internacional onde Temer foi bem recebido, o evento teve repercussão importante na imprensa brasileira e nos despertou para a relevância política deste aparelho privado de hegemonia, que de resto já tínhamos conhecimento, pela pesquisa do mestrado. Esta pronunciada e indisfarçável relevância política, somada ao fato de que não havia em toda literatura internacional nenhuma pesquisa dedicada à história do Conselho das Américas (com exceção do trabalho de René Dreifuss, que é nosso ponto de partida), nos levaram a mudar de tema no primeiro ano do doutorado. Entretanto, o estudo sobre o CFR, realizado ainda no mestrado, especialmente no segundo capítulo de nossa dissertação, nos serviu de base para a compreensão da política externa estadunidense para a América Latina nos anos 1960 e 1970.

A contribuição que o leitor tem em mãos é fruto de um trabalho coletivo, faz parte de uma agenda de pesquisa de veia crítica, ativista, e dialoga intensamente com trabalhos recentes realizados no tema Empresariado e Ditaduras, bem como no tema de aparelhos empresariais no capitalismo contemporâneo. Trata-se de parte de uma agenda de pesquisa que busca aliar fundamentação teórica rigorosa e riqueza de pesquisa.

O GTO tem um lugar de destaque em nossa trajetória de pesquisa que completa dez anos em 2023. Lugar de intensas trocas e profícuos debates, com pesquisadores e professores altamente gabaritados e de várias partes do país, com uma perspectiva marxista e gramsciana, e bastante diversificado em termos de objetos de pesquisa. Sempre pudemos contar com a leitura atenta e crítica de nossos companheiros de Grupo, e o capítulo que apresentamos é uma tentativa inicial e precária de refletir nossa trajetória individual de pesquisa dentro da agenda mais ampla do GTO.

GRÁFICA PAYM
Tel. [11] 4392-3344
paym@graficapaym.com.br